高等职业教育"十三五"规划教材

邮政法律实务
（第2版）

李 莉 主编

北京邮电大学出版社
www.buptpress.com

内容简介

本教材共分上下两篇,上篇介绍新修订《邮政法》的基本知识,共有3章;下篇介绍邮政企业相关法律实务,共有9章。绪论,介绍法的概念、特征和作用,法的形式和我国法律体系,我国邮政法律制度的调整范围以及邮政法在经济法中的法律地位。上篇第一章介绍新修订《邮政法》的背景、意义以及新旧《邮政法》对比分析;第二章介绍新修订《邮政法》的主要内容:我国邮政管理机构的法律地位和主要职能,普遍服务制度,专营权制度,服务规范,邮政资费,邮件、快件的投递方式以及邮件、快件损失赔偿法律制度;第三章介绍国外部分国家和地区邮政市场开放与邮政体制改革。下篇第四章介绍公司法律实务;第五章介绍合同法律实务;第六章介绍电子商务法律实务;第七章介绍知识产权法律实务;第八章介绍广告法律实务;第九章介绍劳动合同法律实务;第十章介绍金融法律实务;第十一章介绍竞争法律实务,第十二章介绍消费者权益保护法。

该教材与传统的经济法教材编写体例相比,引入高职高专教育理念,以邮政企业常见案例分析为切入点,致力解决邮政企业在经营管理中遇到的各种法律问题,突出教材的针对性、实用性。本书在每章开头列出了知识目标、能力目标、导入案例以及引导问题,在每章末提供了思考题。

本书可作为国家开放大学、邮政院校大中专学生的教材,邮政企业干部职工培训教材和自学参考书。本书全面介绍新修订《邮政法》的基本知识,对全国邮政企业干部职工深入学习和掌握新修订《邮政法》具有指导意义。

图书在版编目(CIP)数据

邮政法律实务/李莉主编. -- 2版. -- 北京:北京邮电大学出版社,2019.3
ISBN 978-7-5635-5692-2

Ⅰ.①邮… Ⅱ.①李… Ⅲ.①邮政法—中国—教材 Ⅳ.①D922.296

中国版本图书馆CIP数据核字(2019)第041556号

书　　名	:邮政法律实务(第2版)
责任编辑	:李欣一
出版发行	:北京邮电大学出版社
社　　址	:北京市海淀区西土城路10号(邮编:100876)
发 行 部	:电话:010-62282185　传真:010-62283578
E-mail	:publish@bupt.edu.cn
经　　销	:各地新华书店
印　　刷	:保定市中画美凯印刷有限公司
开　　本	:787 mm×1 092 mm　1/16
印　　张	:19
字　　数	:496千字
版　　次	:2019年3月第2版　2019年3月第1次印刷

ISBN 978-7-5635-5692-2　　　　　　　　　　　　　　　　定　价:46.00元

· 如有印装质量问题,请与北京邮电大学出版社发行部联系 ·

第 2 版前言

依据我国十九大以来司法体制改革对邮政(快递)企业合规经营的新要求,为促进快递业的合规发展,保护用户用邮的合法权益,跟踪最新法律条文的修订和变化,本书由具有一线教学经验的教师和具有邮政企业实践经验的律师共同编写完成。本书是国家开放大学经济法课程的教材,也是邮政院校经济法课程和邮政企业干部职工培训的教材。

本教材由李莉教授担任主编,负责教材大纲和体例的编制。本教材共分上篇和下篇。具体编写分工如下:绪论,第一章,第二章,第三章,第四章第一节、第二节、第三节,第五章,第六章,第七章第三节、第四节,第八章,第十章,第十一章由李莉编写;第四章第四节至第八节由朱效娅编写;第七章第一节、第二节、第五节由张毅编写;第九章第一节至第五节由张俊桥编写,第九章第六节由魏凯编写,第十二章由高继德编写。全书由李莉进行修改定稿和总纂。

本书编写具有以下特点:

1. 以邮政、快递职业岗位为依托优化教材内容。吸收邮政(快递)企业的典型法律案例,培养学生法治思维素养,提升学生在邮政岗位中的合规经营能力以及风险防范能力。

2. 服务企业辐射教学式科研开发引领法律前沿。将法律研究的最新成果融入教材,形成一定学科特色和优势,并运用于教学。

3. 校企合作开发法律教材。且校教材与企业培训内容相融合,充分利用学校与企业两种资源,采用校企共建形式,以邮件、快件对邮政岗位的需求为主线,根据典型工作任务涉及的法律实务确定教材内容,确保一致性。

在本书编写的过程中,我们参考和借鉴了大类的教材和参考文献,在此向这些作者表示感谢!

由于时间仓促和编者水平有限,书中疏漏错误之处敬请专家、学者和读者批评指正。

编　者

目　　录

绪论 ·· 1
　第一节　法的概述 ·· 2
　　一、法的概念、特征和作用 ·· 2
　　二、法的形式 ··· 2
　　三、当代中国的法律体系 ·· 3
　第二节　邮政法律制度概述 ·· 4
　　一、邮政法律制度 ··· 4
　　二、邮政企业在经营管理中常用的法律制度 ··· 7
　　三、邮政法在经济法中的法律地位 ·· 7
　思考题 ··· 8

上篇　新修订《邮政法》基本知识

第一章　新修订《邮政法》概述 ·· 11
　第一节　修订《邮政法》的背景及意义 ··· 12
　　一、我国加入世界贸易组织对邮政市场准入的承诺及评价 ····························· 12
　　二、中国邮政行业市场准入监管制度的法律法规欠缺 ···································· 16
　　三、国内相关法律法规的制定对邮政服务的影响 ·· 17
　　四、《邮政法》颁布的意义 ·· 18
　第二节　新旧《邮政法》对比分析 ·· 18
　　一、新修订《邮政法》的主要特点 ··· 18
　　二、新旧《邮政法》比较 ·· 21
　思考题 ··· 24

第二章　新修订《邮政法》的主要内容 ·· 25
　第一节　我国邮政管理部门的法律地位和主要职能 ··· 26
　　一、我国邮政管理部门的法律地位 ·· 26
　　二、邮政管理部门的主要职能 ·· 26
　　三、邮政管理部门对邮政企业、快递企业的监督检查 ··································· 30
　第二节　普遍服务制度和专营权制度 ··· 31

一、邮政普遍服务的概念 ……………………………………………… 32
　　二、邮政普遍服务制度 …………………………………………………… 33
　　三、专营权制度 …………………………………………………………… 40
第三节　邮政企业、快递企业服务规范 …………………………………… 41
　　一、邮政企业、快递企业应遵守的服务规范 ………………………… 41
　　二、用户应遵守的邮政服务规范 ……………………………………… 54
第四节　邮政资费 …………………………………………………………… 59
　　一、邮政资费的概念和定价规制原则 ………………………………… 59
　　二、邮政资费分类 ……………………………………………………… 59
第五节　邮件、快件的投递方式 …………………………………………… 60
　　一、邮件的投递方式 …………………………………………………… 60
　　二、快件的投递方式 …………………………………………………… 63
　　三、关于法院以专递方式邮寄送达民事诉讼文书的相关投递规定 … 65
第六节　邮件、快件损失赔偿法律制度 …………………………………… 67
　　一、邮件损失赔偿法律制度 …………………………………………… 67
　　二、快件损失赔偿法律制度 …………………………………………… 69
第七节　快递业务法律制度 ………………………………………………… 72
　　一、快递业务法律制度概述 …………………………………………… 72
　　二、规范快递业务市场，确定中国快递市场准入制度 ……………… 74
　　三、快递合同 …………………………………………………………… 80
思考题 ………………………………………………………………………… 83

第三章　国外部分国家和地区邮政市场开放与邮政体制改革 ……… 85

第一节　WTO与国外部分国家和地区邮政市场开放 …………………… 85
　　一、WTO与各国邮政市场开放承诺 ………………………………… 85
　　二、各国邮政市场准入管制的规制 …………………………………… 86
第二节　世界邮政管理体制概述 …………………………………………… 88
　　一、邮政管理体制的政企合一模式 …………………………………… 88
　　二、邮政管理体制的政企分开模式 …………………………………… 88
第三节　国外邮政监管体制和监管职能概要 ……………………………… 89
　　一、国外邮政监管体制模式 …………………………………………… 89
　　二、国外邮政监管机构及职能 ………………………………………… 89
思考题 ………………………………………………………………………… 90

下篇　邮政企业相关法律实务

第四章　公司法律实务 …………………………………………………… 93

第一节　公司法概述 ………………………………………………………… 94
　　一、公司概述 …………………………………………………………… 95

二、公司法概述 ·· 96
第二节　有限责任公司 ·· 96
　　一、有限责任公司的概念和特征 ·· 96
　　二、有限责任公司的设立条件 ·· 97
　　三、有限责任公司的组织机构 ·· 98
　　四、一人有限责任公司的特别规定 ·· 101
　　五、国有独资公司的特别规定 ·· 102
　　六、有限责任公司的股权转让 ·· 103
第三节　股份有限公司 ·· 104
　　一、股份有限公司的概念和特征 ·· 104
　　二、股份有限公司的设立 ·· 104
　　三、股份有限公司的组织机构 ·· 106
　　四、上市公司组织机构的特别规定 ·· 108
第四节　股份有限公司的股份发行和转让 ·· 110
　　一、股份与股票 ·· 110
　　二、股份发行 ··· 111
　　三、股份的转让 ·· 112
第五节　公司董事、监事、高级管理人员的资格和义务 ··· 113
　　一、公司董事、监事、高级管理人员的资格 ·· 113
　　二、公司董事、监事、高级管理人员的义务 ·· 113
第六节　公司财务会计制度 ·· 114
　　一、公司财务会计制度 ·· 114
　　二、公司的公积金 ·· 114
　　三、公司利润分配 ·· 115
第七节　公司合并与分立 ··· 116
　　一、公司合并 ··· 116
　　二、公司分立 ··· 116
第八节　公司解散和清算 ··· 117
　　一、公司解散的原因 ··· 117
　　二、公司解散时的清算 ·· 118
思考题 ··· 119

第五章　合同法律实务 ·· 121

第一节　《合同法》概述 ··· 122
　　一、合同的概念和特征 ·· 122
　　二、合同法的调整范围 ·· 122
　　三、邮政企业涉及的合同的主要表现形式 ·· 122
第二节　合同订立的技巧和法律风险防范 ·· 123
　　一、合同订立的主体资格审查 ·· 123
　　二、合同订立的形式 ··· 126

三、合同订立的程序——要约与承诺 127
　　四、合同的内容 131
　　五、格式条款 134
　第三节　合同的效力 135
　　一、合同的生效的概念 135
　　二、合同生效的条件 136
　　三、效力待定的合同 136
　　四、无效合同 137
　　五、可撤销的合同 137
　　六、合同无效或撤销的后果 138
　第四节　合同的履行 138
　　一、合同履行原则 138
　　二、合同生效后有关事项未明确规定的合同履行原则 138
　　三、合同履行的抗辩权 139
　　四、合同履行的保全 141
　第五节　违约责任 142
　　一、违约概述 142
　　二、违约责任的概念和构成违约责任的条件 143
　　三、违约责任的承担方式 143
　第六节　邮政企业主要常用合同 144
　　一、买卖合同 144
　　二、邮政报刊发行合同 146
　　三、借款合同 154
　　四、运输合同 164
　思考题 166

第六章　电子商务法律实务 168

　第一节　电子商务概述 169
　　一、电子商务的概述 169
　　二、《电子商务法》概述 169
　第二节　电子商务经营者法律制度 170
　　一、电子商务经营者的概述 170
　　二、电子商务经营者的一般规定 170
　第三节　电子商务平台经营者法律制度 172
　　一、电子商务平台经营者概念 172
　　二、电子商务平台经营者的法律规定 172
　第四节　电子商务合同 175
　　一、电子商务合同的法律适用 175
　　二、电子商务合同的订立与成立 175
　　三、电子商务合同的交付和电子支付安全有关规定 175

四、非授权支付中的用户义务和责任分担……………………………………… 176
　第五节　电子商务争议解决机制……………………………………………………… 177
　　一、商品或服务的质量担保机制………………………………………………… 177
　　二、电子商务争议解决途径……………………………………………………… 177
　　三、电子商务经营者建立的争议解决机制……………………………………… 177
　第六节　违反电子商务合同的法律责任……………………………………………… 178
　　一、电子商务经营者违反法律规定的法律责任………………………………… 178
　　二、平台经营者违反法律规定的法律责任……………………………………… 179
　　三、电子商务监督管理人员的法律责任………………………………………… 180
　　四、违反治安管理行为的行政责任和刑事责任………………………………… 180
　第七节　邮政跨境电商法律实务……………………………………………………… 180
　　一、跨境电商法律制度概述……………………………………………………… 180
　　二、跨境电商与快递服务………………………………………………………… 182
　思考题…………………………………………………………………………………… 184

第七章　知识产权法律实务 …………………………………………………………… 186

　第一节　企业知识产权概述…………………………………………………………… 187
　　一、知识产权的概念和范围……………………………………………………… 187
　　二、邮政企业知识产权管理……………………………………………………… 188
　第二节　著作权法……………………………………………………………………… 188
　　一、著作权概述…………………………………………………………………… 188
　　二、著作权主体…………………………………………………………………… 188
　　三、著作权客体…………………………………………………………………… 191
　　四、著作权内容…………………………………………………………………… 193
　　五、著作权许可合同法律实务…………………………………………………… 196
　第三节　商标法………………………………………………………………………… 197
　　一、商标法概述…………………………………………………………………… 197
　　二、商标权的主体、客体和内容………………………………………………… 198
　　三、商标注册制度………………………………………………………………… 200
　　四、注册商标专用权的保护……………………………………………………… 201
　第四节　专利法………………………………………………………………………… 204
　　一、专利法概述…………………………………………………………………… 204
　　二、专利权的主体、客体和内容………………………………………………… 204
　　三、专利权授予的条件…………………………………………………………… 206
　　四、专利的申请、审查和批准…………………………………………………… 207
　　五、专利权的保护期限和无效宣告……………………………………………… 208
　　六、专利实施的强制许可………………………………………………………… 208
　　七、专利权的保护………………………………………………………………… 209
　第五节　邮政企业知识产权法律实务………………………………………………… 211
　　一、邮政企业有关著作权法律实务……………………………………………… 211

二、邮政企业有关商标法律实务 ·· 211
　　三、邮政企业有关专利权法律实务 ·· 212
　思考题 ·· 215

第八章　广告法律实务 ··· 217

　第一节　广告法概述 ·· 218
　　一、我国广告法律制度 ··· 218
　　二、广告准则 ·· 219
　　三、虚假广告 ·· 220
　　四、广告行为规范 ··· 221
　　五、监督管理 ·· 222
　第二节　特殊广告的规定 ·· 223
　　一、医疗、药品、医疗器械广告的相关规定 ···································· 223
　　二、保健食品广告的相关规定 ··· 224
　　三、农药、兽药、饲料和饲料添加剂广告的相关规定 ······················· 224
　　四、农作物种子、林木种子、草种子、种畜禽、水产苗种和种养殖广告的相关规定 ··· 224
　　五、房地产广告的相关规定 ·· 225
　　六、化妆品广告的相关规定 ·· 226
　　七、酒类广告的相关规定 ··· 226
　　八、烟草广告的相关规定 ··· 226
　　九、有关未成年人的广告的相关规定 ·· 227
　　十、教育、培训广告的相关规定 ·· 227
　　十一、招商等有投资回报预期的商品或者服务广告的相关规定 ··········· 227
　　十二、利用互联网从事广告活动的相关规定 ··································· 228
　　十三、违反《广告法》的法律责任 ··· 228
　第三节　邮政广告业务法律风险控制 ·· 230
　　一、遵守集邮品广告的相关规定，防止出现法律处罚 ······················· 231
　　二、避免邮政广告审核制度中的法律风险 ······································ 231
　　三、邮政企业在承揽制作广告中发生虚假广告的，如果邮政企业不能提供广告主的
　　　　真实姓名和地址的，应当承担全部民事责任 ······························ 232
　　四、树立版权意识，有效防止邮政广告侵权责任的发生 ···················· 232
　思考题 ·· 232

第九章　劳动合同法律实务 ·· 234

　第一节　劳动合同法律制度概述 ·· 235
　　一、劳动合同的概念和特征 ·· 235
　　二、《劳动合同法》的立法宗旨和调整范围 ···································· 235
　第二节　劳动合同订立法律实务 ·· 236
　　一、劳动合同订立概述 ··· 236
　　二、邮政企业招聘录用法律实务 ·· 238

三、劳动合同条款 ………………………………………………………… 239
　第三节　劳动合同履行和变更法律实务 ………………………………… 244
　　一、劳动合同履行和变更概述 …………………………………………… 244
　　二、工作岗位变更法律实务 ……………………………………………… 244
　　三、工资支付法律实务 …………………………………………………… 245
　　四、用人单位规章制度法律实务 ………………………………………… 248
　第四节　劳动合同的解除和终止法律实务 ……………………………… 249
　　一、劳动合同的解除和终止概述 ………………………………………… 249
　　二、劳动者单方解除劳动合同法律实务 ………………………………… 251
　　三、用人单位单方解除劳动合同法律实务 ……………………………… 252
　第五节　劳务派遣和非全日制用工法律实务 …………………………… 255
　　一、劳务派遣法律实务 …………………………………………………… 255
　　二、非全日制用工法律实务 ……………………………………………… 256
　第六节　业务外包实施过程的法律解析 ………………………………… 257
　　一、业务外包概述 ………………………………………………………… 257
　　二、在签订外包合同中应该注意的情况 ………………………………… 257
　思考题 ………………………………………………………………………… 258

第十章　金融法律实务 ……………………………………………………… 260

　第一节　金融法律制度概述 ……………………………………………… 261
　　一、金融法的概念 ………………………………………………………… 261
　　二、金融法的体系 ………………………………………………………… 261
　第二节　中国人民银行法 ………………………………………………… 262
　　一、中国人民银行的法律地位和职责 …………………………………… 262
　　二、中国人民银行的组织机构 …………………………………………… 262
　　三、人民币 ………………………………………………………………… 263
　　四、中国人民银行业务 …………………………………………………… 263
　　五、金融监督管理 ………………………………………………………… 264
　　六、财务会计 ……………………………………………………………… 264
　第三节　商业银行法 ……………………………………………………… 264
　　一、商业银行的概念、设立和组织机构 ………………………………… 265
　　二、商业银行的经营原则与业务范围 …………………………………… 266
　　三、对存款人的保护 ……………………………………………………… 267
　　四、商业银行贷款和其他业务的基本规则 ……………………………… 267
　　五、商业银行的财务会计制度 …………………………………………… 268
　　六、商业银行的接管和终止 ……………………………………………… 269

第十一章　竞争法律实务 …………………………………………………… 270

　第一节　反不正当竞争法 ………………………………………………… 270
　　一、不正当竞争和《反不正当竞争法》概述 …………………………… 270

二、不正当竞争行为 ·· 271
　　三、对涉嫌不正当竞争行为的调查 ··· 272
　　四、法律责任 ··· 273
　第二节　反垄断法 ·· 275
　　一、《反垄断法》的立法目的和调整范围 ··· 275
　　二、垄断协议 ··· 275
　　三、滥用市场支配地位的法律规制 ··· 276
　　四、经营者集中 ··· 277
　　五、滥用行政权力排除、限制竞争的法律规制 ··································· 279
　思考题 ·· 280

第十二章　消费者权益保护法 ·· 281

　第一节　消费者的权利与经营者的义务 ··· 282
　　一、消费者权益保护法概述 ··· 282
　　二、消费者的权利和经营者的义务 ··· 282
　第二节　国家对消费者权益的保护及法律责任 ··· 285
　　一、国家对消费者权益的保护 ··· 285
　　二、社会对消费者权益的保护 ··· 285
　　三、争议的解决 ··· 286
　　四、侵犯消费者权益的法律责任 ··· 287
　思考题 ·· 289

参考文献 ·· 290

绪　论

【学习目标】

　　了解法的概念、特征和作用

　　理解法的形式和我国法律体系

　　掌握我国邮政法律制度的调整范围

【能力目标】

　　能够判断邮政法在经济法中的法律地位

【导入案例】

寄件未实名　维权有风险[①]

　　张先生是经营电脑配件的淘宝店店主。2016年3月,张先生联系某快递公司上门取件,对淘宝店订单进行发货。在填写快递寄件单据时,张先生在寄件人处填写了昵称"剑客",寄件地址处未填写,在收件人处按照淘宝订单买家所留地址如实填写,张先生为此支付了快递费10元。但此后邮寄的货物在送达过程中丢失,未能送达指定地点。张先生将某快递公司诉至法院,要求赔偿货物损失。某快递公司辩称:张先生不能证实其为快递单上的寄件人"剑客",否认双方存在邮寄服务合同关系,主张张先生原告主体不适格,拒绝赔偿。张先生未考虑到快递公司否认双方存在合同关系,只能尽力搜集相应证据,并向法院提交了快递单原件、淘宝订单详情,并打印了自己的银行流水以便证实支付快递费用的情况。

　　法院经审理后认为,张先生持有快递单原件,并在快递发出当日向被告快递公司支付了快递费用,并综合邮寄物品、收件人情况与淘宝订单相符合的因素,认定了张先生与快递公司存在邮寄服务合同关系。

【引导问题】

　　您想了解邮政法律制度的内涵吗?您想了解邮政法在经济法中的地位和作用吗?带着这些问题,我们走进本章的学习。

[①] 摘编自《人民法院报》2017年9月。

第一节 法的概述

一、法的概念、特征和作用

(一) 法的概念

法有广义和狭义之分。广义"法"的概念是指法的整体,也就是指宪法、法律(全国人民代表大会及其常务委员会制定)、行政法规(国务院制定)、地方法规(地方国家权力机关制定)及部门规章(国务院各部委和省级人民政府制定)。狭义的"法律"仅指由全国人民代表大会及其常务委员会制定。根据约定俗成的原则,法学家们把所有的法称为法律。到目前为止,中外法学家关于法的定义的争论没有得到统一。法的定义区分为两种基本立场,即实证主义法的概念和非实证主义法的概念。

马克思主义对法的定义是从历史唯物主义和辩证唯物主义出发,认为法根源于物质生活条件,法是由一定的物质生活条件决定的统治阶级意志的体现,是由国家制定和认可并由国家强制力保证实施的规范体系,通过权利义务的规定,以确认、保护和发展有利于统治阶级的社会关系和社会秩序。

(二) 法的特征

(1) 法是由国家制定和认可并由国家强制力保证实施的规范体系;
(2) 法以权利和义务为基本内容;
(3) 法是具有普遍性的社会规范;
(4) 法以国家强制力保证为后盾,通过法律程序为重要标志来实现的社会规范。

(三) 法的作用

法的作用是法对主体和社会关系、社会生活所发生的影响力。法的作用可以分为规范作用与社会作用。

1. 法的规范作用

规范作用主要解决主体的行为问题。法的规范作用具体体现在指引、评价、教育、预测和强制等。

2. 法的社会作用

社会作用主要解决对社会关系加以调整的问题。法的社会作用是从法的本质和目的这一角度出发确定的法的作用,是由法的内容、目的决定的。法的社会作用主要涉及三个领域和两个方向。三个领域即社会经济生活、政治生活、思想文化生活领域;两个方向即政治职能和社会职能。

法的规范作用和社会作用是相互联系的,对主体的行为加以规范化不是目的,而是通过这种规范对社会关系产生影响,调整一定的社会关系,使社会关系处于有序的状态。另外,要对社会关系加以调整,就必须借助于对主体的行为加以调整。

二、法的形式

法的形式,也被称为法的渊源,是指由一定的有权国家机关制定的各种规范性法律文件的表现形式。当代中国法的渊源主要是以宪法为核心的各种制定法,包括宪法、法律、行政法规、规章、民族自治法规、地方性法规、经济特区的规范性文件、特别行政区的法律法规、国际条约和国际惯例等。这是由我国国家和法的本质所决定的。以上被称为法的正式渊源。此外,在法学上一般将习惯、判例、政策等也视为我国法的非正式渊源。

三、当代中国的法律体系

法律体系,是指一国的部门法体系,即将一国现行的全部法律规范,根据一定的标准和原则划分成不同的法律部门,并由这些法律部门所构成的具有内在联系的统一整体,不包括完整意义上的国际法即国际公法。我国已经形成以宪法为核心,以涵盖宪法及宪法相关法、民法商法、行政法、经济法、社会法、刑法、诉讼与非诉讼程序法等七个法律部门的法律为主干,由法律、行政法规、地方性法规等三个层次法律规范构成了当代中国的法律体系。

(一) 宪法

宪法是国家的根本法。宪法在我国的法律体系中具有特殊的法律地位,是整个法律体系的基础。除了宪法居于主导地位的规范性文件以外,习惯上把《全国人民代表大会组织法》《民族区域自治法》《香港特别行政区基本法》《澳门特别行政区基本法》《立法法》《全国人民代表大会和地方人民代表大会选举法》《全国人民代表大会和地方人民代表大会代表法》《国旗法》《国徽法》《国籍法》等作为与宪法相关的法律。

(二) 行政法

行政法是调整国家行政管理活动中的各种社会关系的法律规范的总和,分为一般行政法和特别行政法。一般行政法是指有关行政主体、行政行为、行政程序、行政责任等一般规定的法律法规,如《行政复议法》《行政处罚法》等。特别行政法指规范各专门行政职能部门如国防、外交、人事、民政、公安、国家安全、民族、宗教、侨务、教育、科学技术、文化、体育、医药卫生、城市建设、环境保护等方面的管理活动的法律法规。

(三) 民法商法

民法是调整作为平等主体的公民之间、法人之间、公民和法人之间等的财产关系和人身关系的法律。我国目前尚无一部较完整的民法典,我国民法部门的规范性法律文件主要由民法总则和单行民事法律组成。单行民事法律主要有《合同法》《物权法》《担保法》《婚姻法》《继承法》《收养法》《商标法》《专利法》《著作权法》等。

在明确提出建立社会主义市场经济体制以后,商法作为法律部门的地位才为人们所认识。商法是调整平等主体之间的商事关系或商事行为的法律规范的总和。我国的商法主要有《公司法》《证券法》《票据法》《保险法》等。商法是一个法律部门,但民法规定的有关民事关系的很多概念、规则和原则也通用于商法。从这一意义来讲,我国实行"民商合一"的原则。

(四) 经济法

经济法是调整国家对经济实行宏观调控和对经济活动进行协调过程中所发生的经济关系的法律规范的总称。经济法是国家为促进和保障市场经济的健康发展,维护经济秩序而制定的,经济法的本质是国家对经济的干预和协调。经济法调整的是特定的经济关系,是国家在宏观调控和协调社会经济运行中发生的经济关系,主要包括《反不正当竞争法》《反垄断法》《广告法》《中国人民银行法》等。

（五）社会法

社会法是调整劳动关系、社会保障、社会福利和特殊群体权益保障等关系的法律规范的总称。我国已经制定的社会法有：《劳动合同法》《工会法》《未成年保护法》《老年人权益保障法》《妇女权益保障法》《残疾人保障法》《矿山安全法》《红十字会法》《公益事业捐赠法》等。

（六）刑法

刑法是规定犯罪、刑事责任和刑罚的法律规范的总称，是当代中国法律体系中一个基本的法律部门。我国目前的刑法法律部门包括1997年3月14日第八届全国人民代表大会第五次会议修订后的《刑法》和此后的刑法修正案以及全国人民代表大会常务委员会制定的有关惩治犯罪的决定等。

（七）诉讼与非诉讼程序法

程序法是保障实体法所规定的权利义务关系的实现而制定的诉讼程序的法律，又称诉讼法。我国目前诉讼与非诉讼程序法主要有《刑事诉讼法》《民事诉讼法》《行政诉讼法》《仲裁法》等。

第二节　邮政法律制度概述

邮政法是指调整邮政业关系的邮政规范的总称。本书对邮政法律制度调整的范围是从广义的角度来讲的。目前，我国已经形成以《中华人民共和国邮政法》为核心，包括邮政行政规章以及邮政地方性法规和邮政地方政府规章在内的多层次邮政法律规范；另外，还包括邮政企业在经营管理中常用的法律规范。

一、邮政法律制度

（一）新修订《邮政法》

《中华人民共和国邮政法》于1986年12月2日经第六届全国人大常委会第十八次会议通过，1987年1月1日起施行（以下简称1986年《邮政法》）。自国家1999年4月启动《中华人民共和国邮政法》的修订工作到新法颁布的实施，历经了10年修订，于2009年4月24日经第十一届全国人大常委会第八次会议审议通过，自2009年10月1日起施行修订后的《中华人民共和国邮政法》，2012年10月26日第十一届全国人民代表大会常务委员会第二十九次会议第一次修订了《中华人民共和国邮政法》，2015年4月24日第十二届全国人民代表大会常务委员会第十四次会议上全国人民代表大会常务委员会第二次对《中华人民共和国邮政法》进行了修订。修订后的《邮政法》共九章八十七条，新《邮政法》的修订颁布丰富和完善了我国邮政法律体系，完善充实了我国基本公共服务体系建设，《邮政法》为促进邮政行业科学发展提供了法律保障。修订后的《邮政法》是我国邮政业发展历程中的重要里程碑，在一个行业的制度框架下建立了邮政普遍服务和快递业务两类不同性质的制度体系。将传统的邮政服务和现代的快递业务统一在"邮政法"里进行规范，是世界邮政立法的一个创新。

（二）行政法规

1.《中华人民共和国邮政法实施细则》

《中华人民共和国邮政法实施细则》是1986年《邮政法》的延伸，1990年11月12日由国务院发布并于同日施行。

2.《快递暂行条例》

2018年5月1日起实施的《快递暂行条例》，是我国第一部针对快递业进行立法的法律制度层面设计的行政法规。《快递暂行条例》分总则、发展保障、经营主体、快递服务、快递安全、监督检查、法律责任、附则等八章四十八条，是有关部门、企事业单位、行业协会、从业人员和用户应当遵守的行为规则。《快递暂行条例》是在党的十九大之后取得的重要立法成果，是推动和保障快递业安全发展的重要法律制度，具有里程碑的重大意义。

（三）行政规章

1.《邮政普遍服务监督管理办法》

根据中华人民共和国交通运输部令(2015年第19号)，《邮政普遍服务监督管理办法》于2015年10月9日经第17次部务会议通过，自2015年12月1日起施行，2008年9月1日起施行的《邮政普遍服务监督管理办法》(交通运输部令2008年第3号)同时废止。《邮政普遍服务监督管理办法》提出了普遍服务的承担主体、业务范围以及邮政普遍服务监督管理遵循公正、公开的原则，《邮政普遍服务监督管理办法》(以下简称《办法》)共七章六十五条，分别为总则、服务保障、服务规范、用户权利与义务、监督管理、法律责任和附则。总则在《邮政法》的基础上，从保障普遍服务、深化改革的角度进一步细化了对邮政企业的要求。在服务保障方面，《办法》明确了政府部门、企业、第三方主体等在普遍服务保障方面的义务性要求。在服务规范方面，《办法》规定了业务范围、服务标准、服务形式及要求、通邮登记，规定非邮政企业与邮政企业签订委托协议，代理代办邮件寄递业务的审批程序的规定。

2.《集邮市场管理办法》

《集邮市场管理办法》于2016年5月12日经交通运输部第9次部务会议通过，自2016年8月1日起施行。《集邮市场管理办法》从总则、经营主体、经营行为、监督管理法律责任、附则等几个方面进行规制。加强集邮市场监督管理，规范集邮市场经营秩序，保护消费者合法权益，促进集邮市场健康发展，对在中华人民共和国境内的集邮票品经营活动和集邮市场进行监督管理。

（1）明确了监管主体及职责。国务院邮政管理部门负责全国集邮市场的监督管理工作。省、自治区、直辖市邮政管理机构在国务院邮政管理部门的领导下，负责本行政区域的集邮市场监督管理工作。按照国务院规定设立的省级以下邮政管理机构负责本辖区的集邮市场监督管理工作。邮政管理部门应当建立日常巡查、随机抽查、专项检查等制度，综合运用大数据技术和信息化手段，加强对集邮市场的监督管理。

（2）集邮市场管理坚持遵循公开、公平、公正的原则，引导市场经营主体规范经营，邮政管理部门依法对集邮市场实施监督管理。

（3）规定了经营主体的合法性。邮票品集中交易市场开办者应当在办理工商登记后二十日内按照国务院邮政管理部门的规定向所在地省级以下邮政管理机构办理备案手续，并提交材料。网络交易平台还应当提交互联网接入服务商网站备案等网络审批管理证明文件复印件；有固定经营场所的，以固定经营场所所在地为其所在地；没有固定经营场所的，以互联网信息服务业务(ICP)许可或者备案地为其所在地。

（4）集邮票品经营者应当遵循诚实信用、公平交易的原则，遵守商业道德，集邮票品经营者向消费者提供的集邮票品信息应当真实、准确、完整，不得向消费者作虚假或者引人误解的集邮票品宣传。

3.《邮票发行监督管理办法》

交通运输部于2013年4月12日通过《邮票发行监督管理办法》，共有总则、一般规定、选题及图案、发行计划、印制与销售、邮资凭证停用、监督管理、法律责任和附则等九章六十五条，加强了邮票发行的监督管理，保障邮政通信需要，促进了集邮市场健康发展，同时维护国家利益和消费者、邮政企业的合法权益。

4.《邮政行业安全监督管理办法》

交通运输部于2013年4月12日通过了《邮政行业安全监督管理办法》，共分总则、通信与信息安全、生产安全、应急管理、监督管理、法律责任和附则七章五十七条，加强了邮政行业安全监督管理，维护邮政通信与信息安全，保护用户合法权益，促进邮政行业健康发展。

5.《邮政用品用具监督管理办法》

信息产业部2001年第7次部务会议通过了《邮政用品用具监督管理办法》（信息产业部令第13号）。邮政用品用具的生产、销售和使用活动适用该办法，该办法对邮政用品用具的生产监制做了详细的规定。

6.《快递市场管理办法》

交通运输部于2012年12月31日经第10次部务会议通过《快递市场管理办法》，2013年3月1日起施行，其主要内容包括快递服务的经营主体、快递服务、快递安全、监督管理和法律责任等方面。

7.《快递业务经营许可管理办法》

交通运输部于2018年10月18日经第16次部务会议通过了修订后的《快递业务经营许可管理办法》。

8.《邮政业标准化管理办法》

交通运输部于2012年第8次部务会议通过《邮政业标准化管理办法》，自2013年1月1日起施行。《邮政业标准化管理办法》分总则、标准的制定范围与类型、国家标准和行业标准的制定程序、企业标准的制定、标准的实施与监督、附则等六章四十条。依据《中华人民共和国标准化法》等法律法规，规范邮政业标准化工作，加强行业标准化管理，促进邮政业健康发展。

9.《邮政行政执法监督办法》

《邮政行政执法监督办法》于2014年11月20日经交通运输部第13次部务会议通过，自2015年1月1日起施行。《邮政行政执法监督办法》分总则、监督机构及其职责、监督范围和方式、监督程序和处理、行政执法责任追究、法律责任、附则等八章五十六条。明确了规范邮政行政执法工作，提高邮政行政执法效能，做到科学执法、文明执法、公正执法和廉洁执法。

（四）邮政地方性法规、邮政地方政府规章

1. 邮政地方性法规

邮政地方性法规，即地方立法机关制定或认可的，效力不能及于全国，而只能在地方区域内发生法律效力的邮政规范性法律文件。

根据《立法法》第七十二条规定："省、自治区、直辖市的人民代表大会及其常务委员会根据本行政区域的具体情况和实际需要，在不同宪法、法律、行政法规相抵触的前提下，可以制定

地方性法规。

"设区的市的人民代表大会及其常务委员会根据本市的具体情况和实际需要,在不同宪法、法律、行政法规和本省、自治区的地方性法规相抵触的前提下,可以对城乡建设与管理、环境保护、历史文化保护等方面的事项制定地方性法规,法律对设区的市制定地方性法规的事项另有规定的,从其规定。设区的市的地方性法规须报省、自治区的人民代表大会常务委员会批准后施行。省、自治区的人民代表大会常务委员会对报请批准的地方性法规,应当对其合法性进行审查,同宪法、法律、行政法规和本省、自治区的地方性法规不抵触的,应当在四个月内予以批准。省、自治区的人民代表大会常务委员会在对报请批准的设区的市的地方性法规进行审查时,发现其同本省、自治区的人民政府的规章相抵触的,应当做出处理决定。除省、自治区的人民政府所在地的市,经济特区所在地的市和国务院已经批准的较大的市以外,其他设区的市开始制定地方性法规的具体步骤和时间,由省、自治区的人民代表大会常务委员会综合考虑本省、自治区所辖的设区的市的人口数量、地域面积、经济社会发展情况以及立法需求、立法能力等因素确定,并报全国人民代表大会常务委员会和国务院备案。

"自治州的人民代表大会及其常务委员会可以依照本条第二款规定行使设区的市制定地方性法规的职权。自治州开始制定地方性法规的具体步骤和时间,依照前款规定确定。

"省、自治区的人民政府所在地的市,经济特区所在地的市和国务院已经批准的较大的市已经制定的地方性法规,涉及本条第二款规定事项范围以外的,继续有效。"

《立法法》所称较大的市是指省、自治区的人民政府所在地的市,经济特区所在地的市和经国务院批准的较大的市。

截至2018年上半年,出台了《河北省邮政条例》等27个省级地方性法规和《南京市邮政条例》等七个市级地方性法规。

2. 邮政地方政府规章

邮政地方政府规章是指省、自治区、直辖市人民政府以及省、自治区、直辖市人民政府所在地的市、经济特区所在地的市和国务院批准的较大的市的人民政府,根据法律、行政法规和本省、自治区、直辖市的地方性法规所制定的邮政规章。

二、邮政企业在经营管理中常用的法律制度

新修订《邮政法》第十四条规定了邮政企业经营的业务有:"邮件寄递;邮政汇兑、邮政储蓄;邮票发行以及集邮票品制作、销售;国内报刊、图书等出版物发行;国家规定的其他业务"。故此,邮政企业除了要在经营管理中遵守《邮政法》的相关规定,在相关业务中还要适用《合同法》;邮政企业除了在开展电子商务业务的时候,要遵守《电子商务法》的有关规定,在邮政商函业务、邮资票品开发与制作中还要遵循《知识产权法》《广告法》等法律规定;邮政金融业务遇到的法律纠纷及防范措施适用《金融法》的法律规制;邮政企业人力资源管理还要遵守《劳动合同法》的相关规定。邮政企业作为市场经济的主体资格还要适用《公司法》,并遵循我国有关竞争法等法律规定。

三、邮政法在经济法中的法律地位

邮政法在经济法中占有重要的法律地位。经济法非常重视规划和产业政策法、产业部门

法等经济法固有和应有的内容等①。邮政法属于调整邮政业法律关系的部门法。

所谓部门法,亦称法律部门,是指根据一定的标准和原则对一国现行全部法律规范所作的分类。我国2002年国家统计局统计公布的《国民经济行业分类》标准规定:邮政业包括国家邮政和其他寄递服务,国家邮政是指国家邮政系统(现为中国邮政集团公司)提供的邮政服务。其中包括信函寄递、印刷品寄递、包裹寄递、邮品零售、邮政汇兑、邮政编码服务和特快专递服务。除此之外,国家邮政还包括邮箱出租、邮政礼仪、电子邮政等服务项目。其他寄递服务指国家邮政系统以外的邮政业经营者提供的寄递服务。

我国的产业部门法包括农业法、电信法、邮政法、交通运输法律制度以及新闻传媒业法等。《邮政法》第八条第四款规定:"提供邮政普遍服务的邮政设施等组成的邮政网络是国家重要的通信基础设施。"邮政业既有普遍服务性质的公益性业务,也有商业化的竞争业务,是统一的市场体系。《邮政法》第一条规定:"保障邮政普遍服务,加强对邮政市场的监督管理,维护邮政通信与信息安全,保护通信自由和通信秘密,保护用户合法权益,促进邮政业健康发展,适应经济社会发展和人民生活需要,制定本法。"

思 考 题

一、名词解释

1. 法的概念
2. 法的作用

二、简答题

1. 简述法的形式。
2. 简述当代中国的法律体系。
3. 简述法的形式。

---

① 史际春.经济法.2版.北京:中国人民大学出版社,2010.

上篇　新修订《邮政法》基本知识

第一章 新修订《邮政法》概述

【知识目标】

　　了解新修订《邮政法》的背景、意义
　　理解新旧《邮政法》的不同
　　掌握国外部分国家和地区邮政市场开放

【能力目标】

　　能够正确判断我国加入世界贸易组织对邮政市场准入的承诺及评价
　　能够正确地运用新修订《邮政法》

【导入案例】

夺命快递[①]

　　缪某在家上网,看中了一双儿童皮鞋,点击购买并通过"支付宝"付款。29日上午,快递员给缪某打电话,说他网购的鞋子到了,缪某拿着快件回家,打开包装,顿时一股怪味弥漫整个客厅。缪某头痛得坚持不住,去了某人民医院,后医治无效死亡。这就是震惊快递行业的1人死亡、9人中毒的"夺命快递"。

　　事情经过:原来,某化工厂是一家生产危险化学品氟乙酸甲酯的专业工厂,副厂长名叫杨某。氟乙酸甲酯是危化品,国家规定禁止寄递。氟乙酸甲酯的运输,需要由取得《危险货物道路运输许可证》的企业使用危化品专用运输车进行,运费较高。杨某为了节省运费,找了几家快递公司寄递,但都遭到拒绝。后来,规模小、效益差的某快递公司受理了他的请求,多次为他寄递氟乙酸甲酯。此次,杨某又把25公斤氟乙酸甲酯装进塑料桶拉去,发往某化工有限公司。收货员明知是危化品却收寄,且开具了0780号运单。同日,缪某网购的皮鞋由某快递收货点收寄,由同一辆货车运送到转运中心。转运中心员工王某、张某在卸货时均感觉到车厢内异味很重,随后身体不适,被送医院就诊。安全员刘某查找到还在渗漏液体的0780号邮件,确认为污染源。该中心经理梅某决定把挑选出来的150件被污染快件作为"问题件"处理,其他同车快件继续递出。其后,又有5名员工先后因身体不适到医院就诊,被诊断为有机化学品中毒,梅某这才派人报案。由于梅某仅安排员工通过目视方法挑选被污染快件,没有采取任何技术措施,因此被污染的快件未被全部拣出。29日上午,缪某收取被污染快件后发生中毒事故。

[①] 摘编自《检察日报》(2015年11月12日第005版明镜周刊)。

梅某、杨某分别被某县法院以重大责任事故罪和危险物品肇事罪判处有期徒刑二年,缓刑三年,邮政管理部门相关人员也被追究了相应的法律责任。

【引导问题】

我国的快递市场是什么时候开放的?我国加入世界贸易组织对邮政市场准入是如何承诺的?国际上快递市场是如何开放的?《邮政法》修改的背景和意义是什么?带着这些问题,我们走进本章的法律学习。

第一节 修订《邮政法》的背景及意义

当今世界邮政行业在信息技术、政府管制、市场竞争等因素的影响下正发生着深刻地变革。中国邮政市场竞争日益激烈,技术进步和邮政用户不断发展的需求给中国邮政既带来了机遇又带来了挑战。1986年12月2日第六届全国人民代表大会常务委员会第十八次会议通过了《邮政法》,我国邮政业维系多年的"政企合一"体制已成为历史。中国邮政"政企分开、监管独立"的新型框架已经形成,组建的国家邮政局,为国家邮政监管机构,根据国务院赋予的职责,负责对快递等邮政业务实行统一监管和市场准入,保障公平竞争。邮政业发展和政府监管面临新的形势,传统的政企合一的邮政管理体制已不能适应市场经济的需要。2005年8月,国务院通过《邮政体制改革方案》,启动了邮政体制改革。改革的基本思路是:一分开、两改革、四完善,把邮政推向市场化。即:实行政企分开,加强政府监管,完善市场机制,从机制和制度上保障邮政普遍服务和特殊服务,确保通信安全。通过改革,建立企业独立自主经营、政府依法监管的邮政体制,进一步促进我国邮政事业的健康发展。经历了20多年的邮政市场发展,特别是我国快递市场的放开,2009年4月24日第十一届全国人民代表大会常务委员会第八次会议对《邮政法》进行了修订。根据邮政法律发展需要,2012年10月26日第十一届全国人民代表大会常务委员会第二十九次会议进行了第一次修正,2015年4月24日第十二届全国人民代表大会常务委员会第十四次会议进行了第二次修正。

一、我国加入世界贸易组织对邮政市场准入的承诺及评价

(一)我国加入WTO时,快递市场开放的发展环境分析

我国在2001年12月11日正式加入世界贸易组织(简称WTO),当时邮政业是在政企合一的邮政体制下运行的,国有邮政部门的职责包括邮政管理和执法、提供邮政公共服务、从事快递经营等。在国有、民营、外资三类主体并存的快递市场格局中,这种运行体制引发了种种质疑。当时,我国的邮政体制改革一直都在不断推进,1986年《邮政法》也在积极的修改之中,但是普遍服务的保护措施当时还没有取得显著突破,并没有解决发达国家已经解决的普遍服务补偿机制等问题。根据我国加入世界贸易组织的承诺,2001年我国邮政和速递部门承诺开放的服务是快递服务(当时译为速递服务),但不包括邮政专营的信件快递服务,虽然我国在入世减让表中没有列出信件快递服务,但是实际上,经邮政部门委托,外资可以经营我国部分国际信件快递服务。

（二）我国加入世界贸易组织对邮政市场准入的承诺

1. 市场准入制度的概念

市场准入也即市场开放，从本质上来说就是行政许可，亦称行政审批，即行政机关根据自然人、法人或者其他组织提出的申请，经依法审查，准予其从事特定活动、认可其资格资质或者确定其特定的主体资格、特定身份的行为。根据《服务贸易总协定》，对于通过跨境提供、境外消费、商业存在、自然人存在四种服务贸易提供方式的市场准入，每个成员给予其他任何成员的服务和服务提供者的待遇，不得低于其承诺表中所同意和明确规定的条款、限制和条件。

2. 我国加入世界贸易组织对邮政市场准入的入世承诺

《服务贸易总协定》是调整世界贸易规则的主要框架之一。"通信服务"市场准入和市场放开的承诺主要体现在《服务贸易总协定》之中。《服务贸易总协定》参考联合国中心产品分类系统(CPC)的分类和定义，将服务分为12个部门，这12个部门又进一步细分为160多个分部门。"通信服务"是12个部门之一。"邮政服务"与"速递服务"均属于通信服务的分部门。

而在《联合国中心产品分类系统》《联合国中心产品目录》中，公共邮政服务(CPC7511)和速递服务(CPC7512)均属于第75大类"邮政和电信服务"。CPC75为通信服务，其中，CPC751为邮政与速递服务，CPC752为电信服务。

联合国中心产品分类系统中邮政服务与速递服务的归属关系

第75类 邮政与电信服务（POST & TELE-COMMUNICATION SERVICE）	—751 邮政基本业务和邮政增值业务（postal & courier service）	—7511 为普遍服务性质的邮政服务
		—7512 为增值服务性质的邮政服务
	—752 电信服务	……

我国加入世界贸易组织，即是按此分类进行谈判并签署协议的。邮政服务涉及国家主权和信息安全以及邮政普遍服务保障等重大问题。在WTO谈判中我国保留了对重要服务贸易部门的管理和控制权，未承诺开放公共邮政服务。这也是与世贸组织的大多数成员、特别是发展中成员的做法一致的。

（1）我国关于邮政服务和速递服务的水平承诺和具体承诺

我国加入WTO法律文件中有关邮政和速递的内容在《中华人民共和国加入议定书》附件九和《中国加入工作组报告书》中做了规定。

我国关于邮政服务和速递服务的入世承诺，主要体现在《中华人民共和国服务贸易具体承诺减让表》中。具体承诺减让表分为水平承诺和具体承诺两部分。

① 水平承诺

我国加入WTO协议中的水平承诺内容，即所谓"祖父条款"，"对于各合同协议或股权协议，或设立或批准现有外国服务提供者从事经营或提供服务的许可中所列所有权、经营和活动范围的条件，将不会使之比中国加入WTO之日时更具限制性"。对比其他国家，我国快递（原翻译为速递）入世承诺的水平比较高。在20世纪80年代，外资公司通过代理、合资等形式进入中国市场，而且中国的快递（原翻译为速递）市场开放承诺是在2001年12月11日正式加入世界贸易组织的法律文件中规定的。

中国加入议定书《服务贸易具体承诺减让表》水平承诺部分(节选)
服务提供方式:(1)跨境交付 (2)境外消费 (3)商业存在 (4)自然人流动

部门或分部门	市场准入限制
一、水平承诺	
本减让表中包括的所有部门	(3)对于各合同协议或股权协议,或设立或批准现有外国服务提供者从事经营或提供服务的许可中所列所有权、经营和活动范围的条件,将不会使之比中国加入WTO之日时更具限制性。

② 具体承诺

具体承诺是指《具体承诺减让表》中对具体服务部门的开放范围和市场准入限制的承诺。

承诺开放的具体范围是:根据具体承诺,我国有条件地开放物品类速递业务(现在通称快递业务,当时原译速递)。我国对速递服务的具体承诺是:"B.速递服务(CPC75121,现由中国邮政部门依法专营的服务除外)。"根据我国现行邮政法,专营业务是受法律保护的,因此,我们对外承诺开放的只是速递服务,并同时承诺逐步取消外资设立速递公司的股权比例限制,至2005年底,外资可以设立独资的速递公司。

中国加入议定书《服务贸易具体承诺减让表》中国速递服务部分(节选)
服务提供方式:(1)跨境交付 (2)境外消费 (3)商业存在 (4)自然人流动

部门或分部门	市场准入限制	国民待遇限制	其他承诺
二、具体承诺			
2.通讯服务			
B.速递服务(CPC75121,现由中国邮政部门依法专营的服务除外)	(1)没有限制。 (2)没有限制。 (3)加入时,将允许外国服务提供者设立合资企业,外资不超过49%。中国加入后1年内,将允许外资拥有多数股权。中国加入后4年内,将允许外资服务提供者设立外资独资子公司。 (4)除水平承诺中内容外,不作承诺。	(1)没有限制。 (2)没有限制。 (3)没有限制。 (4)除水平承诺中内容外,不作承诺。	

(2)我国未承诺开放公共邮政服务

根据具体承诺,我国没有开放公共邮政服务。邮政服务(CPC7511)是"通信服务"项下的分部门,没有列入我国的具体承诺减让表。根据WTO服务贸易的约束性承诺原则,只有列入具体承诺减让表才属于开放的部门。因此,我国没有承诺开放邮政服务。

邮政服务和速递服务与CPC的对应和具体定义

部门和分部门	所对应的CPC项目
2.通信服务	
A.邮政服务	CPC7511
(1)与信函有关的邮政服务	CPC75111:国家邮政部门提供的服务,包括寄往国内外的信函及报纸、杂志、期刊、小册子、书籍以及类似的印刷品的收寄、运输及投递等服务。
(2)与包裹有关的邮政服务	CPC75112:国家邮政部门提供的服务,包括寄往国内外的包裹等的收寄、运输及投递等服务。

续表

部门和分部门	所对应的CPC项目
(3) 邮局柜台服务	CPC75113：邮局柜台所提供的服务，诸如，销售邮票；处理保价邮件(信函、小件邮包)和挂号邮件(信函、小件邮包)以及其他邮局柜台服务。
(4) 其他邮政服务	CPC75119：信箱租赁服务、存局候领业务，以及其他没有分类的邮政服务。 例外：有关邮政汇兑和邮政储蓄业务列在8111项中。
B. 速递服务	CPC7512
(1) 多种形式的速递服务	CPC75121：由国家邮政部门以外的私营公司使用一种或多种运输方式提供的，发往国内外的信函、包裹和小包的收取、运输和投递服务。这一服务可以运用自有或者公共运输工具来提供。 例外：航空邮件业务在73210子项里边(航空运输邮件)。
(2) 其他速递服务	CPC75129：其他没有规定的物品速递业务，如，不需储存的货物的装运和转运服务。

(三) 对我国邮政现行市场准入制度的监管评价

当时的1986年《邮政法》具有一定的局限性，没有在法律层面对邮政市场的准入制度加以规定，而是以规章的形式存在，在一定程度上对维护国家安全，保障邮政市场有序竞争无疑都发挥了重要作用；但与WTO规则的要求却存在着一定的距离，主要表现为：市场准入制度不清晰，如将"行政许可"以"委托"的名义出现；地方邮政法规标准不统一，迫切需要与WTO规则相衔接的邮政行业国内立法。

1. 快递市场(原译速递市场)监管困难

我国邮政寄递市场的基本情况表现为：经过工商部门登记注册的非邮政寄递企业的情况比较复杂。

主要表现为：名称混乱(有快递公司、运输公司、物流公司、货运代理公司、家政服务公司、咨询服务公司等)；经营的范围多种多样(注册的经营范围有物品快递、文件资料的快递、国内快递、国际快递等内容)；对法律禁止经营的信函业务无统一的限制性表述等。由于寄递企业的工商登记的情况过于复杂，因此很难对全国的寄递企业进行准确的统计。

未登记注册从事寄递业务的情况，主要是一些私人公司，他们没有在工商部门登记注册，也没有在邮政部门备案，俗称"黑快递"。

目前，速递、国际快递、特快专递等词使用混乱，出现在不同的企业名称、业务范围和规章中，同一事物的不同称谓，在企业标识中混用，不同的称谓和模糊的概念容易造成法制的不统一和市场准入制度的混乱。

快递业是以传送文件、资料和小件物品为主的行业，快递业的本质属性是实物信息载体的传递，其基本的法律义务是保障用户的通信权益。因此，在WTO服务贸易分类中，被列为通信服务类。我国加入WTO即是按此分类对外做出承诺的。快递服务是邮政服务的组成部分，在WTO新一轮谈判中，世贸组织多数成员已经主张将邮政服务与快递服务合并为一个类别，以防止人为的市场分割。我国应当参照国际上的通行做法设立快递市场准入门槛，有条件有步骤地开放，并按照其行业属性进行管理。

2005年12月11日，我国政府承诺将允许外国服务提供者设立外资独资子公司。UPS、FedEx、DHL、TNT等国际性的大快递公司已经占据了中国国际快递业务80%的市场份额，快递市场的竞争会更加激烈。

2. 邮政法律法规对专营权保护不力

1986年《邮政法》第八条规定："信件和其他具有信件性质的物品的寄递业务由邮政企业专营,但国务院另有规定的除外。"邮电部根据《邮政法实施细则》第四条的授权对其内容作了具体规定,其中信函包括书信、各类文件、单据、有价证券、证件等。但是,依据国务院批准的《中华人民共和国国际货物运输代理业管理规定》,信函仅指私人信函,其他如商务文件、提单、信用证、商业发票等不属于信函。快递公司以此为据经营信件的寄递业务,甚至外商投资企业也涉足其中,世界四大快递公司打着经营国际快递业务的名义蜂拥而入,迅速占据了国内快递市场的相当一部分份额。国内也涌现出相当多的所谓"快递公司",这些公司,包括许多无照经营的公司大多数也经营信件业务。法律法规之间的规定有一定瑕疵导致了理解的偏差。

3. 对侵犯经营邮政专营业务的行为行政处罚措施不力

1986年《邮政法》只在第四十条规定由工商行政管理部门对侵权经营信件寄递业务予以处罚,但在实践中因缺乏配套制度造成可操作性较差,几乎无法运用。虽然,部分邮政地方立法中对侵犯邮政专营权规定由邮政部门处罚,但是与《邮政法》似有不符合之处,法律效力在实际运用过程中存在着不被认同的现象。社会上对专营权、普遍服务基金建立的法律保护在认识上有待统一。

二、中国邮政行业市场准入监管制度的法律法规欠缺

以落实《全面推进依法行政实施纲要》为契机,遵循合法行政、合理行政、程序正当、高效便民、诚实守信、权责统一的监管原则;创新监管方式,规范市场准入行为,改革行政许可方式,要运用间接管理、动态管理和事后监督管理等手段,充分发挥行政规划、行政指导、行政合同等方式的作用,加快电子政务建设,对邮政市场实施公平、公正的监管。

1. 加强法治建设,营造良好的邮政法治环境。

建立以邮政法为核心的邮政法治体系;制定有关邮政市场准入的相关规定,修改、完善集邮市场、邮政用品用具市场管理的相关文件;深化和完善地方性邮政立法工作。

2. 建立健全邮政企业监管组织体系,有效发挥邮政行业监管职能。

确立邮政市场准入和市场监管的法律制度,建立国家对邮政市场主体资格的确立、审核和确认的法律制度,明确邮政市场监管主体及权限划分,在法律层面明确邮政主管部门对国有邮政企业和经邮政主管部门批准从事部分邮政业务经营的企业和个人的行业管理权限。确立邮政主管部门对邮政市场的监管权和行政处罚权。组建邮政行业主管机构,主要承担政策法规、行业规划、市场监管、体制标准、服务质量监督等政府职能。加大市场监管力度,建立公平、公正、规范的市场环境,建立健全邮政质量监督体系;创建邮政公共资源管理机制。

3. 通过修订《邮政法》,有序地开放市场,规范市场准入的原则和条件;以法律形式明确邮政普遍服务的概念和补偿方式、制定服务标准等。

修订《邮政法》的一个重要而迫切的原因是:我国加入WTO之后,如何有效地保护邮政专营权,保障邮政企业代表国家履行普遍服务的义务和应当享有的权利,急需在法律上做出规范。

总之,在国际快递企业的推动下,WTO对快递业和邮政服务业的开放正在给予越来越多的关注。因此,加快对快递市场等监管制度研究,积极稳妥地推进邮政市场准入机制建设,完

善市场监管办法和相关程序,明确业务市场的界定、准入对象和实施主体、准入退出管理的主要方式等,保障公民的通信权利和国家对通信业的安全监管。

三、国内相关法律法规的制定对邮政服务的影响

(一)关于邮件丢失、毁损、延误的法律判决在法律适用上的观点不统一

1. 民法及其他单行民事法律制度对邮件损害赔偿的影响

《民法总则》第一百七十六条规定:"民事主体依照法律规定和当事人约定,履行民事义务,承担民事责任。"《民法总则》第一百七十九条规定,承担民事责任的方式主要指停止侵害,排除妨碍,消除危险,返还财产,恢复原状,修理、重作、更换,继续履行,赔偿损失,支付违约金,消除影响、恢复名誉,赔礼道歉。以上承担民事责任的方式,可以单独适用,也可以合并适用。

邮政企业在办理邮政业务中与邮政用户之间发生的赔偿纠纷属于民事纠纷,但是有的法院在判决邮件丢失、毁损、延误此类案件时突破了1986年《邮政法》的法定限额的赔偿的法律适用,而是适用民法并给予用户高额的精神损害赔偿。例如:某县王某诉邮政局高考录取通知书丢失赔偿案,原告王某获赔2000元;某县王某诉邮政局招录民警面试通知挂号信被邮局积压,致使错过了面试,法院判令邮政局赔偿原告经济损失3000元、精神损害抚慰费2万元的赔偿。从以上个案可以看出,法院在判决中有关精神损害赔偿的自由裁量权的尺度是值得商榷的。邮政企业工作人员应当严格履行邮政企业的规章制度,防止此类风险的发生。

2. 邮政普遍服务存在的主要问题

(1)邮政业务宣传力度不够造成用户对邮局工作存有偏见,用户普遍感觉邮资过高。事实上,与世界其他各国相比我国资费标准过低,导致邮政企业亏损严重,后经国务院批准上调了邮政资费,但调整后的现行邮政资费仍然处于低水平,低廉资费保证了我国公民不论住在城市还是乡村都能享受到平等的邮政业务。

(2)用户信件、报刊等邮件发放不及时,时有发生邮件短缺事件。

(3)邮局营业厅环境有待改善,服务态度有待加强。

(4)邮政服务的薄弱区域是农村,满意度等相对较低。

(二)《反垄断法》对中国邮政业的监管机制的影响

反垄断法是制止垄断行为、保护市场竞争和维护市场秩序的基本法律,也是完善市场结构、保障经济安全和确保市场配置资源基础性作用的重要法律。反垄断法对于维护经营者和消费者合法权益,促进技术创新和技术进步,提高企业竞争力,保证国民经济的健康、持续、协调发展,具有极为重要的作用。

依据产生的原因,垄断分为自然垄断、政府形成的垄断和资源垄断。自然垄断一般出现在公用事业企业,如邮政、电信等服务性领域。邮政业的市场开放和政企分开为建立邮政市场的竞争环境提供了法律基础,使传统邮政业的自然垄断性质逐渐隐退,引入新型监管方式成为必要。因此,尽快修订《邮政法》,建立独立和高效率的邮政监管机构,有利于提高中国公用企业的市场竞争力。对邮政市场的监管,不仅需要邮政业主管机关进行部门性的监管,更需要反垄断主管机关从不同角度进行职能性的监管。

总之,国内和国际法律环境的发展变化,对现行《邮政法》提出了严峻的挑战。故此,邮政企业应深化邮政管理体制改革,实施企业化运作机制,并适应市场发展的要求,在保障普遍服务的条件下自主经营、自负盈亏、自我发展,成为独立享有民事权利和承担民事义务的企业法人。

四、《邮政法》颁布的意义

20多年来,我国邮政业得到了前所未有的发展,《邮政法》站在时代的高度,较好地协调了国家利益、企业利益、广大人民利益三者之间的关系,对维护国家的信息安全、保障公民邮政通信权利的普遍服务、加强邮政通信市场的监管、保护公民的通信自由和秘密、促进邮政业的健康发展有着极其重要的历史意义和现实意义。

(1) 新修订《邮政法》坚持积极推进邮政改革和促进邮政业发展的原则,提出了一系列重要制度的设立,具有鲜明的时代特征和现实意义,规定了邮政业的范围,确认了快递业务的法律地位。这些重要的制度设计,为建立统一规范、竞争有序的邮政市场秩序,推动我国邮政业可持续发展奠定了基础。

(2) 以法律形式明确提出了邮政普遍服务的概念,建立了较为完善邮政普遍服务制度,强化了邮政普遍服务保障,充实完善了我国基本公共服务体系建设。

(3) 新修订《邮政法》确立了快递业务经营许可制度,建立了快递业务市场准入制度,保证了入市经营的快递公司能够具备一定的风险承担能力和损失赔偿条件,切实做好邮政市场监督管理工作,为建立统一规范、竞争有序的邮政市场秩序发挥了重要的作用。

(4) 制定了适应政企分开后政府对邮政市场的管理的相关法律规定,体现了国家对基本公共服务的保障,体现行政权力对市场行为的规范。健全政府依法监管、企业依法经营、强化邮政管理部门的社会管理和公共服务职能,完善对用户合法权益的保护措施,有利于加强市场经济条件下国家邮政通信信息安全的保障,维护国家信息安全和通信安全。

第二节　新旧《邮政法》对比分析

1986年12月2日第六届全国人民代表大会常务委员会第十八次会议通过的《邮政法》称为"旧《邮政法》",2009年4月24日第十一届全国人民代表大会常务委员会第八次会议进行了修订,2012年10月进行了第一次修正[①],2015年4月进行了第二次修正,以下简称"新修订《邮政法》"[②]。

一、新修订《邮政法》的主要特点

新修订《邮政法》的主要特点表现为:

---

① 第十一届全国人民代表大会常务委员会第二十九次会议决定对《中华人民共和国邮政法》将第四条修改为:"国务院邮政管理部门负责对全国的邮政普遍服务和邮政市场实施监督管理。

"省、自治区、直辖市邮政管理机构负责对本行政区域的邮政普遍服务和邮政市场实施监督管理。

"按照国务院规定设立的省级以下邮政管理机构负责对本辖区的邮政普遍服务和邮政市场实施监督管理。

"国务院邮政管理部门和省、自治区、直辖市邮政管理机构以及省级以下邮政管理机构(以下统称邮政管理部门)对邮政市场实施监督管理,应当遵循公开、公平、公正以及鼓励竞争、促进发展的原则。"

② 第十二届全国人民代表大会常务委员会第十四次会议对《中华人民共和国邮政法》作如下修改。(一)将第二条第四款修改为:"本法所称邮政普遍服务,是指按照国家规定的业务范围、服务标准,以合理的资费标准,为中华人民共和国境内所有用户持续提供的邮政服务。"(二)将第三十九条第一款修改为:"实行政府指导价或者政府定价的邮政业务范围,以中央政府定价目录为依据,具体资费标准由国务院价格主管部门会同国务院财政部门、国务院邮政管理部门制定。"(三)将第四十条第一款修改为:"国务院有关部门制定邮政业务资费标准,应当听取邮政企业、用户和其他有关方面的意见。"

(一) 加大对消费者的保护力度

新修订《邮政法》在立法目的上强化了对用户合法权益的保护。

1. 《邮政法》规定了邮政企业或者快递公司应履行如实告知和公示义务

《邮政法》特别规定了邮政企业或者快递公司在营业场所公示或者以其他方式公布服务种类和营业时间,以及资费标准和服务质量投诉办法。用户对快递公司在服务质量管理方面的投诉主要有:

(1)"先签快递单后验快件物品"的做法不符合有关快递规定,新修订《邮政法》将其明确规定为"霸王条款"。

(2)快递公司"虚假承诺",比如:承诺发货或者送货都是上门签收,结果用户都是取货;服务态度极其恶劣,找各种借口不送货;快递公司服务热线难打通。新修订《邮政法》明确规范快递公司服务的投诉机制。

(3)快递公司的快件损害赔偿不积极。新修订《邮政法》明确规定了快件丢失、毁损和延误的赔偿损失。

【案例】

快递公司虚假承诺案

李小姐2月5日委托某快递公司寄递一部手机到A市。2月9日,李小姐得知物品还没有送到目的地,就联系快递公司,对方一开始称业务范围不到A市,后来又改口称是快递超期。李小姐要求对方给出具体解决方案,对方却总以多种理由推脱,双方协商失败。李小姐因此投诉要求快递方尽快送达其物品,同时道歉并给予其适当补偿。

2. 规范快递合同,防止格式条款,约束企业行为,保护用户合法权益

新修订《邮政法》第二十二条规定:"邮政企业采用其提供的格式条款确定与用户的权利义务的,该格式条款适用《中华人民共和国合同法》关于合同格式条款的规定。"国家邮政局发布的《快递服务》邮政行业标准规定:"快递运单为服务格式合同。快递运单的格式条款应符合法律规定,体现公平、公正的原则,文字表述应真实、简洁、易懂。"快递运单的格式条款合法有效的前提,必须是提供格式条款的一方遵循公平原则确定当事人之间的权利义务,并采取合理的方式提请对方注意免除或者限制其责任的条款,按照对方的要求,对该条款予以说明。

对于快递件承递过程中所发生的"不可抗力"的范围,不任意作扩大解释,并严格依照法律规定承担责任。另外,在快递详情单上注明快递的企业名称、地址和联系方式,方便发件人与收件人进行查询和行使交涉等权利。

【案例】

某快递公司擅自改投其他公司手机变砖头投诉案

张先生代表其所在公司于2017年1月4日通过A快递公司快递一台手机(价值5000元人民币)到南京,该快递公司在未通知发件人的情况下擅自改投B快递公司,1月6日B快递公司的业务员未联系收件人,就让收件人同事签收了此快件。因当时收件人未在现场,等到收件人本人打开快递时,发现手机变成了一个砖头。张先生所在公司于1月7日与A快递公司取得联系,并将事件详细告知该快递公司,但对方一直采取推诿的态度,故投诉至某市消协。

(二) 在《邮政法》的一个框架下,两种重要制度(普遍服务制度、快递许可制度)的设立,为邮政业的发展提供了法律保障

1. 加大普遍服务制度保障力度,保障公民的通信权利

新修订《邮政法》对普遍服务制度的保障力度更加系统化、规范化和合理化。这彰显着《邮政法》在国家保障的同时,对民事权利的日益渗透。平常邮件作为普遍服务重要业务之一,邮件损失赔偿纠纷案件成了社会关注的焦点。1986年《邮政法》第三十四条规定,邮政企业对平常邮件的损失不承担赔偿责任[1],但是在司法判例中标准不统一,同一性质的案件有时判决结果截然相反。《邮政法》的法律地位及效力如何适用、其与《民法通则》的关系都是热门话题,司法工作者、专家学者、社会公众各抒己见,存在种种不同的看法。新修订《邮政法》规定:"邮政企业对平常邮件的损失不承担赔偿责任;邮政企业对给据邮件的损失依照法定限额赔偿。但是,邮政企业因故意或者重大过失造成平常邮件损失的除外。"因此,邮政企业因故意或者重大过失造成平常邮件损失,就要对平常邮件的损失承担赔偿责任;反之,则不承担赔偿责任。之所以邮政普遍服务业务和特殊业务得到不同的待遇,是因为其更为艰巨的社会保障责任的存在,是受社会法调整的责任体系制约的。

【案例1】

挂号信通知延误赔偿案

几年前,A县王某报考某省公务员,该省以挂号信方式通知王某参加面试(因王某所在贫困山区电话信号不通),但A县邮递员陶某积压邮件,致使王某收到信时面试已经结束,因此王某未被录用。王某诉至A县法院,要求邮政局赔偿因信件未及时投递所造成的经济损失和精神损失7.53万元。A县法院依据《民法通则》判令A县邮政局赔偿王某经济损失3 000元,精神损害抚慰金2万元。A县邮政局不服判决提起上诉,中级人民法院维持原判。

【案例2】

高考录取通知书延误赔偿案

某年7月,张某参加高考,被某电大录取,但张某在填写家庭住址时,填写的邮政编码和实际住址不一致。电大在新生报到须知上规定,新生必须在9月9日至10日到校报到缴费,不按期报到作放弃入学处理。该录取通知书以平信寄出。当地邮政局在按邮政编码分拣该信时,投向错误地址,后几经周折才到达张某处,但此时已过了报到日期,电大已经补录了学员。张某起诉至法院称,因邮政局、电大工作人员不负责任,致其迟收录取通知书,从而未能按时报到而被作自动放弃入学处理,精神受到严重刺激,现已无法复读,经某市第三人民医院诊断为精神分裂症。请求判令被告赔偿精神损失费、医疗费、生活补助费、学习培养费等费用12万元。法院最后判电大赔偿张某精神损失费1.2万元,医疗费36.92元,邮政局赔偿其精神损失费1.8万元,医疗费55.38元。

---

[1] 1986年《中华人民共和国邮政法》第三十四条规定:"有下列情形之一的,邮政企业不负赔偿责任:(一)平常邮件的损失;(二)由于用户的责任或者所寄物品本身的原因造成给据邮件损失的;(三)除汇款和保价邮件以外的其他给据邮件由于不可抗力的原因造成损失的;(四)用户自交寄给据邮件或者交汇汇款之日起满一年未查询又未提出赔偿要求的。"

2. 规范快递许可制度和快递准入制度,强化了寄递渠道的安全监管,保障国家信息安全

新修订《邮政法》增加了快递业务一章的内容,规范快递业务是邮政法的主要组成部分。另外,对邮政服务的十二条规定①(邮件、邮件处理场地、邮政企业及其从业人员)直接适用快递业务,体现了国家对邮政市场监管创造的良好的发展环境,体现了行政权力对市场的规范。

【案例】

利用国际快递渠道走私毒品案件

某海关缉私局根据情报得知,一份来自国外的快件可能藏有毒品,便立即对此快件进行了全程监控,紧裹在 CD 碟外盒的纸制包装被缉私警察切开后,几个被压得薄薄的蓝色塑料袋赫然显现,大量白色粉末均匀地铺在袋子里,经检验白色粉末为毒品海洛因,共计 247.37 克。

二、新旧《邮政法》比较

新旧《邮政法》章节比较

章节	《邮政法》第二次修订 2015.4.24	《邮政法》第一次修订 2012.10.26	新修订《邮政法》2009.4.24		1986 年《邮政法》1986.12.2	
	条目内容	条目内容	条目内容	条款次数	条目内容	条款次数
第一章	修改第二条第四款	修改第四条	总则	7	总则	9
第二章			邮政设施	6	邮政设施	2
第三章			邮政服务	25	邮政业务的种类和资费	8
第四章	修改第三十九条第一款、修改第四十条第一款		邮政资费	6	邮件的寄递	6
第五章			损失赔偿	6	邮件的运输、验关和检疫	6
第六章			快递业务	10	损失赔偿	4
第七章			监督检查	6	罚则	5
第八章			法律责任	17	附则	4
第九章			附则	4		
总计	修改 3 条	修改 1 条		87		44

(一)新旧《邮政法》的立法目的、时代背景明显不同

1. 1986 年《邮政法》的立法目的

1986 年《邮政法》是 1978 年改革开放后,在建立社会主义法律体系的大背景下提出的,对保证党和国家政令畅通,从中央到地方各级党政部门自身运转所必需的通信业务起到了重要

---

① 《邮政法》第五十九条规定:"本法第六条、第二十一条、第二十二条、第二十四条、第二十五条、第二十六条第一款、第三十五条第二款、第三十六条关于邮政企业及其从业人员的规定,适用于快递企业及其从业人员;第十一条关于邮件处理场所的规定,适用于快件处理场所;第三条第二款、第二十六条第二款、第三十五条第一款、第三十六条、第三十七条关于邮件的规定,适用于快件;第四十五条第二款关于邮件的损失赔偿的规定,适用于快件的损失赔偿。"

保障,体现了"邮政"通政、通民、通商三大功能。随着经济发展,为了更好地保障公民的基本通信权利,我国开始了《邮政法》的立法起草工作。1986年《邮政法》立法的主要目的是保护通信自由和通信秘密以及保证邮政工作的正常运行。1986年《邮政法》的立法内容尚有指令性、计划性等时代烙印,但其在私权利的保护上所体现的平等理念、契约精神已深深地撕开了时代的口子,成为保证改革成果的重要法律依据。

2. 新修订《邮政法》的立法主要目的

20多年来,随着我国经济社会的快速发展,特别是我国社会主义市场经济体制的确立以及我国加入WTO,邮政领域发生了全面而深刻的变化,邮政市场的发展得到了前所未有的发展,邮政体制改革也在稳步推进。新修订《邮政法》正是顺应改革发展的新形势、新需求而出台的。新修订《邮政法》与1986年的《邮政法》相比,修订后的《邮政法》借鉴世界邮政改革发展的成功经验,充分依据我国的基本国情,提出了一系列重要的制度设计,具有鲜明的时代特征和现实操作性。

(二)新修订《邮政法》打破了原《邮政法》政企合一的体制

1. 1986年《邮政法》规定邮政政企合一的体制

原国家邮政局既是行政机构,又是公用企业,地方邮政局根据国家邮政局的授权,负责地方邮政行业管理。国家邮政局主要职责之一,是依法管理邮政市场与集邮市场并实施监督检查,维护邮政秩序。根据《邮政法实施细则》第五十六条和五十七条的规定,对违反《邮政法》《邮政法实施细则》规定的违法行为,明确邮电管理局或其授权单位有行政处罚权。

《集邮市场管理办法》(2000年5月24日国家邮政局、国家工商行政管理局第1号令)、《邮政用品用具监督管理办法》(2001年8月10日信息产业部令第13号),以及《仿印邮票图案管理办法》(2000年10月8日信息产业部令第4号)等部门规章,对集邮市场、邮政用品用具的监督与管理以及仿印邮票图案的管理做了明确的规定。

1986年《邮政法》第三条规定:"国务院邮政主管部门所属的邮政企业是全民所有制的经营邮政业务的公用企业。邮政企业按照国务院邮政主管部门的规定设立经营邮政业务的分支机构。"

2. 新修订《邮政法》适应邮政体制改革的要求,建立政企分开、权责明确、职能统一的邮政管理制度,并进一步加强政府的公共服务和社会管理职能

新修订《邮政法》的核心内容是建立邮政普遍服务的保障和监督制度,将保障公民通信权利作为立法的重要内容;建立快递市场准入制度,明确包括快递企业、快递业务以及快件的法律地位等。

(三)新修订《邮政法》与1986年《邮政法》的体例和内容有所区别

1. 1986年《邮政法》体例和内容

1986年12月2日第六届全国人大常委会第十八次会议通过《邮政法》,1987年1月1日起施行。《邮政法》共分总则、邮政企业的设置和邮政设施、邮政业务的种类和资费、邮件的寄递、邮件的运输验关和检疫、损失赔偿、罚则及附则等八章四十四条。

2. 新修订《邮政法》体例和内容

新修订《邮政法》共分总则、邮政设施、邮政服务、邮政资费、损失赔偿、快递业务、监督检查、法律责任和附则等九章八十七条,增加了普遍服务制度、快递市场准入制度,修订了邮政市场监管职责、安全监管制度、邮政资费定价机制以及在邮件损失赔偿的责任范围、赔偿标准、免责条款等。新修订《邮政法》更加注重现实社会的需求和对消费者的保护,维护邮件安全,保障国家信息安全。

(四)新修订《邮政法》与1986年《邮政法》对邮政业务中的寄递、快递、邮件、快件等法律术语解释不尽相同

1. 1986年《邮政法》对邮政业务中的法律术语解释

(1)邮件:指通过邮政企业寄递的信件、印刷品、邮包、汇款通知、报刊等。

(2)信件:指信函和明信片。

(3)平常邮件:指邮政企业及其分支机构在收寄时不出具收据,投递时不要求收件人签收的邮件。

(4)给据邮件:指挂号信件、邮包、保价邮件等由邮政企业及其分支机构在收寄时出具收据,投递时要求收件人签收的邮件。

(5)国际邮递物品:指中华人民共和国与其他国家和地区的用户相互寄递的印刷品和邮包。

(6)邮政专用品:指邮政日戳、邮政夹钳和邮袋。

2. 新修订《邮政法》对邮政业务中寄递、快递等的法律术语解释

随着改革开放的脚步加快,中国快递业从无到有,从小到大逐步发展,尤其是近年来,经营快递业务的企业大量产生。新修订《邮政法》从法律层面上肯定了快递公司的法律地位,解释了快件的概念,同时区分了快递业务和物流业务的界限,为邮政业的健康、可持续发展提供了有力的保障。

(1)寄递:是指将信件、包裹、印刷品等物品按照封装上的名址递送给特定个人或者单位的活动,包括收寄、分拣、运输、投递等环节。

(2)快递:是指在承诺的时限内快速完成的寄递活动。

(3)邮件:是指邮政企业寄递的信件、包裹、汇款通知、报刊和其他印刷品等。

(4)快件:是指快递企业递送的信件、包裹、印刷品等。

(5)信件:是指信函、明信片。信函是指以套封形式按照名址递送给特定个人或者单位的缄封的信息载体,不包括书籍、报纸、期刊等。

(6)包裹:是指按照封装上的名址递送给特定个人或者单位的独立封装的物品,其重量不超过五十千克,任何一边的尺寸不超过一百五十厘米,长、宽、高合计不超过三百厘米。

(7)平常邮件:是指邮政企业在收寄时不出具收据,投递时不要求收件人签收的邮件。

(8)给据邮件:是指邮政企业在收寄时向寄件人出具收据,投递时由收件人签收的邮件。

(9)邮政设施:是指用于提供邮政服务的邮政营业场所、邮件处理场所、邮筒(箱)、邮政报刊亭、信报箱等。

(10)邮件处理场所:是指邮政企业专门用于邮件分拣、封发、储存、交换、转运、投递等活动的场所。

(11)国际邮递物品:是指中华人民共和国境内的用户与其他国家或者地区的用户相互寄递的包裹和印刷品等。

(12)邮政专用品:是指邮政日戳、邮资机、邮政业务单据、邮政夹钳、邮袋和其他邮件专用容器。

思 考 题

一、名词解释

1. 邮件
2. 快件
3. 邮政设施
4. 邮件处理场所

二、简答题

1. 新旧《邮政法》有什么不同?
2. 新修订《邮政法》是哪一年通过的?
3. 我国加入世界贸易组织对邮政市场准入的承诺是什么?
4. 新修订《邮政法》的主要内容是什么?

第二章　新修订《邮政法》的主要内容

【学习目标】

　　了解邮政企业专营业务
　　理解邮政管理部门的法律地位和职责
　　掌握邮政普遍服务制度
　　掌握快递业务经营许可制度
　　掌握邮政业务资费的制定机制
　　掌握寄递渠道安全监管的制度和措施

【能力目标】

　　能够正确地运用邮政普遍制度
　　能够正确地分析邮件、快件损失赔偿制度的相关案例

【导入案例】

某快递公司与某服饰店邮寄快递服务合同纠纷案[①]

　　2017年1月2日,某快递公司揽投员徐某在某服饰(皮草)店取件后未将快件交至公司。2017年1月6日,徐某向公安机关报案,称其在某服饰店取完快件后遗忘在服饰店与另外一家服装店两个店门中间的台阶上。公安机关对徐某和服饰店的经营者张某进行询问,但没有得出调查结论,双方发生纠纷诉至法院。

　　一审法院判决:

　　1. 徐某作为某快递公司的工作人员,其收取快件行为系职务行为,行为后果应由公司承担。徐某将服饰店的快件遗失,某快递公司应当承担赔偿责任。

　　2. 徐某在快件丢失后在服饰店书写的欠据上签字,该欠据记载的物品种类为"皮草4件"。虽然徐某陈述其收件时未验视,并主张欠据是其被胁迫签的字,但在收件时验视是快递员的义务,而徐某亦未提供证据证明其在欠据上签字时受到胁迫。结合某服饰店一审过程中提供的其与收货方的聊天记录,可以证明徐某丢失快件内的物品是四件貂皮大衣。某快递公司主张四件貂皮大衣的重量不可能仅为4千克,但负责称重的是徐某,徐某始终未就丢失快件的详细情况做出具体的描述和说明,仅凭重量方面存在的疑点不足以推翻徐某出具的欠据等证据。

---

　　① 摘编自《中国裁判文书网》。

3. 快递公司主张某服饰店有可能自行将快件取回及徐某有可能与某服饰店恶意串通,但未提供证据加以证明,对其该项主张,本院不予支持。

4. 虽然某快递公司的快递单上记载"快件价值超过500元,建议进行保价",且某服饰店未保价,但该建议性条款并不能免除某快递公司丢失快件而产生的赔偿责任。

【引导问题】

您了解新修订《邮政法》吗?您知道邮政普遍服务的制度、快递业务经营许可制度的内容、快递暂行条例的规制以及邮政业务资费的制定机制吗?邮件丢失、毁损、延误的赔偿机制是如何规定的?带着这些问题,我们走进本章的学习。

第一节　我国邮政管理部门的法律地位和主要职能

一、我国邮政管理部门的法律地位

新修订《邮政法》第四条规定:"国务院邮政管理部门负责对全国的邮政普遍服务和邮政市场实施监督管理。省、自治区、直辖市邮政管理机构负责对本行政区域的邮政普遍服务和邮政市场实施监督管理。按照国务院规定设立的省级以下邮政管理机构负责对本辖区的邮政普遍服务和邮政市场实施监督管理。国务院邮政管理部门和省、自治区、直辖市邮政管理机构以及省级以下邮政管理机构(以下统称邮政管理部门)对邮政市场实施监督管理,应当遵循公开、公平、公正以及鼓励竞争、促进发展的原则。"

2008年3月,根据《国务院关于部委管理的国家局设置的通知》(国发〔2008〕12号),设置国家邮政局,由交通运输部管理。重新组建的国家邮政管理局,是国家邮政行业管理部门。依据《国务院关于印发邮政体制改革方案的通知》(国发〔2005〕27号)和国务院办公厅《关于印发省(区、市)邮政监管机构机构设置主要职责和人员编制规定的通知》(国办发〔2006〕8号)等文件,省(自治区、直辖市)邮政管理局实行垂直管理体制,由国家邮政局直接领导,省(自治区、直辖市)邮政管理局承担重要职责。2012年根据国务院办公厅《关于完善省级以下邮政监管体制的通知》(国办发〔2012〕6号)有关规定,经国务院同意,进一步完善了县级以下邮政监管体制。新修订《邮政法》规定,按照国务院规定设立的省级以下邮政管理机构负责对本辖区的邮政普遍服务和邮政市场实施监督管理,邮政管理部门拥有监督管理所在地区邮政普遍服务和特殊服务以及监督管理邮政市场的职能和职责;贯彻执行国家关于邮政业管理的法律法规、方针政策和邮政服务标准;监督管理所在地区邮政市场;组织协调所在地区邮政普遍服务以及机要通信、义务兵通信、党报党刊发行、盲人读物寄递等特殊服务的实施。

二、邮政管理部门的主要职能

根据新修订《邮政法》等法律、法规和规章的规定,国家邮政管理部门的主要职责如下。

（一）拟订邮政行业的发展战略、规划、政策和标准，提出深化邮政体制改革和促进邮政与交通运输统筹发展的政策建议，起草邮政行业法律法规和部门规章草案。

1. 修订后的《邮政法》是我国邮政业发展历程中的重要里程碑

加紧制定《邮政法》等配套法律法规规章，健全政府依法监管、企业依法经营、强化邮政管理部门的社会管理和公共服务职能，完善对用户合法权益的保护措施，以便营造良好的法治环境。

2. 加快指导邮政行业地方立法进程

加强规划引导，推进地方立法，形成支持行业发展的完整体系。加紧编制快递服务发展规划，通过落实规划目标，优化快递发展环境，提高快递企业服务能力和竞争能力。加快制定城乡邮政基础设施建设规划，推进邮站建设，重点组织编制城市局所建设改造规划。联系各级政府法制办及各省人大，结合新法实施过程中发现的问题，研究修订地方各级邮政条例，推进地方立法，促进邮政业又好又快发展。

3. 制定与修订邮政行业规章

近年来我国相继公布了《邮政普遍服务监督管理办法》《快递市场管理办法》《邮政用品用具监督管理办法》《仿印邮票图案管理办法》《集邮市场管理办法》《邮票发行监督管理办法》《快递业务经营许可管理办法》《邮政行业安全监督管理办法》等行业规章。

4. 审查规范性文件以及建立行政复议和应诉机制

加紧审查《邮政行政执法人员行为规范》《关于进一步加强寄递物品安全监管工作的通告》《关于切实加强寄递物品安全监管工作的通知》《寄递服务企业收寄物品安全管理规定（试行）》《邮政业消费者申诉处理办法》《国家邮政局行政复议暂行规定》《禁寄物品指导目录及处理办法》等规范性文件。

（二）承担邮政监管责任，推动建立覆盖城乡的邮政普遍服务体系，推进建立和完善普遍服务和特殊服务保障机制，提出邮政行业服务价格政策和基本邮政业务价格建议，并监督执行。

1. 邮政管理部门应当根据经济社会发展和人民生活的需要，制定邮政设施的布局和建设规划，推动地方各级人民政府将其纳入城乡规划。邮政管理部门制定邮政设施的布局和建设规划，应当充分听取邮政企业意见。邮政设施的布局和建设应当符合有关法律、法规和标准，满足邮政普遍服务和监督管理的需要。

2. 邮政管理部门应当加强对使用财政资金的建设项目的行业审查和监督落实。国家对邮政企业提供邮政普遍服务、特殊服务给予补贴，并加强对补贴资金使用的监督。

3. 邮政管理部门依法对邮政普遍服务进行监督管理，将提供邮政普遍服务的邮政营业场所设置、法定业务开办、邮件寄递时限、邮件查询、邮件损失赔偿、寄递安全、用户满意度、用户申诉率等指标纳入邮政普遍服务评价体系。

（三）负责快递等邮政业务的市场准入，维护信件寄递业务专营权，依法监管邮政市场。

1. 邮政市场准入制度从本质上来说就是行政许可，亦称行政审批。即国家邮政管理部门根据快递公司提出的申请，经依法审查合格，颁发快递经营许可证，准予其从事快递业务的主体资格、特定身份的行为。

2. 国家邮政局履行监管邮政市场准入的职能。

3. 中国现行的邮政市场监管制度内容包括邮政市场准入制度、对邮政运营商日常的行政检查监督、引导邮政运营商经营行为的行政指导以及对违规行为的行政处罚等。

4. 颁发快递业务的经营许可证制度。

邮政管理部门根据企业的服务能力审核经营许可的业务范围和地域范围,对符合规定条件的,发放快递业务经营许可证,并注明经营许可的业务范围和地域范围。经营快递业务的企业应当在经营许可范围内依法从事快递业务经营活动,不得超越经营许可业务范围和地域范围。任何单位和个人不得伪造、涂改、冒用、租借、倒卖和非法转让快递业务经营许可证。取得快递业务经营许可的企业不得以任何方式将快递业务委托给未取得快递业务经营许可的企业经营,不得以任何方式超越经营许可范围委托经营。取得快递业务经营许可的企业设立分公司、营业部等非法人分支机构,凭企业法人快递业务经营许可证(副本)及所附分支机构名录,到分支机构所在地工商行政管理部门办理注册登记。企业分支机构取得营业执照之日起二十日内到所在地邮政管理部门办理备案手续。

(四)负责邮政行业运行安全的监测、预警管理,保障邮政通信与信息安全。

按照新修订《邮政法》《快递暂行条例》《邮政行业安全监督管理办法》以及《普遍服务监督管理办法》的规定,落实企业安全生产主体责任,保障邮政通信和信息安全,切实做到安全责任、安全投入、安全培训、安全管理等。建立健全安全事故隐患排查治理分类分级标准,建立隐患自查、自治、自报闭环管理制度。加强邮政企业的安检能力建设,推动企业按照标准在各级邮件处理中心配备安检设备,全面实行邮件收寄验视、实名收寄、过机安检制度。国家邮政局的职能要求应包括如下几个方面:

1. 制定保障邮政通信与信息安全、安全生产的政策、制度和相关标准,并监督实施。

2. 指导与监督邮政企业、快递企业落实安全责任制,督促企业加强内部安全管理。

① 邮政管理部门负责督促检查邮政企业、快递企业的安全生产责任制度建立,确保安全生产保障,排查安全生产检查与事故隐患,加强安全生产教育培训,对安全生产信息进行报告等。

② 邮政管理部门负责检查邮件处理中心、快件分拨中心、营业网点、员工宿舍等人员密集场所是否设有符合紧急疏散要求、标志明显、保持畅通的出口并按照规定设置防火、防触电等安全设施和设备。禁止封闭、堵塞出口。

③ 邮政管理部门负责督促检查邮政企业、快递企业的从业人员有依法获得安全生产保障的权利,企业应当为从业人员提供工伤保险和相应的个人安全防护措施、装备,营造安全的工作环境。

3. 对邮政行业运行安全进行管理,建立信息管理体系,收集、分析与邮政行业安全运行有关的各类信息。

省、自治区、直辖市邮政管理机构和省级以下邮政管理机构应当及时向上一级邮政管理部门报告邮政行业安全信息,并定期通报相应的公安机关、国家安全机关、海关、安全生产监督管理部门。

4. 指导、监督邮政企业、快递企业开展安全运营的宣传教育和培训,提高从业人员的安全意识、安全操作技能,增强公众使用寄递服务的安全意识。邮政管理部门负责督促检查邮政企业、快递企业的岗前安全培训制度,强化从业人员安全生产知识与技能的培训、教育,使其具备与本岗位相适应的安全生产知识和处置技能。未经安全生产教育和培训合格的从业人员,不得上岗作业。

5. 依法对邮政企业、快递企业实施安全监督检查。邮政管理部门应当对邮政企业、快递企业建立健全和遵守安全生产制度以及企业防范安全风险、规范从业人员安全生产行为等情况进行检查。

6. 组织调查或者参与调查邮政行业安全事故,查处违反邮政行业安全监管规定的行为。

邮政管理部门发现邮政企业、快递企业存在违反安全管理规定,妨害或者可能妨害邮政行业安全的,应当对其调查。违法行为涉及其他部门的管理职权的,邮政管理部门应当会同有关部门,共同对邮政企业、快递企业进行调查。邮政管理部门可以在行业内通报邮政企业、快递企业违反安全监管有关规定、发生安全事件以及对有关责任人员进行处理的情况,必要时可以向社会公开上述信息,但涉及国家秘密、商业秘密与个人隐私的除外。

7. 建立健全危险寄递物品的查控查堵制度、敏感区域和重点部位控制制度,提高对邮路恐怖活动的防控能力,严防核、生物、化学和其他危险品通过邮路寄递。充分发挥邮政监管机构的专业优势和国际合作优势,加强寄递渠道的监管,重点加强对进出境邮件的安全监管,有效遏制利用寄递渠道贩运毒品的犯罪活动。

8. 邮政管理部门、公安机关、国家安全机关和海关建立健全邮政安全保障机制。

新修订《邮政法》第七条规定:"邮政管理部门、公安机关、国家安全机关和海关应当相互配合,建立健全安全保障机制,加强对邮政通信与信息安全的监督管理,确保邮政通信与信息安全。"

做好寄递渠道的监督检查,确保邮件安全保障制度,防范利用邮路传播和扩散反动宣传品的违法犯罪活动,确保不让各类反动宣传品进入邮政渠道。

(五)负责加强邮政通信安全应急管理。

邮政管理部门以及邮政企业、快递企业应当按照《国家邮政业突发事件应急预案》建立健全突发事件应对工作机制,提高应对邮政行业突发事件能力,预防与减少邮政行业突发事件及其造成的损害。《快递市场管理办法》规定,邮政管理部门应当结合邮政行业安全监督管理的实际,指导和监督经营快递业务的企业落实安全责任制,依法对经营快递业务的企业实施安全监督检查,并依照相关规定对妨害或者可能妨害行业安全的经营快递业务的企业进行调查和处理。邮政管理部门应当加强对突发事件的管理,督促经营快递业务的企业定期组织开展突发事件应急演练。加强邮政应急管理工作,制订应急预案,完善应急保障措施,最大程度地预防和减少突发公共事件对邮政通信的影响。

(六)负责纪念邮票的选题和图案审查、负责审定纪特邮票和特种邮票年度计划。

1. 普通邮票发行数量由邮政企业按照市场需要确定,报国务院邮政管理部门备案。

2. 纪念邮票和特种邮票发行计划由邮政企业根据市场需要提出,报国务院邮政管理部门审定。国务院邮政管理部门负责纪念邮票的选题和图案审查。邮政管理部门依法对邮票的印制、销售实施监督。

(七)代表国家邮政局参加国际组织处理政府间的邮政服务。

三、邮政管理部门对邮政企业、快递企业的监督检查

新修订《邮政法》《快递暂行条例》以及新修订的《邮政普遍服务监督管理办法》对邮政管理部门依法进行监督检查时可以采取的措施、应当遵守的要求以及有关单位和个人配合监督检查的义务等做了明确规定。

(一) 邮政管理部门依法进行监督检查时可以采取的一般措施

1. 进入邮政企业、快递企业或者涉嫌发生违反《快递暂行条例》活动的其他场所实施现场检查,有权查阅经营快递业务的企业管理快递业务的电子数据。

邮政管理部门根据履行监督管理职责的需要,可以要求邮政企业和快递企业报告有关经营情况。邮政管理部门进行监督检查时,监督检查人员不得少于二人,并应当出示执法证件。对邮政管理部门依法进行的监督检查,有关单位和个人应当配合,不得拒绝、阻碍。

《快递暂行条例》第三十六条规定,邮政管理部门应当加强对快递业的监督检查。监督检查应当以下列事项为重点:

(1) 从事快递活动的企业是否依法取得快递业务经营许可;

(2) 经营快递业务的企业的安全管理制度是否健全并有效实施;

(3) 经营快递业务的企业是否妥善处理用户的投诉、保护用户合法权益。

2. 向有关单位和个人了解情况。邮政管理部门根据履行监督管理职责的需要,可以要求邮政企业和快递企业报告有关经营情况。

3. 查阅、复制有关文件、资料、凭证。邮政管理部门工作人员对监督检查中知悉的商业秘密,负有保密义务。

4. 经邮政管理部门负责人批准,查封与违反本法活动有关的场所,扣押用于违反本法活动的运输工具以及相关物品,对信件以外的涉嫌夹带禁止寄递或者限制寄递物品的邮件、快件开拆检查。

5. 新修订《邮政法》规定,邮政企业和快递企业应当及时、妥善处理用户对服务质量提出的异议。用户对处理结果不满意的,可以向邮政管理部门申诉,邮政管理部门应当及时依法处理,并自接到申诉之日起三十日内做出答复。

6. 邮政管理部门应当建立和完善以随机抽查为重点的日常监督检查制度,公布抽查事项目录,明确抽查的依据、频次、方式、内容和程序,随机抽取被检查企业,随机选派检查人员。抽查情况和查处结果应当及时向社会公布。邮政管理部门应当充分利用计算机网络等先进技术手段,加强对快递业务活动的日常监督检查,提高快递业管理水平。

(二) 邮政管理部门行政处罚的法定程序

邮政行政处罚是邮政部门依法对违反邮政行业管理秩序的公民、法人、其他组织实施邮政行政处罚的法律制裁的具体行政行为。

《行政处罚法》第三条规定:"公民、法人或者其他组织违反行政管理秩序的行为,应当给予行政处罚的,依照本法由法律、法规或者规章规定,并由行政机关依照本法规定的程序实施。没有法定依据或者不遵守法定程序的,行政处罚无效。"

1. 邮政行政处罚的简易程序

违法事实确凿并有法定依据,对公民处以 50 元以下、对法人或者其他组织处以 1000 元以

下罚款或者警告的行政处罚的,可适用简易程序。

① 表明身份。新修订《邮政法》第六十三条规定:"邮政管理部门进行监督检查时,监督检查人员不得少于二人,并应当出示执法证件。"执法人员依法进行调查、检查或者当场做出行政处罚决定时,应当向当事人或者有关人员出示行政执法证件。

② 确认违法事实,告知当事人享有的权利。当事人进行口头陈述和申辩的,执法人员应当制作笔录。通信主管部门对当事人提出的事实、理由和证据应当进行复核,经复核能够成立的,应当采纳。通信主管部门不得因当事人申辩而加重处罚。

③ 制作行政处罚书。执法人员当场做出行政处罚决定的,应当填写统一编号的《行政处罚(当场)决定书》。

④ 行政处罚书应当当场交付当事人。

⑤ 备案。执法人员应当自做出行政处罚(当场)决定之日起3日内向所属邮政主管部门报告并备案。

⑥ 不服行政处罚决定,可以依法申请行政复议或者提起行政诉讼。

2. 邮政行政处罚的听证程序

听证中当事人提出回避申请的,应当说明理由。执法人员、听证主持人应当将当事人的回避申请报告本部门负责人,由本部门负责人决定其是否回避;本部门负责人担任听证主持人的,由本机关负责人决定其是否回避。

3. 邮政行政处罚的一般程序

行政机关发现公民、法人或者其他组织有依法应当给予行政处罚的行为的,必须全面、客观、公正地调查,收集有关证据;必要时,依照法律、法规的规定,可以进行检查。行政机关在调查或者进行检查时,执法人员不得少于两人,并应当向当事人或者有关人员出示证件。当事人或者有关人员应当如实回答询问,并协助调查或者检查,不得阻挠。询问或者检查应当制作笔录。行政机关在收集证据时,可以采取抽样取证的方法;在证据可能灭失或者以后难以取得的情况下,经行政机关负责人批准,可以先行登记保存,并应当在七日内及时做出处理决定,在此期间,当事人或者有关人员不得销毁或者转移证据。执法人员与当事人有直接利害关系的,应当回避。

(三) 邮政管理部门对妨害邮政执法行为的惩治与应对

1. 加强对执法人员的培训,要求其做到依法行政、文明执法,在执法中讲求方式方法、注意执法策略,善于化解当事人的过激言行,能及时正确处理执法过程中的突发事件。

2. 重大执法活动应当制订应急预案,一旦发生突发事件能做到协调联动,果断处置;对于可能出现暴力抗法行为的,应当由公安部门一同参与联合执法。

3. 对于以暴力、威胁的方法妨害邮政执法的,邮政部门应当及时提请公安部门介入立案侦查,以追究不法分子的刑事责任;对尚不构成犯罪的,也要提请公安部门给予治安处罚,以达到震慑极少数、教育大多数,树立邮政执法权威的目的。

第二节 普遍服务制度和专营权制度

邮政普遍服务是对公民基本通信权的保护,在本质上属于政府提供的基本公共服务。邮政普遍服务是国家公共服务的重要组成部分,纵观世界各国,邮政普遍服务是为了满足社会公共需要的服务,政府是提供邮政普遍服务的主体。我国是有13亿人口的大国,邮政普遍服务的任务十分重要、非常繁重,邮政普遍服务的服务质量和服务保障关系到公民通信权利这一基本人权的实现。新修订《邮政法》第一次以法律形式规定了邮政普遍服务制度的主要内容和保障措施,这是我国立法的巨大进步。加快邮政法治建设,建立健全邮政普遍服务和特殊服务法律法规体系,在工业化、信息化、城镇化、市场化、国际化深入发展的新形势下,保障邮政普遍服务和特殊服务的要求,逐步制订邮政法配套法规、地方邮政法规建设等多个层次,明确邮政普遍服务和特殊服务的范畴、机制等重要问题。推进邮政普遍服务和特殊服务标准化建设,在邮政普遍服务机制、特殊服务机制、普遍服务设施、安全保障机制等方面提出相应的标准。《邮政普遍服务监督管理办法》于2015年10月9日经第十七次中华人民共和国交通运输部部务会议通过(自2015年12月1日起施行,以下简称新修订的《邮政普遍服务监督管理办法》),保障邮政普遍服务,加强邮政普遍服务的监督管理,保护用户和邮政企业合法权益,促进邮政普遍服务健康发展完善质量通报、监管报告制度,强化对邮政普遍服务质量的监督和管控。完善以服务质量、安全运行、成本控制等为重点的邮政普遍服务综合评价考核体系。强化公众参与的社会监督和评价机制,发挥公众对规范普遍服务市场主体行为的积极作用。有效利用大数据、云计算等信息技术,提高对邮政普遍服务的监管和服务能力。国家邮政局会同国务院有关部门对《邮政普遍服务标准》进行了修订,2017年施行新的《邮政普遍服务标准》(YZ/T 0129—2016),2009年发布的《邮政普遍服务标准》(YZ/T 0129—2009)同时废止。

一、邮政普遍服务的概念

(一) 新修订《邮政法》对邮政普遍服务的定义

新修订《邮政法》第二条第四款以及新修订的《邮政普遍服务监督管理办法》第二条规定了邮政普遍服务的概念。邮政普遍服务,是指按照国家规定的业务范围、服务标准,以合理的资费标准,为中华人民共和国境内所有用户持续提供的邮政服务。

邮政普遍服务是《邮政法》核心内容。国家保障中华人民共和国境内的邮政普遍服务。邮政企业按照国家规定承担提供邮政普遍服务的义务。国务院和地方各级人民政府及其有关部门应当采取措施,支持邮政企业提供邮政普遍服务。提供邮政普遍服务的邮政设施等组成的邮政网络是国家重要的通信基础设施。

(二)《万国邮政公约》对邮政普遍服务的定义

《万国邮政公约》[①]第一条明确规定了邮政普遍服务,"即以合理的价格在领土的每一角落提供经常、优质的基本邮政业务"。根据万国邮政联盟(目前有190个成员方)提供的资料,约有113个国家已经确定了在本国全境提供邮政普遍服务的标准,其中有49%的国家在其国内的法令中规定了邮政普遍服务的概念。国家要求邮政承担提供普遍服务的义务,即邮政服务网点要普及、资费要低廉、对传播文化类及具有社会公益性质的邮件要给予优惠,并力求做到

---

① 万国邮政公约及其实施细则是国际邮政业务的基本法规。它列有适用于国际邮政业务的共同规则和有关函件业务的各项规定,对邮联各会员国均有约束力。公约的条款是国际邮政业务的方针、原则的规定,而实施细则的条款是保证公约的条款予以实施的具体规定。

国家每个公民都能使用邮政。同时,邮政提供普遍服务,也是政府推行政令的重要渠道。

二、邮政普遍服务制度

(一) 邮政普遍服务承担主体和监管主体

1. 邮政普遍服务承担主体

新修订《邮政法》第二条第二款、新修订的《邮政普遍服务监督管理办法》第四条规定了邮政普遍服务的承担主体是邮政企业。邮政企业应当加强邮政普遍服务质量管理,完善安全保障措施,确保邮政普遍服务义务的有效履行;根据经济社会发展和人民生活需要,创新服务手段,增强服务能力,逐步提高服务水平。国家支持邮政企业发挥邮政网络公共服务作用,提升邮政网络资源使用效率,满足社会多重用邮需求。

2. 邮政普遍服务监管主体

(1) 邮政普遍服务监管主体

邮政管理部门(国家邮政局和省、自治区、直辖市邮政管理机构以及省级以下邮政管理机构)拥有监督管理邮政普遍服务和特殊服务以及监督管理邮政市场的职能和职责。国家邮政局以及省级以下邮政管理机构监管机构的权力取决于其政治法律地位及独立行使行政职权的能力。《国务院关于印发邮政体制改革方案的通知》规定国家邮政局为国家邮政监管机构,为副部级单位。各省(区、市)邮政管理局以及省级以下为邮政监管机构,受国家邮政局垂直领导。这一规定明确了国家邮政局的政府机构属性及其组织方式,明确了我国邮政监管机构的政治法律地位。

(2) 邮政普遍服务监管主体的职能

① 邮政普遍服务和特殊服务质量监督

按照《国务院关于印发邮政体制改革方案的通知》的要求,行使服务质量监督职能,推动企业保证城市和发达地区的普遍服务质量稳中有升,保证城市周边、城市新建小区的通邮能力。配合西部大开发战略,落实全面建设小康社会、服务三农的政策要求,提升西部和农村地区邮政服务水平,保障邮政普遍服务,逐步提高邮政普遍服务的均等化程度。针对新形势下机要通信、党报党刊发行、义务兵通信、盲人读物寄递等特殊服务需要,推动企业改善特殊服务设施,提高机要通信、党报党刊发行等特殊服务深度和传递速度,保证机要通信安全,提升特殊服务水平。为保持邮政普遍服务的持续提供,新修订《邮政法》第十五条第三款规定:"未经邮政管理部门批准,邮政企业不得停止办理或者限制办理邮政普遍服务业务;因不可抗力或者其他特殊原因暂时停止办理或者限制办理的,邮政企业应当及时公告,采取相应的补救措施,并向邮政管理部门报告。"

② 邮政基础设施监督

邮政基础设施是邮政服务的基础,它包括邮政局所、邮政信筒(箱)、邮路、邮件集散枢纽等重要设施,是邮政监督监管的重点。对提供邮政普遍服务的营业场所的监督,新修订《邮政法》第九条第三款规定:"邮政企业设置、撤销邮政营业场所,应当事先书面告知邮政管理部门;撤销提供邮政普遍服务的邮政营业场所,应当经邮政管理部门批准并予以公告。"新修订《邮政法》第六十八条规定:"邮政企业未经邮政管理部门批准,停止办理或者限制办理邮政普遍服务业务和特殊服务业务,或者撤销提供邮政普遍服务的邮政营业场所的,由邮政管理部门责令改正,可以处二万元以下的罚款;情节严重的,处二万元以上十万元以下的罚款;对直接负责的主管人员和其他直接责任人员给予处分。"新修订《邮政普遍服务监督管理办法》规定,新建、改建、扩建住宅小区、住宅建筑工程的建设单位未按照国家规定的标准设置信报箱的,由邮政管理部门责令限期改正;逾期未改正的,由邮政管理部门指定其他单位设置信报箱,所需费用由该居民楼的建设单位承担,可以处一万元以上三万元以下的罚款。

邮政普遍服务监管主体依据全面建设小康社会和构建和谐社会的需要,充分考虑国民经济发展、人民生活水平提高等因素,加强普遍服务局所和邮路的建设,合理规划布局,提升网络信息化水平,增强普遍服务网络服务能力。邮政监管机构加强对邮政网络建设的监督,制订普遍服务基础设施的配备标准,协调落实国家对邮政基础设施建设的支持政策。

③ 邮政通信安全监督

邮政监管机构拥有保障通信与信息安全的职能。按照《中华人民共和国邮政法》,针对我国政治、经济、社会发展和改革开放的新形势,从保障国家通信和信息安全的需要出发,加强邮政通信安全监管,逐步形成有效的信件监管体系,实行通信安全的专业化管理,做到对邮政企业经营的信件实行统一监管,确保邮政通信安全。

④ 邮政普遍服务和特殊服务补偿资金监督

按照国务院部署,为支持邮政业发展,增强普遍服务能力,国家对邮政普遍服务建立普遍服务基金和特殊服务亏损给予财政补贴等规定,对邮政普遍服务和特殊服务实行必要的税收减免政策。邮政管理机构加强对邮政普遍服务和特殊服务补偿资金使用的监督,保障全部资金用于邮政普遍服务和特殊服务运作和相关基础设施建设。根据保障邮政普遍服务需要,考虑邮政业发展形势,协调政府相关部门,建立普遍服务基金。

⑤ 邮政基本业务资费监督

世界各国都非常重视普遍服务价格的可承受性,因为这是落实普遍服务的重要条件。我国邮政监管机构拥有邮政资费管理职能,应按照国务院提出的邮政业务价格形成机制,行使政府价格管理责任,监督企业执行价格政策,坚持普遍服务均一资费,维持低廉资费,使我国所有用户都能够以可承受的价格享受邮政普遍服务。

⑥ 对邮政专用标志的使用规范的监督

第一,《邮政法》明确规定了邮政标识的法律地位。

《邮政法》明确规定了,任何单位和个人不得冒用邮政企业名义或者邮政专用标志。如果出现冒用情形,《邮政法》第七十九条规定,冒用邮政企业名义或者邮政专用标志,或者伪造邮政专用品或者倒卖伪造的邮政专用品的,由邮政管理部门责令改正,没收伪造的邮政专用品以及违法所得,并处一万元以上五万元以下的罚款。

第二,《邮政法》同时还明确规定了邮政企业不得违法使用邮政专用标志。

邮政企业不得利用带有邮政专用标志的车船从事邮件运递以外的经营性活动,不得以出租等方式允许其他单位或者个人使用带有邮政专用标志的车船。邮政企业利用带有邮政专用标志的车船从事邮件运递以外的经营性活动,或者以出租等方式允许其他单位或者个人使用带有邮政专用标志的车船的,由邮政管理部门责令改正,没收违法所得,可以并处二万元以下的罚款;情节严重的,并处二万元以上十万元以下的罚款;对直接负责的主管人员和其他直接责任人员给予处分。邮政企业从业人员利用带有邮政专用标志的车船从事邮件运递以外的活动的,由邮政企业责令改正,给予处分。

⑦ 对邮政普遍服务标准的监管

新修订《邮政法》十五条第四款规定,国务院邮政管理部门会同国务院有关部门制定邮政普遍服务标准。邮政企业提供邮政普遍服务不符合邮政普遍服务标准的,由邮政管理部门责令改正,可以处一万元以下的罚款;情节严重的,处一万元以上五万元以下的罚款;对直接负责的主管人员和其他直接责任人员给予处分。

(二)邮政普遍服务的业务范围和特殊业务范围

1. 邮政普遍服务的业务范围

新修订《邮政法》第十五条第一款对邮政普遍服务的业务范围做出了规定,主要包括:信件、单件重量不超过五千克的印刷品、单件重量不超过十千克的包裹的寄递以及邮政汇兑提供邮政普遍服务。

邮政企业按照国家规定办理机要通信、国家规定报刊的发行,以及义务兵平常信函、盲人读物和革命烈士遗物的免费寄递等特殊服务业务。未经邮政管理部门批准,邮政企业不得停止办理或者限制办理前两款规定的业务;因不可抗力或者其他特殊原因暂时停止办理或者限制办理的,邮政企业应当及时公告,采取相应的补救措施,并向邮政管理部门报告。邮政普遍服务标准,由国务院邮政管理部门会同国务院有关部门制定;邮政普遍服务监督管理的具体办法,由国务院邮政管理部门制定。

新修订的《邮政普遍服务标准》又具体规定了每个县级行政区内应至少有一个开办国际及港澳台邮件业务的邮政营业场所。每个乡、镇应至少有一个提供包裹领取服务的邮政营业场所。

【案例】

撤回汇款纠纷案

某市的李某通过邮局给某单位新产品开发部汇款400元购买1台加香机。1月20日开发部收到汇款通知后即将加香机寄出,而开发部一般都是在月底到邮局兑付汇款。1月29日,开发部的会计到邮局兑付汇款时被邮局告知,该笔汇款在1月26日已应汇款人的要求退回。某单位新产品开发部对此提出异议认为,收款人在接到汇款通知的情况下,即与邮局成立了合同关系,就有权凭汇款通知兑付汇款。因此,在汇款人要求撤回汇款时,邮局应当与收款人进行协商。邮局在没有同收款人协商的情况下,将汇款退给汇款人,是单方面改变与收款人之间的合同,邮局已经构成违约,应当赔偿收款人的损失。据此欲诉之法院,后经当地邮局耐心解释方才息讼。

本案的启示为,邮政企业应在汇款通知背面告知给用户,以使其知晓接到汇款通知后应及时兑付汇款。

2. 特殊业务范围

新修订《邮政法》第十五条第二款、第三款以及新修订的《邮政普遍服务监督管理办法》第六十四条规定,邮政企业按照国家规定办理机要通信、国家规定报刊的发行,以及义务兵平常信函、盲人读物和革命烈士遗物的免费寄递等特殊服务业务;未经邮政管理部门批准,邮政企业不得停止办理或者限制办理邮政普遍服务业务和特殊业务。

(三)国家对邮政普遍服务的财政保障

新修订《邮政法》第十六条、第十七条以及新修订的《邮政普遍服务监督管理办法》第十六条和第十七条规定,国家对邮政企业提供邮政普遍服务、特殊服务给予补贴;国家设立邮政普遍服务基金。

(四)新修订《邮政法》等法律法规对邮政普遍服务规范的规定

新修订《邮政法》第二十条规定了在寄递时限和服务规范方面应遵守的规定。邮政企业寄递邮件,应当符合国务院邮政管理部门规定的寄递时限和服务规范。新修订的《邮政普遍服务监督管理办法》在第三章中对邮政普遍服务规范做了专章规定。2017年施行的新修订的《邮政普遍服务标准》规定了邮政普遍服务的服务质量、服务设施以及安全管理等行业标准。

1. 邮政普遍服务的全程时限

全程时限是指邮政企业从收寄邮件到投递邮件的时间间隔,以邮件上日戳时间计算为准。需要投递通知单的邮件,以通知单上日戳时间计算为准。邮政普遍服务全程时限包括信件全程时限,印刷品、包裹全程时限以及邮政汇兑时限。

(1)信件全程时限

信件全程时限应满足下列要求:同一城市城区内次日送达的比例不低于70%,且2天内送达的比例不低于90%;直辖市城区寄往远郊区县城区2天内送达的比例不低于80%,且3天内送达的比例不低于95%;省内3天内送达的比例不低于70%,且5天内送达的比例不低于95%;直辖市、省会城市间4天内送达的比例不低于70%,且6天内送达的比例不低于95%;省际地级以上城市间5天内送达的比例不低于70%,且7天内送达的比例不低于95%;省际其他地区间6天内送达的比例不低于70%,且8天内送达的比例不低于95%。

(2)印刷品、包裹全程时限

印刷品、包裹全程时限应满足下列要求:同一城市城区内次日送达的比例不低于70%,且2天内送达的比例不低于90%;直辖市城区寄往远郊区县城区2天内送达的比例不低于80%,且3天内送达的比例不低于95%;省内3天内送达的比例不低于70%,且5天内送达的比例不低于95%;直辖市、省会城市间5天内送达的比例不低于70%,且7天内送达的比例不低于95%;省际地级以上城市间6天内送达的比例不低于70%,且8天内送达的比例不低于95%;省际其他地区间7天内送达的比例不低于70%,且9天内送达的比例不低于95%。

(3)邮政汇兑时限

按址汇兑的时限应满足下列要求:邮政汇兑全国联网网点,应在收汇3天内将取款通知单投递用户;邮政汇兑非全国联网网点,应在收汇10天内将取款通知单投递用户;邮政企业应在收款人收到汇款通知之日起60天内,为用户兑付汇款。

2. 营业时间和投递频次

(1)《邮政法》规定的营业时间和投递频次

《邮政法》第十九条规定:"邮政企业在城市每周的营业时间应当不少于六天,投递邮件每天至少一次;在乡、镇人民政府所在地每周的营业时间应当不少于五天,投递邮件每周至少五次。邮政企业在交通不便的边远地区和乡、镇其他地区每周的营业时间以及投递邮件的频次,国务院邮政管理部门可以另行规定。"

(2)《邮政普遍服务标准》规定的提供邮政普遍服务的邮政营业场所的营业时间、投递频次以及规范邮政营业场所的名称和使用等邮政服务设施等方面的规制。

①《邮政普遍服务标准》规定营业时间

第一,城市主城区每周营业时间不应少于6天,每天营业时间不应少于8小时;城乡结合区每周营业时间不应少于6天,每天营业时间不应少于6小时;

第二,乡、镇人民政府所在地每周营业时间不应少于5天,每天营业时间不应少于6小时;

第三,乡、镇其他地区每周营业时间不应少于3天,每天营业时间不应少于4小时;

第四，车站、机场、港口、高等院校、繁华地区等人流量大的区域，应根据实际情况合理安排营业时间；

第五，交通不便的边远地区，应按照国务院邮政管理部门的规定执行；

第六，遇国家法定节假日和省级人民政府规定的节假日，提供邮政普遍服务的邮政营业场所可根据实际用邮需求，适当调整营业时间，调整后的营业时间应提前3日对外公布，并按公布的时间对外营业。

②《邮政普遍服务标准》规定的投递频次

邮件投递频次应满足以下要求：城市每天不应少于1次；乡、镇人民政府所在地每周不应少于5次；乡、镇其他地区每周不应少于3次；交通不便的边远地区，应按照国务院邮政管理部门制定的标准执行。

③ 开取邮筒（箱）次数

邮政企业应在邮筒（箱）上标明开取信件的次数和时间，并按时开取信件。开取邮筒（箱）次数应满足以下要求：城市每天不应少于1次；乡、镇人民政府所在地每周不应少于5天，每天不应少于1次；农村地区每周不应少于3天，每天不应少于1次；交通不便的边远地区可按当地的投递频次开取邮筒（箱）。

④ 邮政普遍服务的邮政营业场所的服务设施规制

第一，邮政企业应当规范其提供邮政普遍服务的邮政营业场所的名称和使用。营业场所应公示名称、所在区域邮政编码、每周的营业日和每天的营业时间，并按公示的时间营业；邮政企业在国家法定节假日和省级人民政府规定的节假日调整营业时间的，应当提前三日对外公布，并按照公布的时间对外营业。

第二，营业场所应公示或者以其他方式公布其服务种类、资费标准、邮件和汇款的时限标准、查询及损失赔偿办法、禁止寄递或者限制寄递物品的规定，邮政企业应当依法建立并执行邮件收寄验视制度，清晰、规范加盖收寄日戳等业务戳记，按照规定向用户提供收据或者发票等凭证，邮政企业应实行安全查验制度，对用户身份进行查验，对寄递物品进行安全检查或者开封验视。

第三，营业场所内应在明显位置公示用户对其服务质量的投诉、申诉渠道及联系方式；

第四，营业场所内应免费为用户提供邮政编码查询服务；

第五，营业场所内应提供便民服务设施及用品用具；

第六，营业场所内应布局合理，指示清晰，环境整洁；

第七，营业人员应统一穿着具有邮政企业标识的服装，佩戴工号牌或者胸卡，使用文明用语。

3. 规定非邮政企业与邮政企业签订委托协议，代理代办邮件寄递业务的，应当遵守法律、法规、规章和国务院以及国务院邮政管理部门关于经营邮政通信业务审批的规定。

（1）被委托单位应当具备承担邮政普遍服务的能力，提供的邮政普遍服务应当符合邮政普遍服务标准。邮政企业应当加强对代办邮政普遍服务业务的单位的服务质量管理，并对委托范围内的邮政普遍服务水平和质量负责。

（2）邮政企业利用邮政通信基础设施提供邮政普遍服务以外的其他服务的，不得降低邮政普遍服务水平。

（3）《邮政普遍服务监督管理办法》中规定，对违反上述规定的，由邮政管理部门责令改正，可以处一万元以下的罚款；情节严重的，处一万元以上三万元以下的罚款。

(五) 在邮政设施方面提供了支持邮政普遍服务的法律保障

为完善邮政普遍服务网络,提高普遍服务能力和水平,依照《中华人民共和国邮政法》规定,要推动将邮政设施布局和建设纳入城乡规划,对提供邮政普遍服务的邮政设施给予支持,重点扶持农村边远地区邮政设施的建设;要贯彻落实国务院有关要求,全力支持邮政企业做好乡镇邮政局所补建工作;积极推进"村邮户箱工程"建设;要依法对撤销提供邮政普遍服务营业场所以及停止或限制办理邮政普遍服务业务和特殊服务业务进行严格审批。具体包括如下:

1. 明确了地方各级人民政府在履行普遍服务中的政策支持。

新修订《邮政法》第八条第二款、第四款规定,地方各级人民政府应当将邮政设施的布局和建设纳入城乡规划,对提供邮政普遍服务的邮政设施的建设给予支持,重点扶持农村边远地区邮政设施的建设。新修订的《邮政普遍服务监督管理办法》规定,提供邮政普遍服务的邮政设施用地符合国家划拨用地目录的,应当依法划拨;依法减免城市基础设施建设配套等相关费用。建设城市新区、独立工矿区、开发区、商业区、旅游区、住宅区或者对旧城区进行改造,应当同时配套建设提供邮政普遍服务的邮政设施,并与建设项目统一规划、统一设计、统一建设、统一验收。

2. 邮政营业场所征收或拆除后重新设置。

新修订《邮政法》规定,征收邮政营业场所或者邮件处理场所的,城乡规划主管部门应当根据保障邮政普遍服务的要求,对邮政营业场所或者邮件处理场所的重新设置做出妥善安排;未做出妥善安排前,不得征收。邮政营业场所或者邮件处理场所重新设置前,邮政企业应当采取措施,保证邮政普遍服务的正常进行。新修订的《邮政普遍服务监督管理办法》规定,邮政营业场所或者邮件处理场所重新设置规划前,征收单位应当征求邮政企业的意见,并配合邮政企业采取措施,保证邮政普遍服务的正常进行。

3. 规定了邮政企业应当对其设置的邮政设施进行经常性维护,保证邮政设施的正常使用,任何单位和个人不得损毁邮政设施或者影响邮政设施的正常使用。

新修订的《邮政普遍服务监督管理办法》规定,邮政设施产权主体应当对邮政设施进行经常性维护,保证正常使用;邮政企业应当保证提供邮政普遍服务的乡镇固定自有邮政营业场所的正常运营。将邮政营业场所出租或者以其他方式改变用途的,邮政企业应当自改变用途之日起二十日内报邮政营业场所所在地省级以下邮政管理机构备案。

4. 规定了设置邮政营业场所设置要求、备案流程、撤销提供邮政普遍服务营业场所审批流程、限办停办普遍服务特殊业务等审批备案制。

(1) 邮政普遍服务场所的设置总体要求

① 新修订《邮政法》规定,较大的车站、机场、港口、高等院校和宾馆应当设置提供邮政普遍服务的邮政营业场所。建设城市新区、独立工矿区、开发区、住宅区或者对旧城区进行改建,应当同时建设配套的提供邮政普遍服务的邮政设施。

② 新修订《邮政普遍服务监督管理办法》规定,提供邮政普遍服务的邮政营业场所、邮件处理场所和邮筒(箱)等邮政设施的设置,应当符合邮政设施的布局和建设规划以及邮政普遍服务标准。较大的车站、机场、港口、高等院校和宾馆应当设置提供邮政普遍服务的邮政营业场所;相关单位应当在场地、设备和人员等方面提供便利和必要的支持。乡镇人民政府所在地应当设置提供邮政普遍服务的邮政营业场所。

③ 邮件处理场所的设计和建设,应当符合国家安全机关和海关依法履行职责的要求。

(2) 邮政普遍服务场所的设置具体要求

新修订《邮政普遍服务标准》规定提供邮政普遍服务的邮政营业场所设置具体要求如下：

① 北京市城区主要人口聚居区平均 1 km 服务半径或 1 万～2 万服务人口。

② 其他直辖市、省会城市城区主要人口聚居区平均 1～1.5 km 服务半径或 3 万～5 万服务人口。

③ 其他地级城市城区主要人口聚居区平均 1.5～2 km 服务半径或 1.5 万～3 万服务人口。

④ 县级城市城区主要人口聚居区平均 2～5 km 服务半径或 2 万服务人口。

⑤ 农村地区主要人口聚居区平均 5～10 km 服务半径或 1 万～2 万服务人口。

⑥ 交通不便的边远地区，应按照国务院邮政管理部门制定的标准执行。

⑦ 乡、镇人民政府所在地原则上应设置 1 个提供邮政普遍服务的邮政营业场所。

⑧ 较大的车站、机场、港口、高等院校和宾馆，应设置提供邮政普遍服务的邮政营业场所。

(3) 接收邮件设施的规定

接收邮件的设施包括信报箱、包裹柜以及收发室、村邮站等接收邮件的场所。机关、企事业单位、商业写字楼等场所应当在建筑物地面层总出入口设置收发室或者其他接收邮件的场所，为安装邮政包裹柜提供场所等便利条件。住宅小区的居民楼应当在地面层设置信报箱，居民楼未设置信报箱的，住宅小区应当设置收发室或者其他接收邮件的场所。单位和住宅小区未设置信报箱、收发室等接收邮件场所的，由其物业服务企业或者安全保卫部门（传达室）负责接收邮政企业投递的邮件。农村地区应当逐步设置村邮站或者其他接收邮件的场所，未设置固定邮件接收场所的，由各行政村村民委员会代为接收邮件。邮政企业可以与设置收发室或者其他接收邮件场所的单位和住宅小区签订妥投协议，明确其邮件接收、投递义务。

① 信报箱的设计、制作、安装和验收，应当符合有关标准。

项目竣工后，由建设单位按照法定验收程序组织验收，不合格项目应当及时完成整改。邮政管理部门应当要求邮政企业参与信报箱设置的验收工作。信报箱由产权所有者或者管理单位负责维修、更换。已建成的城镇居民住宅楼未设置信报箱的，由邮政管理部门责令产权人或者产权人委托的物业服务企业负责限期补建；逾期未改正的，由邮政管理部门指定其他单位设置信报箱，所需费用由该居民楼的产权单位承担。

② 邮筒（箱）的设置应至少满足下列条件：

第一，直辖市、省会城市城区主要人口聚居区平均 0.5～1 km 服务半径。

第二，其他地级城市城区主要人口聚居区平均 1～2 km 服务半径。

第三，县级城市城区主要人口聚居区平均 2～2.5 km 服务半径。

第四，乡、镇人民政府所在地主要人口聚居区平均 5 km 服务半径。

第五，交通不便的边远地区，应按照国务院邮政管理部门的规定执行。

第六，提供邮政普遍服务的邮政营业场所门前应设置邮筒（箱）。

第七，较大的车站、机场、港口、高等院校等人口密集的区域，宜根据需要增加邮筒（箱）的设置数量。

③ 机关、企事业单位应设置接收邮件的场所。城镇居民楼应设置接收邮件的信报箱，具备条件的地区应逐步设置邮政包裹柜。乡、镇其他地区应逐步设置村邮站或者其他接收邮件的场所，未设置固定邮件接收场所的，由各建制村村民委员会代为接收邮件。

建设城市新区、独立工矿区、开发区、住宅区或者旧城区进行改建，应同时建设配套的提供邮政普遍服务的邮政设施。

5. 邮政企业按照邮政管理部门规定进行备案的规定。

邮政企业需要履行行政审批备案规定的情形：

第一，设置邮政营业场所的；

第二，撤销提供邮政普遍服务的邮政营业场所以外的其他邮政营业场所的；

第三，提供邮政普遍服务的邮政营业场所的名称、营业时间等重要备案信息发生变更的。

（六）新修订《邮政法》对邮件（快件）运输和车船通行的法律保障

新修订《邮政法》第二十七条、第二十八条第一款、第二十八条第二款规定，对提供邮政普遍服务的邮政企业交运的邮件，铁路、公路、水路、航空等运输企业应当优先安排运输，车站、港口、机场应当安排装卸场所和出入通道；带有邮政专用标志的车船进出港口、通过渡口时，应当优先放行；带有邮政专用标志的车辆运递邮件，确需通过公安机关交通管理部门划定的禁行路段或者确需在禁止停车的地点停车的，经公安机关交通管理部门同意，在确保安全的前提下，可以通行或者停车。

新修订的《邮政普遍服务监督管理办法》规定，邮政企业从业人员利用带有邮政专用标志的车船从事邮件运递以外的活动的，由邮政企业责令改正，给予处分，并于案件处理完毕之日起三十日内将处理结果向邮政管理部门报告。

三、专营权制度

（一）新修订《邮政法》对专营权的规定

1. 邮政专营业务的概念

邮政专营问题是《邮政法》修订的核心和焦点问题。邮政专营业务是由国家授权公共邮政经营者垄断经营的邮政业务。

2. 新修订《邮政法》的规定

新修订《邮政法》第五条规定："国务院规定范围内的信件寄递业务，由邮政企业专营。"第五十一条第一款、第二款规定："经营快递业务，应当依照本法规定取得快递业务经营许可；未经许可，任何单位和个人不得经营快递业务。外商不得投资经营信件的国内快递业务。"第五十五条规定："快递企业不得经营由邮政企业专营的信件寄递业务，不得寄递国家机关公文。"

（二）《邮政法》对邮政专营权的规定符合我国的相关入世承诺

依据我国1986年《邮政法》关于"信件和其他具有信件性质的物品的寄递业务由邮政企业专营，但是国务院另有规定的除外"的规定，以及国务院1995年6月批准发布的《中华人民共和国国际货物运输代理业管理规定》中关于经批准成立的国际货物运输代理企业可以从事国际快递业务，但私人信函除外的规定，我国信件的国内快递业务不对外资开放。

新修订《邮政法》的上述规定与我国入世承诺是一致的。对信件寄递业务实施专营是世界绝大多数国家的通行做法，规定邮政专营业务的范围和委托其他企业代办专营业务的标准，是主权国家的权利，也是国家赋予的法定职责。但是随着世界邮政改革的不断深化，邮政专营的范围也在不断调整，总体的趋势是逐步缩小。

（三）违反邮政专营权的法律责任

新修订《邮政法》第七十二条规定："未取得快递业务经营许可经营快递业务，或者邮政企业以外的单位或者个人经营由邮政企业专营的信件寄递业务或者寄递国家机关公文的，由邮政管理部门或者工商行政管理部门责令改正,没收违法所得,并处五万元以上十万元以下的罚款;情节严重的,并处十万元以上二十万元以下的罚款;对快递企业,还可以责令停业整顿直至吊销其快递业务经营许可证。"新修订的《邮政普遍服务监督管理办法》第二十一条第一款规定:"外商和境外邮政不得在中华人民共和国境内提供邮政服务。"外商在中华人民共和国境内提供邮政服务,或者单位和个人违反第二十一条第一款规定为外商提供生产经营场所、运输、保管和仓储等条件的,由邮政管理部门责令改正,可以处二万元以下的罚款;情节严重的,处二万元以上三万元以下的罚款。

第三节　邮政企业、快递企业服务规范

一、邮政企业、快递企业应遵守的服务规范

(一) 邮政企业、快递企业应当遵守安全生产的规定

邮政企业、快递企业应当遵守《中华人民共和国国家安全法》《中华人民共和国安全生产法》《邮政行业监督管理办法》等有关安全生产的法律、法规、标准,落实安全生产管理责任。邮政企业、快递企业应加强安全生产管理,建立、健全安全责任制度。这里,安全涉及国家安全、职业安全、邮件和快件安全、交通安全、消防安全等。

1. 邮政企业、快递企业的主要负责人是安全生产的第一责任人并承担安全职责。

对本单位安全生产工作负有下列职责:建立、健全本企业安全生产责任制;组织制定本企业安全生产规章制度和操作规程;保证本企业安全生产资金的投入和有效使用;积极配合相关部门对本企业的安全生产工作进行监督检查;督促、检查本企业的安全生产工作,及时消除生产安全事故隐患;组织制定并实施本企业的生产安全事故应急救援预案;及时、如实报告生产安全事故。

2. 邮政企业、快递企业不得通过寄递渠道危害国家安全、公共安全和公民、法人、其他组织的合法权益。

邮政企业、快递企业应当配合邮政管理部门、公安机关和国家安全机关的安全监督检查,为监督检查人员提供相应的便利条件。邮政企业、快递企业设计和建设邮件、快件处理场所,应当符合国家安全机关、海关依法履行职责的要求。

根据新修订的《邮政行业安全监督管理办法》,邮政企业、快递企业有下列行为之一的,由邮政管理部门责令限期改正,可以处三千元以上一万元以下的罚款;逾期未改正的,责令停业整顿,可以并处五万元以下的罚款;造成严重后果,构成犯罪的,依法追究刑事责任:

① 未在有较大危险因素的生产经营场所和有关设施、设备上设置明显的安全警示标志的;

② 安全设备的安装、使用、检测、改造和报废不符合国家标准或者行业标准的;

③ 未对安全设备进行经常性维护、保养和定期检测的;

④ 未为从业人员提供符合国家标准或者行业标准的劳动防护用品的;

⑤ 未对重大安全隐患进行整改的。

3. 邮政企业应遵守邮件安全管理相关规定。

根据新修订的《邮政普遍服务监督管理办法》，邮政企业应当加强邮件安全管理，有下列情形之一的，应当及时报告所在地邮政管理部门，并妥善处理，减少损害：

① 邮件被盗窃、非法扣留、冒领、私自开拆、隐匿、毁弃、丢失、损毁在一百件以上的，应当在问题发生四十八小时内向事发地的省级以下邮政管理机构报告，在一百件以下的，应当纳入自查报告按期提交；

② 邮件积压一千件以上的，应当在问题发生二十四小时内向事发地的省级以下邮政管理机构报告；

③ 因故意延误投递邮件被刑事立案调查的，应当在三日内向事发地的省级以下邮政管理机构报告。

如果邮政企业没有遵守邮件安全重大事项报告制度，未按照国务院邮政管理部门要求如期、如实报送有关资料、信息的，由邮政管理部门责令限期改正，可以给予警告；逾期不改正的，处三千元以上一万元以下的罚款。

4. 快递企业应遵守快件安全管理的相关规定。

快递企业应当采用技术手段，对收寄、分拣、运输、投递等环节实行安全监控，防止邮件、快件在寄递过程中短少、丢失、损毁。

监控设备应当全天二十四小时运转，监控资料保存时间不得少于三十天，并按照国务院邮政管理部门的要求报送。

快递企业应当配备符合国家标准的安全检查设备，安排具备专门技术和技能的人员对邮件、快件进行安全检查。安全检查设备的标准由国务院邮政管理部门会同有关部门另行制定。

5. 邮政企业、快递企业应遵守设施设备和作业场所安全管理规定。

邮政企业、快递企业新建、改建和扩建邮件处理中心、快件分拨中心，其安全设施必须与主体工程同时设计、同时施工、同时投入生产和使用。已经投入生产和使用的安全设施不符合安全防护标准和要求的，邮政企业、快递企业应当予以更换或者改建。邮政企业、快递企业的邮件处理中心、快件分拨中心设计建设前及竣工验收后，应当向所在地省级以下邮政管理机构备案。所使用的设施设备的安装、使用、检测、维修、改造和报废，应当符合国家标准或者行业标准。有较大危险因素的生产经营场所和有关设施设备上，应当设置明显的安全警示标志。

（二）邮政企业、快递企业应当规范服务质量，确保邮件、快件信息安全，为用户提供迅速、准确、安全、方便的服务

新修订《邮政法》规定了邮政企业寄递邮件，应当符合国务院邮政管理部门规定的寄递时限和服务规范。对于危害邮件安全和时限，《刑法》第二百五十三条的私自开拆、隐匿、毁弃、邮件电报罪，第三百零四条的故意延误投递邮件罪做出了刑事法律规定。邮政企业以及快递企业应当确保邮件的安全和时限。邮件的安全，是指邮件在邮政企业的传递过程中没有发生丢失、损毁、短少或者失密等情形；邮件的时限，是指邮件在邮政企业的传递过程中的时间。

1. 对于危害邮件安全的，《刑法》第二百五十三条规定了私自开拆、隐匿、毁弃、邮件电报罪。

私自开拆、隐匿、毁弃、邮件电报罪，是指邮政企业工作人员利用职务上的便利私自开拆、隐匿、毁弃、邮件电报的行为，本罪的主体仅指邮政企业工作人员。邮政企业工作人员是指从事邮件寄递业务的营业员、分拣员、投递员以及转押运人员和其他管理人员。

本罪的主观方面出于故意，行为人希望或者放任危害结果的发生。

本罪侵犯的客体是自然人、法人或者其他组织的通信自由或通信秘密,侵害了邮政管理秩序。

本罪的客观方面是指利用营业、分拣、押运、接发、投递等职务上的便利私自开拆、隐匿、毁弃、邮件电报。

依照《刑法》第二百五十三条规定,触犯本罪的处两年以下有期徒刑或拘役。犯本罪而窃取财物的,依照《刑法》第二百六十四条(盗窃罪)定罪从重处罚。

【案例1】

某邮政局四名投递员贪图省时省力,竟将自己分管投递的邮件私自开拆、隐匿和毁弃,经法院审理,被一审分别判处有期徒刑或拘役。

【案例2】

陈某受聘于某市邮政局发行投递科,从事邮件投递工作。其利用从事投递工作之便,将负责投递的三张汇款单截留,伙同他人冒名将22250元汇款兑付后私分。经法院经审理认为,陈某利用工作便利隐匿邮件窃取他人巨额汇款的行为已构成盗窃罪,判处有期徒刑6年,并处罚金5000元。

【案例3】

21岁的投递员赵某,将一捆捆信件扔进水塘中,四年中共扔信两千多封,被人民法院以毁弃邮件罪判处赵某有期徒刑10个月。

2. 对邮政企业工作人员严重不负责任违反规定时限延误投递邮件,致使公共财产、国家和人民利益遭受重大损失的,《刑法》第三百零四条故意延误投递邮件罪,做出了刑事法律责任规定。

故意延误投递邮件罪,是指邮政工作人员严重不负责任,故意延误投递邮件,致使公共财产、国家和人民利益遭受重大损失的行为。

本罪的主体是邮政企业工作人员,与邮件寄递相关的营业员、投递员等。

本罪的主观方面为故意延误,过失延误投递邮件不构成本罪。

本罪侵犯的客体是指邮政企业的规章制度。

本罪的客观方面表现为严重的不负责任,明知应当按时投递而故意延误投递邮件。

依照《刑法》第三百零四条规定,触犯本罪的处两年以下有期徒刑或拘役。

2008年6月25日最高人民检察院、公安部关于《最高人民检察院、公安部关于公安机关管辖的刑事案件立案追诉标准的规定(一)》的通知,第四十五条规定了故意延误投递邮件案的立案标准:邮政工作人员严重不负责任,故意延误投递邮件,涉嫌下列情形之一的,应予立案追诉:

① 造成直接经济损失二万元以上的;

② 延误高校录取通知书或者其他重要邮件投递,致使他人失去高校录取资格或者造成其他无法挽回的重大损失的;

③ 严重损害国家声誉或者造成其他恶劣社会影响的;

④ 其他致使公共财产、国家和人民利益遭受重大损失的情形。

(三)邮政企业、快递企业应当依法保护邮政用户的通信自由和通信秘密

通信自由和通信秘密作为我国《宪法》赋予公民自由表达其意愿和按照自己意愿行动的方式,决定了国家具有保护公民自由行使其权利的义务。

中国《宪法》第四十条规定的通信秘密和通信自由不仅直接拘束国家机关,也直接拘束国家机关以外的所有组织与个人。根据《宪法》《民法总则》和最高人民法院相关司法解释,个人的信息资料属个人隐私,在无法律特别规定的情况下,任何组织和个人都无权向社会公开和传播。

1. 新修订《邮政法》对邮政用户的通信自由和通信秘密的具体规定。

(1)公民通信自由和通信秘密是宪法赋予公民的一项基本权利,该项权利的限制仅限于宪法明文规定的特殊情形,即因国家安全或者追查刑事犯罪的需要,由公安机关或检察机关依照法律规定的程序对通信进行检查。

新修订《邮政法》第三条明确规定,公民的通信自由和通信秘密受法律保护。除因国家安全或者追查刑事犯罪的需要,由公安机关、国家安全机关或者检察机关依照法律规定的程序对通信进行检查外,任何组织或者个人不得以任何理由侵犯公民的通信自由和通信秘密。除法律另有规定外,任何组织或者个人不得检查、扣留邮件、汇款。《邮政法》第三十六条、第五十九条规定,因国家安全或者追查刑事犯罪的需要,公安机关、国家安全机关或者检察机关可以依法检查、扣留有关邮件、快件,并可以要求邮政企业、快递企业提供相关用户使用邮政服务、快递服务的信息,邮政企业、快递企业和有关单位应当配合,并对有关情况予以保密。

(2)《邮政法》第三条第二款、第五十九条规定,除法律另有规定外,任何组织或者个人不得检查、扣留邮件、快件和汇款。

(3)新修订《邮政法》第三十五条第二款、第五十九条规定,除法律另有规定外,邮政企业及其从业人员、快递企业及其从业人员不得向任何单位或者个人泄露用户使用邮政服务、快递服务的信息。

(4)新修订《邮政法》第三十五条第一款、第五十九条规定,任何单位和个人不得私自开拆、隐匿、毁弃他人邮件、快件。

2.《快递暂行条例》和《邮政行业安全监督管理办法》《邮政普遍服务监督管理办法》等行政法规、部门规章专门对公民的通信自由和通信秘密做了规定。

邮政企业、快递企业应当保护用户的信息安全和通信秘密,确保所掌握的用户使用邮政服务、快递业务的信息不被窃取、泄露。未经法律明确授权或者用户书面同意,邮政企业、快递企业不得将用户使用邮政服务、快递业务的信息提供给任何组织或者个人,但公安机关、国家安全机关、检察机关依法行使职权的除外。

3. 违反邮政用户的通信自由和通信秘密的司法救济途径。

(1)违反邮政用户的通信自由和通信秘密的给予治安管理处罚。

新修订《邮政法》第七十一条规定,冒领、私自开拆、隐匿、毁弃或者非法检查他人邮件、快件,尚不构成犯罪的,依法给予治安管理处罚。

(2)邮政企业、快递企业违法提供用户使用邮政服务或者快递服务的信息的,给予警告、没收违法所得、吊销快递业务经营许可证等处罚措施。

新修订《邮政法》第七十六条规定:"邮政企业、快递企业违法提供用户使用邮政服务或者快递服务的信息,尚不构成犯罪的,由邮政管理部门责令改正,没收违法所得,并处一万元以上五万元以下的罚款;对邮政企业直接负责的主管人员和其他直接责任人员给予处分;对快递企

业,邮政管理部门还可以责令停业整顿直至吊销其快递业务经营许可证。邮政企业、快递企业从业人员有上述违法行为,尚不构成犯罪的,由邮政管理部门责令改正,没收违法所得,并处五千元以上一万元以下的罚款。"

(3) 违反邮政用户的通信自由和通信秘密的构成侵犯通信自由罪。

侵犯通信自由罪(《刑法》第252条),是指隐匿、毁弃或者非法开拆他人信件,侵犯公民通信自由权利,情节严重的行为。本罪侵犯的客体是公民的通信自由和通信秘密的权利。本罪在客观方面表现为隐匿、毁弃或者非法开拆他人信件的行为。本罪在主观方面表现为故意,过失不构成本罪。

【案例】

送报员盗取信箱邮件 侵犯公民通信自由获刑[①]

2010年,刘某找到了一份送报纸的工作,并因此握有小区信箱的钥匙。2016年7月19日上午,刘某骑着自行车来到本市某小区内,用钥匙打开了该小区五区、七区的信箱,盗取信箱内未开封信件共计302封,还有若干报纸、杂志。

据刘某自己交代,大部分居民不会经常查看信箱,因此小区信箱内有许多信件、报纸、杂志,拿出去可以卖些钱。但刘某不知道,自己将信箱内的信件取出放进自行车后座报袋的行为,被小区巡逻的保安以及一名居民看在了眼里。因二人不能确定刘某是正常工作还是偷东西,便向正在小区内投递信件的邮递员李某反映了此事。李某询问时刘某否认自己偷信,并谎称这些信件以及报纸是一名男子当作废品卖给她的。邮局工作人员当即报警处理,经民警询问,刘某对自己盗窃信件的事实供认不讳。

开庭审理时,刘某表示认罪,但仍辩称自己只是拿走那些积压的带灰尘的小广告,不知道里面夹有信件。承办法官审理后,认为刘某隐匿他人信件,情节严重,侵犯了公民通信自由的权利,构成侵犯通信自由罪,并当庭以该罪判处刘某拘役5个月。

(4) 邮政企业、快递企业违法提供用户和泄露个人信息构成犯罪的,依法追究"侵犯公民个人信息罪"。

《刑法》第二百五十三条规定了侵犯公民个人信息罪,具体规定如下:

违反国家有关规定,向他人出售或者提供公民个人信息,情节严重的,处三年以下有期徒刑或者拘役,并处或者单处罚金;情节特别严重的,处三年以上七年以下有期徒刑,并处罚金。

违反国家有关规定,将在履行职责或者提供服务过程中获得的公民个人信息,出售或者提供给他人的,依照前款的规定从重处罚。

窃取或者以其他方法非法获取公民个人信息的,依照第一款的规定处罚。

单位犯前三款罪的,对单位判处罚金,并对其直接负责的主管人员和其他直接责任人员,依照各该款的规定处罚。

邮政企业、快递企业在提供服务中获得的公民个人信息被非法泄露或者出售,未经用户的同意,在现实生活中给公民的人身、财产安全和个人隐私构成严重威胁,公民可以通过刑法规制来保护自身权益。

(四) 邮政企业、快递企业应当严格履行交寄邮件的验视权

1. 验视邮件既是邮政企业、快递企业的权利,也是一种法定责任。

---

① 摘编自《人民法院网》。

（1）新修订《邮政法》规定了第二十五条邮政企业应当依法建立并执行邮件收寄验视制度。

如果邮政企业、快递企业不依法履行验视职责，则有可能承担不可预见的法律后果，很多邮包爆炸案法院判决邮局向收件人承担连带赔偿责任，均以邮局没有履行验视职责为由就是例证。《邮政行业安全监督管理办法》规定，邮政企业、快递企业应当提示用户如实填写寄递详情单，包括寄件人、收件人名址和寄递物品的名称、类别、数量等，并核对寄件人和收件人信息，准确注明邮件、快件的重量、资费。国务院邮政管理部门规定寄件人出具身份证明的，邮政企业、快递企业应当要求用户出示有效身份证件。

邮政企业、快递企业应当在用户在场的情况下，当面验视交寄物品，检查是否属于国家禁止或限制寄递的物品，以及物品的名称、类别、数量等是否与寄递详情单所填写的内容一致。依照国家规定需要用户提供有关书面凭证的，邮政企业、快递企业应当要求用户提供凭证原件，核对无误后，方可收寄。用户拒绝验视、拒不如实填写寄递详情单、拒不提供相应书面凭证或者不按照规定出示有效身份证件的，邮政企业、快递企业不予收寄。邮政企业、快递企业在收寄过程中发现用户交寄国家禁止寄递的物品的，应当拒绝收寄。已经收寄的邮件、快件中发现有上述物品的，邮政企业、快递企业应当立即停止转发和投递。对其中依法需要没收或者销毁的物品，应当立即向有关部门报告，并配合有关部门进行处理。对已经收寄的不需要没收、销毁的禁寄物品以及一同查处的禁寄物品之外的物品，邮政企业、快递企业应当与寄件人或者收件人取得联系，妥善处理。

总之，邮政企业、快递企业工作人员收寄邮件必须做到，逐件当面验视，准确称重、复重；用户封装邮件时，要现场监督，眼同封装，防止其将禁限寄物品混入邮件之中。各类邮件都有其不同规定的准寄内容，如书面通信只准在信函内寄递，以确保通信秘密；各种物品必须在包裹内寄递，以保证运递安全；现金只能作汇款交汇；贵重物品须作保价交寄，以防丢失，并在万一受到损失时进行赔偿。验视也是防止国家法律明令禁寄的物品进入邮政渠道的有效手段。经营快递业务的企业对不能确定安全性的可疑物品，应当要求用户出具相关部门的安全证明。用户不能出具安全证明的，不予收寄。

经营快递业务的企业收寄已出具安全证明的物品时，应当如实记录收寄物品的名称、规格、数量、重量、收寄时间、寄件人和收件人名址等内容。记录保存期限不少于一年。

经营快递业务的企业接受网络购物、电视购物和邮购等经营者委托提供快递服务的，应当遵守邮政管理部门的规定，与委托方签订安全保障协议，并向颁发快递业务经营许可证的邮政管理部门备案。

新修订《邮政法》规定了邮政企业对邮件的验视权，规范了禁忌限寄物品。这是符合《安全生产法》《中华人民共和国反恐怖主义法》《邮政行业安全监督管理办法》《危险化学品登记管理办法》《危险化学品经营许可证管理办法》及《危险化学品包装物、容器定点生产管理办法》等安全专项法律法规，以保障公民的通信权不受侵害的权利。

【案例】

疏于验视内件导致邮包爆炸赔偿案

张某得知自己妻子与刘某出轨，遂产生报复念头，自制邮包炸弹于2月3日将邮包炸弹以"礼品"名义从A市寄往B市。在A市某邮政支局交寄中，A市某邮政支局营业员只是告诉张某需要打开邮包检查，但是张某始终没有打开邮包让营业员验视，只是用双手捏了捏内件。

同年2月15日收件人刘某收到包裹后,打开时发生爆炸,造成重伤。法院经审理过程中认为张某构成爆炸罪,判处死刑,缓期两年执行。

提示:在邮政业务处理中违反相关规定,在收寄包裹中没有验视内件,导致收件人损失。

(2) 邮政企业、快递企业收寄时应注意的常见问题。

① 严格验视邮件内件,尤其是对上门揽收和代办(理)人员交寄的邮件要加强检查。

② 严格执行禁寄物品和危险化学品的收寄规定。对危险化学品(包括:爆炸品、压缩气体和液化气体、易燃液体、易燃固体、自燃物品和遇湿易燃物品、氧化剂和有机过氧化物、有毒品和腐蚀品,及国家法律法规禁止寄递的物品等)一律不准收寄。其他类化学品必须请寄件人提供国家认定的具有化学品检测资质部门出具的确非危险品的鉴定证明。

③ 重视邮件复重环节,防止邮件内夹寄不符合规定的物品。

④ 由于在全球范围,禽流感、口蹄疫、疯牛病等危害公共卫生疾病的蔓延,各国海关、卫生检疫部门对于肉类食品均加大了监管力度,应建议客户避免邮寄含有肉类的食品以及含有动物的骨骼、皮毛和羽毛的物品。

⑤ 对于寄往美国和经美国中转的中南美国家的食品,应按照美国FDA的规定,请寄件人预先申报并领取确认号码填写在报关上,邮寄中速快件时还应提供网页的打印证明。

⑥ 收寄烟草类邮件时,应事先向用户告知可能涉及需要缴纳高额关税。

⑦ 大量邮寄国际、国内驰名品牌商品,尤其是提供网上邮购方式的公司,邮政企业或者快递企业应加强对其邮件内件的检查,遇有涉嫌侵权的物品,应按照《中华人民共和国海关关于〈中华人民共和国知识产权海关保护条例〉的实施办法》的有关规定,请寄件人提供有关证明。对于个人交寄驰名品牌商品的,应请寄件人出示购买的商品的销售发票。

⑧ 邮政企业或者快递企业应该遵守2010年4月29日出台的《中华人民共和国保守国家秘密法》有关规定,该法第二十五条规定如下。机关、单位应当加强对国家秘密载体的管理,任何组织和个人不得有下列行为:第一,非法获取、持有国家秘密载体;第二,通过普通邮政、快递等无保密措施的渠道传递国家秘密载体;第三,邮寄、托运国家秘密载体出境。该法规定,如果违反第二十五条规定,依法给予处分,构成犯罪的,依法追究刑事责任。

(3) 邮政企业、快递企业工作人员对禁寄物品的处理办法。

依据《中华人民共和国邮政法》《中华人民共和国反恐怖主义法》以及《邮政行业安全监督管理办法》等法律、行政法规和相关规定,以及国家邮政局、公安部、国家安全部关于发布《禁止寄递物品管理规定》的通告要求,寄递企业完成收寄后发现禁寄物品或者疑似禁寄物品的,应当停止发运,立即报告事发地邮政管理部门,并按下列规定处理:

第一,发现各类枪支(含仿制品、主要零部件)、弹药、管制器具等物品的,应当立即报告公安机关;

第二,发现各类毒品、易制毒化学品的,应当立即报告公安机关;

第三,发现各类爆炸品、易燃易爆等危险物品的,应当立即疏散人员、隔离现场,同时报告公安机关;

第四,发现各类放射性、毒害性、腐蚀性、感染性等危险物品的,应当立即疏散人员、隔离现场,同时视情况报告公安、环境保护、卫生防疫、安全生产监督管理等部门;

第五,发现各类危害国家安全和社会稳定的非法出版物、印刷品、音像制品等宣传品的,应当及时报告国家安全、公安、新闻出版等部门;

第六,发现各类伪造或者变造的货币、证件、印章以及假冒侵权等物品的,应当及时报告公安、工商行政管理等部门;

第七,发现各类禁止寄递的珍贵、濒危野生动物及其制品的,应当及时报告公安、野生动物行政主管等部门;

第八,发现各类禁止进出境物品的,应当及时报告海关、国家安全、出入境检验检疫等部门;

第九,发现使用非机要渠道寄递涉及国家秘密的文件、资料及其他物品的,应当及时报告国家安全机关;

第十,发现各类间谍专用器材或者疑似间谍专用器材的,应当及时报告国家安全机关;发现其他禁寄物品或者疑似禁寄物品的,应当依法报告相关政府部门处理。

2. 新修订《邮政法》规定,对用户交寄的信件,必要时邮政企业可以要求用户开拆,进行验视,但不得检查信件内容。

① 当用户拒绝开拆的,邮政企业可以不予收寄;

② 除了信件以外的其他邮件,邮政企业收寄时应当当场验视内件,如果用户拒绝验视的,邮政企业不予收寄;

③ 用户交寄的信件必须符合准寄内容的规定,必要时邮政企业及其分支机构有权要求用户取出进行验视。

(五)邮政企业、快递企业应当依照法律规定的方式投交邮件

新修订《邮政法》第三十二条第一款规定,邮政企业采取按址投递、用户领取或者与用户协商的其他方式投递邮件。根据新修订的《邮政行业安全监督管理办法》第十二条规定,邮政企业、快递企业应当妥善投递邮件、快件。需要签收的,邮政企业、快递企业应当直接交付收件人,并办理签收手续,或者依法由他人代为签收。机关、企事业单位、住宅小区管理单位等应当为邮政企业投递邮件提供便利,并保障代收代投邮件的安全。

【案例】

国际信函误作国内信函投递

2000年8月15日,新加坡某公司向胡某发出一份聘用函,拟聘用胡某为合同管理人兼预算师,要求胡某的工作申请得到新加坡移民局的同意,在同年9月15日之前提供需交给移民局的全部文件,否则该公司有权解除聘用。2000年9月15日下午,胡某将其护照复印件、黑白照片底片使用国际航空标志的信封投入邮筒寄出,收件人为胡某的丈夫张某,收件人及寄件人均按照国际信函格式书写,贴用了5.5元人民币的邮票。16日回家后,胡某发现其于9月15日寄出的信件被退回至其在住处的信箱内,信件所贴用的邮票已盖销(非欠资戳记),信件上没有任何提示和说明。因国际信函与国内信函的收件人与寄件人填写的位置正好相反,胡某认为是某市邮政局将这份国际信函误作国内信函投递,使其赴新加坡的签证延期,失去了已找到的合适工作。于是诉之法院要求赔偿经济损失和精神损失10万元。

(六)邮政企业、快递企业应当认真处理用户申诉、投诉

邮政企业和快递企业应当及时、妥善处理用户对服务质量提出的异议。

1. 客户申诉、投诉纠纷产生的原因

(1)客户对普遍服务业务和快递业务服务的要求越来越高

对邮政企业、快递企业应享有的服务更关注;对服务的过程更注重;对服务水平更要求更高;对服务质量要求更好;客户不但要求满足用邮需要,还要得到精神享受。

(2) 企业的服务水平和服务能力方面的原因导致客户申诉、投诉
① 邮件(快件)查询和赔偿邮件丢失破损、延误与客户需求有差距；
② 工作人员的服务态度、业务技能、处事不公、违章办事等诱因导致用户投诉；
③ 用邮环境、现场管理、设施设备、用品用具、系统运行等客观原因导致用户投诉、申诉。

2. 邮政企业及时妥善处理用户关于普遍服务的投诉和申诉

根据新修订的《邮政普遍服务监督管理办法》《邮政普遍服务标准》以及《邮政业消费者申诉处理办法》的规定，邮政企业受理投诉时，应记录的信息包括：投诉人的姓名、地址和联系方式；投诉缘由及诉求；其他投诉内容等。邮政企业应在接到投诉后七日内答复用户办理情况，十五日内将处理结果告知用户。

用户向邮政企业投诉后七日内未得到答复，或者对邮政企业投诉处理和答复不满意的，或者邮政企业投诉渠道不畅通、无人受理的，用户可向邮政管理部门申诉，邮政管理部门将依据《邮政业消费者申诉处理办法》进行处理。邮政企业应当自收到邮政管理部门转办的申诉之日起十五日内做出答复。邮政管理部门应当自接到用户申诉之日起三十日内做出答复。

用户有对邮政普遍服务质量进行监督的权利，有权向邮政企业提出改善邮政普遍服务质量的意见和建议。用户有权向邮政管理部门举报违反法律法规的行为和邮政管理部门工作人员在监督检查中的违法失职行为。

3. 经营快递业务的企业及时处理用户的投诉和申诉

快递企业应当建立与用户沟通的渠道和制度，向用户提供业务咨询、查询等服务，并妥善处理客户投诉，特别是快递业务高峰期，做好业务量监测，加强服务网络统筹调度，及时向社会发布服务提示，认真处理用户投诉。经营快递业务的企业对邮政管理部门转办的用户申诉，应当及时妥善处理，并按照国务院邮政管理部门的规定给予答复。

根据《快递服务》国家标准的有关规定，快递服务组织应当提供顾客投诉的渠道，主要包括网络、电话、信函等形式。

(1) 投诉有效期

快递服务组织受理投诉有效期应为收寄快件之日起1年内。

(2) 投诉受理

快递服务组织应记录如下投诉信息：投诉人的姓名、地址和联系方式；投诉的理由、目的、要求；其他投诉细节。快递服务组织在记录的过程中，应与投诉人核对信息，以保证信息的准确性。

(3) 投诉处理时限

投诉处理时限应指从快递服务组织记录投诉人投诉信息开始，到快递服务组织提出投诉处理方案的时间间隔。

(4) 投诉处理

快递服务组织应对投诉信息进行分析并按照服务承诺进行处理。快递服务组织应制订投诉处理表格，以便对投诉信息进行统计分析。

(5) 服务改进

根据顾客满意评价结果和投诉信息统计分析结果，快递服务组织应采取措施改进服务质量，措施应主要包括：树立持续进行服务改进的理念；规定内部人员的职责和权限，以识别服务改进的机会；确保改进过程的有效性和效率；管理者应对改进过程给予大力支持。

《快递暂行条例》第二十八条规定,经营快递业务的企业应当实行快件寄递全程信息化管理,公布联系方式,保证与用户的联络畅通,向用户提供业务咨询、快件查询等服务。用户对快递服务质量不满意的,可以向经营快递业务的企业投诉,经营快递业务的企业应当自接到投诉之日起七日内予以处理并告知用户。

4. 处理用户申诉、投诉的方法

首先,企业工作人员让客户充分倾诉并记录在册。

其次,表明歉意并控制事态发展,缓解客户愤怒的情绪,甚至可以大事化小,小事化了。即使道歉不能化解纠纷,但至少可以控制事态,防止纠纷恶化、升级。通过了解客户的需求,搜集信息了解纠纷真相。

最后,对于在基层网点职权范围内的客户纠纷,按提出的解决方案,立即解决,将此类问题消化在初级阶段;对于情节相对轻、缓的可授权给快递基层管理人员解决,对于超越基层网点权限的纠纷,要迅速将相关材料(客户信息、纠纷内容、客户要求、调查的情况等)上报给上级主管部门。

快递服务组织应收集顾客满意信息,收集的方法主要包括:向顾客发放问卷调查表;直接与顾客沟通;收集各种媒体的报告;消费者权益保护组织反映的情况。顾客满意的评价程序应包括:汇总顾客满意的信息,利用适当的统计技术进行分析处理,确定顾客的满意程度,找出提供的服务与顾客期望的差距并制定改进措施。

(七) 邮政企业、快递企业应当规范使用格式条款

《邮政法》第二十二条、第五十九条规定邮政企业、快递企业采用其提供的格式条款确定与用户的权利义务的,该条款适用《合同法》关于合同格式条款的规定。《合同法》规定,采用格式条款订立合同的,提供格式条款的一方应当遵循公平原则确定当事人之间的权利和义务,并采取合理的方式提请对方注意免除或者限制其责任的条款,按照对方的要求,对该条款予以说明。《邮政普遍服务标准》(YZ/T 0129—2016)要求邮件封面和单据应满足下列要求:邮件封面和单据采用的格式条款中涉及用户权利和义务的,应以足以引起用户注意的方式载明;邮政企业在收寄邮件时应清晰、规范地加盖或者打印收寄日戳等各种业务戳记;邮政企业应按规定向用户提供收据或者发票等凭证,业务单据的填写应规范、明晰、完整。

(八) 邮政企业、快递企业应当依法履行公示义务保护用户用邮的合法权益

邮政企业、快递企业应当在其营业场所公示或者以其他方式公布其服务种类,营业时间,资费标准,邮件、快件和汇款的查询及损失赔偿办法以及用户对其服务质量的投诉办法。《中华人民共和国消费者权益保护法》中第二章第八条"消费者享有知悉其购买、使用的商品或者接受的服务的真实情况的权利"及第九条"消费者享有自主选择商品或者服务的权利",消费者可以采取法律的途径保障自己的合法权利。

【案例】

邮局没有履行如实告知义务致使用户购买刮刮卡遭质疑案

张某到邮局取钱,邮局营业员把存折递出来,同时还有一张刮刮卡(卡的正面印有"购物街"字样,幸运中奖金额最高500元),没有任何说明。张某以为工作人员递出来的刮刮奖不用花钱,就刮了奖。营业员要求张某付3元钱刮奖费,随即产生纠纷,经调解结案。

启示:邮政企业工作人员避免支局客户纠纷必须履行的义务:第一,告知义务(提醒、提示);第二,验视义务(逐件验视、眼同封装);第三,现场管理义务(营业秩序、场所安全)。

(九)邮政企业、快递企业应当提供邮件、快件的查询服务

1. 邮政企业应当向用户提供给据邮件的查询服务

邮政企业应对用户交寄的给据邮件提供免费查询渠道(主要包括:给据邮件交寄时的邮政营业场所、邮政企业客户服务电话、互联网),用户可根据给据邮件单据对邮件进行跟踪查询。

① 用户查询期间规定

第一,关于给据邮件查询时间的规定。新修订《邮政法》第四十九条第一款、第二款规定,用户交寄给据邮件后,对国内邮件可以自交寄之日起一年内持收据向邮政企业查询。

第二,关于国际邮件查询时间的规定。对国际邮件可以自交寄之日起一百八十日内持收据向邮政企业查询。

第三,关于邮政汇款查询时间的规定。新修订《邮政法》第五十条规定,邮政汇款的汇款人自汇款之日起一年内,可以持收据向邮政企业查询。邮政企业应当自用户查询之日起二十日内将查询结果告知汇款人。查复期满未查到汇款的,邮政企业应当向汇款人退还汇款和汇款费用。

② 邮政企业关于查询答复时限的规定

用户查询时,邮政企业应即时提供给据邮件信息。不能即时提供的,自用户查询之日起,邮政企业应在下列期限内将查询结果告知用户:

第一,国际邮件、边远地区邮件宜为 30 日内,最长不超过 60 日;

第二,其他地区邮件宜为 5 日内,最长不超过 30 日;

第三,邮政汇款宜为 5 日内,最长不超过 20 日。

2. 快递企业向用户提供快件的查询服务

根据《快递服务》国家标准的相关规定,快递服务组织应向顾客提供电话或互联网等查询渠道。

第一,查询内容。快递服务组织应根据业务种类向顾客提供电话或互联网等免费查询渠道。查询内容应包括快件当前所处服务环节及所在位置的查询服务。对于国内异地、港澳、台湾、国际快递服务,快递服务组织宜提供全程跟踪的即时查询服务。

第二,查询答复时限。对于通过互联网不能查找的快件,顾客电话查询时,快递服务组织应在 30 分钟内告知顾客。告知的内容应主要包括:快件所处的服务环节及所在位置;不能提供快件即时信息的,告知顾客彻底延误时限及索赔程序。对于国内异地快件,快递服务组织宜提供全程跟踪的即时查询服务。

第三,查询信息有效期。查询信息有效期应为快递服务组织收寄快件之日起 1 年内。

第四,查询受理时间。国内快件互联网查询受理时间应为一周 7 天,每天 24 小时;国内快件电话人工查询受理时间应为一周 7 天,每天应不少于 8 小时。

(十)邮政企业应当免费提供邮政编码的查询服务

1. 邮政编码的概念

邮政编码,是采用数字或者字母,按照一定结构组成代表邮区、投递区域的专用代码。

2. 邮政编码的编制

邮政编码由邮政企业根据国务院邮政管理部门制定的编制规则编制,邮政管理部门依法对邮政编码的编制和使用实施监督。邮政企业应当在营业场所免费提供邮政编码查询服务。

(十一) 邮政企业具有履行普遍服务以及专营权义务的专属权

邮政普遍服务和特殊服务是国家基本公共服务的重要组成部分。党和国家高度重视、大力支持邮政普遍服务工作。邮政企业应当依据普遍服务、特殊服务的标准推动建立覆盖城乡的邮政普遍服务体系,依法履行邮政普遍服务义务;邮政企业要保障机要通信、义务兵通信、党报党刊发行、盲人读物寄递等服务质量;保障通信安全等。

(十二) 邮政企业应当遵守撤销邮政普遍服务营业场所、停止办理或者限制办理邮政普遍服务业务;快递企业遵守停止经营的相关规定

1. 邮政企业撤销邮政普遍服务营业场所、停止办理或者限制办理邮政普遍服务业务的规定

《邮政法》第九条规定:"邮政企业设置、撤销邮政营业场所,应当事先书面告知邮政管理部门;撤销提供邮政普遍服务的邮政营业场所,应当经邮政管理部门批准并予以公告。"《邮政企业停止办理或者限制办理邮政普遍服务业务和特殊服务业务管理规定》更为详细地规范了行政审批行为。

(1) 邮政企业申请撤销提供邮政普遍服务的邮政营业场所的,应当符合下列条件:

第一,提出撤销提供邮政普遍服务的邮政营业场所的理由充分、合理,提交的申请材料真实、完整;

第二,在拟撤销提供邮政普遍服务的邮政营业场所的服务范围内已安排其他提供邮政普遍服务的邮政营业场所或者采取其他替代性措施;

第三,采取替代性措施后,原服务范围内提供邮政普遍服务的邮政营业场所的设置满足邮政普遍服务标准的相关要求;

第四,采取的替代性措施能够确保原服务范围内邮政普遍服务总体水平不降低。

(2) 邮政企业停止办理或者限制办理邮政普遍服务业务的,应当经过邮政管理部门批准。停止办理或者限制办理邮政普遍服务业务的期限一般不超过十二个月。超过十二个月的,应当重新履行审批手续。邮政企业申请停止办理或者限制办理邮政普遍服务业务的,应当符合下列条件:

第一,提出停止办理或者限制办理邮政普遍服务业务的理由充分、合理,提交的申请材料真实、完整;

第二,在停止办理或者限制办理邮政普遍服务业务可能造成影响的服务范围内已安排相应的补救措施;

第三,采取的补救措施应当确保受影响服务范围内邮政普遍服务业务能够正常开展。

(3) 邮政管理部门审查过程。

对于许可的申请与受理申请,应由邮政企业提出书面申请,并提交材料。

① 受理申请事项依法不需要行政审批的,应当及时告知邮政企业不受理;

② 申请事项不属于邮政管理部门职权范围内的,应当及时做出不予受理的决定,并告知邮政企业向有关行政机关申请;

③ 申请材料存在可以当场更正的错误的,应当允许邮政企业当场更正;

④ 申请材料不齐全或者不符合法定形式的,应当当场或者在五日内一次告知邮政企业需要补正的全部内容,逾期不告知的,自收到申请材料之日起即为受理;邮政企业应当在收到补

正通知书之日起十五日内提交补正申请材料,未按期提交的,邮政管理部门在期限届满之日起五日内做出不予受理的决定;

⑤ 邮政企业隐瞒有关情况或者提供虚假材料的,应当及时做出不予受理的决定;

⑥ 申请事项属于邮政管理部门职权范围,申请材料齐全、符合法定形式,或者邮政企业按照邮政管理部门的要求提交全部补正申请材料的,应当及时予以受理。市(地)邮政管理机构受理或者不予受理邮政企业撤销邮政普遍服务营业场所的申请,应当出具加盖本机关印章和注明日期的书面凭证。

(4) 审查并做出决定。

对于材料审查和实地核查,市(地)邮政管理机构受理申请后,应当对邮政企业提交的申请材料进行审查。同时,应当派两名以上执法人员对拟撤销的邮政普遍服务营业场所进行实地核查,制作实地核查笔录;征求当地用户和有关部门的意见,如实填报用户意见调查汇总表。市(地)邮政管理机构认为撤销邮政普遍服务营业场所涉及重大公共利益需要听证的,应当向社会公告,并举行听证。撤销邮政普遍服务营业场所直接涉及申请人与他人之间重大利益关系的,市(地)邮政管理机构在做出行政审批决定前,应当告知申请人、利害关系人享有要求听证的权利;申请人、利害关系人在被告知听证权利之日起五日内提出听证申请的,市(地)邮政管理机构应当在二十日内组织听证。

对于审批时限,市(地)邮政管理机构应当自受理申请之日起二十日内做出行政审批决定。二十日内不能做出决定的,经本机关负责人批准,可以延长十日,并应当将延长期限的理由书面告知申请人。法律、法规另有规定的,依照其规定。市(地)邮政管理机构组织听证的时间不计入其依法做出行政审批决定的期限内。

对于结果送达,市(地)邮政管理机构做出准予行政审批决定的,应当在做出决定后十日内将准予行政审批决定书送达提交申请的邮政企业,并于十日内对社会公告;做出不予行政审批决定的,应当在做出决定后十日内将不予行政审批决定书送达提交申请的邮政企业,充分说明理由,并告知邮政企依法申请行政复议或者提起行政诉讼的权利。

2. 快递企业停止经营的法律规定及违规处罚

(1) 快递企业停止经营的法律规定

《快递暂行条例》第二十九条规定,经营快递业务的企业停止经营的,应当提前10日向社会公告,书面告知邮政管理部门,交回快递业务经营许可证,并依法妥善处理尚未投递的快件。

经营快递业务的企业或者其分支机构因不可抗力或者其他特殊原因暂停快递服务的,应当及时向邮政管理部门报告,向社会公告暂停服务的原因和期限,并依法妥善处理尚未投递的快件。

(2) 法律责任

《快递暂行条例》第四十条规定,未取得快递业务经营许可从事快递活动的,由邮政管理部门依照《中华人民共和国邮政法》的规定予以处罚。经营快递业务的企业或者其分支机构有下列行为之一的,由邮政管理部门责令改正,可以处1万元以下的罚款;情节严重的,处1万元以上5万元以下的罚款,并可以责令停业整顿:

第一,开办快递末端网点未向所在地邮政管理部门备案;

第二,停止经营快递业务,未提前10日向社会公告,未书面告知邮政管理部门并交回快递

业务经营许可证,或者未依法妥善处理尚未投递的快件;

第三,因不可抗力或者其他特殊原因暂停快递服务,未及时向邮政管理部门报告并向社会公告暂停服务的原因和期限,或者未依法妥善处理尚未投递的快件。

二、用户应遵守的邮政服务规范

(一)用户的权利

新修订《邮政法》加大维护消费者权益力度,强化了用户用邮的合法权益保护。用户的权利包括依法使用业务权,领取邮件、快件的权利,要求赔偿的权利,监督服务的权利以及投诉权等。

1. 依法使用邮政业务权和快递业务权

用户有权选择用邮的种类和方式,并且不得非法干涉。另外用户在使用邮政业务过程中,邮政企业在规定的营业时间办理法定业务,不得无故拒绝用户。同时用户有权对邮政企业的通信质量和服务质量提出投诉、意见和建议。

2. 依法保护用户信息不受侵害的权利

《邮政法》等相关法律法规对用户的个人信息保护作了非常详细的规定。同时,法律还规定了相关的民事责任、刑事责任和行政责任。

【案例】

未经本人允许个人信息泄露赔偿案[①]

某单位的王先生在自家信箱中收到了一封"邮政公事",内有一张"用户征询表"。他觉得自己享受了邮政的服务,填写征询表格应是一种义务,所以没多考虑就填写了全部资料并按要求寄回。为防万一,王先生特意在征询表格上申明:自己的个人资料不得泄露给商业、企业,从事营利活动。然而时隔不久,王先生家中就收到了由某市邮政商函局、某网络销售有限公司发出的商业信件。更让他气愤的是,家中还接连受到不明身份的"商业调查"人员的敲门骚扰,80高龄的老母亲为了应付突如其来的门铃,不得不常常从床榻上爬起,险些因此患病。

王先生终于意识到,当初填写的个人信息已被泄露。于是,他向法院递交了起诉状,将某市邮局及其下属的邮政商函局、某网络销售有限公司列名为第一、第二、第三被告。王先生诉称:三被告达成邮递广告的商业盈利活动协议并付诸实施,侵犯了他的个人权益,因此要求法庭判令三被告停止侵权,赔礼道歉,赔偿精神损失费1元。法院多次进行调解,双方终于就此案取得谅解并调解结案。

启示:个人信息资料,亦称个人情报资料、个人资讯,包括所有个人的情况,包括财产状况、家庭情况、社会关系、婚恋情况、心理活动、姓名、肖像、住所、家庭电话号码、职业、档案材料等。在我国,个人信息资料一直是隐私权保护的范畴,从民事责任角度上对侵害个人信息资料进行救济,最高人民法院在有关司法解释中明确,以书面、口头形式宣扬他人隐私的应当承担侵权责任,另外新修订《邮政法》也规定了邮政企业及其从业人员、快递企业及其从业人员不得向任

---

① 摘编自《邮政普法案例选编(二)》。

何单位或者个人泄露用户使用邮政服务、快递服务的信息,否则应当承担相应的法律责任。此案例中,邮政企业存在不合理使用客户资料,对客户资料管理不善,未取得客户授权建立客户信息数据库等违法行为。

3. 用户的查询权和求偿权

新修订《邮政法》规定了用户对交寄的给据邮件和交汇的汇款,交寄或者交汇的汇款可以在法定期限内进行查询,对于非法定免责事由的邮件、汇款的丢失损毁可以申请邮政企业赔偿。邮政企业及其分支机构应当在国务院邮政主管部门规定的期限内将查询结果通知查询人。查复期满无结果的,邮政企业应当先予赔偿或者采取补救措施。《邮政法》第三十四条规定:"邮政汇款的收款人应当自收到汇款通知之日起六十日内,凭有效身份证件到邮政企业兑领汇款。收款人逾期未兑领的汇款,由邮政企业退回汇款人。自兑领汇款期限届满之日起一年内无法退回汇款人,或者汇款人自收到退汇通知之日起一年内未领取的汇款,由邮政企业上缴国库。"

(二)用户的义务

1. 遵守禁递和限递物品的规定

禁寄物品是指国家法律、法规禁止寄递的物品。国家对遵守禁递和限递物品的监管形成严格的法律体系规定。从法律层面规定的有:《邮政法》《海关法》《禁毒法》《进出境动植物检疫法》等;从法规层面规定的有《邮政法实施细则》《快递暂行条例》《民用爆炸物品安全管理条例》《烟花爆竹安全管理条例》《医疗废物管理条例》等;以及《中华人民共和国海关关于〈中华人民共和国知识产权海关保护条例〉的实施办法》《禁寄物品指导目录》等规章和规范性文件。根据新修订的《邮政行业安全监督管理办法》,用户违反本办法第七条规定,交寄危害国家安全、公共安全的信息或者物品,尚不构成犯罪的,依照《中华人民共和国治安管理处罚法》及有关法律、法规处罚;构成犯罪的,依法追究刑事责任。违法邮寄国家禁止出境或者限制出境的物品,按照《中华人民共和国海关法》处罚。给邮政企业、快递企业或者公民、法人及其他组织造成损害的,应当依法承担赔偿责任。

(1)新修订《邮政法》对禁递和限递物品的规定。

新修订《邮政法》第三十七条规定,任何单位和个人不得利用邮件寄递含有下列内容的物品:

① 煽动颠覆国家政权、推翻社会主义制度或者分裂国家、破坏国家统一,危害国家安全的;

② 泄露国家秘密的;

③ 散布谣言扰乱社会秩序,破坏社会稳定的;

④ 煽动民族仇恨、民族歧视,破坏民族团结的;

⑤ 宣扬邪教或者迷信的;

⑥ 散布淫秽、赌博、恐怖信息或者教唆犯罪的;

⑦ 法律、行政法规禁止的其他内容。

(2)2016年12月国家邮政局、公安部、国家安全部关于发布《禁止寄递物品管理规定》的通告,对禁递和限递物品的规定如下:

第一,枪支(含仿制品、主要零部件)弹药。

枪支(含仿制品、主要零部件)：如手枪、步枪、冲锋枪、防暴枪、气枪、猎枪、运动枪、麻醉注射枪、钢珠枪、催泪枪等。

弹药(含仿制品)：如子弹、炸弹、手榴弹、火箭弹、照明弹、燃烧弹、烟幕(雾)弹、信号弹、催泪弹、毒气弹、地雷、手雷、炮弹、火药等。

第二，管制器具。

管制刀具：如匕首、三棱刮刀、带有自锁装置的弹簧刀(跳刀)、其他相类似的单刃、双刃、三棱尖刀等。

其他：如弩、催泪器、催泪枪、电击器等。

第三，爆炸物品。

爆破器材：如炸药、雷管、导火索、导爆索、爆破剂等。

烟花爆竹：如烟花、鞭炮、摔炮、拉炮、砸炮、彩药弹等烟花爆竹及黑火药、烟火药、发令纸、引火线等。

其他：如推进剂、发射药、硝化棉、电点火头等。

第四，压缩和液化气体及其容器。

易燃气体：如氢气、甲烷、乙烷、丁烷、天然气、液化石油气、乙烯、丙烯、乙炔、打火机等。

有毒气体：如一氧化碳、一氧化氮、氯气等。

易爆或者窒息、助燃气体：如压缩氧气、氮气、氦气、氖气、气雾剂等。

第五，易燃液体。如汽油、柴油、煤油、桐油、丙酮、乙醚、油漆、生漆、苯、酒精、松香油等。

第六，易燃固体、自燃物质、遇水易燃物质。

易燃固体：如红磷、硫黄、铝粉、闪光粉、固体酒精、火柴、活性炭等。

自燃物质：如黄磷、白磷、硝化纤维(含胶片)、钛粉等。

遇水易燃物质：如金属钠、钾、锂、锌粉、镁粉、碳化钙(电石)、氰化钠、氰化钾等。

第七，氧化剂和过氧化物。如高锰酸盐、高氯酸盐、氧化氢、过氧化钠、过氧化钾、过氧化铅、氯酸盐、溴酸盐、硝酸盐、双氧水等。

第八，毒性物质。如砷、砒霜、汞化物、铊化物、氰化物、硒粉、苯酚、汞、剧毒农药等。

第九，生化制品、传染性、感染性物质。如病菌、炭疽、寄生虫、排泄物、医疗废弃物、尸骨、动物器官、肢体、未经硝制的兽皮、未经药制的兽骨等。

第十，放射性物质，如铀、钴、镭、钚等。

第十一，腐蚀性物质,如硫酸、硝酸、盐酸、蓄电池、氢氧化钠、氢氧化钾等。

第十二，毒品及吸毒工具、非正当用途麻醉药品和精神药品、非正当用途的易制毒化学品。

毒品、麻醉药品和精神药品：如鸦片(包括罂粟壳、花、苞、叶)、吗啡、海洛因、可卡因、大麻、甲基苯丙胺(冰毒)、氯胺酮、甲卡西酮、苯丙胺、安钠咖等。

易制毒化学品：如胡椒醛、黄樟素、黄樟油、麻黄素、伪麻黄素、羟亚胺、邻酮、苯乙酸、溴代苯丙酮、醋酸酐、甲苯、丙酮等。

吸毒工具：如冰壶等。

第十三，非法出版物、印刷品、音像制品等宣传品。如含有反动、煽动民族仇恨、破坏国家统一、破坏社会稳定、宣扬邪教、宗教极端思想、淫秽等内容的图书、刊物、图片、照片、音像制品等。

第十四,间谍专用器材。如暗藏式窃听器材、窃照器材、突发式收发报机、一次性密码本、密写工具、用于获取情报的电子监听和截收器材等。

第十五,非法伪造物品。如伪造或者变造的货币、证件、公章等。

第十六,侵犯知识产权和假冒伪劣物品。

侵犯知识产权:如侵犯专利权、商标权、著作权的图书、音像制品等。

假冒伪劣:如假冒伪劣的食品、药品、儿童用品、电子产品、化妆品、纺织品等。

第十七,濒危野生动物及其制品。如象牙、虎骨、犀牛角及其制品等。

第十八,禁止进出境物品。如有碍人畜健康的、来自疫区的以及其他能传播疾病的食品、药品或者其他物品;内容涉及国家秘密的文件、资料及其他物品。

第十九,其他物品。《危险化学品目录》《民用爆炸物品品名表》《易制爆危险化学品名录》《易制毒化学品的分类和品种目录》《中华人民共和国禁止进出境物品表》载明的物品和《人间传染的病原微生物名录》载明的第一、二类病原微生物等,以及法律、行政法规、国务院和国务院有关部门规定禁止寄递的其他物品。

(3) 各寄达国(地区)禁止寄递进口的物品。

① 美国对进口食品类邮件的规定

美国食品药物管理局(FDA)规定,国外客户在交寄发往美国的内装食品的邮件之前,须通过网络预先向美国食品药物管理局提交申报单并领取确认号码,交寄时将确认号码填写在报关单上,否则邮件在无法退回时可能被退回或销毁。对于以下情况可以免予预申报:个人自制、作为个人礼品用、从个人名址寄往个人名址的食品邮件;寄往美国非商业用途的食品邮件;旅客将个人购买的食物寄回自己在美国的家中。美国海关对进口物品的监管规定:每票进口物品的价值不得超过 2000 美元,衣物类不得超过 250 美元。如果每票进口物品的价值超过上述价值,美国海关要求办理正式的海关手续,并提交正式清关文件。

② 英国、法国海关对烟草的规定

烟草是大部分国家海关限制进口类的物品,通常需要提交完备的清关文件和缴纳高额的关税。

法国海关声明:凡发往法国的含有香烟或其他烟草类物品的所有货物,不论其数量多少,也不论其是否来自欧盟成员国家,均被作为违禁物品由海关扣留或销毁。只有当发货商已指定由法国境内的一家财务代表代付税款,并且含有烟草的全部货物都附带有一个简化的付税文件方可放行。

英国海关对进口烟草的规定:所有进口的烟草都需要交纳进口关税,每条(约 200 支)进口烟的关税约为 11 英镑(雪茄除外)。如收件人拒绝交纳税款,海关将没收烟草类邮件。

③ 德国邮政禁止和限制规定

禁止寄递猪肉、禽类、羽毛、未经处理的猎物以及含禽类制品的邮件;无疫情期间,肉类、肉制品、猪肉、猪肉制品、奶类、含奶类的制品,邮寄给个人时按商业进口物品进行动物检疫,附官方开具的健康卫生证明,少量的太妃糖、巧克力、饼干除外。

④ 意大利邮政禁寄规定

意大利邮政禁寄物品:鱼肉、奶、蛋、蜂蜜;昆虫、动物化石、猎物及其各类制品。

限制寄递:收寄药品类邮件,寄件人要随附意大利医药机构的证明,或邮件抵意后,由收件人提供医疗机构证明;商品类邮件(货物、广告品、礼品)要随附英、法、意文的发票或形式发票,寄给个人的应附有收件人的税号;寄给公司的应附有收件公司的VAT[①]登记号。经转至其他国家的邮件不在此列。

【案例1】

某局2015年3月发往香港的一批邮件(内件为皮带、鞋、手袋),因涉嫌侵犯知识产权被口岸海关截查,部分邮件送交海关法规部门检测、鉴定,七天后海关将涉嫌侵权的邮件移交缉私局处理,其他邮件放行。

【案例2】

某局2016年4月通过某互换局发往美国、日本、英国等国家的970双仿冒耐克鞋,被某北京海关查获。经海关调查,这批仿冒耐克鞋是从同一个发件人寄往各地的,发货人不能提供使用NIKE商标的合法证明,据分析这是通过网上邮购方式进行的侵权活动。

提示:《中华人民共和国海关关于〈中华人民共和国知识产权海关保护条例〉的实施办法》中规定:进出口货物的收发货人或其代理人(以下统称收发货人)应当在合理的范围内了解其进出口货物的知识产权状况。需要申报其进出口货物的知识产权状况的,收发货人应当向海关如实申报并提交有关证明文件。

2. 用户交寄的邮资凭证符合法律规定

(1) 邮资凭证包括邮票、邮资符志、邮资信封、邮资明信片、邮资邮简、邮资信卡等。

(2) 邮件资费的交付,以邮资凭证、证明邮资已付的戳记以及有关业务单据等表示。

(3) 用户交寄邮资凭证符合如下法律规定:

① 新修订《邮政法》第四十四条规定:"下列邮资凭证不得使用:经国务院邮政管理部门批准停止使用的;盖销或者划销的;污损、残缺或者褪色、变色,难以辨认的。"

② 从邮资信封、邮资明信片、邮资邮简、邮资信卡上剪下的邮资图案,不得作为邮资凭证使用。

③ 任何单位和个人不得伪造邮资凭证或者倒卖伪造的邮资凭证,不得擅自仿印邮票和邮资图案。

④ 邮资凭证售出后,邮资凭证持有人不得要求邮政企业兑换现金。

停止使用邮资凭证,应当经国务院邮政管理部门批准,并在停止使用九十日前予以公告,停止销售。邮资凭证持有人可以自公告之日起一年内,向邮政企业换取等值的邮资凭证。

3. 用户交寄邮件应当符合法律规定的准寄内容、书写格式,并正确书写邮政编码

(1) 用户交寄信函使用的信封,必须符合国家标准。

(2) 邮件封面和邮政业务单式上不得印(写)有或者粘贴与邮件无关的文字或者其他物品;邮资凭证正面不得涂抹、覆盖其他物品;不得使用伪造、仿印、剪割拼补、加工去污的邮资凭证。

---

① VAT 即是 Value Added Tax/ AD VALOREM tax,附加税,欧盟的一种税制,即购物时要另加税,是根据商品的价格而征收的。

4. 用户交寄邮件应当符合封装规格

（1）用户交寄邮件保证邮件名址信息安全、完整；

（2）内件安全，不污染、不损毁其他邮件和设备；

（3）不危害人身安全；

（4）有特殊要求的符合特殊要求。

第四节　邮 政 资 费

一、邮政资费的概念和定价规制原则

1. 邮政资费的概念

邮政资费是邮政企业或快递企业提供邮件（快件）服务的价格。

2. 邮政资费的业务资费制定实行公平、公正及公开原则

新修订《邮政法》关于邮政业务资费制定应该遵守《价格法》。

二、邮政资费分类

1. 实行政府指导价或者政府定价的邮政业务范围，以中央政府定价目录为依据，具体资费标准由国务院价格主管部门会同国务院财政部门、国务院邮政管理部门制定。国务院有关部门制定邮政业务资费标准，应当听取邮政企业、用户和其他有关方面的意见。

邮政企业应当根据国务院价格主管部门、国务院财政部门和国务院邮政管理部门的要求，提供准确、完备的业务成本数据和其他有关资料。

例如：2017年4月国家发展改革委、财政部、国家邮政局为贯彻落实《中共中央国务院关于推进价格机制改革的若干意见》（中发〔2015〕28号），促进邮政企业积极参与市场竞争，向消费者提供质优价廉的邮政服务，决定按照保持资费总水平基本稳定的原则，调整完善邮政企业普通包裹寄递费体系结构，下发了《关于调整完善邮政普通包裹寄递资费体系结构有关问题的通知》，要求如下：

（1）邮政企业寄递单件重量不超过10千克、每立方分米重量不低于167克普通包裹（以下简称邮政普通包裹）服务资费，由实行政府定价改为政府指导价，企业可以在不超过国家规定资费标准范围内，根据市场供求竞争状况、用户承受能力等因素自主确定具体资费水平。

（2）邮政普通包裹寄递服务资费按照省级行政区划、省会城市之间邮运距离，设置31个计费区、6档资费，区分首重、续重计费，首重、续重计费单位重量均为1千克，不再另收挂号费。

（3）邮政企业要严格执行本通知邮政普通包裹寄递服务资费标准规定。对因资费结构调整邮资下降的线路，不得不降或少降资费；对个别邮资上涨的线路，要充分考虑市场供求竞争状况、用户承受能力等因素，通过采取资费下浮措施，合理控制实际邮资涨幅。

（4）邮政企业要切实履行普遍服务义务，不断优化服务流程，提升服务质量。严格执行《邮政普遍服务》标准（YZ/T 0129—2016），合理设置营业网点，落实寄递时限要求，推行包裹

实物投递,实现县级以上城区所有邮政普通包裹以及乡镇人民政府所在地单件重量5千克(含)以内邮政普通包裹按址实物投递,乡镇其他地区单件重量5千克(含)以内邮政普通包裹投递到村邮站、村委会等接收邮件的固定场所。

(5) 各级价格主管部门、邮政管理部门要按照各自职责分工,加强对邮政企业普通包裹寄递服务资费执行、业务开展情况的监督检查,维护正常市场秩序。对邮政企业恶意竞销、扰乱正常市场秩序等违法行为,及时开展调查,依法纠正、查处。

2. 邮政企业的其他业务资费实行市场调节价,资费标准由邮政企业自主确定。

【案例】

王某欠EMS某市分公司邮政资费纠纷案[①]

王某与EMS某市分公司签订邮政速递服务业务合同,约定EMS某市分公司提供收寄服务,免费提供物流仓储、专人封装、查询、跟踪等相关服务;王某月邮费达到一定规模,EMS某市分公司可给予王某一定程度资费优惠,双方需签订"大客户优惠协议书"并参照执行。王某按约定周期与EMS某市分公司结算。双方以EMS某市分公司提供的费用对账单作为双方对账依据,王某应妥善保管每次服务时提供的详情单联、交接单联对账使用。每月最后一日为双方结算截止日,每月结算一次。同日,双方签订大客户优惠协议书,约定对王某交寄的EMS国际邮件给予一定折扣优惠(符合法律法规规定),中速邮件给予一定折扣折优惠。按大客户优惠协议约定的邮政资费计算,自2012年2月,王某欠EMS某市分公司229425.06元邮费,形成诉讼。一审法院判决:双方签订的邮政速递服务业务合同系双方当事人真实意思表示,不违反有关法律法规规定,王某所欠资费以EMS某市分公司提供的大客户优惠协议书为准。上述协议签订后,经EMS某市分公司核算,自2012年2月至2013年8月,王某累计欠邮费229425.06元,判决王某归还EMS某市分公司所欠邮政资费229425.06元。王某不服,上诉某省高院,二审维持原审判决。

第五节 邮件、快件的投递方式

一、邮件的投递方式

新修订《邮政法》第三十二条第一款规定,邮政企业采取按址投递、用户领取或者与用户协商的其他方式投递邮件。

邮政企业投递邮件时,应清晰、规范地加盖或者打印投递日戳。

(一) 按址投递

1. 按址投递邮件的一般规定

按址投递邮件包括:信件、印刷品、包裹、汇款通知等各类通知单等。邮政企业根据地方经

---

① 摘编自《中国裁判文书网》2016年。

济社会发展,提高邮件投递频次和投递深度。机关、企业事业单位、住宅小区管理单位等应当为邮政企业投递邮件提供便利。

新建的企业事业单位、居民住宅,应由企业事业单位、居民住宅管理单位到当地邮政企业或者其分支机构办理邮件投递登记手续;单位更改名称、收件人变更地址,应事先通知当地邮政企业或者其分支机构,也可办理邮件改寄新址手续。邮政企业应公布登记地点和电话号码。

邮政企业应予以登记,并自登记之日起1周内安排投递的,主要包括以下情形:具备邮政车辆和邮政服务人员的通行条件;有公安机关统一编制的门牌号数;已设置信报箱、邮政包裹柜或者接收邮件的场所;按规定需要办理中外文名称登记并已办妥手续的。

2. 按址投递深度的规定

对于按址投递的机关、企业事业单位、商业写字楼等的邮件,应当投递到其收发室或者其他接收邮件的场所;住宅小区设置信报箱的应当投递到信报箱,尚未设置信报箱的应当投递到其收发室或者其他接收邮件的场所;农村地区应当投递到村邮站等接收邮件的场所。收发(传达)室、物业服务企业、村邮站或者其他接收邮件的场所对接收的邮件应妥善保管并安排人员及时正确转投。

(1) 关于单位、住宅楼房、住宅平房等城市按址投递深度的规定

第一,单位、单位附设机构、单位个人用户、单位院内宿舍用户的邮件,应投递到单位设在地面层的收发(传达)室或者其他接收邮件场所。多单位同在一幢楼或者一个院内的邮件,应投递到统一设置的收发(传达)室或者其他接收邮件的场所。寄交船舶的邮件,应投递到船舶所属单位的收发(传达)室或者其他接收邮件的场所。

第二,住宅楼房设置信报箱或者邮政包裹柜的,应投递到信报箱或者邮政包裹柜;未设置信报箱或者邮政包裹柜的,可投交收发(传达)室或者物业服务企业;未设置信报箱或者邮政包裹柜,且没有收发(传达)室和物业服务企业的,可投递到与用户协商的指定位置。

第三,住宅平房应按街巷(胡同、里弄)门牌号投递到院落门口。住户较多的大院在大院总入口处设置信报箱或者邮政包裹柜的,应投递到信报箱或者邮政包裹柜;设置收发(传达)室或者代收点的,可投递到收发(传达)室或者代收点。

(2) 乡、镇人民政府所在地按址投递深度的规定

乡、镇人民政府所在地邮件的投递深度,应等同于城市投递深度。超过5kg的包裹可投递领取通知单,具备条件的可短信或者电话通知领取。

(3) 乡、镇其他地区按址投递深度的规定

乡、镇其他地区邮件应至少投递到村邮站或者其他接收邮件的固定场所。超过5kg的包裹可投递领取通知单,具备条件的可短信或者电话通知领取。

3. 收发室、村邮站等接收邮件的场所负有保护和接转邮件的责任

收发室、村邮站等对超过一个月确认无法转交的邮件,应当签注意见并妥善保管,由邮政企业定期收回。收发(传达)室、物业服务企业、村邮站或者其他接收邮件的场所对接收的邮件应妥善保管并安排人员及时正确转投。

4. 邮件的改寄和撤回

各类邮件交寄后,寄件人确有需要变更名址或者撤回的,邮政企业应按规定提供邮件改寄和撤回服务。

5. 邮政企业对无法投递的邮件的处理规定

邮政企业对无法投递的邮件应当退回寄件人。邮件无法投递的情形包括:收件人地址书

写不详或者错误；原书地址无该收件人；收件人迁移新址不明；收件人是已经撤销的单位，且无代收单位或者个人；收件人死亡，且无继承人或者代收人；收件人拒收邮件或者拒付应付的费用；邮件保管期满收件人仍未领取；其他原因导致邮件无法投递。

6. 邮件无法投递又无法退回邮件处理规定

邮件无法投递，且具有下列情形之一的，作为无法投递又无法退回邮件处理：寄件人地址不详；寄件人声明抛弃；邮件退回后寄件人拒收或者拒绝支付有关费用；邮件保管期满寄件人仍未领取。

邮政企业对确认无法投递的邮件，应在确认无法投递后的一个月内退回寄件人。收发（传达）室、物业服务企业、村邮站或者其他接收邮件的场所对超过一个月确认无法转交的邮件，应签注意见并妥善保管，由邮政企业定期收回。无法投递又无法退回的邮件，应由邮政企业依据《无法投递又无法退回邮件管理办法》的规定处理。

无法投递又无法退回的进境国际邮递物品，应由海关依据《中华人民共和国海关法》的规定处理。

【案例】

邮件应当面交接案

刘某在J省畜牧兽医学校就读毕业后，学校将他的毕业证、派遣报到证、户口迁移证、粮食关系证明等证件以挂号信的形式寄出。刘某因一直没有收到该信件，遂到邮局查询，得知信件已经投送到某村村委会。邮局出示的邮件投递清单上，加盖着村委会收发专用章。刘某找到村委会，村委会否认接收了该信，并认为为方便投递员，该收发专用章一直放在收发室门后。该信没有当面投交，当时收发人员已经下班，收发专用章是投递员自己加盖的。刘某在交涉无果的情况下，将邮局和村委会诉至法院，要求赔偿经济损失和精神损失3.4万元。

法院经审理认为，邮局与村委会一直未就邮件投递方式依照规定进行妥善的协商，因此对原告挂号信的丢失应负过错责任。某村村委会对收发工作管理不严，对收发专用章保管不善，因此对原告挂号信丢失负同等过错责任。遂判决赔偿原告刘某经济损失4999.8元，精神损失5000元，邮局和村委会各自承担50%。

启示：投交给单位的给据邮件，必须经单位接收人员当面清点，由接收人员在投递邮件清单、特快专递详情单和期刊投递卡或清单相关栏内加盖公章或收发专用章，邮政投递人员要将邮件详情单带回，作为妥投邮件凭证。

7. 逾期未兑领汇款的处理

收款人逾期未兑领的汇款，应由邮政企业退回汇款人。自兑领汇款期限届满之日起1年内无法退回汇款人，或者汇款人自收到退汇通知之日起1年内未领取的汇款，由邮政企业上缴国库。

（二）用户领取

必须凭通知单到邮政企业或者分支机构办理手续才能领取的邮件，邮政企业可通知用户到指定地点领取（但是对有特殊需求的用户，邮政企业可与用户协商，采取多种方法投递邮件），主要包括以下几个方面：

第一，重量超过5kg的乡、镇人民政府所在地及乡、镇其他地区的包裹；

第二,邮政汇款;

第三,保价信件;

第四,存局候领邮件;

第五,无法投入信报箱的印刷品;

第六,单包不符、封皮或者内件破损,重量短少或者有拆动嫌疑,需要收件人会同拆验的邮件;

第七,有补收资费等其他原因需要收件人办理手续的邮件;

第八,其他不具备按址投递条件的邮件。

(三)用户协商的其他方式投递邮件

对有特殊需求的用户,邮政企业可与用户协商,采取多种方法投递邮件。

【案例】

专利文书遭延误 妥投协议明责任

某年4月,赵某将自己的一项发明委托某省专利事务所申报实用新型专利。国家专利局经过初步审查后决定授予专利权,专利事务所以挂号信通知赵某办理专利权登记手续。某年11月,C市邮局投递员将这封挂号信(号码:510号)投交给赵某所在元村的信报员郭某。因郭某疏忽未将此信及时投交,事隔3个月后,赵某才在郭某处发现该挂号信,延误了办理专利登记手续。赵某遂将C市邮局和信报员郭某诉之法院,要求赔偿损失2000元。C市邮局辩称,我局依照《邮政法》规定,将诉争之邮件投交于信报员,完成了妥投义务。并当庭提交了与元村村委会订立的妥投协议和510号邮件投递清单。郭某辩称,代投邮件为无偿行为不应承担赔偿责任。法院在庭审过程中追加了元村村委会作为第三人参加诉讼。

法院经审理后认为,C市邮局在履行邮政合同过程中已经依照法律规定和业务准则投交了邮件,本身无违约和过错。郭某受村委会指派接收邮件虽为无偿行为,但因其疏忽导致专利文书延误,而此种疏忽构成了重大过失,依法应当承担一定的责任。村委会与邮局订立的妥投协议明确约定,(乙方/村委会)在与投递员办理妥收手续后,若发生邮件丢失、损毁或延误等问题,由乙方负责。因而,村委会应对接收邮件的信报员有监督管理之责,在本案纠纷中也应承担适当的责任。据此,判决如下:被告郭某赔偿原告赵某经济损失1200元,第三人元村村委会承担连带责任;驳回对被告C市邮局的诉讼请求。

二、快件的投递方式

根据《邮政法》《快递暂行条例》行政法规以及《快递服务》国家标准规定,投递形式应主要包括按名址面交、用户自取或与用户协商投递三种形式。

(一)名址面交

快递服务组织投递应该按照用户承诺的服务时限,统一穿着具有组织标识的服装,并佩戴工号牌或胸卡。

1. 验收

收派员将快件交给收件人时,应告知收件人当面验收快件。快件外包装完好,由收件人确认签字。如果外包装出现明显破损等异常情况的,收派员应告知收件人先验收内件再签收;快递服务组织与寄件人另有约定的除外。

对于网络购物、代收货款以及与客户有特殊约定的其他快件,快递服务组织应按照国家有关规定,与寄件人(商家)签订合同,明确快递服务组织与寄件人(商家)在快件投递验收环节的权利义务关系,并提供符合合同要求的验收服务;寄件人(商家)应当将验收的具体程序等要求以适当的方式告知收件人,快递服务组织在投递时也可以予以提示;验收无异议后,由收件人确认签字。国家相关部门对快件验收另有规定的,从其规定。

2. 代收

若收件人本人无法验收,经收件人(寄件人)允许,可由其他人代为签收。代收时,收派员核实代收人身份,并告知代收人代收责任。在验收过程中,若发现快件损坏等异常情况,收派员应在快递运单上注明情况,并由收件人(代收人)和收派员共同签字;收件人(代收人)拒绝签字的,收派员应予以注明。

【案例】

特快专递邮件收发室妥收纠纷案

2015年1月15日,北京A公司工作人员黄某从B市一邮局给位于C市D区某学院卫生所4层的北京A公司发出一份国内特快专递邮件,邮件号码为EF895763679CN,内装有两份4张增值税发票(2张发票联、2张抵扣联),价税合计31万元,其中税额共计45042.74元。但A公司一直未收到该邮件。经查,2014年5月29日,某学院向D区邮局致函,内容为"学院收发室负责代收学院内特快专递"。C市D区邮局收到该特快专递后,于1月15日16时25分将邮件送到学院,投递局D区邮局保存的国内特快专递邮件详情单的收件人签名处加盖有学院收发专用章。学院称当时D区邮局送邮件时,是D区邮局工作人员自行盖章并将邮件退回了D区邮局,但并未提供相应的证据。2016年1月25日,学院又致函D区邮局,内容为"我单位收发室只收学员、职工信件,其余各公司请交本人,本收发室不负责投送"。

法院经审理认为,A公司工作人员将增值税发票通过特快专递的形式,邮寄给A公司,邮局在2015年1月15日将邮件送到学院收发室。按照学院致函邮局的内容,其可代收A公司的邮件,因此可以认定邮局已经妥投,对邮件丢失不具有过错;A公司未收到该邮件,系学院的过失所致,故其对增值税发票丢失,致使A公司45042.74元的税款无法抵扣造成的损失,应予赔偿。据此,判决如下:1.学院赔偿北京A公司45042.74元;2.驳回北京A公司要求邮电局赔偿的诉讼请求。

3. 费用收取

收件人(代收人)支付费用后,快递服务组织应提供发票。

(二) 用户自取

用户自取主要适用于以下情况:投递2次仍无法投递的快件;相关政府部门(如海关、公安等)提出的要求。

(三) 与用户协商

《快递服务》国家标准规定,对有特殊需求的用户,快递服务组织可与用户协商,采取其他方式妥投用户。《快递暂行条例》第二十五条规定,经营快递业务的企业应当将快件投递到约定的收件地址、收件人或者收件人指定的代收人,并告知收件人或者代收人当面验收。收件人或者代收人有权当面验收。

(四) 无法投递快件处理规定

快递服务组织应在投递前联系收件人,当出现快件无法投递情况时,应采取以下措施:

第一,首次无法投递时,应主动联系收件人,通知复投的时间及联系方法,若未联系到收件人,可在收件地点留下派送通知单,将复投的时间及联系方法等相关信息告知收件人。

第二,复投仍无法投递,可通知收件人采用自取的方式,并告知收件人自取的地点和工作时间。收件人仍需要投递的,快递服务组织可提供相关服务,但应事先告知收件人收费标准和服务费用。

第三,若联系不到收件人,或收件人拒收快件,快递服务组织应在彻底延误时限到达之前联系寄件人,协商处理办法和费用,主要包括:寄件人放弃快件的,应在快递服务组织的放弃快件声明上签字,快递服务组织凭放弃快件声明处理快件;寄件人需要将快件退回的,应支付退回的费用。

(五) 无着快件处理规定

1. 处理方式

快递服务组织应及时登记无着快件,并将无着快件每半年1次集中到省级邮政管理部门所在地或其他办事处所在地,申请集中处理。

2. 期限

无着快件的信件,自快递服务组织确认无法退回之日起超过6个月无人认领的,由经营快递业务的企业在所在地邮政管理部门的监督下销毁。

无着快件的其他快件,自快递服务组织确认无法退回之日起超过6个月无人认领的,由快递服务组织在邮政管理部门的监督下进行开拆处理,不宜保存的物品除外。属于信件以外其他快件的,经营快递业务的企业应当登记,并按照国务院邮政管理部门的规定处理;属于进境快件的,交由海关依法处理;其中有依法应当实施检疫的物品的,由出入境检验检疫部门依法处理。

3. 处置

对因寄件人或收件人信息缺失而导致的无着快件,能从拆出的物品中寻找收件人或寄件人信息的,应继续尝试投递或退回,除此以外,对于能够变卖的物品,应交当地有关部门收购,价款上缴国库;不能变卖的,应按以下要求处置:存款单、存折、支票,应寄交当地人民银行处理,其他实名登记的有价证券,应寄往发行证券的机构处理;金银饰品,应由邮政管理部门指定的机构收购后,由邮政管理部门上缴国库;本国货币,应由邮政管理部门上缴国库,外国货币,应兑换成人民币后由邮政管理部门上缴国库;户口迁移证、护照和其他各种证书,应送发证机关处理;其他不能变卖的物品,根据具体情况,妥为处理。

三、关于法院以专递方式邮寄送达民事诉讼文书的相关投递规定

长期以来,司法文书"送达难"一直是制约法院提高办案效率的重要因素。邮寄送达制度,方便双方当事人依法行使诉讼权利,从根本上改变诉讼文书送达难的问题,2004年9月7日

最高人民法院审判委员会第1324次会议通过了《关于法院以专递方式邮寄送达民事诉讼文书的若干规定》(2005年1月1日起施行)。法院以专递方式邮寄送达民事诉讼文书,是以现有的特快专递网络为基础,开展的一种更加安全、快捷的邮寄送达方式,是对《民事诉讼法》关于邮寄送达的进一步解释。采用法院专递邮寄送达民事诉讼文书的方式与邮政企业相关规章制度有以下几方面不同。

(一) 法院专递邮件的准寄范围

1. 民事诉讼的各类文书,包括受理案件通知书、出庭通知书、应诉通知书、民事裁定书、起诉或反诉状副本、民事判决书、答辩状副本、民事调解书、举证通知书和传票等(法院审判卷宗不得收寄)。

2. 各级法院交寄的其他非用于民事诉讼文书的特快邮件,不属于法院专递邮件。

(二) 关于回执的规定

邮政机构的投递员按照当事人提供或者确认的送达地址送达的,应当在规定的日期内将回执退回人民法院。

(三) 关于投递频次

邮政机构的投递员按照当事人提供或确认的送达地址在五日内投送三次以上未能送达,通过电话或者其他联系方式又无法告知受送达人的,应当将邮件在规定的日期内退回人民法院,并说明退回的理由。

(四) 关于投递员的业务操作要求

1. 邮政机构的投递员在受送达人提供或确认的送达地址未能见到受送达人的,可以将邮件交给与受送达人同住的成年家属代收,但代收人是同一案件中另一方当事人的除外。

2. 邮政机构的投递员应当让受送达人及其代收人在邮件回执上签名、盖章或者捺印,并在回执上填写有效身份证件的号码。如果受送达人及其代收人拒绝签收的,那么由邮政机构的投递员记明情况后将邮件退回人民法院。

3. 邮政机构的投递员在找不到受送达人本人在邮件回执上签名、盖章或者捺印的情况下,以下几种情况即为送达。

① 受送达人是无民事行为能力或者限制民事行为能力的自然人,其法定代理人签收的。

② 受送达人是法人或者其他组织,其法人的法定代表人、该组织的主要负责人签收的,签收人应当当场核对邮件内容。签收人发现邮件内容与回执上的文书名称不一致的,应当当场向邮政机构的投递员提出,由投递员在回执上记明情况后将邮件退回人民法院。办公室、收发室、值班室的工作人员签收的,受送达人发现邮件内容与回执上的文书名称不一致的,应当在收到邮件后的三日内将该邮件退回人民法院,并以书面方式说明退回的理由。

③ 受送达人的诉讼代理人签收的。

④ 受送达人指定的代收人签收的。

⑤ 受送达人的同住成年家属签收的。

《关于法院以专递方式邮寄送达民事诉讼文书的若干规定》第二条指出"以法院专递方式邮寄送达民事诉讼文书的,其送达与人民法院送达具有同等法律效力。"因此,投递员要严格遵守司法专递的送达方式和规定,否则会承担送达不能的不利后果。

第六节 邮件、快件损失赔偿法律制度

一、邮件损失赔偿法律制度

(一) 邮件损失赔偿的概念

邮件的损失的概念是指邮件丢失、损毁或者内件短少。

(二) 邮件损失赔偿常见案例及诱因分析

随着社会主义市场经济的发展,传统的邮政业务一方面接受来自信息革命信息化发展的挑战,另一方面,社会公众对邮件损失赔偿的公信力不断提出质疑。因为邮件的丢失、毁损、延误的法律赔偿案件不断呈上升趋势。纵观近二十多年邮政业的发展,1986年《邮政法》曾经起到非常重要作用,但是法律赔偿标准的模糊、法律适用标准不统一,引发用户的投诉、诉讼明显增多,因此新修订《邮政法》相应的法律法规做了更为明确的规定。邮件损失赔偿案的诱因主要有邮件丢失、损毁、延误、爆炸伤人、邮戳日期有误、投递地点有误等。

1. 因邮件丢失产生的法律诉讼

目前,因特快专递邮件、未保价包裹等丢失赔偿案,因邮件错投导致丢失赔偿案,因投交村委会的信件丢失赔偿案发生较多。

2. 因邮件延误产生的法律诉讼

1986年《邮政法》明确规定了平常邮件损失不赔偿,《邮政法》没有规定平常邮件延误的法律适用,但是在司法判例中,特别是对高考录取通知书丢失的赔偿案中,法院没有适用《邮政法》的免于赔偿原则,因此多数司法判例援用《民法通则》(《民法总则》是2017年3月15日第十二届全国人民代表大会第五次会议通过,10月1日实施的,因此之前案例都是援用《民法通则》)来赔偿。例如:某省一律师因邮件延误致使原告的文章未能在国家级报刊上发表状告邮政局赔偿案,原告获赔精神抚慰金300元。

3. 因邮件毁损产生的法律诉讼

一邮车起火,内装汇票的邮件被毁,原告状告邮局获赔经济损失1160元,并退还邮资费44元。

4. 因邮件爆炸伤人引发的诉讼赔偿案

别有用心的不法分子通过邮政渠道邮寄爆炸物、假药、毒药而引发的恶性案件时有发生,邮政企业承担赔偿责任的根本原因在于在收寄包裹时没有验视内件,在相关的业务处理中违反邮政业务处理程序,企业对此情况要引起足够重视。例如:某省刘某诉邮包炸弹爆炸伤人案,邮局赔偿刘某5.67万元。

5. 因邮件投递地点的争议引发的法律诉讼

《邮政法》及《邮政法实施细则》明确规定了邮件的投递方式是按址投递、用户领取。但是在实践中因委托代办人员过失致使邮件损失,用户认为邮局投到委代办人员的地点,并不是法律义务的终结点。因此学生张某状告邮局错投大学的入学通知书(邮局委托的代办点的错投),致使其错过了开学的时间,法院判决邮局承担损失1.335万元。陈某报考了北京某大学的硕士研究生,大学将准考证以挂号信寄出以后在邮局的委托投递点村委会滞留,致使陈某错

过了考试时间,陈某向法院起诉,法院判决邮局承担8000元的精神损害赔偿。

6. 因邮戳日期有误引发的诉讼赔偿案

邮政企业的营业员应当准确地将邮戳日期加盖在邮件上,邮戳日期往往是用户行使权利的重要凭证。如在交寄法律文书、缴纳专利年费等时,有关部门都是以邮戳日期来判断是否在法定期限内行使权利。

【案例】

邮戳日期争议纠纷案

于某在某县邮政局办理了"自控饮水锅炉"专利权的第五年年费750元的汇款,缴纳汇费7.5元。因邮局已经按照业务惯例交接完毕,邮戳的日期更换为了1月28日,而1月27日是于某缴纳专利年费的最后一日。在于某的反复要求下,邮局为其出具了1月27日汇款的证明,但于某并没有采取补救措施(比如电话询问等)。某年4月15日国家知识产权局认为于某延迟缴费,终止了其专利权。于某在法定期限内又没有申请复议。于某和另一专利权人李某向法院提起诉讼,要求追究邮局邮汇日发生错误拒不改正,侵害公民合法权益的法律责任,赔偿因专利权终止造成的经济损失和精神损失162万元。人民法院2000年1月做出一审判决,被告某县邮政局赔偿原告于某、李某邮寄费七元五角整,驳回原告的其他诉讼请求。

(三)邮件损失赔偿的标准及法律适用

1. 邮件损失赔偿的标准

1986年《邮政法》的损失赔偿责任采取的是法定限额赔偿。新修订《邮政法》第四十五条第一款、第四十五条第二款、第五十九条明确了损失赔偿的区别适用标准规则:邮政普遍服务业务范围内的邮件和汇款的损失赔偿,适用《邮政法》规定;邮政普遍服务业务范围以外的邮件以及快件的损失赔偿,适用有关民事法律的规定。

2. 邮件损失赔偿的法律适用

(1)新修订《邮政法》规定了不承担赔偿责任的两种情形。

第一,《邮政法》第四十六条规定,在邮政企业没有故意或者重大过失造成平常邮件损失的,邮政企业对平常邮件的损失不承担赔偿责任。平常邮件损失不赔偿,是由邮政企业在收寄平常邮件时不出具收据、投递时不要求收件人签收的特点决定的。

第二,《邮政法》第四十八条规定:"因下列原因之一造成的给据邮件损失,邮政企业不承担赔偿责任:不可抗力,但因不可抗力造成的保价的给据邮件的损失除外;所寄物品本身的自然性质或者合理损耗;寄件人、收件人的过错。"

(2)《邮政法》第四十七条规定了法定限额赔偿

邮政普遍服务业务范围内的邮件和汇款的损失赔偿制度采取法定限额赔偿。邮政企业应当在营业场所的告示中和提供给用户的给据邮件单据上,以足以引起用户注意的方式载明前款规定。

第一,保价的给据邮件丢失或者全部损毁的,按照保价额赔偿;部分损毁或者内件短少的,按照保价额与邮件全部价值的比例对邮件的实际损失予以赔偿。

第二,未保价的给据邮件丢失、损毁或者内件短少的,按照实际损失赔偿,但最高赔偿额不超过所收取资费的三倍;挂号信件丢失、损毁的,按照所收取资费的三倍予以赔偿。

第三,邮政企业因故意或者重大过失造成给据邮件损失,或者未履行前款规定义务的,不得采取法定限额赔偿。

关于邮件的丢失、延误、毁损,到底适用《邮政法》,还是《民法通则》,学者争议颇多。我国法律分根本法、基本法和单行法三类,其中《宪法》是根本法,效力最高;《民法通则》是基本法,效力其次;《邮政法》是民法的特别法。按照《立法法》的规定,依照特别法优于普通法的法律适用准则,应当优先适用作为特别法的《邮政法》。即邮政法应是解决邮件损失赔偿的准据法。

【案例】

手写稿丢失赔偿案

张教授在某邮局给北京某出版社寄书稿(20万字手写稿),按国内普通包裹交寄。张教授均按内容要求填写包裹详情单,并在"填写本单前,请认真阅读背面的使用须知。若认可并遵守,请在此签字_____。"空白处签名。邮局称重后,张教授交付包裹邮费3.00元,挂号费2.00元,没有保价。邮局收寄后,将包裹单收据联交给张教授。二个星期后,北京某出版社电话告之张教授书稿没收到,并且已过约定的交稿日期,终止了出版约稿合同。张教授持包裹单来邮局查询,经查该件包裹在运输途中丢失,张教授要求邮局按出版社收到书稿要支付其一万元稿费的标准要求赔偿。邮局不同意,发生纠纷诉至法院。法院审理认为责任在邮局,依据《民法通则》的规定判决邮局赔偿张教授一万元实际损失。(包裹单背面使用须知内容摘录:四、……未保价邮件发生损毁、丢失、短少时,按实际损失赔偿,但最高赔偿金额不超过所付邮费的3倍。五、给据邮件发生丢失、全部损毁时,退回已收的邮费;……)

问题:张教授交寄包裹与邮局形成何种法律关系?法院依据《民法总则》判决邮局赔偿一万元,对吗?应当依据哪个法律,为什么?

解析:张教授交寄包裹与邮局形成邮政服务合同法律关系。法院依据《民法通则》判决邮局赔偿一万元是不正确的。按照《立法法》第九十二条规定:"同一机关制定的法律、行政法规、地方性法规、自治条例和单行条例、规章,特别规定与一般规定不一致的,适用特别规定;新的规定与旧的规定不一致的,适用新的规定。"因此,依照特别法优于普通法的法律适用准则,《邮政法》是民法的特别法,应当优先适用作为特别法的《邮政法》。邮政法应是解决邮件损失赔偿的准据法。新修订《邮政法》第四十五条规定,邮政普遍服务业务范围内的邮件和汇款的损失赔偿,适用本章规定。邮政普遍服务业务范围以外的邮件的损失赔偿,适用有关民事法律的规定。

二、快件损失赔偿法律制度

(一) 快件损失赔偿法律规定

1. 新修订《邮政法》第四十五条第二款规定了邮政普遍服务业务范围以外的邮件的损失赔偿,适用民事法律的赔偿标准。这是《邮政法》对快件的损失赔偿的法律适用。

民事法律的赔偿标准包含《民法总则》和《中华人民共和国侵权责任法》等。《民法总则》中约有20多个法条规定侵权责任,最高法院也有几十条的司法解释,但这些规定分散在单行法律中,缺少对侵权责任等共性问题的规定,很多规定只是抽象原则,缺乏可操作性。因此,这次统一的《中华人民共和国侵权责任法》可使侵权责任法的基本归责原则、基本制度得到统一。

《中华人民共和国侵权责任法》在精神损害赔偿方面取得突破，首次将其纳入国家赔偿范围。侵害他人生命权、健康权，造成死亡的，受害人的近亲属可以请求精神损害赔偿；造成残疾的，受害人可以请求精神损害赔偿。

《中华人民共和国侵权责任法》第二条规定，侵害民事权益，应当依照本法承担侵权责任。本法所称民事权益，包括生命权、健康权、姓名权、名誉权、荣誉权、肖像权、隐私权、婚姻自主权、监护权、所有权、用益物权、担保物权、著作权、专利权、商标专用权、发现权、股权、继承权等人身、财产权益。

《中华人民共和国侵权责任法》第十五条规定，承担侵权责任的方式主要有：停止侵害、排除妨碍、消除危险、返还财产、恢复原状、赔偿损失、赔礼道歉、消除影响、恢复名誉。以上承担侵权责任的方式，可以单独适用，也可以合并适用。第十六条规定了侵害他人造成人身损害的，应当赔偿医疗费、护理费、交通费等为治疗和康复支出的合理费用，以及因误工减少的收入。造成残疾的，还应当赔偿残疾生活辅助器具费和残疾赔偿金。造成死亡的，还应当赔偿丧葬费和死亡赔偿金。

2.《快递暂行条例》规定了快件延误、丢失、损毁或者内件短少的赔偿标准。

《快递暂行条例》第二十七条规定，快件延误、丢失、损毁或者内件短少的，对保价的快件，应当按照经营快递业务的企业与寄件人约定的保价规则确定赔偿责任；对未保价的快件，依照民事法律的有关规定确定赔偿责任。国家鼓励保险公司开发快件损失赔偿责任险种，鼓励经营快递业务的企业投保。

【案例】

毛某与某速递物流股份有限公司某省某市分公司服务合同纠纷案[①]

2016年4月25日，毛某与某速递物流股份有限公司某省某市分公司（以下简称快递公司）签订《快递服务合同》一份，约定：毛某自愿选择邮政公司为其提供中国内地地区的快递服务，服务内容包括但不限于国际、国内标准快递、快递包裹等服务；快递公司愿意作为毛某在中国境内的快递服务供应商，并为其提供上述服务；毛某可视自身情况，选择是否为所交寄的邮件进行保价；因快递公司原因造成毛某邮件丢失、短少、毁损或延误的，由毛某提供出货单据、客户购货凭证、发票、索赠函等相关证明材料，按照下列标准进行赔偿：保价邮件发生丢失、损毁或短少的，按保价金额进行赔偿。之后快递公司为毛某送快递单号为9505811858102的货物至外省某市，毛某在快递单上填写保价费938元。因寄送的货物破损，毛某多次向快递公司索赔未果，遂诉至法院，要求快递公司赔偿损失共计1775元。审理中，毛某增加诉讼请求，要求邮政公司赔偿误工费损失1210元。

一审法院认为，毛某与快递公司签订的快递服务合同，系双方真实意思表示，不违反法律法规的强制性规定，合法有效，应受法律保护。快递公司为毛某寄送的快递出现损毁，按照双方的约定，快递公司应按照毛某保价的金额进行赔偿。因快递单上的保价金额938元系毛某本人自己填写，对毛某辩称快递单上的保价金额938元系其笔误、实际应为985元的诉讼主张本院不予采信，故快递公司应按保价金额938元赔偿货物损失。对于毛某主张的油费480元、

[①] 摘编自《中国裁判文书网》2018年。

文印费50元、刻盘费30元、餐费200元、复印打印费30元、误工费1210元等损失,于法无据,该院不予支持。依据《中华人民共和国合同法》第三百一十二条,《中华人民共和国邮政法》第四十五条、第四十七条第一款,《中华人民共和国民事诉讼法》第六十五条第一款之规定,判决:一、快递公司应于判决发生法律效力之日起10日内赔偿毛某938元。二、驳回毛某的其他诉讼请求。如果未按判决指定的期间履行给付金钱义务,应当依照《中华人民共和国民事诉讼法》第二百五十三条之规定,加倍支付迟延履行期间的债务利息。案件受理费25元,由毛某负担17元,由快递公司负担8元。毛某不服一审法院判决上诉,二审法院维持原判。

(二)快件损失赔偿法律纠纷风险管控

1. 收寄验视环节中的法律风险控制

《快递暂行条例》第二十一条规定,经营快递业务的企业在寄件人填写快递运单前,应当提醒其阅读快递服务合同条款、遵守禁止寄递和限制寄递物品的有关规定,告知相关保价规则和保险服务项目。寄件人交寄贵重物品的,应当事先声明;经营快递业务的企业可以要求寄件人对贵重物品予以保价。

【案例】

国际特快专递延误赔偿案[①]

某国际贸易公司将锅炉配件通过某邮政局以国际特快专递形式寄往尼日利亚,结果该邮件遗失,给贸易公司造成巨大损失。在与邮政局多次交涉未果后,贸易公司将邮政局告上法庭,从而引发了一起索赔48500美元的邮政服务合同官司。

2000年5月18日,贸易公司以合作公司的名义与尼日利亚投资公司签订了一份《纺织、印染成套设备安装调试协议》,约定:贸易公司为投资公司的卷染机、两火口烧毛机、平幅轧水烘燥机等设备进行安装调试。安装结束后,投资公司支付贸易公司48500美元,但贸易公司必须提供相关的锅炉配件,其费用由贸易公司承担。此外,贸易公司所派人员的往返机票、工资等也由贸易公司负担。协议还初步约定贸易公司于2000年10月10日前派人到尼日利亚指定地点,作业时间75天。如贸易公司超过约定的作业时间15天仍未能完成全部安装调试工作,投资公司除不予支付48500美元安装调试费外,贸易公司还须赔付其48500美元的损失费。

协议订立后,贸易公司便积极行动起来,为履行协议做着各项准备工作。2000年9月15日,贸易公司花235900元人民币为赴尼日利亚投资公司进行安装调试的人员购买了往返机票。9月22日,贸易公司的工程技术人员到达尼日利亚投资公司指定的工作场所开展调试工作。2000年10月27日,贸易公司以合作公司的名义,将履行协议所需的价值10342元人民币的锅炉配件交给邮政局寄往尼日利亚投资公司指定的调试场地,邮寄方式为国际特快专递,未申报价值。可是,尼日利亚投资公司的调试场地却迟迟未能收到上述国际特快专递邮件,致使安装调试工作不能顺利地继续下去。贸易公司非常着急,便于2000年11月10日到邮政局查询。邮政局查询后得知,该邮件已经发往尼日利亚首都。2001年2月28日,邮政局又书面答

[①] 摘编自《江苏邮政企业诉讼案例汇编》。

复贸易公司免费重寄一次。贸易公司还未来得及准备好配件和重寄,尼日利亚投资公司却于2001年3月12日发函给贸易公司,称"90天时间已过,我方将不予支付安装调试费48500美元",同时还要求贸易公司赔偿其损失48500美元。2002年2月,贸易公司一纸诉状将邮政局推上了被告席,要求邮政局赔偿其经济损失48500美元。

一审某区法院经过审理后认为:贸易公司将锅炉配件交邮政局邮寄后,即与邮政局形成了邮政服务合同关系。邮政局在邮件的收、转、寄过程中将邮件遗失,未尽到合同义务,应赔偿贸易公司因此而实际受到的损失。贸易公司的实际损失应包括锅炉配件的价值10342元人民币和往返机票费235900元人民币。因《国际特快专递邮件处理规则》规定邮局对未保价邮件只负限额补偿责任,而未对丢失邮件的赔偿责任做出明确规定,故本案应按照《合同法》及《民法通则》的有关规定进行处理,但鉴于邮政企业在邮件交寄过程中无法预见可能发生的损害结果,而且邮政企业是基础性行业,有其经营的特殊性,因此可适当减轻邮政局的赔偿责任。据此,一审法院判决邮政局赔偿贸易公司经济损失196993.60元。

2003年5月,邮政局不服一审判决,向某中院提出上诉。邮政局认为:一审判决未查清贸易公司提出的损失与邮件丢失之间是否存在因果关系,属认定事实不清;本案为邮政服务合同纠纷,应优先适用邮政法,一审判决适用法律错误,因此要求二审法院查清事实,依法改判。二审判令撤销一审判决,邮政局赔偿贸易公司国际特快专递损失400元人民币。

启示:同一案件在适用不同法律,判决结果截然相反。在寄递快件时,快递公司的快递员应告知用户保价与保险以及赔偿条款的法律适用,对这种特别提示可以免责或者按照法定限额赔偿,如果快递员未提示与告知,对用户无合同效力,客户依据《合同法》第三十九条、《消费者权益保护法》第二十六条,甚至造成侵权损害的依据《侵权责任法》要求快递企业赔偿。

2. 收寄环节的提示与告知义务

寄件人交寄快件,应当如实提供以下事项:
(1) 寄件人姓名、地址、联系电话;
(2) 收件人姓名(名称)、地址、联系电话;
(3) 寄递物品的名称、性质、数量。

除信件和已签订安全协议用户交寄的快件外,经营快递业务的企业收寄快件,应当对寄件人身份进行查验,并登记身份信息,但不得在快递运单上记录除姓名(名称)、地址、联系电话以外的用户身份信息。寄件人拒绝提供身份信息或者提供身份信息不实的,经营快递业务的企业不得收寄。

第七节 快递业务法律制度

一、快递业务法律制度概述

快递是指在承诺的时限内快速完成的寄递活动,快递业是邮政行业的重要组成部分,目前已经成为发展最快的业务之一。近年来,我国快递市场迅速发展,已具有相当规模,竞争格局基本形成。关于快递业务法律体系主要体现以下几个方面:

（一）邮政法

新修订《邮政法》在法律上明确了快递企业的法律地位，并通过市场准入制度给予其平等的发展机会，适应了我国经济社会发展对快递业务的需求。

新修订《邮政法》增加了第六章的内容，设计了快递业务实行经营许可制度，强化了快递业务管理。新修订《邮政法》从快递许可行为、规范快递行为和违规违章处罚等三个方面来规制。对快递业务作了专章规定，对经营快递业务实行许可证制度，建立快递市场准入及退出机制，达到依法经营、依法管理的目的。

（二）行政法规

党的十九大为快递业高质量发展指明了方向，《快递暂行条例》的出台为快递业建立治理体系和治理能力现代化，保护用户合法权益，保护快件安全发挥着重要的作用。《快递暂行条例》贯彻了包容审慎、创新务实的原则，将快递业作为与新经济、新业态关系紧密的新兴产业，充分融入了快递业的发展需求。国家鼓励快递业与制造业、农业、商贸业等行业建立协同发展机制，推动快递业与电子商务融合发展，加强信息沟通，共享设施和网络资源。国家引导和推动快递业与铁路、公路、水路、民航等行业的标准对接，支持在大型车站、码头、机场等交通枢纽配套建设快件运输通道和接驳场所。国家鼓励经营快递业务的企业依法开展进出境快递业务，支持在重点口岸建设进出境快件处理中心、在境外依法开办快递服务机构并设置快件处理场所。海关、出入境检验检疫、邮政管理等部门应当建立协作机制，完善进出境快件管理，推动实现快件便捷通关，加强快递市场监督管理。

（三）部门规章

1.《快递业务经营许可管理办法》

2009年9月1日由中华人民共和国交通运输部令颁布的《快递业务经营许可管理办法》（2013年和2015年进行两次修改，2018年10月进行第三次修改）是《邮政法》配套政策法规体系的一项重要内容。

2.《快递市场管理办法》

2013年3月1日施行的《快递市场管理办法》从总则、经营主体、快递服务、快递安全、监督管理、法律责任、附则等几个方面进行了规定，对加强快递市场管理，维护国家安全和公共安全，保护用户合法权益，促进快递服务健康发展起到非常重要的作用。

（1）在快递服务的基本规范明确要求提供执行快递服务标准，明确要求快递企业应当公布并遵守其服务承诺，合理制定格式合同。针对目前快递服务中主要的投诉热点问题，明确了快递企业以及从业人员禁止性的行为种类。

（2）规定了快递安全的基本规范。收寄安全制度、应急保障制度、监督检查制度等。

（3）规定了快递市场管理的主要方式。比如：要求企业实行备案制度、统计报告制度、服务质量公告制度，充分发挥社会监督的作用。

（四）快递业标准规范体系逐步健全

为了规范快递市场活动的规范性和合法性，先后颁布了《快递封装用品》《快递服务》《快递运单》《快递电子运单》国家标准的有关规定。

关于快递运单,经历了从"纸质订单"[①]向"电子运单"[②]的转变,为了规范快递电子运单的生产和使用,规范快递市场的健康发展,电子运单国家标准加以规范。电子运单是将快件原始收寄等信息按一定格式存储在计算机信息系统中,并通过打印设备将快件原始收寄信息输出至热敏纸等载体上所形成的单据。电子运单自动对接计算机信息系统、自动绑定快件编号、实时生成并高速打印快件收寄信息,更好地满足了电商批量交寄快件的需要,也越来越得到个人用户的青睐。

(五) 关于快递的规范性文件

《快递专用电动三轮车技术要求》《快递业温室气体排放测量方法》《快递代收货款服务规范》《智能快件箱》《快件跟踪查询信息服务规范》《邮政业安全生产设备配置规范》《快递末端投递服务规范》《快递末端网点备案暂行规定》《快递营业场所设计要求》《快递服务监管信息交换规范》《快递业信用管理暂行办法》《快递安全生产操作规范》《快递电子运单》《邮政车辆定位系统技术要求》《智能快件箱投递服务管理规定(暂行)》等邮政行业标准,提升了快递业标准化的质量和水平。

地方性法规、地方政府规章通过地方邮政立法对国内寄递业务的市场准入制度进行规制。

二、规范快递业务市场,确定中国快递市场准入制度

根据《行政许可法》以及新修订《邮政法》的规定,中国快递市场的准入制度可以采取普通许可、特别许可、认可、核准、登记五大类。具体地说,对信件(中国法律规定邮政专营的除外)的寄递采取特别许可,并且只对特定的经济实体开放;特定重量的印刷品、包裹以及涉及普遍服务报刊寄递采取普通许可。快递市场的准入制度实施前置审批,即在办理营业执照之前应有邮政主管部门的许可,对于符合相关条件的给予颁发快递业务经营许可证。

(一) 新修订《邮政法》确立了快递业务经营许可制度

行政许可,是指行政机关根据公民、法人或者其他组织的申请,经依法审查,准予其从事特定活动的行为。

1. 意义

建立快递市场准入制度,可以对快递企业的服务质量、服务规范等进行有效管理,同时为保护进出境信件的渠道,防止国家秘密的流失,阻遏反动、淫秽等有害信息的侵入起到了重要的作用,有利于保障社会公共利益,维护公共安全和社会秩序。

2. 快递业务经营许可制度的法律规定

(1) 从资金规模、安全保障等制度措施方面规定了申请快递业务经营许可应当具备的条件。

新修订《邮政法》第五十二条规定,申请快递业务经营许可,应当具备下列条件:

① 符合企业法人条件。

《快递服务》国家标准在法人资质、人员资质和企业最低人数等方面做了规定。快递服务组织(总部)应具有工商行政管理机关注册登记的企业法人资质,快递企业依法取得快递业务

[①] "纸制运单"是指2012年,国家质检总局和国家标准委发布GB/T 28582《快递运单》国家标准,该标准适用于无碳复写纸印制的折叠式票据形式的快递运单的制作和使用。

[②] YZ/T 0148—2015《快递电子运单》自2016年3月1日实施。标准自发布以来,在规范快递市场行为、维护快递市场秩序、保障消费者合法权益等方面发挥了重要作用。但随着电子商务和网络购物的不断兴起,快递市场高速发展,传统的纸制运单已经不能适应快递市场高速发展的需要,快递电子运单(简称"电子运单")应运而生。

经营许可证。在省、自治区、直辖市范围内的经营快递业务的服务组织,其总部及分支机构的人员总和应不低于15人。跨省、自治区、直辖市经营快递业务的服务组织,其总部及分支机构的人员总和应不低于100人。经营国际及中国港、澳、台快递业务的组织,其总部及其分支机构总和应不低于20人。快递服务组织的岗位应根据快递作业组织和生产环节科学合理地进行设置,生产人员应符合相应的资格条件,取得相应的国家职业资格证书,持证上岗。

② 关于注册资本的规定。在省、自治区、直辖市范围内经营的,注册资本不低于人民币五十万元;跨省、自治区、直辖市经营的,注册资本不低于人民币一百万元;经营国际快递业务的,注册资本不低于人民币二百万元。

③ 有与申请经营的地域范围相适应的服务能力。

④ 有严格的服务质量管理制度和完备的业务操作规范。《快递业务经营许可管理办法》第八条具体规定:有严格的服务质量管理制度,包括服务承诺、服务项目、服务价格、服务地域、赔偿办法、投诉受理办法等;有完备的业务操作规范,包括收寄验视、分拣运输、派送投递、业务查询等制度。

⑤ 有健全的安全保障制度和措施。《快递业务经营许可管理办法》第九条具体规定:有健全的安全保障制度和措施,包括保障寄递安全、快递服务人员和用户人身安全、用户信息安全的制度,符合国家标准的各项安全措施等。

⑥ 法律、行政法规规定的其他条件。

(2) 新修订《邮政法》以及《快递业务经营许可管理办法》从服务能力方面提出了申请快递业务经营许可应当具备的具体条件。

新修订《邮政法》第五十二条概括地提出了申请经营快递业务应有与申请经营的地域范围相适应的服务能力。

① 申请在省、自治区、直辖市范围内经营快递业务的,应当具备的服务能力。

《快递业务经营许可管理办法》第七条规定:

第一,与申请经营的地域范围、业务范围相适应的服务网络和信件、包裹、印刷品、其他寄递物品(以下统称快件)的运递能力;

第二,能够提供寄递快件的业务咨询、电话查询和互联网信息查询服务;

第三,收寄、投递快件的,有与申请经营的地域范围、业务范围相适应的场地或者设施;

第四,通过互联网等信息网络经营快递业务的,有与申请经营的地域范围、业务范围相适应的信息处理能力,能够保存快递服务信息不少于3年;

第五,对快件进行分拣、封发、储存、交换、转运等处理的,有封闭的、面积适宜的处理场地,配置相应的设备,且符合邮政管理部门和国家安全机关依法履行职责的要求。

在省、自治区、直辖市范围内专门从事快件收寄、投递服务的,应当具备前款第一项至第四项的服务能力;还应当与所合作的经营快递业务的企业签订书面协议或者意向书。

② 申请快递业务经营许可,应当具备的服务质量管理制度和业务操作规范。

《快递业务经营许可管理办法》第八条规定:

第一,服务种类、服务时限、服务价格等服务承诺公示管理制度;

第二,投诉受理办法、赔偿办法等管理制度;

第三,业务查询、收寄、分拣、投递等操作规范。

③ 申请快递业务经营许可,根据其申请经营的业务范围,具备安全保障制度和措施。

《快递业务经营许可管理办法》第九条规定:

第一,从业人员安全、用户信息安全等保障制度;

第二,突发事件应急预案;

第三,收寄验视、实名收寄等制度;

第四,快件安全检查制度;

第五,配备符合国家规定的监控、安检等设备设施;

第六,配备统一的计算机管理系统,配置符合邮政管理部门规定的数据接口,能够提供快递服务有关数据;

第七,监测、记录计算机管理系统运行状态的技术措施;

第八,快递服务信息数据备份和加密措施。

④ 申请经营国际快递业务的,还应当能够向有关部门提供寄递快件的报关数据,位于机场和进出口岸等属于海关监管的处理场地、设施、设备应当符合海关依法履行职责的要求。

3. 快递经营许可审批程序

(1) 申请与受理

申请快递业务经营许可,在省、自治区、直辖市范围内经营的,应当向所在地的省、自治区、直辖市邮政管理部门提出申请;跨省、自治区、直辖市经营或者经营国际快递业务的,应当向国务院邮政管理部门提出申请。申请时应当提交申请书和有关申请材料。

申请快递业务经营许可,应当向邮政管理部门提交下列申请材料:

第一,快递业务经营许可申请书;

第二,企业名称预先核准材料或者企业法人营业执照;

第三,符合《快递经营许可管理办法》第七条至第十条规定条件的情况说明;

第四,法律、行政法规规定的其他材料。

(2) 审查与决定

受理申请的邮政管理部门应当自受理申请之日起四十五日内进行审查,作出批准或者不予批准的决定。予以批准的,颁发《快递业务经营许可证》,快递业务经营许可申请可以通过邮政管理部门信息系统提出并公告。不予批准的,书面通知申请人并说明理由。邮政管理部门审查快递业务经营许可的申请,应当考虑国家安全等因素,并征求有关部门的意见。

(3) 特别规定

经营快递业务的企业吸收其他企业法人进行合并的或者分立后仍然存续的,应当向作出快递业务经营许可决定的邮政管理部门备案。经营快递业务的企业设立分公司、营业部等非法人分支机构的,应当向分支机构所在地邮政管理部门备案,取得分支机构名录。分支机构的监控、安检设备设施应当符合邮政业安全生产设备配置有关要求。

经营快递业务的企业撤销分支机构或者其分支机构名录记载事项发生变化的,应当向分支机构所在地邮政管理部门撤销、变更备案。经营快递业务的企业及其分支机构可以根据业务需要开办快递末端网点,并应当自开办之日起20日内向快递末端网点所在地邮政管理部门备案。经营快递业务的企业及其分支机构对其开办的快递末端网点承担服务质量责任和安全主体责任。

开办快递末端网点的企业、分支机构撤销快递末端网点或者快递末端网点的备案信息发生变化的,应当按照邮政管理部门的规定向原备案机关撤销、变更备案。

《快递暂行条例》第十九条规定,两个以上经营快递业务的企业可以使用统一的商标、字号或者快递运单经营快递业务。这里规定的经营快递业务的企业应当签订书面协议明确各自的权利义务,遵守共同的服务约定,在服务质量、安全保障、业务流程等方面实行统一管理,为用户提供统一的快件跟踪查询和投诉处理服务。用户的合法权益因快件延误、丢失、损毁或者内件短少而受到损害的,用户可以要求该商标、字号或者快递运单所属企业赔偿,也可以要求实际提供快递服务的企业赔偿。

4. 快递业务经营许可证的监督检查

(1) 快递业务经营许可的有效期为五年

经营快递业务的企业需要延续快递业务经营许可有效期的,应当在有效期届满三十日前向作出行政许可决定的邮政管理部门提出申请;未在有效期届满三十日前提出申请的,邮政管理部门可以不再受理。

(2)《快递业务经营许可证》管理实行年度报告审查制度

经营快递业务的企业应当在每年四月三十日前向颁发《快递业务经营许可证》的邮政管理部门提交下列材料:

① 年度报告书,包括年度经营情况、遵守法律法规情况等;
②《快递业务经营许可证》副本原件;
③ 企业法人营业执照复印件。

经营快递业务的企业在快递业务经营许可有效期内停止经营的,应当提前10日向社会公告,书面告知作出行政许可决定的邮政管理部门,交回《快递业务经营许可证》,并依法妥善处理未投递的快件。

(3) 快递业务经营许可证的注销

《快递业务经营许可管理办法》规定,经营快递业务的企业有下列情形之一的,邮政管理部门应当依法注销快递业务经营许可并公告:

①《快递业务经营许可证》有效期届满未延续的;
② 企业法人资格依法终止的;
③ 快递业务经营许可依法被撤销、撤回的,或者《快递业务经营许可证》被依法吊销的;
④ 法律、行政法规规定的其他情形。

(二) 规范快递行业经营主体的法律法规规定

1. 快递企业(已经取得快递业务经营许可)设立分公司、营业部等非法人分支机构的规定

取得快递业务经营许可的企业设立分公司、营业部等非法人分支机构,凭企业法人快递业务经营许可证(副本)及所附分支机构名录,到分支机构所在地工商行政管理部门办理注册登记。企业分支机构取得营业执照之日起二十日内到所在地邮政管理部门办理备案手续。快递业务经营许可证(副本)载明的股权关系、注册资本、业务范围、地域范围发生变更的,或者增设、撤销分支机构的,应当报邮政管理部门办理变更手续,并持变更后的快递业务经营许可证办理工商变更登记。

2. 快递企业进行合并、分立的规定

快递企业应当在合并、分立协议签订之日起二十日内,向颁发快递业务经营许可证的邮政管理部门备案(备案提交材料:快递业务经营许可证;合并、分立协议;上一年度快递业务经营许可年度报告书),合并、分立后新设立的企业法人经营快递业务的,应当依法取得快递业务经营许可。合并、分立涉及外商投资企业的,应当遵守国家有关外商投资快递业务的相关规定。

3. 加盟企业管理规定

第一,以加盟方式经营快递业务的,被加盟企业与加盟企业均应当取得快递业务经营许可

(加盟企业具有企业法人资质),加盟企业不得超越被加盟企业的经营许可范围。

第二,被加盟企业与加盟企业应签订相关合同(合同宜符合国务院邮政管理部门及其他相关部门制定的《快递行业特许经营(加盟)合同》(示范文本)的要求),与加盟企业应当签订书面协议约定双方的权利义务,明确用户合法权益发生损害后的赔偿责任。

第三,参与加盟经营的企业,应当遵守共同的服务约定,使用统一的商标、商号、快递服务运单和收费标准,建立统一的作业规范,并对加盟企业进行业务指导与培训。

第四,建立评估制度,对加盟企业的服务意识、作业流程、内部管理、用户满意度等内容进行考核。

第五,统一提供跟踪查询和用户投诉处理服务。

4. 国际业务代理规定

在境内代理国际快递业务的代理商,应具备的条件是:

第一,具有企业法人资格,并取得邮政管理部门颁发的国际快递业务经营许可证;

第二,具有代理收寄或投递国际快件的能力;

第三,与委托方签订代理协议,明确双方权利和义务。

经营国际快递业务应当接受邮政管理部门和有关部门依法实施的监管。邮政管理部门和有关部门可以要求经营国际快递业务的企业提供报关数据。

5. 快递企业行业自律

经营快递业务的企业依法成立的行业协会,依照法律、行政法规及其章程规定,制定快递行业规范,加强行业自律,为企业提供信息、培训等方面的服务,促进快递行业的健康发展。

6. 经营快递业务的企业不得实施的行为

(1)违反国家规定,收寄禁止寄递的物品,或者未按规定收寄限制寄递的物品;

(2)相互串通操纵市场价格,损害其他经营快递业务的企业或者用户的合法权益;

(3)冒用他人名称、商标标识和企业标识,扰乱市场经营秩序;

(4)违法扣留用户快件(邮件);

(5)违法提供从事快递服务过程中知悉的用户信息;

(6)法律、法规禁止的其他行为。

(四)违法经营快递业务的法律责任

根据《邮政法》和《快递暂行条例》《快递业务经营许可管理办法》行政法规,对快递企业违法经营行为进行处罚。

(1)《邮政法》规定,快递企业有下列行为之一的,由邮政管理部门责令改正,可以处一万元以下的罚款;情节严重的,处一万元以上五万元以下的罚款,并可以责令停业整顿:

一是设立分支机构、合并、分立,未向邮政管理部门备案的;

二是未在信件封套的显著位置标注信件字样的;

三是将信件打包后作为包裹寄递的;

四是停止经营快递业务,未书面告知邮政管理部门并交回快递业务经营许可证,或者未按照国务院邮政管理部门的规定妥善处理尚未投递的快件的。

(2)《邮政法》规定,未取得快递业务经营许可经营快递业务,或者邮政企业以外的单位或者个人经营由邮政企业专营的信件寄递业务或者寄递国家机关公文的,由邮政管理部门或者工商行政管理部门责令改正,没收违法所得,并处五万元以上十万元以下的罚款;情节严重的,并处十万元以上二十万元以下的罚款;对快递企业,还可以责令停业整顿直至吊销其快递业务经营许可证。

（3）《邮政法》规定，快递企业违法提供用户使用邮政服务或者快递服务的信息，尚不构成犯罪的，由邮政管理部门责令改正，没收违法所得，并处一万元以上五万元以下的罚款；对邮政企业直接负责的主管人员和其他直接责任人员给予处分；对快递企业，邮政管理部门还可以责令停业整顿直至吊销其快递业务经营许可证。邮政企业、快递企业从业人员违法提供用户使用邮政服务或者快递服务的信息，尚不构成犯罪的，由邮政管理部门责令改正，没收违法所得，并处五千元以上一万元以下的罚款。

（4）《邮政法》规定，邮政企业、快递企业拒绝、阻碍依法实施的监督检查，尚不构成犯罪的，依法给予治安管理处罚；对快递企业，邮政管理部门还可以责令停业整顿直至吊销其快递业务经营许可证。

（5）《邮政法》规定，邮政企业及其从业人员、快递企业及其从业人员在经营活动中有危害国家安全行为的，依法追究法律责任；对快递企业，并由邮政管理部门吊销其快递业务经营许可证。

（6）《邮政法》规定，冒用邮政企业名义或者邮政专用标志，或者伪造邮政专用品或者倒卖伪造的邮政专用品的，由邮政管理部门责令改正，没收伪造的邮政专用品以及违法所得，并处一万元以上五万元以下的罚款。

（7）《邮政法》规定，有下列行为之一，尚不构成犯罪的，依法给予治安管理处罚：

一是盗窃、损毁邮政设施或者影响邮政设施正常使用的；

二是伪造邮资凭证或者倒卖伪造的邮资凭证的；

三是扰乱邮政营业场所、快递企业营业场所正常秩序的；

四是非法拦截、强登、扒乘运送邮件、快件的车辆的。

（8）《邮政法》规定，违反本法规定被吊销快递业务经营许可证的，自快递业务经营许可证被吊销之日起三年内，不得申请经营快递业务。快递企业被吊销快递业务经营许可证的，应当依法向工商行政管理部门办理变更登记或者注销登记。

（9）《快递暂行条例》第四十条第二款规定，经营快递业务的企业或者其分支机构有下列行为之一的，由邮政管理部门责令改正，可以处一万元以下的罚款；情节严重的，处一万元以上五万元以下的罚款，并可以责令停业整顿：

一是开办快递末端网点未向所在地邮政管理部门备案；

二是停止经营快递业务，未提前10日向社会公告，未书面告知邮政管理部门并交回快递业务经营许可证，或者未依法妥善处理尚未投递的快件；

三是因不可抗力或者其他特殊原因暂停快递服务，未及时向邮政管理部门报告并向社会公告暂停服务的原因和期限，或者未依法妥善处理尚未投递的快件。

（10）《快递暂行条例》第四十二条规定，冒领、私自开拆、隐匿、毁弃、倒卖或者非法检查他人快件，尚不构成犯罪的，依法给予治安管理处罚。

经营快递业务的企业有前款规定行为，或者非法扣留快件的，由邮政管理部门责令改正，没收违法所得，并处5万元以上10万元以下的罚款；情节严重的，并处10万元以上20万元以下的罚款，并可以责令停业整顿直至吊销其快递业务经营许可证。

（11）《快递暂行条例》第四十四条规定，经营快递业务的企业有下列行为之一的，由邮政管理部门责令改正，没收违法所得，并处1万元以上5万元以下的罚款；情节严重的，并处5万元以上10万元以下的罚款，并可以责令停业整顿直至吊销其快递业务经营许可证：

一是未按照规定建立快递运单及电子数据管理制度；

二是未定期销毁快递运单；

三是出售、泄露或者非法提供快递服务过程中知悉的用户信息；

四是发生或者可能发生用户信息泄露的情况，未立即采取补救措施，或者未向所在地邮政管理部门报告。

(12)《快递暂行条例》第四十三条规定，经营快递业务的企业有下列情形之一的，由邮政管理部门依照《中华人民共和国邮政法》《中华人民共和国反恐怖主义法》(简称《反恐法》)的规定予以处罚：

一是不建立或者不执行收寄验视制度；

二是违反法律、行政法规以及国务院和国务院有关部门关于禁止寄递或者限制寄递物品的规定；

三是收寄快件未查验寄件人身份并登记身份信息，或者发现寄件人提供身份信息不实仍予收寄；

四是未按照规定对快件进行安全检查。

【案例】

某快递企业违反法律规定 《反恐法》开出首张罚单①

某快递公司未对客户身份进行查验(与寄件人熟悉)，也没有对邮寄物品执行开箱验视，致使假币流入寄递渠道，造成了严重的社会危害性。某地市公安局通报犯罪嫌疑人使用虚假姓名，先后多次通过某快递公司寄递假币线索。某市邮政管理局立即对该线索进行核实，查实某快递公司快递员在该起案件中违反相关法律规定。某市邮政管理局在调查核实的基础上，依据《中华人民共和国反恐怖主义法》第二十条②、第八十五条规定，对该快递公司处以15万元的行政罚款，同时对法人代表、安全责任人、网点工作人员分别处以1万元、1万元、2万元人民币的行政处罚。

三、快递合同

(一) 快递合同的概念与快递合同订立的程序

1. 快递合同的概念

快递合同是指快递企业向用户提供快递服务所形成的法律关系。

2. 快递合同订立的程序

快递合同订立的程序也具有要约和承诺两个阶段。快递合同的格式条款是由于为了简化合同订立的程序而形成的。快递企业为求交易的迅速、简易和方便，首先规定出"定价交易"，用户只能被动地遵从。因此快递合同订立的程序特殊性表现在如下几个方面：

(1) 快递合同要约的特殊性

第一，要约具有对象的广泛性。快递公司向公民发出要约，任何人只要同意要约的规定就

---

① 摘编自《新华网》http://www.xinhuanet.com//legal/2016-08/03/c_129201811.htm(2016年8月3日)。

② 《中华人民共和国反恐怖主义法》第二十条规定："铁路、公路、水上、航空的货运和邮政、快递等物流运营单位应当实行安全查验制度，对客户身份进行查验，依照规定对运输、寄递物品进行安全检查或者开封验视。对禁止运输、寄递，存在重大安全隐患，或者客户拒绝安全查验的物品，不得运输、寄递。"

可以签订合同。

第二,要约的过程比较特殊,快递公司已经规定了邮资等主要条款,且快递合同往往内容繁复、具体、细致,不经与用户的详细磋商,即要求对方承诺,与之订立合同。

(2) 快递承诺的特殊性

按照我国《合同法》的规定,承诺是受要约人同意要约的意思表示。在快递合同订立中已对承诺方式形成惯例的,则承诺可依该惯例方式进行。

快递合同与一般民事合同的订立形式不同,可以分为窗口交寄以及上门收寄。窗口交寄中寄件人将邮件投交于邮政企业营业人员或者快递企业,邮政企业营业人员或者快递企业在验视合格后,收取资费并办理有关手续后,快递合同的订立过程已经完成,这与一般民事合同的要约和承诺的订立过程是一致的。

3. 快递合同的成立

合同的成立是指当事人通过要约和承诺方式对合同的内容达成合意。合同的生效即合同产生法律效力。合同的成立和合同的生效是有区别的,但是快递合同的成立和生效在时间上具有同一性。

(二) 快递合同的特征

1. 快递合同性质是民事合同,而非行政合同

快递公司与用户签订邮政合同,是为了向用户提供邮政服务,而不是进行通信行政管理。也就是说快递公司与用户因邮政业务发生的法律关系是民事法律关系,应当用民事法律关系来调整。

2. 快递合同是涉及第三人的合同

涉及第三人的合同,又称涉他合同,包括为第三人的合同和由第三人履行的合同。合同通常仅在双方当事人之间发生效力,不能为他人订立合同,但为了适应复杂多样的社会关系,近代各国立法里又允许合同涉及第三人,这就产生了涉他合同。寄件人订立的快递合同往往是由收件人享有权利,因此快递合同又显现出为第三人利益订立合同(涉他合同)的特征。

3. 快递公司在相关单证上事先印好的有关说明、规范双方权利义务的业务单式应当是一种格式条款

目前快递企业在收寄快件时,使用快递运单(纸质运单)和电子运单。根据我国《合同法》第三十九条第二款的规定:"格式条款是当事人为了重复使用而预先拟定,并在订立合同时未与对方协商的条款。"在快递合同中,快递公司事先印好的业务单式是一种格式条款,用户选择使用邮政服务后,在相关单证上签字并向快递公司交付快件后合同即告成立。在这种情况下,快递公司在制定格式条款时应当遵循公平原则确定双方的权利和义务,并采取合理的方式提请对方注意免除或者限制其责任的条款,同时按照对方的要求,对该条款予以说明。但格式条款只能存在于印制好的单证中,单证之外不可能存在格式条款。

快递合同的内容必须通过国家邮政主管部门的审核方可采用,比如,邮政资费、法定限额赔偿、邮政业务单式固定化和模式化,都是快递格式合同的表现形式。因此,快递企业要遵守《合同法》第三十九条的规定:(1)提供格式条款的一方有提示、说明的义务,如果不主动履行该义务,则该条款无效;(2)提供格式条款一方应当按照公平原则确定当事人之间的权利义务,如果格式条款不能体现公平原则,该格式条款无效。

一般来说,目前部分邮政损失赔偿争议产生的原因,是用户在交寄邮件时对损失赔偿规定不甚了解。《快递电子运单》(YZ/T 0148—2015,该标准为推荐性行业标准,自 2016 年 3 月 1

日起施行)要求快递企业应当将赔偿的范围和免责条件以合理的形式告知用户。使用电子运单前,快递服务组织应与用户达成快递服务协议,其格式内容应符合《快递运单》国家标准(GB/T 28582—2012)附录 A 的相关要求。快递服务协议应置于快递服务组织网站及 App 软件系统中,便于用户阅知、保存,以供查询、追溯等使用。在派件存根联的业务类别及业务处理区中应明确标示"服务协议内容本人已阅知并同意"等字样。在寄件人存根联的业务类别及业务处理区中应明确标示"寄件人已阅知并同意服务协议内容。服务协议可在快递服务组织网站或 App 软件系统中查阅"等字样。

4. 快递合同法律适用规则的特殊性

《立法法》第九十二条规定:"同一机关制定的法律、行政法规、地方性法规、自治条例和单行条例、规章,特别规定与一般规定不一致的,适用特别规定;新的规定与旧的规定不一致的,适用新的规定。"因此,依照特别法优于普通法的法律适用准则,《邮政法》是民法的特别法,应当优先适用作为特别法的《邮政法》。邮政法应是解决邮件损失赔偿的准据法。新修订《邮政法》第四十五条规定:"邮政普遍服务业务范围内的邮件和汇款的损失赔偿,适用本章规定。邮政普遍服务业务范围以外的邮件的损失赔偿,适用有关民事法律的规定。"

(三)快递合同中双方当事人的权利和义务

1. 快递公司的权利和义务

(1)快递公司的权利

① 收取快递资费的权利;

② 快递企业要依法收寄快件,对信件以外的快件按照国家有关规定当场验视,对禁寄物品和拒绝验视的物品不予收寄。

(2)快递公司的义务

① 快递企业向寄件人提供自快件交寄之日起一年内的查询服务。

② 快递企业在服务过程中造成快件延误、毁损、灭失的,应当承担赔偿责任。双方没有约定赔偿标准的,可按照相关法律规定执行。既无约定也无相关法律规定的,从快递服务标准规定。

③ 快递企业有偿代为封装的,承担因封装不善造成的延误、毁损、灭失责任。寄件人因封装不善造成快件延误、毁损、灭失的,由寄件人承担责任。

④ 快递服务企业可以与寄件人约定送达时间,没有约定的从快递服务标准规定。快递服务企业将快件送达收件人,登记收件人有效证件号,经收件人签章,视为送达。收件人是单位的,由单位收件人员签章,加盖该单位收发章,视为送达。

⑤ 快递企业按照有关法律规定,明确企业与用户双方的权利和义务,使其合同条款做到公平合理、准确全面。在快递合同履行过程中不得随意处置逾期、滞留货物;不得设置条款免除运方责任;不得限制消费者查询、索赔、保价等。

2. 用户的权利义务

(1)用户的权利

① 依法使用快递服务的权利。用户在使用快递服务中有选择快递公司,以及监督快递公司服务质量的权利,并有权提出投诉、意见和建议。

② 依法对快件享有所有权。

③ 要求赔偿的权利。

(2) 用户的义务

① 寄件人不得交寄国家禁止寄递的物品,不得隐瞒交寄快件的内件状况,应当依照相关规定出示有效证件,准确、工整地填写快递详情单。

② 寄件人违规交寄或填单有误,造成快件延误、无法送达或无法退还,或因封装不善造成快件延误、毁损、灭失的,由寄件人承担责任。

思 考 题

一、单项选择题

1. 邮政普遍服务业务范围以外的邮件的损失赔偿,适用有关(　　)的规定。
 A. 行政法　　　　　　　　　　　B. 商法
 C. 邮政法　　　　　　　　　　　D. 民事法律

2. 邮政企业的下列哪项业务实行市场调节价,资费标准由邮政企业自主确定?(　　)
 A. 邮政速递业务资费　　　　　　B. 普遍服务资费
 C. 特殊业务资费　　　　　　　　D. 专营权业务资费

3. 未保价的给据邮件丢失、损毁或者内件短少的,按照实际损失赔偿,但最高赔偿额不超过所收取资费的(　　)倍予以赔偿。
 A. 二　　　　　　　　　　　　　B. 一
 C. 四　　　　　　　　　　　　　D. 三

4. 根据修订后的《邮政法》规定,承担提供邮政普遍服务义务的是(　　)。
 A. 邮政企业　　　　　　　　　　B. 快递公司
 C. 物流企业　　　　　　　　　　D. 邮政企业或快递公司

二、多项选择题

1. 邮政企业和快递企业应当加强服务质量管理,完善安全保障措施,为用户提供(　　)的服务。
 A. 迅速　　　　　　　　　　　　B. 准确
 C. 安全　　　　　　　　　　　　D. 方便

2. 邮政企业在(　　)每周的营业时间应当不少于五天,投递邮件每周至少五次。
 A. 乡人民政府所在地　　　　　　B. 镇人民政府所在地
 C. 城市　　　　　　　　　　　　D. 县级人民政府所在地

三、判断题

1. 对用户交寄的信件以外的邮件和快件,邮政企业和快递企业收寄时应当当场验视内件。用户拒绝验视的,邮政企业不予收寄。(　　)

2. 进出境邮件中夹带国家禁止进出境或者限制进出境的物品的,由国家邮政局依法处理。(　　)

3. 邮政企业对无法投递又无法退回的信件,自邮政企业确认无法退回之日起超过六个月无人认领的,由邮政企业在邮政管理部门的监督下销毁。(　　)

4. 邮政管理部门应在受理快递业务经营许可申请之日起 90 日内进行审查,做出批准或者不予批准的决定。   (   )

四、案例分析题

1. 某制药厂派人到邮局交寄一批20箱内装冲剂型药品的保价包裹。每箱保价金额2800元。因该药厂是大用户,某市邮政局同意免视内件的备案材料,且包裹已包装好,邮局收寄时检验了20箱与包裹单填写内容一致。客户收到该包裹后,有一件外包装完好的包裹,打开后发现药剂已经全部破损,于是客户拒收,该件被退回药厂,收到退件的制药厂,认为破损的责任在邮局,要求邮局按保价额赔偿。邮局认为包裹外包装完好无损,没有破损的痕迹,破损的原因是制药厂包装问题,责任在制药厂。双方协商不成,制药厂向法院提起诉讼。法院审理认为责任在邮局,判决邮局赔偿2800元。

问题:法院判决邮局赔偿制药厂2800元,对吗?为什么?如何防止此类风险责任的发生?

2. 某市水城矿务局二中退休职工潘某,在市邮政局寄发一封特快专递信函,收件人是外省某市某检察院检察长,信封上留有寄件人的电话号码。潘某支付邮费22.20元。5月4日,外省某市邮政局以原写地址不详为由,将信函退回寄件人所在市邮政局。5月10日,市邮政局速递邮购公司的投递员于中午一点半左右,将此特快专递信函送到水城矿务局二中一门卫的妻子手中,该门卫妻子又委托一食堂炊事员将信函转交寄件人潘某。此时已是晚上八点半钟。潘某接到信函后,当即发现信函的一端已被完全撕开,另一端则被撕开三厘米左右,并且没有退信理由的"批条"。潘某见后很紧张,因为他寄出的是一封举报信。

问题:特快专递被拆泄密责任在谁?邮政企业是否妥投?

第三章 国外部分国家和地区邮政市场开放与邮政体制改革

【学习目标】

　　了解部分国家对邮政进行了不同程度的改革

　　掌握 WTO 与国外部分国家和地区邮政市场开放的现状

　　了解国外邮政监管体制和监管职能

【能力目标】

　　能够正确地理解各国邮政市场开放情况

　　能够正确地理解国外邮政监管职能

【导入案例】

欧盟邮政市场开放

　　欧盟是世界上唯一将邮政市场开放作为区域一体化内容的区域贸易集团。1997年欧盟决定以渐进的和可控制的方式开放邮政市场,并为此于1997年12月15日和2002年6月通过了两个邮政改革法令。这两个法令要求成员逐步缩小邮政专营范围,在开放市场的同时保持普遍服务并建立适当的监管环境、建立普遍服务提供商的许可制度。

【引导问题】

　　您想了解国外部分国家和地区邮政市场开放现状吗?各国的邮政体制改革的基本情况如何?带着这些问题,我们走进本章的学习。

第一节　WTO 与国外部分国家和地区邮政市场开放

一、WTO 与各国邮政市场开放承诺

　　世界贸易组织(World Trade Organization,WTO)成立于1995年1月1日,它是独立于联合国的永久性国际组织,总部设在日内瓦,现有162个成员方。WTO前身是关贸总协定(GATT)。

1. 仅有九个成员承诺放开公共邮政服务

在 WTO 框架下,成员方并不是自动对所有服务部门承担市场准入或国民待遇义务,而是通过谈判确定承诺的具体部门。GATS《服务贸易具体承诺减让表》中承诺放开公共邮政服务的成员只有九个,他们分别是冈比亚、以色列、吉布提、塞内加尔、土耳其、蒙古、阿尔巴尼亚、吉尔吉斯斯坦、摩尔多瓦。在以上九个成员中承诺对 500 克以下信件市场开放的只有 5 个,而这 5 个国家的 GDP 在全球的排名均在 100 位之后,因此,这些成员的市场开放对全球邮政市场的影响无足轻重。大部分国家对开放国内邮政市场持有谨慎的态度,比如美国和欧盟。

2. 大部分国家不承诺开放邮政市场,只对快递服务(原译:速递服务)的市场准入和国民待遇进行承诺

国民待遇原则是最惠国待遇原则的重要补充。在实现所有世贸组织成员平等待遇基础上,世贸组织成员的商品或服务进入另一成员领土后,也应该享受与该国的商品或服务相同的待遇,这正是世贸组织非歧视贸易原则的重要体现。

邮政和快递市场的开放主要是各成员政府根据对外开放的总体规划来统一考虑的,邮政和快递经营部门本身并没有直接参与对外开放决策的权利。已有的承诺多半是各成员之间讨价还价的结果。邮政领域的特点是绝大部分成员仍然保留了邮政专营,这是邮政普遍服务的需要。

美国在 WTO 的相关协议中没有承诺开放邮政市场,只是承诺对外开放陆基速递服务。美国于 1978 年开放一部分信件递送市场,出台了允许私人经营信件快递业务的法规——《限制私营递送信件的规定》,针对不同情况制定了两种市场准入方式:一种是主要针对特急信函的快递业务,实施登记许可准入方式;第二种是针对邮件运输环节,美国邮政采取与私营快递公司签订协议的市场准入方式。陆基速递服务是指外资公司进入美国市场,只能委托美国航空公司运输邮件。如果要成立航空公司,外资股份不能超过 25%,而且董事会主席和控股股份的持有者必须是美国公民。

二、各国邮政市场准入管制的规制

根据《服务贸易总协定》第 14 条"一般例外"之规定,为使"保护与个人信息处理和传播有关的个人隐私"的法律和法规得到遵守,可以采取必需的措施。邮政普遍服务是保证公民享受通信权利保护通信秘密的社会义务,各国邮政法都有规定邮政普遍服务义务。

为了保证《邮政法》等法律法规的实施,只要这些措施与 WTO 协议不违背,WTO 成员方可以采取许可证管理、设置专营业务、补贴等必需措施来保护本国邮政市场。

(一)东道国给邮政运营商颁发邮政业务经营许可证并对邮政运营商进行监管

国外在邮政改革和市场开放过程中,还实施许可证管理,以限制经营者数量,防止过度竞争,维护正常的市场经营秩序和邮政业的良性发展。

德国邮政监管的主要目的有两个,即保障邮政普遍服务和保证邮政市场秩序。德国邮政市场监管的主要方式有三种,第一种是许可证管理;第二种是服务质量管理;第三种方式是经济方式。德国邮政法规定对专营业务以外的 1000 克以内的信函业务实行许可证管理。公司申请信函经营许可证的基本要求是,要有从事信函业务的专业知识,公司经营有效率,服务安全可靠。许可证的申请费用是 175 至 700 欧元,同时在法律上没有对申请信函业务的公司数量进行限制。运营商如果违反公平竞争法,将被取消许可证。2006年1月1日英国全面开放邮政市场,英国"皇家邮政"在国内邮递行业长达350年的垄断结束。英国邮政监管机构开始实施新规则,英国邮政服务市场全面开放,任何持有合法执照者都可从事商业与居民客户投递服务。英国邮政监管机构已经向13家邮政公司发放长期营业许可证,包括"中外运-敦豪"及"天地物流"等知名企业,体现在英国邮政市场监管委员发布的《许可证发放和管理政策》《长期许可证发放和管理》《英国邮政的许可证》等官方文件中。

日本邮政对市场准入实行许可证制度。对申请的企业实现公平待遇,不因申请人的户籍、申请企业的国籍不同而实行不同的准入条件。

美国依据邮政总局出台的《美国私营快递条例》,对邮政开放范围和监管做了详细的规定。《美国私营快递条例》(PES)是一组联邦民事和刑事法律。它们主要规定美国邮政以外的任何实体为了获取报酬而在邮路上运送邮件都是违法的,除非支付与信件通过邮政寄递所支付的资费数额相等的资费。《美国私营快递条例》最初于1792年由国会颁布实施,用以限制私人对信函的运递。它以美国宪法中的规定为依据。宪法赋予国会"建立邮局和邮路"的权力。

(二)东道国规定一定范围的专营业务,防止邮政运营商进入该类业务

《服务贸易总协定》并不绝对禁止专营,而是在第8条"垄断和专营服务提供者"中规定了专营的许多条件。邮政在一定时期内保留一定范围的专营业务符合《服务贸易总协定》的规定。

在市场环境下,为了保障普遍服务,世界各国都给予邮政一定范围的专营权,大部分国家规定可以以专营业务补贴普遍服务。

目前,世界各国的邮政专营通常有三种形式:一是信函由公用邮政企业专营,其他组织和个人不得经营信函寄递业务,比如美国。二是邮政专营和许可证管理制度并存,只允许国有邮政企业经营专营业务,其他企业和个人不得经营邮政专营业务;专营业务之外的其他邮政业务,由国家邮政主管部门发放许可证,国有邮政企业和其他企业竞争获得许可证,比如巴西、澳大利亚。三是放弃邮政专营,只对一定重量和资费标准内的邮件实行许可证管理,比如欧盟。

(三)东道国取消邮政专营权业务,完全开放市场的经验教训

1. 部分国家取消专营,开放国内邮政市场

世界上绝大多数国家仍然不同程度实行着邮政专营业务,但是也有一些国家取消了邮政的专营权,如阿根廷、瑞典、芬兰、巴拉圭、新西兰、秘鲁等国。

2. 阿根廷国家邮政开放现状和经验教训

1993年到1996年,阿根廷政府实行激进的邮政改革,完全开放邮政市场,并把国家邮政承包给私营企业。一时间阿根廷国内涌出300多个邮政运营商,还有几百个非法企业也提供邮政服务。这些企业涌向有利可图的城市市场,而把农村和边远地区扔到一边,普遍服务受到严重打击,农村的邮筒成了垃圾箱。在万国邮联行政理事会上各国代表对阿根廷邮政给予了密切关注,阿根廷在大家心目成为因推行激进邮政改革而遇到困难的典型国家。在阿根廷邮政市场产生动荡的时候,承包阿根廷邮政的私营公司联合体又因为经营效果不理想,大量拖欠承包金。2003年,阿根廷政府不得已在承包企业没有执行完合同的情况下将邮政重新收回国营。

为了保护普遍服务制度,政府重新收回国家邮政经营权后,市场混乱的局面依然没有改变,私营邮政企业数量高达 250 个,还有 600 到 700 家没有注册的企业非法从事邮政经营。通信委员会作为邮电监管机构,主要负责电信监管,对邮政监管非常不力,任何的邮政服务都没有得到监管。

第二节　世界邮政管理体制概述

世界邮政体制改革的发展历程早在 20 世纪 60 年代末就已经开始了,当时各国邮政的管理体制基本上是单一的政府部门模式。随着全球经济一体化的进程不断加快,世界邮政已从单一的政府部门模式发展到多种模式共存的世界邮政大家庭。值得关注的是,政企分开已成为绝大多数政府为邮政选择的改革道路。

为了维持邮政网络的正常运营,履行邮政一直为公众提供普遍服务的义务,并在市场经济的大潮中立于不败之地,世界各国纷纷进行邮政改革,采取各种措施保护邮政继续履行普遍服务的义务以及公民的基本通信权利。一般情况下,邮政改革的过程包括修改邮政法、建立邮政公司、明确普遍服务义务及保障机制、确定专营范围、制定市场开放策略等内容。

一、邮政管理体制的政企合一模式

1. 邮政政企合一的邮政管理体制是政府机构或政府的独立执行机构拥有监管权和经营权,典型代表国家是美国。

2. 美国在政企合一模式下的邮政改革。

美国的市场规制法律制度相当健全,从美国 1890 年第一部反托拉斯法律《谢尔曼法》算起,世界市场规制法的立法和司法实践至今已经走过了 100 多年的历程。美国的《谢尔曼法》《克莱顿法》《合并准则》都对企业合并并导致实际或潜在的竞争对手的减少,影响自由竞争的行为加以限制和制止。因此,美国选择了邮政政企合一的政府监管模式。1970 年美国政府颁布《邮政重组法》,将邮政部改组为美国邮政服务公司。2006 年通过邮政改革法案——《邮政责任加强法案》,重新定义了邮政普遍服务和法定的专营范围,美国邮政也争取到了更多的自主开发新产品的权利,并且在普遍服务补偿机制、邮政产品费率制定、邮政工人养老保险等问题上做出了重大改革。美国对邮政业的法律法规及规章主要包括《美国邮政法》《私营快递条例》《美国联邦法规》,2006 年美国邮政监管委员会取代邮政资费委员会对美国邮政实施监管。美国邮政改革保持了政府执行机构,设有 1100 多个邮政警察和 1900 多个邮政检察官来保证普遍服务的实施。

二、邮政管理体制的政企分开模式

世界上 80% 的邮联成员国采取政企分开邮政管理体制,企业化运作已经成为各国邮政的普遍做法。传统的邮政部门转变为市场经济的主体,不再具有行业管理职能。邮政企业化运作可分为国有公司、股份公司两类。

(一) 国有公司

国有公司依据公司法成立,完全归政府所有。

1. 英国邮政于 2001 年政企分开:组建公共有限责任公司——皇家邮政家集团公司;建立监管机构,实现邮政所有者、监管者和经营者的分离。

2. 日本于 1998 年 6 月制定并颁布《中央政府行政改革基本法》,依据此法,日本邮政开始进行政企分开的改革。2001 年政府机构改革,2002 年 9 月通过《日本邮政公社法》,成立总务省和邮政事业厅,2003 年 4 月 1 日成立日本邮政公社,2005 年 11 月颁布 6 项邮政民营化相关法案,2006 年成立日本邮政控股公司,2007 年开始为期 10 年的民营化改革。2005—2007 年成立日本邮政控股公司;设立邮政储蓄公司和简易保险公司。2007—2017 年民营化改革:邮政公社解体,成立邮政事业公司和窗口网络公司。日本的邮政事业改革从一开始就被置于严格的法律程序约束之下,从日本邮政公社的成立到决定实行民营化,每前进一步都是通过制定相关法律来确定的。

3. 法国 1991 年邮电分营、政企分开,成立具有法人资格的法国邮政公司。

4. 澳大利亚邮政委员会改为国有澳大利亚邮政公司,联邦政府是唯一股东。

(二) 股份公司

股份公司依据公司法成立,但不是 100% 归政府所有。

1. 德国 1989 年邮电分营:成立邮政、电信、邮政银行三个独立部门。1994 年政企分开:建立合股公司,政府是唯一股东。1997 年建立监管机构:联邦网络管理局。

2. 荷兰 1981 年政企分开:邮电合营。1989 年邮电部门改制为国有私营公司。1998 年邮电分营:成立了包括 TNT 在内的独立上市股份公司——TPG 邮政集团。

第三节 国外邮政监管体制和监管职能概要

一、国外邮政监管体制模式

邮政行业监管机构的模式大体为两类:

(一) 政企合一的监管模式

邮政作为政企合一的政府部门,政府拥有监管权和经营权,如美国等;邮政法规和行业政策由政府制定和监督执行,如美国、印度、俄罗斯、韩国等。

(二) 政企分开的监管模式

政企分开是指邮政作为企业或公司,政府拥有监管的权利。

1. 政府监管

各国逐步将政府职能从政企合一的邮政部门分离出来,建立邮政监管机构。多数已实施政企分开的邮政其所有权和监管权均属于政府,邮政法规和行业政策由政府制定和监督执行。经营权归邮政企业或公司,如法国、日本和澳大利亚。

2. 独立机构监管

有一部分国家建立了独立的邮政监管机构,如德国、瑞典和英国。

目前只有少数国家采用了这种形式,但这种形式代表了行业监管的发展方向,是符合本国市场规制法的。

二、国外邮政监管机构及职能

在世界邮政政企分开的国家中,总体说来,邮政行业管理有如下几个主要职责:

1. 负责邮政法规的制定、修改和执行。

根据世界各国的经验,邮政改革首先要修改邮政法,通过一定的立法程序,经过各方面的充分酝酿,特别是要听取邮政经营者、邮政客户、邮政职工等各方面利益相关者的意见,以公开、透明的方式出台新的邮政法,作为邮政改革的基本依据。

2. 确保邮政普遍服务,控制邮政普遍服务的资费,建立普遍服务补偿机制,对普遍服务提供者给予扶持和政策支持。

一般情况下,国家对邮政市场的调控主要是针对普遍服务。国家调控邮政普遍服务的主要目的是确定补贴普遍服务业务的实施办法,以及对普遍服务业务的水平进行监督。

3. 依法管理邮政市场,制定邮政服务质量标准并监督执行。

4. 对本国邮政市场准入进行监管,并颁发和管理邮政经营许可证。

至于普遍服务以外的业务,国家调控的目的是建立公平的竞争环境,以促进整个邮政市场的发展。

5. 监督管理邮政市场,担任同业争端的仲裁。

6. 代表国家参加国际组织活动等。

思 考 题

1. 简述各国邮政市场开放承诺中完全承诺开放的国家。
2. 简述世界各国邮政体制改革。
3. 简述国外邮政监管体制模式。
4. 简述国外邮政监管机构的职能。

下篇 邮政企业相关法律实务

第四章　公司法律实务

【学习目标】

　　了解公司的概念和公司法的概念

　　了解公司的分类

　　了解公司企业法人治理结构

　　理解有限责任公司和股份有限责任公司的不同

　　掌握有限责任公司和股份有限公司的公司设立条件、组织机构

　　掌握公司高级管理人员的资格和义务

　　掌握公司的合并与分立

　　掌握公司的财务会计制度、公司的解散和清算

【能力目标】

　　能够正确地运用公司法律制度设立公司

　　能够正确地运用国有独资公司的特殊规定

　　能够正确地分析有限责任公司和股份有限责任公司的相关案例

【导入案例】

李某与沈某公司设立法律纠纷案例[①]

　　2014年1月原告李某与被告沈某就共同投资成立家具公司进行洽谈协商，决定成立"A有限公司"。2014年3月11日双方签订"公司运作（入股）合同"，合同约定：原、被告共同投资注册成立"A有限公司"开展生产经营，经营范围为原木门、原木家具的生产和销售、装饰装修等业务；公司租赁被告沈某的原有厂房（含院坝）为注册登记住所（经营场地）。从公司注册登记日起，沈某将上述房产和场地租赁给公司作为生产经营使用（租赁合同待公司成立后与沈某补订）。公司注册资本为人民币50万元，双方各占25万元，分别占公司股份的50%。沈某的注册资本金以实物出资；李某的注册资本金以人民币现金58万元加实物出资。双方的出资在2014年3月31日以前需出资到位，否则支付对方未按时出资金额20%的违约金。公司利润按双方各50%的投资比例平均分配。同时约定，双方不得另行单独从事、经营或者参与其他与公司经营项目、范围相同的业务，否则支付对方违约金20万元，如造成对方或者公司损失

[①] 摘编自《中国裁判文书网》2016年。

的,加倍赔偿。合同签订后,原告李某按约定将注册资本金 58 万元转入双方约定在李某名下建行、农行的账户内,并以小车一辆作价 12 万元作为其实物出资,被告沈某按约定以小车一辆作价 10 万元作为其实物出资。

2014 年 4 月 22 日原、被告以"A 有限公司"名义在某市林业局取得"某省木材经营加工许可证"。同时原、被告积极为设立公司召开了股东会形成了股东会决议,制定了公司章程、取得工商局核准的《企业名称预先核准通知书》,确认公司名称为:A 有限公司,填写了《公司登记(备案)申请书》,下达了执行董事、总经理、监事、法定代表人的任职通知,并委托专人办理设立公司相关手续,并办理营业执照。在办理营业执照过程中,江阳区工商局在审核公司提供的资料中发现,公司提供的经营场所与实际经营场所不符,将所有资料退回泸州市江阳区邻玉街道经济发展办公室,A 有限公司未依法取得营业执照,未依法成立。此后由于公司不能成立,原告要求被告对双方实际合作期间的经营情况进行清算遭到被告拒绝,原告为此诉至法院要求判如所请。

同时查明,2014 年 1 月至 2014 年 5 月期间原告李某、被告沈某实际以拟成立的公司名义对外开展经营业务,双方分别以"A 有限公司"名义对外签订供需合同 36 份,合同金额为 891 021 元。原、被告经营期间租赁被告沈某位于原有厂房作为公司经营场所,但由于被告该厂房无产权手续,不能办理"木材经营加工许可证",双方为了尽快办理"木材经营加工许可证",提供的经营场所与实际经营场地不符,公司未注册成立,原、被告实际合作经营至 2014 年 5 月。

一审判决:被告沈某在本判决生效之日起十五日内返还原告李某投资款余额 141 332.79 元,给付原告李某利润款 188 657.6 元;双方合作期间的固定资产、存货、债权由被告沈某享有,对外债务由沈某负责清偿,驳回原告李某的其他诉讼请求。

【引导问题】

公司在设立中股东出资不实的法律责任是什么?您了解公司企业法人治理结构和组织机构吗?带着这些问题,我们走进本章的学习。

第一节 公司法概述

国有企业实行公司制改造,是建立现代企业制度的有益探索。中国邮政面对逐步开放的市场和巨大的竞争压力,也在不断探索,大胆改革,而改革的内容,不单是业务领域的拓宽和服务质量的提高,还包含着体制的创新。2007 年 1 月 29 日,新组建的中国邮政集团公司正式揭牌成立,并在近几年积极创造条件,依照《中华人民共和国公司法》进行改组和规范,逐步建立完善的公司法人治理结构。根据中央关于深化国有企业改革的总体部署,制定实施集团公司公司制改革的总体方案,推进省分公司经营组织架构改革,企业管理体制和运营机制不断优化。中国邮政储蓄银行成功上市,成为近两年来全球最大的金融企业 IPO。落实"互联网+"行动计划,积极打造线上线下相结合的综合便民服务平台,邮政金融产业体系加快构建,寄递网处理能力和时限标准显著提升,确立了"一体两翼"协同发展的新格局。要在加快结构调整和布局优化上下功夫,促进邮政金融和寄递协调发展,打造中邮保险业务、包裹快递业务和农村电商业务三大新增长极,为中国邮政提质增效提供强劲动力。

一、公司概述

（一）公司的概念和特征

在我国，公司是指依法设立的，以营利为目的的企业法人。

《公司法》第三条规定，公司是企业法人，有独立的法人财产，享有法人财产权。公司以其全部财产对公司的债务承担责任。有限责任公司的股东以其认缴的出资额为限对公司承担责任；股份有限公司的股东以其认购的股份为限对公司承担责任。公司是指依照本法在中国境内设立的有限责任公司和股份有限公司。

公司具有以下法律特征：

1. 公司必须依法设立。公司必须依照《公司法》规定的条件和程序设立。
2. 公司以营利为目的。营利目的不仅要求公司本身为营利而活动，而且要求公司有营利时应当分配给股东。公司只有以营利为目的，实现公司利益最大化，才能让股东收回投资，进而实现盈利。
3. 公司具有法人资格。公司是具有法人地位的企业组织，能够以自己的名义从事民商事活动。一是要有自己独立的财产，二是要有自己的名称、组织机构和活动场所，三是能够独立承担民事责任。公司有独立的财产，决定了它必须也能够独立承担责任。而公司股东则一般不对公司的债务直接负责。这是公司与合伙、独资企业等企业组织形式的重要区别。

（二）公司的分类

公司依据不同的标准，可以做出不同的分类。

1. 无限责任公司、有限责任公司、股份有限公司、两合公司和股份两合公司

这是依据公司股东所负责任的不同划分的，它仅仅是大陆法系的分类标准。无限责任公司简称无限公司，指公司的全体股东对公司的债务负连带无限责任的公司。有限责任公司，指股东仅以其出资额为限对公司承担责任，公司以其全部资产对公司债务承担责任的公司。股份有限公司，指公司的全部资本分为等额股份，股东仅以其所持股份对公司承担责任的公司。两合公司，股东由无限责任股东和有限责任股东共同组成，无限责任股东对公司的债务负无限责任，有限责任股东对公司债务负有限责任的公司。股份两合公司，指部分对公司的债务负连带无限责任的股东和部分仅以所持股份对公司债务承担有限责任的股东共同组建的公司。

2. 母公司和子公司

这是根据一个公司对另一公司的控制和依附关系，所做的分类。我国《公司法》第十四条第二款规定，公司可以设立子公司，子公司具有法人资格，依法独立承担民事责任。母公司是指拥有另一公司半数以上资本或股份，并对其经营管理活动有一定控制权的公司。子公司是指其资本或股份的大部为另一公司控制，且其经营管理活动要受其制约的公司。母子公司之间虽然存在控制与被控制的组织关系，但他们都具有法人资格，在法律上是彼此独立的企业。

3. 总公司和分公司

这是根据公司的内部管辖关系所做的分类。总公司又称本公司，是指依法设立并管辖公司全部组织的具有企业法人资格的总机构。分公司是指依法设立的以本公司名义进行经营活动，其法律后果由本公司承受的分支机构。我国《公司法》规定，公司可以设立分公司。设立分公司，应当向公司登记机关申请登记，领取营业执照。分公司不具有法人资格，其民事责任由总公司承担。

4. 本国公司、外国公司、跨国公司

这是根据公司的国籍进行的一种分类,本国公司是指具有本国国籍的公司。外国公司是依照外国法律在中国境外登记成立的公司。根据我国《公司法》规定,外国公司在中国境内设立的分支机构不具有中国法人资格。外国公司对其分支机构在中国境内进行经营活动承担民事责任。跨国公司又称多国公司,是以本国为基地,通过对外直接投资,在其他国家和地区设立子公司或分支机构,从事国际性生产经营活动的经济组织。

二、公司法概述

(一)公司法的概念和调整对象

公司法是调整公司在其设立、组织、运营、变更、股东权利、义务和其他公司内部、外部关系的法律规范的总称。公司法有广义、狭义之分。广义的公司法,包括涉及公司的所有法律、法规。狭义的公司法,专指《中华人民共和国公司法》(以下简称《公司法》)。《公司法》制定于1993年12月,1999年12月25日进行了第一次修正,2005年10月进行了第二次修订,2013年12月进行了第三次修正,2018年10月进行了第四次修正。

(二)我国公司法的适用范围

我国公司法规范的公司类型只有两种,即有限责任公司和股份有限公司。凡在中国境内设立的有限责任公司和股份有限公司均适用我国《公司法》。《公司法》第二百一十七条规定,外商投资的有限责任公司和股份有限公司适用本法;有关外商投资的法律另有规定的,适用其规定。

第二节 有限责任公司

一、有限责任公司的概念和特征

(一)有限责任公司的概念

有限责任公司是指股东仅以其出资额为限对公司承担责任,公司以其全部资产对公司债务承担责任的公司。

(二)有限责任公司的特征

1. 股东人数的有限性

按照公司法的规定,有限责任公司股东人数限制在50人以下,最少的可以是一个股东。

2. 股东责任的有限性

股东以出资额为限对公司承担责任,这是有限责任公司区别于无限责任公司本质特征,也是有限责任公司兼有资合性的表现。公司是以其全部财产对公司债务承担责任的。

3. 设立程序相对简单

有限责任公司的设立手续与股份有限公司的设立手续相比,较为简单。一般由全体设立人制定公司章程,各自认缴出资额,即可在公司登记机关登记设立。有限责任公司的公司机关也较为简单,不一定都要设置董事会和监事会。

4. 股东对外转让出资受到较为严格的限制

由于有限责任公司是人合兼资合性质的公司,股东之间的相互信任关系非常重要,因此法律对股东转让出资往往做出较严格的限制。出资转让须其他股东同意,且其他股东有优先购买权。

5. 公司的封闭性

有限责任公司的资本只能由股东认缴全部出资,不能向社会募集股份,不能发行股票。由于有限责任公司不能向社会募集股份,因此公司的经营状况和财务账目无须向社会公开。公司的封闭性是有限责任公司和股份有限责任公司的区别之一。

二、有限责任公司的设立条件

(一) 股东符合法定人数

《公司法》规定有限责任公司股东人数限制在 50 个以下,股东可以是自然人,也可以是法人。

(二) 有符合公司章程规定的全体股东认缴的出资额

1. 注册资本

《公司法》第二十六条规定,有限责任公司的注册资本为在公司登记机关登记的全体股东认缴的出资额。法律、行政法规以及国务院决定对有限责任公司注册资本实缴、注册资本最低限额另有规定的,从其规定,例如,《证券法》对证券公司最低注册资本的规定、《商业银行法》对设立商业银行最低注册资本的规定、《保险法》对保险公司最低注册资本的要求。

2. 出资方式

《公司法》第二十七条规定,股东可以用货币出资,也可以用实物、知识产权、土地使用权等可以用货币估价并可以依法转让的非货币财产作价出资;但是,法律、行政法规规定不得作为出资的财产除外。

对作为出资的非货币财产应当评估作价,核实财产,不得高估或者低估作价。法律、行政法规对评估作价有规定的,从其规定。

3. 出资程序

股东应该按期足额缴纳公司章程中规定各自所认缴的出资额。

① 股东以货币出资的,应当将货币足额存入有限责任公司在银行开设的账户;

② 股东以非货币财产出资的,应当依法办理财产权的转移手续;

③ 股东不按公司章程规定缴纳的出资,除应当向公司足额缴纳外,还应当向已足额缴纳出资的股东承担违约责任;

④ 公司成立后,发现作为设立公司出资的非货币财产的实际价额显著低于公司章程所定价额的,应当由交付该出资的股东补足其差额;公司设立时的其他股东承担连带责任。

有限责任公司成立后,应当向股东签发出资证明书。出资证明书是确认股东出资的凭证,由公司盖章。

股东认足公司章程规定的出资后,由全体股东指定的代表或者共同委托的代理人向公司登记机关报送公司登记申请书、公司章程等文件,申请设立登记。

(三) 股东共同制定公司章程

公司章程是记载公司组织、活动基本准则的公开性法律文件。设立有限责任公司必须由股东共同依法制定公司章程。公司章程必须采取书面形式,经全体股东或发起人同意并在章程上签名、盖章后才能生效。公司章程生效后,其内容具有相对稳定性,不得随意变更。修改、变更公司章程后还要进行变更登记。公司章程对公司、股东、董事、监事、高级管理人员具有约束力。

(四)有公司名称,建立符合有限责任公司要求的组织机构

设立有限责任公司,除其名称应符合企业法人名称的一般性规定外,还必须在公司名称中标明"有限责任公司"或"有限公司"。公司的名称应由公司的类别、公司注册机关所在地的行政区划、公司所属行业或经营特点、商号四部分组成。即:公司名称=行政区划+商号+行业特点+公司类型。

除拥有自己的名称外,还要求建立符合有限责任公司要求的内部组织机构,即股东会,董事会和监事会。但规模较小或股东人数较少的有限责任公司,可以不设董事会和监事会,而只设1名执行董事和1至2名监事。

(五)有公司住所

公司的住所是指法律上所确认的公司的主要经营场所。公司以其主要办事机构所在地为其住所。公司主要办事机构是指公司主要的经营管理机构。

三、有限责任公司的组织机构

有限责任公司的组织机构包括股东会、董事会、监事会及高级管理人员。

(一)股东会

1. 股东会性质和组成

股东会由全体股东组成,是有限责任公司的权力机构。

2. 股东会的职权

股东会作为有限责任公司的权力机构,行使下列职权:

① 决定公司的经营方针和投资计划;
② 选举和更换非由职工代表担任的董事、监事,决定有关董事、监事的报酬事项;
③ 审议批准董事会的报告;
④ 审议批准监事会或者监事的报告;
⑤ 审议批准公司的年度财务预算方案、决算方案;
⑥ 审议批准公司的利润分配方案和弥补亏损方案;
⑦ 对公司增加或者减少注册资本做出决议;
⑧ 对发行公司债券做出决议;
⑨ 对公司合并、分立、解散、清算或者变更公司形式做出决议;
⑩ 修改公司章程;
⑪ 公司章程规定的其他职权。

对上述事项股东以书面形式一致表示同意的,可以不召开股东会会议,直接做出决定,并由全体股东在决定文件上签名、盖章。

3. 股东会的召开

股东会会议分为定期会议和临时会议。定期会议应当依照公司章程的规定按时召开。临时会议可经代表十分之一以上表决权的股东、三分之一以上的董事、监事会或者不设监事会的

公司的监事提议召开。

首次股东会会议由出资最多的股东召集和主持。股东会会议由董事会召集,董事长主持;董事长不能履行职务或者不履行职务的,由副董事长主持;副董事长不能履行职务或者不履行职务的,由半数以上董事共同推举一名董事主持。有限责任公司不设董事会的,股东会会议由执行董事召集和主持。董事会或者执行董事不能履行或者不履行召集股东会会议职责的,由监事会或者不设监事会的公司的监事召集和主持;监事会或者监事不召集和主持的,代表十分之一以上表决权的股东可以自行召集和主持。召开股东会会议,应当于会议召开15日前通知全体股东;但是,公司章程另有规定或者全体股东另有约定的除外。

4. 股东会决议

股东会会议由股东按照出资比例行使表决权,但是,公司章程另有规定的除外。股东会的议事方式和表决程序,除公司法有规定的外,由公司章程规定。

股东会决议分特别决议和普通决议。

特别决议大多涉及股东利益重大事项的表决,《公司法》明确规定它们的表决要求。《公司法》第四十三条规定,股东会会议做出修改公司章程、增加或者减少注册资本的决议,以及公司合并、分立、解散或者变更公司形式的决议,必须经代表三分之二以上表决权的股东通过。

普通决议是指对于股东会的一般表决事项,仅需出席会议的股东所持表决权的半数即可通过的决议。股东会应当将所议事项的决定做成会议记录,出席会议的股东应当在会议记录上签名。

(二) 董事会和经理

1. 董事会的性质和组成

董事会是有限责任公司的经营管理机构,是公司经营决策和业务执行机关,是公司对外进行生产经营活动的全权代表,公司的所有内外事务和业务都在其领导下进行。它是一般有限责任公司的必设机关和常设机关,股东人数较少或公司规模较小的有限责任公司除外。

有限责任公司设董事会,其成员为3人至13人。两个以上的国有企业或者其他两个以上的国有投资主体投资设立的有限责任公司,其董事会成员中应当有职工代表。其他有限责任公司董事会成员中也可以有公司职工代表。董事会中的职工代表由公司职工民主选举产生。董事会设董事长一人,可以设副董事长。董事长、副董事长的产生办法由公司章程规定。董事任期由公司章程规定,但每届任期不得超过3年。董事任期届满,连选可以连任。董事任期届满未及时改选,或者董事在任期内辞职导致董事会成员低于法定人数的,在改选出的董事就任前,原董事仍应当依照法律、行政法规和公司章程的规定,履行董事职务。

2. 董事会的职权

董事会的主要职权体现在对公司重大问题的决策权。《公司法》第四十六条明确规定,董事会对股东会负责,行使下列职权:

(1) 召集股东会会议,并向股东会报告工作;

(2) 执行股东会的决议;

(3) 决定公司的经营计划和投资方案;

(4) 制订公司的年度财务预算方案、决算方案;

(5) 制订公司的利润分配方案和弥补亏损方案;

(6) 制订公司增加或者减少注册资本以及发行公司债券的方案;

(7) 制订公司合并、分立、解散或者变更公司形式的方案;

(8) 决定公司内部管理机构的设置;

(9) 决定聘任或者解聘公司经理及其报酬事项,并根据经理的提名决定聘任或者解聘公司副经理、财务负责人及其报酬事项;

(10) 制订公司的基本管理制度;

(11) 公司章程规定的其他职权。

3. 董事会召开

董事会会议由董事长召集和主持;董事长不能履行职务或者不履行职务的,由副董事长召集和主持;副董事长不能履行职务或者不履行职务的,由半数以上董事共同推举一名董事召集和主持。董事会应当对所议事项的决定做成会议记录,出席会议的董事应当在会议记录上签名。董事会决议的表决,实行一人一票。

4. 经理

有限责任公司可以设经理,由董事会决定聘任或者解聘。经理是有限责任公司负责并控制公司及其分支机构各生产部门或其他业务单位的高级职员,对公司事务进行具体管理,并能全权代表公司从事交易活动。经理对董事会负责,行使下列职权:

(1) 主持公司的生产经营管理工作,组织实施董事会决议;

(2) 组织实施公司年度经营计划和投资方案;

(3) 拟订公司内部管理机构设置方案;

(4) 拟订公司的基本管理制度;

(5) 制订公司的具体规章;

(6) 提请聘任或者解聘公司副经理、财务负责人;

(7) 决定聘任或者解聘除应由董事会决定聘任或者解聘以外的负责管理人员;

(8) 董事会授予的其他职权。

公司章程对经理职权另有规定的,从其规定。经理列席董事会会议。

股东人数较少或者规模较小的有限责任公司,可以设一名执行董事,不设董事会。执行董事可以兼任公司经理。

(三) 监事会

1. 监事会的组成

有限责任公司设监事会,其成员不得少于3人。股东人数较少或者规模较小的有限责任公司,可以设1至2名监事,不设监事会。监事会对董事会执行业务活动实行监督,是公司的内部监督机构。

监事会由两部分人员构成,一部分是股东代表,另外一部分是公司的职工代表。其中职工代表的比例不得低于三分之一,具体比例由公司章程规定。监事会中的职工代表由公司职工通过职工代表大会、职工大会或者其他形式民主选举产生。监事会设主席一人,由全体监事过半数选举产生。监事会主席召集和主持监事会会议;监事会主席不能履行职务或者不履行职务的,由半数以上监事共同推举一名监事召集和主持监事会会议。董事、高级管理人员不得兼任监事。监事的任期每届为3年。监事任期届满,连选可以连任。

2. 监事会的职权

《公司法》规定,监事会、不设监事会的公司的监事行使下列职权:

(1) 检查公司财务；

(2) 对董事、高级管理人员执行公司职务的行为进行监督，对违反法律、行政法规、公司章程或者股东会决议的董事、高级管理人员提出罢免的建议；

(3) 当董事、高级管理人员的行为损害公司的利益时，要求董事、高级管理人员予以纠正；

(4) 提议召开临时股东会会议，在董事会不履行本法规定的召集和主持股东会会议职责时召集和主持股东会会议；

(5) 向股东会会议提出提案；

(6) 董事、高级管理人员执行公司职务时违反法律、行政法规或章程的规定，给公司造成损失的，对董事、高级管理人员提起诉讼；

(7) 公司章程规定的其他职权。

监事可以列席董事会会议，并对董事会决议事项提出质询或者建议。监事会、不设监事会的公司的监事发现公司经营情况异常，可以进行调查；必要时，可以聘请会计师事务所等协助其工作，费用由公司承担。

3. 监事会的召开

监事会每年度至少召开一次会议，监事可以提议召开临时监事会会议。监事会决议应当经半数以上监事通过。监事会应当对所议事项的决定做成会议记录，出席会议的监事应当在会议记录上签名。

四、一人有限责任公司的特别规定

(一) 一人有限责任公司的概念和特征

1. 一人有限责任公司的概念

一人有限责任公司，是指只有一个自然人股东或者一个法人股东的有限责任公司。

2. 特征

(1) 股东的单一性。一人有限责任股东只有一个人（一个自然人或者一个法人）这一点应当在公司登记中注明，是自然人独资或者法人独资，并在公司营业执照中载明。

(2) 责任的有限性。这是一人有限责任公司与个人独资企业最大的区别。

(3) 转投资的限定性。根据《公司法》第五十八条的规定，一个自然人只能投资设立一个一人有限责任公司。该一人有限责任公司不能投资设立新的一人有限责任公司。

(4) 一人有限责任公司不设股东会。股东做出决定时，应当采用书面形式，并由股东签名后置备于公司，以供债权人和其他利害关系人查阅。

一人有限责任公司大大降低了投资人的投资风险，并且由于唯一的出资人对公司经营享有高度的自主权，从而减少了公司治理过程中由于公司内部机构过于复杂所造成的高成本、低效率，但是也正由于股东高度的自主权，使公司的经营缺乏必要的监督机制，在降低投资人投资风险的同时，扩大了一人有限公司的交易风险。

(二) 财产管理

一人有限责任公司应当在公司登记中注明自然人独资或者法人独资，并在公司营业执照中注明。《公司法》第六十二条规定："一人有限责任公司应当在每一会计年度终了时编制财务会计报告，并经会计师事务所审计。"一人有限责任公司的股东不能证明公司财产独立于股东自己财产的,应当对公司承担连带责任。

(三) 法人人格否定制度

法人人格否定制度是指公司股东滥用公司法人独立地位和股东有限责任,逃避债务,严重损害公司债权人利益的,公司人格被否认,相关股东应当与公司对债权人承担连带责任。

一人有限责任公司发展迅速的根源在于股东有限责任原则的驱动,作为最大的受益者,一人股东往往在利益驱动之下,以公司为幌子,借自己完全控制了公司的经营管理为手段,混淆个人财产与公司财产的界限,做出损害债权人、职工等利害关系人利益的行为。因此,《公司法》引用了法人人格否定制度。《公司法》规定,一人有限责任公司的股东不能证明公司财产独立于股东自己财产的,应当对公司债务承担连带责任。相对于其他公司的法人人格否认在举证责任方面,一人有限公司适用举证责任倒置。

五、国有独资公司的特别规定

(一) 国有独资公司的概念和特征

1. 国有独资公司的概念

国有独资公司是指国家单独出资、由国务院或者地方人民政府委托本级人民政府国有资产监督管理机构履行出资人职责的有限责任公司。国有独资公司是有限责任公司的一种特殊形态,它在法律当中的确立,为原国有大中型企业的改革和新设国有企业的法律形式的选择确定了法律基础,是现代企业制度在国有企业改革中的具体体现。国有独资公司从本质上属于一人有限责任公司的范畴。但由于国有独资公司股东的特殊性,为保障国有资产的保值增值,法律对国有独资公司的组织机构做了一些特别规定。

国务院同意中国邮政集团公司进行国家授权投资机构和国家控股公司的试点,并要求中国邮政集团公司积极创造条件,依照《中华人民共和国公司法》进行改组和规范,逐步建立完善的公司法人治理结构。

2. 特征

国有独资公司与一般有限责任公司相比较,具有如下特征:

(1) 国有独资公司只有一个股东,即国家。国有独资公司的股东只有一人,这是它与一般两个以上股东所组建的有限公司的主要区别。

(2) 国有独资公司的出资人只能是国务院或者地方人民政府委托本级人民政府国有资产监督管理机构。这是它与由一个股东组建的一人有限责任公司的主要区别。

(3) 国有独资公司在设立依据、财产权性质以及管理体制等方面不同于一般国有企业。

(二) 国有独资公司的组织机构

1. 股东会

国有独资公司不设股东会,由国有资产监督管理机构行使股东会职权。国有资产监督管理机构可以授权公司董事会行使股东会的部分职权,决定公司的重大事项,但公司的合并、分立、解散、增加或者减少注册资本和发行公司债券,必须由国有资产监督管理机构决定;其中,重要的国有独资公司合并、分立、解散、申请破产的,应当由国有资产监督管理机构审核后,报本级人民政府批准。

2. 董事会与经理

国有独资公司设立董事会,国有资产监督管理机构可以授权公司董事会行使股东会的部分职权,决定公司的重大事项,但公司的合并、分立、解散、增减注册资本和发行公司债券,必须由国有资产监督管理机构决定;国有独资公司董事会制订的章程报国有资产监督管理机构批准。

董事每届任期不得超过三年。董事会成员中应当有公司职工代表。董事会成员由国有资产监督管理机构委派,但是,董事会成员中的职工代表由公司职工代表大会选举产生。董事会设董事长一人,可以设副董事长。董事长、副董事长由国有资产监督管理机构从董事会成员中指定。

国有独资公司设经理,由董事会聘任或者解聘。经国有资产监督管理机构同意,董事会成员可以兼任经理。国有独资公司的董事长、副董事长、董事、高级管理人员,未经国有资产监督管理机构同意,不得在其他有限责任公司、股份有限公司或者其他经济组织兼职。

3. 监事会

国有独资公司监事会成员不得少于5人,其中职工代表的比例不得低三分之一,具体比例由公司章程规定。

监事会成员由国有资产监督管理机构委派,但是,监事会中的职工代表由公司职工代表大会选举产生。监事会主席由国有资产监督管理机构从监事会成员中指定。

(三)国有独资的公司章程

国有独资公司章程由国有资产监督管理机构制订,或者由董事会制订,报国有资产监督管理机构批准。

六、有限责任公司的股权转让

(一)对内转让的规则

有限责任公司的股东相互之间可以自由转让股权。可以是转让部分股权,也可以是转让全部股权。在转让部分股权的情况下,转让方仍保留股东身份,只是转让方与受让方各自的股权比例发生变化而已。在全部转让的情况下,转让方退出公司。

(二)对外转让的规则

股东向股东以外的人转让股权,应当经其他股东过半数同意(这里是按股东股权的过半数来理解,而不是简单的股东人数过半数)。股东应就其股权转让事项书面通知其他股东征求同意,其他股东自接到书面通知之日起满30日未答复的,视为同意转让。其他股东半数以上不同意转让的,不同意的股东应当购买该转让的股权;不购买的,视为同意转让。经股东同意转让的股权,在同等条件下,其他股东有优先购买权。两个以上股东主张行使优先购买权的,协商确定各自的购买比例;协商不成的,按照转让时各自的出资比例行使优先购买权。公司章程对股权转让另有规定的,从其规定。

人民法院依照法律规定的强制执行程序转让股东的股权时,应当通知公司及全体股东,其他股东在同等条件下有优先购买权。其他股东自人民法院通知之日起满20日不行使优先购买权的,视为放弃优先购买权。转让股权后,公司应当注销原股东的出资证明书,向新股东签发出资证明书,并相应修改公司章程和股东名册中有关股东及其出资额的记载。对公司章程的该项修改不需再由股东会表决。

第三节　股份有限公司

一、股份有限公司的概念和特征

(一) 股份有限公司的概念

股份有限公司又称股份公司,指由符合法定人数的股东组成,全部资本分为等额股份,股东以其持有的股份对公司承担责任,公司以其全部资产对公司债务承担责任的企业法人。

(二) 股份有限公司的特征

1. 公司的全部资本分为等额股份

股份有限公司全部资本分为等额股份,是指公司资本划分为股份,每股金额相等,由发起人或股东认购并持有。股份作为公司资本的基本单位,是股份有限公司区别于有限责任公司的最重要的特征。资本的股份化,不仅适应股份有限公司公开发行股份,募集社会资金的需要,而且也便于计算,有益于确定股东的权利,也使股东更加方便地行使自己的权利。

2. 股东人数组成的特殊性

股份有限公司的股东人数众多。《公司法》规定,股份有限公司的股东,为2人以上,没有上限。而且,设立股份有限公司,发起人应当为2人以上200人以下,其中须有半数以上的发起人在中国境内有住所。

3. 开放性与社会性

股份有限公司可以通过对外公开发行股票,向社会募集资金。任何投资者都可以通过购买股票而成为股份有限公司的股东,从而使股份有限公司具有了最广泛的社会性。而且如无法律特别规定,股东可以自由转让其持有的公司股份,而不受其他股东的限制。并且,为了便于投资者的决策及有利于对公司的法律监管,法律规定了股份有限公司的信息披露制度,公司的账目与生产经营情况必须公开。所以,股份有限公司也被称为开放性公司。

二、股份有限公司的设立

(一) 设立条件

设立股份有限公司,应当具备下列条件:

1. 发起人符合法定人数。

发起人指订立创办公司的协议、提出设立公司的申请、向公司出资或认购股份,并对公司设立承担责任的人。发起人既可以是自然人,也可以是法人。

设立股份有限公司,应当有2人以上200以下的发起人,其中须有半数以上的发起人在中国境内有住所。股份有限公司发起人承担公司筹办事务。发起人应当签订发起人协议,明确各自在公司设立过程中的权利和义务。

2. 有符合公司章程规定的全体发起人认购的股本总额或者募集的实收股本总额。

股份有限公司采取发起设立方式设立的,注册资本为在公司登记机关登记的全体发起人认购的股本总额。在发起人认购的股份缴足前,不得向他人募集股份。股份有限公司采取募集方式设立的,注册资本为在公司登记机关登记的实收股本总额。法律、行政法规以及国务院决定对股份有限公司注册资本实缴、注册资本最低限额另有规定的,从其规定。例如,我国的《证券法》《商业银行法》《保险法》等对特殊类型股份有限公司的最低资本限额做了特别的规定。

3. 股份发行、筹办事项符合法律规定。

4. 发起人制订公司章程,采用募集方式设立的经创立大会通过。

《公司法》第八十一条规定,股份有限公司章程应当载明下列事项:

(1) 公司名称和住所;
(2) 公司经营范围;
(3) 公司设立方式;
(4) 公司股份总数、每股金额和注册资本;
(5) 发起人的姓名或者名称、认购的股份数、出资方式和出资时间;
(6) 董事会的组成、职权、任期和议事规则;
(7) 公司法定代表人;
(8) 监事会的组成、职权、任期和议事规则;
(9) 公司利润分配办法;
(10) 公司的解散事由与清算办法;
(11) 公司的通知和公告办法;
(12) 股东大会会议认为需要规定的其他事项。

5. 有公司名称,建立符合股份有限公司要求的组织机构。

6. 有公司住所。

(二) 设立方式

股份有限公司的设立方式有两种:一是发起设立;二是募集设立。

1. 发起设立

发起设立是指由发起人认购公司应发行的全部股份而设立公司。股份有限公司采取发起设立方式设立的,发起人应该足额认购公司章程规定的认购股份并经过书面协议,并按照公司章程规定缴纳出资。以非货币财产出资的,应当依法办理其财产权的转移手续。发起人不依照前款规定缴纳出资的,应当按照发起人协议承担违约责任。发起人认足公司章程规定的出资后,应当选举董事会和监事会,由董事会向公司登记机关报送公司章程以及法律、行政法规规定的其他文件,申请设立登记。

2. 募集设立

募集设立是指由发起人认购公司应发行股份的一部分,其余股份向社会公开募集或者向特定对象募集而设立公司。股份有限公司采取募集方式设立的,注册资本为在公司登记机关登记的实收股本总额。法律、行政法规以及国务院决定对股份有限公司注册资本实缴、注册资本最低限额另有规定的,从其规定。发起人向社会公开募集股份,必须公告招股说明书,并制作认股书。认股人填写认购股数、金额、住所,并签名、盖章。认股人按照所认购股数缴纳股款。

发起人向社会公开募集股份,应当由依法设立的证券公司承销,签订承销协议。发起人向社会公开募集股份,应当同银行签订代收股款协议。代收股款的银行应当按照协议代收和保存股款,向缴纳股款的认股人出具收款单据,并负有向有关部门出具收款证明的义务。

发行股份的股款缴足后,必须经依法设立的验资机构验资并出具证明。发起人应当自股款缴足之日起30日内主持召开公司创立大会。创立大会由发起人、认股人组成。发行的股份超过招股说明书规定的截止期限尚未募足的,或者发行股份的股款缴足后,发起人在30日内未召开创立大会的,认股人可以按照所缴股款并加算银行同期存款利息,要求发起人返还。发起人应当在创立大会召开15日前将会议日期通知各认股人或者予以公告。创立大会应有代表股份总数过半数的发起人、认股人出席,方可举行。

创立大会行使下列职权:审议发起人关于公司筹办情况的报告;通过公司章程;选举董事会成员;选举监事会成员;对公司的设立费用进行审核;对发起人用于抵作股款的财产的作价进行审核;发生不可抗力或者经营条件发生重大变化直接影响公司设立的,可以做出不设立公司的决议。创立大会对以上所列事项做出决议,必须经出席会议的认股人所持表决权过半数通过。

发起人、认股人缴纳股款或者交付抵作股款的出资后,除未按期募足股份、发起人未按期召开创立大会或者创立大会决议不设立公司的情形外,不得抽回其股本。董事会应于创立大会结束后30日内,向公司登记机关报送下列文件,申请设立登记:公司登记申请书;创立大会的会议记录;公司章程;验资证明;法定代表人、董事、监事的任职文件及其身份证明;发起人的法人资格证明或者自然人身份证明;公司住所证明。以募集方式设立股份有限公司公开发行股票的,还应当向公司登记机关报送国务院证券监督管理机构的核准文件。

股份有限公司成立后,发起人未按照公司章程的规定缴足出资的,应当补缴;其他发起人承担连带责任。股份有限公司成立后,发现作为设立公司出资的非货币财产的实际价额显著低于公司章程所定价额的,应当由交付该出资的发起人补足其差额;其他发起人承担连带责任。

股份有限公司的发起人应当承担下列责任:公司不能成立时,对设立行为所产生的债务和费用负连带责任;公司不能成立时,对认股人已缴纳的股款,负返还股款并加算银行同期存款利息的连带责任;在公司设立过程中,由于发起人的过失致使公司利益受到损害的,应当对公司承担赔偿责任。

三、股份有限公司的组织机构

(一)股东大会

1. 股东大会的性质及其组成。股东大会是公司的权力机构,股份有限公司股东大会由全体股东组成。

2. 股东大会的职权。股份有限公司股东大会的职权范围与有限责任公司股东会相同。

3. 股东大会的召开。股东大会分为年会与临时股东大会。股东大会年会应当每年召开一次。有下列情形之一的,应当在2个月内召开临时股东大会:

① 董事人数不足本法规定人数或者公司章程所定人数的2/3时;

② 公司未弥补的亏损达实收股本总额1/3时;

③ 单独或者合计持有公司10%以上股份的股东请求时;

④ 董事会认为必要时；

⑤ 监事会提议召开时；

⑥ 公司章程规定的其他情形。

股东大会会议由董事会召集,董事长主持;董事长不能履行职务或者不履行职务的,由副董事长主持;副董事长不能履行职务或者不履行职务的,由半数以上董事共同推举一名董事主持。董事会不能履行或者不履行召集股东大会会议职责的,监事会应当及时召集和主持;监事会不召集和主持的,连续 90 日以上单独或者合计持有公司 10% 以上股份的股东可以自行召集和主持。召开股东大会会议,应当将会议召开的时间、地点和审议的事项于会议召开 20 日前通知各股东;临时股东大会应当于会议召开 15 前通知各股东;发行无记名股票的,应当于会议召开 30 日前公告会议召开的时间、地点和审议事项。

单独或者合计持有公司 3% 以上股份的股东,可以在股东大会召开 10 日前提出临时提案并书面提交董事会;董事会应当在收到提案后 2 日内通知其他股东,并将该临时提案提交股东大会审议。临时提案的内容应当属于股东大会职权范围,并有明确议题和具体决议事项。股东大会不得向股东通知中未列明的事项做出决议。无记名股票持有人出席股东大会会议的,应当于会议召开 5 日前至股东大会闭会时将股票交存于公司。

4. 股东大会的决议。股东出席股东大会会议,所持每一股份有一表决权。但是,公司持有的本公司股份没有表决权。股东大会做出决议,必须经出席会议的股东所持表决权过半数通过。但是,股东大会做出修改公司章程、增加或者减少注册资本的决议,以及公司合并、分立、解散或者变更公司形式的决议,必须经出席会议的股东所持表决权的 2/3 以上通过。

股东大会选举董事、监事,可以依照公司章程的规定或者股东大会的决议,实行累积投票制。累积投票制,是指股东大会选举董事或者监事时,每一股份拥有与应选董事或者监事人数相同的表决权,股东拥有的表决权可以集中使用。股东大会应当对所议事项的决定做成会议记录,主持人、出席会议的董事应当在会议记录上签名。

(二) 董事会和经理

1. 董事会的组成。股份有限公司设董事会,股份有限公司的第一届董事的产生方式:发起设立的,由发起人选举产生;募集设立的,由创立大会选举产生。董事会成员为 5 人至 19 人。董事会成员中可以有公司职工代表。董事会中的职工代表由公司职工通过职工代表大会、职工大会或者其他形式民主选举产生。有限责任公司董事任期及董事会职权的规定,适用于股份有限公司。

董事会设董事长一人,可以设副董事长。董事长和副董事长由董事会以全体董事的过半数选举产生。董事长召集和主持董事会会议,检查董事会决议的实施情况。副董事长协助董事长工作,董事长不能履行职务或者不履行职务的,由副董事长履行职务;副董事长不能履行职务或者不履行职务的,由半数以上董事共同推举一名董事履行职务。

2. 董事会的召开。董事会每年度至少召开两次会议,每次会议应当于会议召开 10 日前通知全体董事和监事。代表 1/10 以上表决权的股东、1/3 以上董事或者监事会,可以提议召开董事会临时会议。董事长应当自接到提议后 10 日内,召集和主持董事会会议。董事会会议应有过半数的董事出席方可举行。

3. 董事会的决议。董事会做出决议,必须经全体董事的过半数通过。董事会决议的表决,实行一人一票。董事会会议,应由董事本人出席;董事因故不能出席,可以书面委托其他董事代为出席,委托书中应载明授权范围。董事会应当对会议所议事项的决定做成会议记录,出席会议的董事应当在会议记录上签名。董事应当对董事会的决议承担责任。董事会的决议违反法律、行政法规或者公司章程、股东大会决议,致使公司遭受严重损失的,参与决议的董事对公司负赔偿责任。但经证明在表决时曾表明异议并记载于会议记录的,该董事可以免除责任。

4. 经理。股份有限公司设经理,由董事会决定聘任或者解聘。其职权与有限责任公司经理相同。公司董事会可以决定由董事会成员兼任经理。

【案例】

某股份有限公司董事会由11名董事组成。公司董事长李某召集并主持召开董事会会议,出席会议的共8名董事,另有3名董事因事请假。董事会会议讨论了下列事项,经表决有6名董事同意而通过。

（1）鉴于公司董事会成员工作任务加重,决定给每位董事涨工资30%；
（2）鉴于监事会成员中的职工代表张某生病,决定由本公司职工王某参加监事会；
（3）鉴于公司的财务会计工作日益繁重,拟将财务科升级为财务部,并向社会公开招聘会计人员3名,招聘会计人员事宜及财务科升格为财务部的方案经股东大会通过后实施；

根据以上材料回答以下问题:(1)公司董事会的召开和表决程序是否符合法律规定？为什么？(2)公司董事会通过的事项有无不符合法律规定之处？如有,请分别说明理由。

案例评析:

（1）公司董事会会议的召开和表决程序符合法律规定。按照《公司法》的规定,股份有限公司董事会须有1/2以上的董事出席方可举行,董事会会议由董事长召集并主持；董事会决议须经全体董事过半数通过。

（2）董事会通过的事项中有不符合法律规定之处：①董事会决议给每位董事涨工资的决定违法。按照《公司法》的规定,决定董事的报酬属于公司股东大会的职权。②董事会决议由公司职工王某参加监事会的决议违法。根据《公司法》的规定,选举和更换由职工代表出任的监事应由公司职工民主选举。③董事会认为将公司财务科升格为财务部的方案须经股东大会通过的观点不符合法律规定。根据《公司法》的规定,公司董事会有权决定公司内部管理机构的设置。

（三）监事会

1. 监事会的性质和组成。股份有限公司设监事会,其成员不得少于3人。监事会应当包括股东代表和适当比例的公司职工代表,其中职工代表的比例不得低于1/3,具体比例由公司章程规定。监事会中的职工代表由公司职工通过职工代表大会、职工大会或者其他形式民主选举产生。

监事会设主席1人,可以设副主席。监事会主席和副主席由全体监事过半数选举产生。董事、高级管理人员不得兼任监事。

2. 监事会的职权。股份有限公司监事会的职权与有限责任公司相同。监事会每6个月至少召开一次会议。监事可以提议召开临时监事会会议。监事会决议应当经半数以上监事通过。监事会应当对所议事项的决定做成会议记录,出席会议的监事应当在会议记录上签名。

四、上市公司组织机构的特别规定

（一）上市公司的概念和股份有限公司申请股票上市的条件

1. 上市公司的概念

上市公司是指其股票在证券交易所上市交易的股份有限公司。

2.《证券法》规定,股份有限公司申请股票上市,应当符合下列条件:
(1) 股票经国务院证券监督管理机构核准已公开发行;
(2) 公司股本总额不少于人民币 3000 万元;
(3) 公开发行的股份达到公司股份总数的 25% 以上;公司股本总额超过人民币 4 亿元的,公开发行股份的比例为 10% 以上;
(4) 公司最近 3 年无重大违法行为,财务会计报告无虚假记载;
(5) 国务院规定的其他条件。

证券交易所可以规定高于前款规定的上市条件,并报国务院证券监督管理机构批准。

公司上市,能够增强公司融资功能,提高股东的投资回报,提高公司的知名度和商誉,同时也起到了进一步规范公司行为、提高管理水平的作用(比普通公司受更多的规范和约束;接受证券市场监管机关、证券交易所的行政管理和市场管理;受社会公众和广大投资者的监督和约束)。

(二) 公司法对上市公司的组织机构规定及要求更加严格

1. 股东大会表决权的特别规定

上市公司一般规模较大,一些需要决议的事项关系重大,被设置为特别决议事项,必须要绝大多数股东同意才能通过。《公司法》第一百二十一条规定,上市公司在 1 年内购买、出售重大资产或者担保金额超过公司资产总额 30% 的,应当由股东大会做出决议,并经出席会议的股东所持表决权的 2/3 以上通过。

2. 董事对关联关系表决实行回避的特殊规定

关联关系,是指公司控股股东、实际控制人、董事、监事、高级管理人员与其直接或者间接控制的企业之间的关系,以及可能导致公司利益转移的其他关系。但是,国家控股的企业之间不因同受国家控股而具有关联关系。

上市公司董事与董事会会议决议事项所涉及的企业有关联关系的,不得对该项决议行使表决权,也不得代理其他董事行使表决权。该董事会会议由过半数的无关联关系董事出席即可举行,董事会会议所作决议须经无关联关系董事过半数通过。出席董事会的无关联关系董事人数不足 3 人的,应将该事项提交上市公司股东大会审议。

3. 组织机构组成的特别规定

(1) 设立独立董事

独立董事是与受聘的上市公司及其主要股东不存在可能妨碍其进行独立客观判断的一切关系的特定董事。由于独立董事独立于任何一股东、不在公司内部任职、与公司或公司人员没有经济的或家庭的密切关系等,因此独立董事可以不受利益的局限而公平地对待全体股东、董事和经理人员,维护全体股东和整个社会的权益。设立独立董事,对于改善公司治理、提高监控职能、维护公众投资者的利益具有积极的作用,有利于实现公司价值与股东利益的最大化。《公司法》第一百二十二条规定,上市公司设立独立董事,具体办法由国务院规定。

(2) 设立董事会秘书

董事会职权广泛,上市公司董事会工作更为繁重,有必要设置秘书来协助工作。《公司法》第一百二十三条规定,上市公司设立董事会秘书,负责公司股东大会和董事会会议的筹备、文件保管以及公司股权管理,办理信息披露事务等事宜。

第四节　股份有限公司的股份发行和转让

一、股份与股票

(一)股份的概念与特征

股份,是指按相等金额或者相同比例,平均划分公司资本的基本计量单位,它是股份有限公司资本的构成单位,是股东权利与义务的产生依据。股份在形式上表现为股票。

股份具有以下基本特征:

1. 股份一律平等。 从公司资本基本构成单位的角度,股份所代表的资本额一律平等。从表明股东法律地位的角度,股份所包含的股东的权利、义务一律平等。

2. 股份不可分割。 股份是公司资本的最小计算单位,每股金额相等,不得再予分割。

3. 股份可以转让。 除法律有特别规定(如对发起人股份转让的限制、对国有股份转让的限制外),股份有限公司股东可以自由转让其所持股份,公司不得以章程或股东大会决议予以限制。上市公司股份可以通过证券交易所的交易系统自由流通。

4. 股份表现为有价证券,具有流通性。

(二)股票的概念与特征

股票,是股份的表现形式,是股份有限公司签发的证明股东权利与义务的要式有价证券。股票与股份有密切联系,股份是股票的价值内容,股票是股份的存在形式。

股票具有以下法律特征:

1. 股票是要式证券。 股票的制作和记载事项必须按法定方式进行,并且必须由董事长签名、公司盖章。

2. 股票是有价证券。 股票所代表的股东权利是一种具有财产内容的权利,股票可以流通并可以设置权利质押。

(三)股票的分类

1. 普通股和优先股

划分的依据是是否享有特别权利。普通股是享有普通权利承担普通义务的股份,是股份的最基本形式,即同股同权。普通股股东享有决策参与权、利润分配权、优先认股权和剩余资产分配权。

优先股是享有优先权利的股份。优先股的股利须按约定的股利率支付,不受盈利影响,又被称为"旱涝保收股",所以公司的利润分配政策对其没有影响,因此,在股东大会上不享有表决权。优先股主要是在分配利益时,再分配剩余财产时享有优先权。我们国家允许发行优先股。

2. 记名股和无记名股

根据是否将股份的持有人的姓名记载于股票的票面来划分。记名股份是股份的持有人的姓名记载于股票票面的股票,无记名股票是股份的持有人的姓名不记载于股票票面的股票。

《公司法》第一百二十九条规定,公司发行的股票,可以为记名股票,也可以为无记名股票。但公司向发起人、法人发行的股票,应当为记名股票,并应当记载该发起人、法人的名称或者姓名,不得另立户名或者以代表人姓名记名。公司发行记名股票的,应当置备股东名册,并作记载。公司发行无记名股票的,公司应当记载其股票数量、编号及发行日期。

3. 面额股与无面额股

根据是否在股票票面上直接标明票面金额来划分。面额股是指股票票面上直接标明票面金额。

无面额股是指股票票面上没有标明票面金额,也可以叫比例股。我们国家不允许发行无面额股票。

除了上述分类外,在我们的法律中,还有国家股、法人股、个人股、外资股等股票分类。内资股一般是由境内人士或机构以人民币认购和买卖的股票;外资股一般是以外币认购和买卖的股票。外资股是指由境外投资者以购买人民币特种股票的形式向我国公司投资的股票,按上市地的不同,分为境内上市外资股和境外上市外资股。

中国人境内投资的股票,称之为A股,在上海证券交易所和深圳证券交易所交易;境内上市,但是以外币来认购买卖的股票,称之为B股。另外,还有境外上市的外资股。股票在香港上市的,称之为H股;在新加坡上市的,称之为S股;在美国上市的,称之为N股。

二、股份发行

1. 股份发行的概念

股份发行,是指股份有限公司为募集资本而分配或出售自己的股份,由投资人认购的行为。

2. 股份发行的种类

(1) 原始发行,在公司成立前为设立公司募集资本发行股票。

(2) 新股发行,公司成立后为了扩大公司资本而发行的股票。

3. 股份发行的原则

我国股份有限公司股份的发行实行"两公""三同"原则:即公平、公正的原则;同股同权,同股同利,同次发行、同等条件的原则。

4. 股份发行的价格

(1) 股票发行价格可以按票面金额,也可以超过票面金额(溢价发行),但不得低于票面金额(折价发行)。采用溢价发行所得的溢价款列入资本公积金,不能列入盈余公积金。

(2) 股份发行必须同股同价发行。《公司法》规定,同次发行的同种类股票,每股的发行条件和价格应当相同;任何单位或者个人所认购的股份,每股应当支付相同价额。

5. 股份发行的形式

股票采用纸面形式或者国务院证券监督管理机构规定的其他形式。发起人的股票,应当标明发起人股票字样。

公司发行的股票,可以为记名股票,也可以为无记名股票。公司向发起人、法人发行的股票,应当为记名股票,并应当记载该发起人、法人的名称或者姓名,不得另立户名或者代表人姓名记名。股份有限公司成立后,即向股东正式交付股票。公司成立前不得向股东交付股票。

三、股份的转让

(一)股份转让的概念

股份转让是指已经发行的股份在不同的投资者之间进行交换的行为。股东持有的股份可以依法转让。通过股份转让,股东可以收回投资。股份转让是通过股票转让实现的。

(二)股份转让的规则

1. 转让场所

《公司法》规定,股东转让其股份,应当在依法设立的证券交易场所进行或按照国务院规定的其他方式进行。

2. 转让方式

记名股票,由股东以背书方式或者法律、行政法规规定的其他方式转让;转让后由公司将受让人的姓名或者名称及住所记载于股东名册。

股东大会召开前20日内或者公司决定分配股利的基准日前5日内,不得进行前款规定的股东名册的变更登记。但是,法律对上市公司股东名册变更登记另有规定的,从其规定。

无记名股票的转让,由股东将该股票交付给受让人后即发生转让的效力。持有无记名股票的人就是股东,依法享有并行使股东权,不必办理任何过户手续。无记名股票一旦丢失,股东就失去了股东权利,因而不利于股东权的保护。

3. 转让限制

发起人持有的本公司股份,自公司成立之日起一年内不得转让。公司公开发行股份前已发行的股份,自公司股票在证券交易所上市交易之日起一年内不得转让。

(1) 公司董事、监事、高级管理人员应向公司申报所持有的本公司的股份及变动情况,并遵守以下规定:

① 任职期间每年转让的股份不得超过其所持有本公司股份总数的25%;
② 所持本公司股份自公司股票上市交易之日起一年内不得转让;
③ 离职后半年内,不得转让其所持有的本公司股份;
④ 公司章程可以对其转让其所持有的本公司股份做出其他限制性规定。

(2) 公司不得收购本公司股份。但是,有下列情形之一的除外:

① 减少公司注册资本;
② 与持有本公司股份的其他公司合并;
③ 将股份用于员工持股计划或股权激励;
④ 股东因对股东大会做出的公司合并、分立决议持异议,要求公司收购其股份的;
⑤ 将股份用于转换上市公司发行的可转换为股票的公司债券;
⑥ 上市公司为维护公司价值及股东权益所必需。

公司不得接受本公司的股票作为质押权的标的。

第五节　公司董事、监事、高级管理人员的资格和义务

一、公司董事、监事、高级管理人员的资格

1.《公司法》规定,有下列情形之一的,不得担任公司的董事、监事、高级管理人员:
(1) 无民事行为能力或者限制民事行为能力;
(2) 因贪污、贿赂、侵占财产、挪用财产或者破坏社会主义市场经济秩序,被判处刑罚,执行期满未逾5年,或者因犯罪被剥夺政治权利,执行期满未逾5年;
(3) 担任破产清算的公司、企业的董事或者厂长、经理,对该公司、企业的破产负有个人责任的,自该公司、企业破产清算完结之日起未逾3年;
(4) 担任因违法被吊销营业执照、责令关闭的公司、企业的法定代表人,并负有个人责任的,自该公司、企业被吊销营业执照之日起未逾3年;
(5) 个人所负数额较大的债务到期未清偿。

2. 公司违反上述规定选举、委派董事、监事或者聘任高级管理人员的,该选举、委派或者聘任无效。董事、监事、高级管理人员在任职期间出现上述所列情形的,公司应当解除其职务。

二、公司董事、监事、高级管理人员的义务

1. 公司董事、监事、高级管理人员应当遵守法律、行政法规和公司章程,对公司负有忠实义务和勤勉义务。董事、监事、高级管理人员不得利用职权收受贿赂或者其他非法收入,不得侵占公司的财产。

2.《公司法》规定,董事、高级管理人员不得有下列行为:
(1) 挪用公司资金;
(2) 将公司资金以其个人名义或者以其他个人名义开立账户存储;
(3) 违反公司章程的规定,未经股东会、股东大会或者董事会同意,将公司资金借贷给他人或者以公司财产为他人提供担保;
(4) 违反公司章程的规定或者未经股东会、股东大会同意,与本公司订立合同或者进行交易;
(5) 未经股东会或者股东大会同意,利用职务便利为自己或者他人谋取属于公司的商业机会,自营或者为他人经营与所任职公司同类的业务;
(6) 接受他人与公司交易的佣金归为己有;
(7) 擅自披露公司秘密;
(8) 违反对公司忠实义务的其他行为。

董事、高级管理人员违反上述规定所得的收入应当归公司所有。

3. 董事、监事、高级管理人员执行公司职务时违反法律、行政法规或者公司章程的规定,给公司造成损失的,应当承担赔偿责任。

股东会或者股东大会要求董事、监事、高级管理人员列席会议的,董事、监事、高级管理人员应当列席并接受股东的质询。董事、高级管理人员应当如实向监事会或者不设监事会的有限责任公司的监事提供有关情况和资料,不得妨碍监事会或者监事行使职权。

第六节 公司财务会计制度

一、公司财务会计制度

(一) 公司财务会计制度的概念、特征

1. 公司财务会计制度的概念和意义

(1) 公司的财务会计制度是公司财务制度和会计制度的总称,是指法律、行政法规、公司章程中确立的公司财务会计规则。

(2) 公司财务会计制度的意义

① 保护股东的利益;

② 保护债权人的利益;

③ 保护社会公共利益;

④ 有利于政府的宏观调控;

⑤ 有利于完善公司管理和提高经济效益。

2. 财务会计制度的特点

(1) 强制性:参见《公司法》第一百七十一条、第一百八十六条;《会计法》第二条、第三条。

(2) 规范性:公司的财务会计制度必须奉行通用的商业语言和商业规则。

(3) 统一性:《会计法》第八条规定,国家实行统一的会计制度,由国务院财政部门根据《会计法》制定并公布。

(二) 财务会计报告的编制及对外提供

公司应当依照法律、行政法规和国务院财政部门的规定建立本公司的财务、会计制度。公司应当在每一会计年度终了时编制财务会计报告,并依法经会计师事务所审计。财务会计报告应当依照法律、行政法规和国务院财政部门的规定制作。有限责任公司应当依照公司章程规定的期限将财务会计报告送交各股东。股份有限公司的财务会计报告应当在召开股东大会年会的20日前置备于本公司,供股东查阅;公开发行股票的股份有限公司必须公告其财务会计报告。

二、公司的公积金

(一) 公积金的概念

公积金又称储备金、准备金,是公司为预防亏损和增强财力、扩大营业规模,依照法律和公司章程的规定或股东会决议,从公司盈余或公司资本收益中提取的不作为股利分配,而暂存于公司内部的特殊用途的基金。公司建立公积金的目的在于协调股东的短期利益与长远利益和公司利益的冲突,防止股东追求股利分配最大化而影响公司的自我发展,并提高公司对公司债权人的责任能力。

(二) 公积金的分类

1. 根据不同来源,公积金分为盈余公积金和资本公积金

盈余公积金,指公司依照法律或公司章程的规定,从公司的利润中提取的公积金。

资本公积金,指依法直接由公司资本、资产或其他收益所形成的公积金。资本公积金都是依法提留的,因而也称为法定资本公积金。

2. 根据提取是否为法律所强制规定,公积金分为法定公积金和任意公积金

法定公积金,指依照法律的强制规定而提取的公积金,对其提取及提取比例,公司章程或股东会决议不得予以取消和变更。

任意公积金,指非以法律的强制规定,而是公司章程的规定或股东会的决议提取的公积金。任意公积金的用途由公司章程或股东会决议而定,法律不予限制。但提取及用途一经确定,也不得随意变更,其变更需经过修改公司章程或变更股东会决议。

三、公司利润分配

公司的利润是指公司在一定时间内生产经营的成果,主要由营业利润、投资净收益和营业外收入净额组成。公司向股东分配股利的资金来源只能是公司的利润。

公司分配当年税后利润时,应当提取利润的 10% 列入公司法定公积金。公司法定公积金累计额为公司注册资本的 50% 以上的,可以不再提取。公司的法定公积金不足以弥补以前年度亏损的,在依照前款规定提取法定公积金之前,应当先用当年利润弥补亏损。公司从税后利润中提取法定公积金后,经股东会或者股东大会决议,还可以从税后利润中提取任意公积金。

公司弥补亏损和提取公积金后所余税后利润,有限责任公司按照股东实缴的出资比例分配;但全体股东约定不按照出资比例分配的除外;股份有限公司按照股东持有的股份比例分配,但股份有限公司章程规定不按持股比例分配的除外。

股东会、股东大会或者董事会违反前款规定,在公司弥补亏损和提取法定公积金之前向股东分配利润的,股东必须将违反规定分配的利润退还公司。公司持有的本公司股份不得分配利润。

股份有限公司以超过股票票面金额的发行价格发行股份所得的溢价款以及国务院财政部门规定列入资本公积金的其他收入,应当列为公司资本公积金。公司的公积金用于弥补公司的亏损、扩大公司生产经营或者转为增加公司资本。但是,资本公积金不得用于弥补公司的亏损。法定公积金转为资本时,所留存的该项公积金不得少于转增前公司注册资本的 25%。

公司除法定的会计账簿外,不得另立会计账簿。对公司资产,不得以任何个人名义开立账户存储。

第七节　公司合并与分立

一、公司合并

（一）公司合并的类型

公司合并是指两个以上的公司依照法定程序变为一个公司的行为。公司合并有两种：一是吸收合并；二是新设合并。吸收合并是指一个公司吸收其他公司加入本公司，被吸收的公司解散。新设合并是指两个以上公司合并设立一个新的公司，合并各方解散。

（二）公司合并的程序

公司的合并，不仅涉及参与合并公司的股东及职工的利益，而且涉及公司债权人利益和社会公共利益，因此公司合并必须严格按照法定程序进行。我国公司合并必须履行以下程序：

1. 签订合并协议。《公司法》规定，公司合并，应当由合并各方签订合并协议。
2. 编制资产负债表及财产清单。
3. 做出合并决议。公司在签订合并协议并编制资产负债表及财产清单后，应当就公司合并的有关事项做出合并决议。
4. 通知债权人。公司应当自做出合并决议之日起10日内通知债权人，并于30日内在报纸上公告。债权人自接到通知书之日起30日内，未接到通知书的自公告之日起45日内，可以要求公司清偿债务或者提供相应的担保。
5. 实施合并协议。完成了催告债权人程序后，即可着手具体实施合并协议。合并各方应根据合并协议的规定进行资产移交。即合并公司接受被合并公司的有关资产，并按约定采用股权或非股权方式（现金、有价证券和其他资产）向被合并公司股东进行支付。
6. 依法进行登记。公司合并后，应根据情况，向公司登记机关办理相应的登记。例如，新设合并要办理注销登记和设立登记，吸收合并要办理变更登记和注销登记等。

（三）公司合并的法律后果

根据我国《公司法》的有关规定，公司合并发生以下法律后果：参与合并公司主体资格发生变化；合并公司的权利义务概括承受，其债权、债务，由合并后存续的公司或者新设的公司承继；合并公司的股东成为合并后公司的股东。

二、公司分立

（一）公司分立的类型

公司分立是指一个公司依法分为两个以上的公司。公司分立有两种：一是派生分立，是指公司以其部分资产另设一个或数个新的公司，原公司存续。例如，中国电信的拆分就属于派生分立。二是新设分立，是指公司全部资产分别划归两个或两个以上的新公司，原公司解散。

（二）公司分立的程序

公司分立也涉及公司主体资格的取得和消灭，涉及股东、债权人及社会多方利益，因此，公司分立也应当严格按照法律规定的程序进行。

公司分立的程序与公司合并的程序基本相同。

(三) 公司分立的后果

根据我国公司法及相关法律的规定,公司分立发生以下法律后果:

1. 公司主体资格发生变化。在新设分立的情况下,原公司解散,并成立新的公司;在派生分立的情况下,原公司发生变更,并成立新的公司。

2. 公司股东发生变化。公司分立后,原公司的股东可以选择是否加入分立后的新公司。但无论其选择如何,公司的股东均发生变更。

3. 原公司的债权债务由分立后的公司承担。《公司法》第一百七十六条规定:公司分立前的债务由分立后的公司承担连带责任。但是,公司在分立前与债权人就债务清偿达成的书面协议另有约定的除外。《合同法》规定,当事人订立合同后分立的,除债权人和债务人另有约定的以外,由分立的法人或者其他经济组织对合同的权利和义务享有连带债权,承担连带债务。

第八节　公司解散和清算

一、公司解散的原因

公司解散是指已成立的公司基于一定的合法事由(因法律或章程规定事由的出现)而停止营业活动并消灭其主体资格的行为。

从各国立法的规定看,公司解散的原因可分为自愿解散和强制解散两种。

(一) 自愿解散

1. 自愿解散是指公司依照自己的意愿自行关闭。

2. 自愿解散有其特殊性,表现为:其一,这里的解散只是合并或分立的附属后果,公司的组织机构和营业在一定情况下会继续保留;其二,不需要经过清算程序;其三,公司的债权债务由合并公司或分立公司继受,而不是消灭。合并、分立解散不实行清算的原因,主要在于合并、分立实行债权债务的概括承受制度。

3. 根据我国《公司法》的规定,公司有下列情形之一的,可以自愿解散:

(1) 公司章程规定的营业期限届满或者公司章程规定的其他解散事由出现;

(2) 股东会或者股东大会决议解散;

(3) 因公司合并或者分立需要解散。

(二) 强制解散

1. 强制解散的概念

强制解散是指因公司违法而由有关机依职权予以解散。

2. 强制解散的方式主要有

(1) 责令关闭。公司违反了法律、法规的规定,可由有关行政机关责令关闭。

(2) 吊销营业执照。《公司法》规定,公司成立后无正当理由超过六个月未开业的,或者开业后自行停业连续六个月以上的,可以由公司登记机关吊销营业执照。利用公司名义从事危害国家安全、社会公共利益的严重违法行为的,吊销营业执照。《公司登记管理条例》规定,不参加年检或者年检不合格(隐瞒真实情况、弄虚作假,情节严重的),公司登记机关有权吊销其营业执照。

(3)被撤销。《公司法》规定,违反本法规定,虚报注册资本、提交虚假材料或者采取其他欺诈手段隐瞒重要事实取得公司登记,情节严重的,撤销公司登记或者吊销营业执照。

(4)判决解散。判决解散是指法院依当事人的请求裁定解散公司。在国外,当公司出现无力解决的、不得已的事由或者公司董事的行为危及公司的存亡以及公司的业务遇到显著困难、公司的财产有受重大损失之嫌时,持有一定比例股份的股东有权请求法院解散公司。一些国家还规定债权人在一定条件下可以起诉要求解散公司。

二、公司解散时的清算

(一)公司清算概述

公司清算,又称清盘,是指处理公司未了事务,终结其法律关系,从而消灭公司法人资格的法律程序。公司解散时,除因合并或者分立外,应当依法进行清算。根据是否在破产情形下进行,公司清算可分为破产清算和非破产清算。本章只涉及非破产清算。非破产清算又可分普通清算与特别清算两种类型。普通清算,又称自愿清算,是指因公司章程规定的解散事由出现而解散,或因股东会决议解散时,由股东按照《公司法》规定的程序自行进行的清算。特别清算,又称强制清算,是指公司因违反法律、法规被依法解散时,由有关国家机关依《公司法》的规定组织和督促的清算。

(二)清算组

1. 清算组

清算组,又称清算人,是公司清算事务的执行人。其使命为对内主持清算事务,对外代表解散中的公司。根据《公司法》的规定,公司应当在解散事由出现之日起15日内成立清算组,开始清算。有限责任公司的清算组由股东组成,股份有限公司的清算组由董事或者股东大会确定的人员组成。逾期不成立清算组进行清算的,债权人可以申请人民法院指定有关人员组成清算组进行清算。人民法院应当受理该申请,并及时组织清算组进行清算。

2. 清算组的职权

清算组在清算期间行使下列职权:

① 清理公司财产,分别编制资产负债表和财产清单;
② 通知、公告债权人;
③ 处理与清算有关的公司未了结的业务;
④ 清缴所欠税款以及清算过程中产生的税款;
⑤ 清理债权、债务;
⑥ 处理公司清偿债务后的剩余财产;
⑦ 代表公司参与民事诉讼活动。

3. 清算组的义务

清算组成员应当忠于职守,依法履行清算义务。清算组成员不得利用职权收受贿赂或者其他非法收入,不得侵占公司财产。清算组成员因故意或者重大过失给公司或者债权人造成损失的,应当承担赔偿责任。

(三)清算工作程序

1. 通知、公告债权人,登记债权。清算组应当自成立之日起 10 日内通知债权人,并于 60 日内在报纸上公告。债权人应当自接到通知书之日起 30 日内,未接到通知书的自公告之日起 45 日内,向清算组申报其债权。债权人申报债权,应当说明债权的有关事项,并提供证明材料。清算组应当对债权进行登记。在申报债权期间,清算组不得对债权人进行清偿。

2. 清理公司财产,制订清算方案。清算组在清理公司财产、编制资产负债表和财产清单后,应当制订清算方案,并报股东会、股东大会或者人民法院确认。

3. 清偿债务。公司财产在分别支付清算费用、职工的工资、社会保险费用和法定补偿金,缴纳所欠税款,清偿公司债务后的剩余财产,有限责任公司按照股东的出资比例分配,股份有限公司按照股东持有的股份比例分配。

4. 公告公司终止。公司清算结束后,清算组应当制作清算报告,报股东会、股东大会或者人民法院确认,并报送公司登记机关,申请注销公司登记,公告公司终止。

思 考 题

一、简答题

1. 比较公司分类的各种标准。
2. 比较母公司与子公司,总公司与分公司的关系。
3. 简述有限责任公司的特征及设立条件。
4. 简述有限责任公司股权转让的法律规定。
5. 简述公司章程的概念、特征与记载事项、公司章程的订立和修改。
6. 简述股份有限公司的特征及设立条件。
7. 简述股份有限公司发起人的责任。
8. 公司董事、监事、高级管理人员有哪些义务?
9. 简述公司法人人格否认的基本含义、理论基础以及我国《公司法》的基本规定。
10. 简述股东大会、董事会和监事会相互之间的关系。
11. 简述公司合并分立的后果。
12. 简述公司的清算程序。

二、案例分析题

甲股份有限公司(以下简称甲公司)于 2018 年 2 月 1 日召开董事会会议,该次会议召开情况及讨论决议事项如下:(1)甲公司董事会的 7 名董事中有 6 名出席该次会议。其中,董事谢某因病不能出席会议,电话委托董事李某代为出席会议并行使表决权。(2)甲公司与乙公司有业务竞争关系,但甲公司总经理胡某于 2015 年下半年擅自为乙公司从事经营活动,损害甲公司的利益,故董事会做出如下决定:解聘公司总经理胡某;将胡某为乙公司从事经营活动所得的收益收归甲公司所有。(3)为完善公司经营管理制度,董事会会议通过了修改公司章程的决议,并决定从通过之日起执行。

根据上述情况和《公司法》的有关规定,回答下列问题:

(1) 董事谢某电话委托董事李某代为出席董事会会议并行使表决权的做法是否符合法律规定?简要说明理由。

(2) 董事会做出解聘甲公司总经理的决定是否符合法律规定?简要说明理由。

(3) 董事会做出将胡某为乙公司从事经营活动所得的收益收归甲公司所有的决定是否符合法律规定?简要说明理由。

(4) 董事会做出修改公司章程的决议是否符合法律规定?简要说明理由。

第五章　合同法律实务

【知识目标】

　　了解合同的概念和特征

　　了解合同的种类

　　了解邮政企业主要涉及的合同

　　理解合同生效的条件

　　理解效力待定的合同

　　掌握无效合同

　　掌握可撤销的合同

　　掌握合同履行

　　掌握合同的效力

　　掌握合同履行中的抗辩权、合同履行的保全措施

　　掌握违约责任

【能力目标】

　　学会合同文本的签订技巧及法律风险防范

　　能够正确地判断合同的效力

　　能够达到合同条款表述准确、完整、合法

　　能够正确地使用邮政企业常用合同

【导入案例】

买卖邮票合同纠纷案

　　原告张某系集邮爱好者,被告王某系原某县邮政局集邮门市部职工及该门市部承包人。2015 年张某到该门市部给付王某现金 10 197.20 元让王某为其购买"梅兰芳舞台艺术"邮票一套。邮电部于 1962 年 8 月 8 日发行了一套"梅兰芳舞台艺术"邮票,包括一枚小型张,目的是为纪念梅兰芳先生逝世一周年。小型张邮票图案选自《贵妃醉酒》,这枚小型张面值 3 元,"梅兰芳"小型张却因只有 2 万枚的发行量一举成为市场中公认的珍邮之一,目前的市场价格业已达到了 38 000 元,是新中国小型张中价格最高的品种,品相极佳的小型张已是难以寻觅。但

王某直到 2017 年 2 月仍未给张某邮票,以致张某的集邮活动一直未能如愿。张某无奈之下于 2017 年 5 月 7 日向某县人民法院对王某提起诉讼,要求支付"梅兰芳舞台艺术"邮票一套。在诉讼中,张某申请追加某县邮政局作为共同被告参加诉讼。

【引导问题】

您知道买卖邮票合同履行出现的问题吗?您了解合同条款签订技巧和法律风险防范吗?如何签订邮政企业常见的各种合同文本?带着这些问题,我们走进本章的学习。

第一节 《合同法》概述

一、合同的概念和特征

(一) 合同的概念

大陆法系和英美法系对合同的定义一直有不同理解。大陆法系学者认为合同是一种合意或者协议。英美法系学者认为合同是一种允诺。我国对合同的概念基本采纳了大陆法系学者的观点。我国《合同法》第二条规定:"合同是平等主体的自然人、法人、其他组织之间设立、变更、终止民事权利义务关系的协议。"

(二) 合同的特征

(1) 合同主体法律地位平等;

(2) 合同是双方或多方意思表示一致的协议;

(3) 自然人、法人、其他组织之间订立的民事权利义务关系的协议。

二、合同法的调整范围

《中华人民共和国合同法》(以下简称《合同法》)由中华人民共和国第九届全国人民代表大会第二次会议于 1999 年 3 月 15 日通过,自 1999 年 10 月 1 日起施行。《合同法》主要分总则和分则两部分。

《合同法》第二条规定:"本法所称合同是平等主体的自然人、法人、其他组织之间设立、变更、终止民事权利义务关系的协议。婚姻、收养、监护等有关身份关系的协议,适用其他法律的规定。"

三、邮政企业涉及的合同的主要表现形式

1. 签订与邮政企业有关的买卖邮票合同、物流合同、报刊发行类合同文本、投递业务类合同文本、邮件报刊接转协议书、法院委托送达法律文书协议书、妥投协议、特快专递业务类合同文本、邮政特快专递邮件揽收业务委托合同、货物运输服务合同、物流配送服务合同以及邮政营销员与大客户订立的合同等适用《合同法》的一般规定。

2. 涉及邮政普遍服务业务合同和快递业务合同等适用法律存在特殊性。

传统邮件寄递业务产生的法律关系是通过邮政合同①形式确立的,它与邮政企业签订的报刊合同、物流合同、大客户营销合同、邮政储蓄合同、邮政速递揽收合同、企业拜年卡业务合同、明信片业务开发合同等合同是不同的,存在着特殊性,除了要使用适用《合同法》的一般规定,同时还要符合《邮政法》对相关业务的规定。

第二节 合同订立的技巧和法律风险防范

合同的订立,是订立合同双方当事人做出意思表示并达成一致"合意"的民事法律行为。合同的订立,首先要严格审查对方的主体资格和实际履约力,其次通过要约和承诺两个阶段使双方当事人的意思趋于一致的过程。

一、合同订立的主体资格审查

合同订立的主体是指订立合同的当事人,包括自然人、法人和其他组织。《合同法》第九条规定:"当事人订立合同,应当具有相应的民事权利能力和民事行为能力。"

(一)严格审查的订立合同的当事人主体资格和公信力

2017年3月15日,第十二届全国人民代表大会第五次会议通过《民法总则》,其中对于民事主体自然人、法人、个体工商户和农村承包经营户进行了规定。

1. 自然人

(1)自然人的民事权利能力一律平等。《民法总则》第十三条规定:"自然人从出生时起到死亡时止,具有民事权利能力,依法享有民事权利,承担民事义务。"自然人的出生时间和死亡时间,以出生证明、死亡证明记载的时间为准;没有出生证明、死亡证明的,以户籍登记或者其他有效身份登记记载的时间为准。有其他证据足以推翻以上记载时间的,以该证据证明的时间为准。涉及遗产继承、接受赠与等胎儿利益保护的,胎儿视为具有民事权利能力。但是胎儿娩出时为死体的,其民事权利能力自始不存在。

(2)自然人的民事行为能力

① 完全民事行为能力人

十八周岁以上的自然人为成年人。不满十八周岁的自然人为未成年人。成年人为完全民事行为能力人,可以独立实施民事法律行为。十六周岁以上的未成年人,以自己的劳动收入为主要生活来源的,视为完全民事行为能力人,可以单独实施民事行为。

② 限制民事行为能力人

《民法总则》第十九条规定:"八周岁以上的未成年人为限制民事行为能力人,实施民事法律行为由其法定代理人代理或者经其法定代理人同意、追认,但是可以独立实施纯获利益的民

---

① 最高人民法院2000年10月30日印发的《民事案件案由规定(试行)》第132类即为邮政合同纠纷。最高人民法院在《民事案件案由规定(试行)理解与适用》中指出,"邮政合同,是指明确邮政企业与用户之间相互权利义务的协议,是有关邮政企业提供服务的各种合同的总称,包括邮件寄递等合同"。通过分析上述邮政合同的概念,可以认为:邮政合同的主体是邮政用户和邮政企业,用户为使用邮政业务的公民、法人和其他组织,邮政企业则为经营邮政业务的国有公用企业;客体是通过信息实物载体的收寄、处理、运输、投递为社会提供公用服务的邮政业务;内容就是邮政业务活动中的权利义务关系。

事法律行为或者与其年龄、智力相适应的民事法律行为。"不能完全辨认自己行为的成年人为限制民事行为能力人,实施民事法律行为由其法定代理人代理或者经其法定代理人同意、追认,但是可以独立实施纯获利益的民事法律行为(接受奖励、赠与)或者与其智力、精神健康状况相适应的民事法律行为,比如日常必需品的购买不必追认,当然有效。

③ 无民事行为能力人

不满八周岁的未成年人为无民事行为能力人,由其法定代理人代理实施民事法律行为。不能辨认自己行为的成年人为无民事行为能力人,由其法定代理人代理实施民事法律行为。八周岁以上的未成年人不能辨认自己行为的,适用前款规定。

无民事行为能力人、限制民事行为能力人的监护人是其法定代理人。邮政企业在接待客户、与客户签订业务服务合同时,如对客户是否具有相应的民事行为能力存在疑问,应审查客户的有效证件,查明客户是否具备完全民事行为能力,以避免因客户不具有相应的行为能力而导致合同无效或被撤销。

《民法总则》第二十四条规定:"不能辨认或者不能完全辨认自己行为的成年人,其利害关系人或者有关组织,可以向人民法院申请认定该成年人为无民事行为能力人或者限制民事行为能力人。"被人民法院认定为无民事行为能力人或者限制民事行为能力人的,经本人、利害关系人或者有关组织申请,人民法院可以根据其智力、精神健康恢复的状况,认定该成年人恢复为限制民事行为能力人或者完全民事行为能力人。本条规定的有关组织包括:居民委员会、村民委员会、学校、医疗机构、妇女联合会、残疾人联合会、依法设立的老年人组织、民政部门等。自然人以户籍登记或者其他有效身份登记记载的居所为住所;经常居所与住所不一致的,经常居所视为住所。

2. 个体工商户和农村承包经营户

(1) 个体工商户的概念及责任承担

自然人从事工商业经营,经依法登记,为个体工商户。个体工商户可以起字号。《民法总则》第五十六条:"个体工商户的债务,个人经营的,以个人财产承担;家庭经营的,以家庭财产承担;无法区分的,以家庭财产承担。"

(2) 农村承包经营户的概念及责任承担

《民法总则》第五十五条规定:"农村集体经济组织的成员,依法取得农村土地承包经营权,从事家庭承包经营的,为农村承包经营户。"

农村承包经营户责任承担:农村承包经营户的债务,以从事农村土地承包经营的农户财产承担;事实上由农户部分成员经营的,以该部分成员的财产承担。

3. 法人

(1) 法人的概念

法人,是具有民事权利能力和民事行为能力,依法独立享有民事权利和承担民事义务的社会组织。

(2) 法人必须具备的条件

根据《民法总则》规定,法人必须具备如下条件:

① 依法成立;

② 有必要的财产和经费;

③ 有自己的名称、组织机构和场所;

④ 法人成立的具体条件和程序,依照法律、行政法规的规定。

设立法人,法律、行政法规规定须经有关机关批准的,依照其规定。法人的民事权利能力和民事行为能力,从法人成立时产生,到法人终止时消灭。法人以其全部财产独立承担民事责任。

(3) 我国《民法总则》中有关法定代表人的规定

依照法律或者法人章程的规定,代表法人从事民事活动的负责人,为法人的法定代表人。法定代表人以法人名义从事的民事活动,其法律后果由法人承受。法人章程或者法人权力机构对法定代表人代表权的限制,不得对抗善意相对人。法定代表人因执行职务造成他人损害的,由法人承担民事责任。法人承担民事责任后,依照法律或者法人章程的规定,可以向有过错的法定代表人追偿。

(4) 我国《民法总则》中有关法人的分类

《民法总则》将法人分为营利法人、非营利法人、特别法人、非法人组织等。

① 营利法人

《民法总则》规定:"以取得利润并分配给股东等出资人为目的成立的法人,为营利法人。"营利法人包括有限责任公司、股份有限公司和其他企业法人等。依法设立的营利法人,由登记机关发给营利法人营业执照。营业执照签发日期为营利法人的成立日期。

② 非营利法人

为公益目的或者其他非营利目的成立,不向出资人、设立人或者会员分配所取得利润的法人,为非营利法人。非营利法人包括事业单位、社会团体、基金会、社会服务机构等。

第一,事业单位法人

事业单位法人资格是指具备法人条件,为适应经济社会发展需要,提供公益服务设立的事业单位,经依法登记成立,取得事业单位法人资格;依法不需要办理法人登记的,从成立之日起,具有事业单位法人资格。事业单位法人设理事会的,除法律另有规定外,理事会为其决策机构。事业单位法人的法定代表人依照法律、行政法规或者法人章程的规定产生。

第二,社会团体法人

社会团体法人是指具备法人条件,基于会员共同意愿,为公益目的或者会员共同利益等非营利目的设立的社会团体,经依法登记成立,取得社会团体法人资格;依法不需要办理法人登记的,从成立之日起,具有社会团体法人资格。

设立社会团体法人应当依法制定法人章程、会员大会或者会员代表大会等权力机构。社会团体法人应当设理事会等执行机构。理事长或者会长等负责人按照法人章程的规定担任法定代表人。

第三,捐助法人

捐助法人是指具备法人条件,为公益目的以捐助财产设立的基金会、社会服务机构等,经依法登记成立,取得捐助法人资格。

③ 特别法人

《民法总则》第九十六条规定:"本节规定的机关法人、农村集体经济组织法人、城镇农村的合作经济组织法人、基层群众性自治组织法人,为特别法人。"

第一,机关法人

有独立经费的机关和承担行政职能的法定机构从成立之日起,具有机关法人资格,可以从事为履行职能所需要的民事活动。

机关法人被撤销的,法人终止,其民事权利和义务由继任的机关法人享有和承担;没有继任的机关法人的,由做出撤销决定的机关法人享有和承担。

第二,农村集体经济组织法人

农村集体经济组织依法取得法人资格。法律、行政法规对农村集体经济组织有规定的,依照其规定。

第三,城镇农村的合作经济组织法人

依法取得法人资格。法律、行政法规对城镇农村的合作经济组织有规定的,依照其规定。

第四,居民委员会、村民委员会具有基层群众性自治组织法人

居民委员会、村民委员会具有基层群众性自治组织法人资格可以从事为履行职能所需要的民事活动。未设立村集体经济组织的,村民委员会可以依法代行村集体经济组织的职能。

④ 非法人组织

非法人组织是不具有法人资格,但是能够依法以自己的名义从事民事活动的组织。非法人组织包括个人独资企业、合伙企业、不具有法人资格的专业服务机构等。

3. 个人独资企业

① 个人独资企业的概念

《中华人民共和国个人独资企业法》第二条规定:"本法所称个人独资企业,是指依照本法在中国境内设立,由一个自然人投资,财产为投资人个人所有,投资人以其个人财产对企业债务承担无限责任的经营实体。"其典型特征是个人出资、个人经营、个人自负盈亏和自担风险。

② 个人独资企业具有以下特征:

第一,投资主体方面的特征。

个人独资企业仅由一个自然人投资设立。这是与合伙企业、公司的股东在投资主体上的区别所在。

第二,个人独资企业的内部机构设置简单,经营方式灵活。

个人独资企业的投资人既是企业的所有者,又可以是企业的经营者,因此个人独资企业的决策程序也较为灵活。

第三,责任承担方面的特征。

个人独资企业的投资人以其个人财产对企业债务承担无限责任。包括三层意思:一是企业的债务全部由投资人承担;二是投资人承担企业债务的责任范围不限于出资,其责任财产包括独资企业中的全部财产和其他个人财产;三是投资人对企业的债权人直接负责。

4. 合伙企业

① 合伙企业,是指自然人、法人和其他组织依照《中华人民共和国合伙企业法》在中国境内设立的普通合伙企业和有限合伙企业。

② 普通合伙企业由普通合伙人组成,合伙人对合伙企业债务承担无限连带责任。有限合伙企业由普通合伙人和有限合伙人组成,普通合伙人对合伙企业债务承担无限连带责任,有限合伙人以其认缴的出资额为限对合伙企业债务承担责任。

二、合同订立的形式

《合同法》第十条规定:"当事人订立合同,有书面形式、口头形式和其他形式。法律、行政法规规定采用书面形式的,应当采用书面形式。当事人约定采用书面形式的,应当采用书面形式。"

1. 书面形式

(1) 书面形式指合同书、信件和数据电文(包括电报、电传、传真、电子数据交换和电子邮件)等可以有形地表现所载内容的形式。

一般要式合同主要有:金融机构贷款合同、融资租赁合同、建设工程合同、技术开发合同、技术转让合同、保险合同等。

(2) 签订书面形式的优势就是合同有据可查,发生纠纷时容易举证。特别针对报刊发行类业务、特快专递业务、物流类业务中采用书面形式签订合同文本。

2. 口头形式

口头形式是指当事人用语言为意思表示的订立合同,而不采用文字表达的协议。常见的口头形式表现为面谈、电话交谈等形式。

3. 其他形式

推定形式,又称行为默示形式,指合同当事人以某种表明法律意图的行为间接地表示合同内容的合同形式,它以合同的开始履行推定合同已经订立。如出租人邮政局,承租人租用邮政报刊亭,租期届满后,承租人继续交纳租金,出租人接受之,由此可推知当事人双方做出了延长租期的法律行为。

三、合同订立的程序——要约与承诺

(一) 要约概念和条件

1. 要约概念

要约是指希望与他人订立合同的意思表示。要约在不同情况下可以称为"发盘""发价"。发出要约的人称为"要约人",接受要约的人称为"受要约人"。

2. 要约构成的条件

(1) 内容要具体确定;

(2) 应当表明经受要约人承诺,要约人即受该意思表示的约束。

3. 要约邀请

(1) 要约邀请的概念

要约邀请是指希望他人向自己发出要约的意思表示。寄送的价目表、拍卖公告、招标公告、招股说明书、商业广告等为要约邀请。商业广告的内容符合要约规定的,视为要约。

(2) 要约与要约邀请的区别

① 要约应包括合同的全部主要条款,缺少其中任何一个条款都不是要约而是要约邀请;

② 要约具有法律约束力,要约邀请不具有法律约束力。

在办理邮政 EMS 业务中,客户所填写的详情单视为要约,客户的申请一旦被邮局所接受,合同即告成立。

【案例】

某邮政局 7 月 1 日通过报纸发布广告,称其有某珍藏限量版集邮册。乙公司委托王某携带现金于 7 月 28 日到某邮政局购买珍藏限量版集邮册,但某邮政局称广告所述某珍藏限量版集邮册已经全部售完。乙公司为此受到一定的经济损失。

问题:根据合同法律制度的规定,某邮政局广告是否构成要约?是否承担违约责任?

答案：邮政局广告属于要约邀请，因此不承担违约责任。

4. 要约的生效

要约的生效是指要约"到达"受要约人时生效。采用数据电文形式订立合同，收件人指定特定系统接收数据电文的，该数据电文进入该特定系统的时间，视为到达时间；未指定特定系统的，该数据电文进入收件人的任何系统的首次时间，视为到达时间。

要约到达受要约人，并不是指要约一定实际到达受要约人（或者其代理人）手中，要约只要送达到受要约人通常的地址、住所或者能够控制的地方（如信箱）即为送达。

【案例】

甲公司向乙邮局发出购买100本2009年集邮册的要约，乙邮局于5月1日寄出承诺信件，5月8日信件寄至甲公司，时逢甲公司总经理外出，5月9日甲公司总经理知悉了该信内容，遂于5月10日电话告知乙邮局收到承诺。

问题：根据合同法律制度的规定，该承诺的生效时间是5月8日吗？

案例解析：承诺生效的时间是5月8日。根据《合同法》规定，承诺通知到达要约人时生效，并不是指一定实际送达要约人或者代理人手中。

5. 要约撤回与要约撤销

（1）要约撤回

要约可以撤回。撤回要约的通知应当在要约到达受要约人之前或者与要约同时到达受要约人。

（2）要约撤销

① 要约可以撤销。撤销要约的通知应当在受要约人发出承诺通知之前到达受要约人。

② 要约不得撤销的两种情形：

第一，要约人确定了承诺期限或者以其他形式明示要约不可撤销；

第二，受要约人有理由认为要约是不可撤销的，并已经为履行合同作了准备工作。

（3）要约撤回与要约撤销的区别

二者的区别仅在于时间的不同，要约的撤回是在要约生效之前为之；而要约的撤销是在要约生效之后承诺做出之前而为之。

① 撤回要约的通知应当在要约到达受要约人之前或者同时到达；

② 撤销要约的通知，应当在要约到达后，受要约人发出承诺通知之前到达受要约人。

【案例】

甲公司于2018年10月5日向乙邮局发出签订大客户营销合同的要约信函。10月8日乙邮局收到甲公司声明该要约作废的传真，10月10日乙邮局又收到该要约的信函。

问题：根据《合同法》的规定，甲公司发出传真声明要约作废的行为属于要约撤回，还是要约撤销？

答案：甲公司发出传真声明要约作废的行为属于要约撤回。

6. 要约失效

要约失效是指要约丧失法律拘束力。依据《合同法》第二十条规定，要约失效的事由有以下几种：

(1) 拒绝要约的通知到达要约人；
(2) 要约人依法撤销要约；
(3) 承诺期限届满,受要约人未做出承诺；
(4) 受要约人对要约的内容做出实质性变更。

（二）承诺

1. 承诺的概念

承诺是受要约人同意要约的意思表示,一经承诺,合同即告成立。

2. 承诺的条件

(1) 必须由受要约人本人或其代理人做出；
(2) 必须在合理的期限内做出；
(3) 承诺的内容必须与要约的内容相一致；
(4) 承诺须向要约人做出。

对要约内容的变更主要为表现为：

① 受要约人对要约内容做出实质性变更的,为新要约(标的、数量、质量、价款或者报酬、履行期限、履行地点和方式、违约责任和解决争议方法等内容变更是对要约内容的实质性变更)。

② 承诺对要约内容做出非实质性变更的,除要约人及时表示反对或者要约表明承诺不得对要约的内容做出任何变更的以外,该承诺有效,合同的内容以承诺的内容为准。

【案例】

储户诉邮政储蓄承诺未履行、取款被延误赔偿纠纷案

原告王某诉称:2018年5月27日上午10时30分,李某到某市邮局某邮政储蓄所办理到期存款的取款手续,被营业员告知电脑发生故障,要她下午再去取。李某认为,邮政储蓄所既然向储户许下"每超过一分钟,支付超时费一元"的服务承诺,就应该认真履行。依照《中华人民共和国合同法》的有关规定李某要求该邮局给付其存款本金1万元及利息,按照每超时一分钟赔偿一元的服务承诺,兑现从5月28日起至5月31日止的经济损失38877元的诉讼请求。由于款项没有及时取出,造成报名参加澳大利亚旅行团优惠时间错过,应承担没有享受优惠条件的1000元的经济损失,两项共计39877元。

被告某市邮局辩称:耽误储户存取款的客观原因是其他客观原因或不可抗力,如全市范围的停电、电脑病毒的入侵、电脑出现故障,不是储蓄所内部的人为故障。故此,我方不承担因延误取款而承担赔偿责任,请求人民法院依法驳回原告的诉讼请求。

某市法院经审理审查明:某市邮局在2018年初为了提高服务质量和办公效率,曾在营业窗口制作了的服务标牌,写明了"每超过一分钟,支付超时费一元"宣传。另查明被告在中邮广告(某市邮局地方版)作广告,做出了"每超过一分钟,支付超时费一元"的服务承诺。依照《中华人民共和国合同法》第十四条、第一百零七条、第一百一十三条之规定判决如下:被告局付给李某存款1万元及截止到2018年5月31日的利息；被告依服务承诺,付给李某从2018年5月28日至5月31日(以每日工作8小时计算)的超时服务费1917元。驳回其他诉讼请求。一审判决生效后,原被告双方均未上诉。

启示:邮政企业应吸取本案的教训。"每超过一分钟,支付超时费一元"是为了改善服务,

提高服务质量,增加信用保证,也是加强内部管理、实施"邮政服务形象"工程,依靠服务创新促进社会效益不断提高,实现经济效益和社会效益的同步提高。如果在业务宣传上知法、懂法,可能就不会出现本案的纷争。建议本服务承诺改为"机器在正常运行中每超过一分钟,支付超时费一元(出现故障等事由除外)",也许就不会给邮政企业带来负面影响。

3. 承诺的方式和期限

① 承诺的方式是指受要约人向要约人做出承诺所采取的具体形式。《合同法》第二十二条规定:"承诺应当以通知的方式做出,但根据交易习惯或者要约表明可以通过行为做出承诺的除外。"

② 承诺期限

《合同法》第二十三条规定,承诺应当在要约确定的期限内到达要约人。要约没有确定承诺期限的,承诺应当依照下列规定到达:

第一,要约以对话方式做出的,应当即时做出承诺,但当事人另有约定的除外;

第二,要约以非对话方式做出的,承诺应当在合理期限内到达。

《合同法》第二十四条规定,要约以信件或者电报做出的,承诺期限自信件载明的日期或者电报交发之日开始计算。信件未载明日期的,自投寄该信件的邮戳日期开始计算。要约以电话、传真等快速通讯方式做出的,承诺期限自要约到达受要约人时开始计算。

4. 承诺的生效

承诺的生效是指承诺在什么时候产生法律约束力。《合同法》第二十六条规定:"承诺通知到达要约人时生效。承诺不需要通知的,根据交易习惯或者要约的要求做出承诺的行为时生效。采用数据电文形式订立合同的,承诺应以该数据电文进入要约人的系统的时间为承诺到达的时间。要约一经承诺,合同即为成立。承诺通知到达要约人时生效;承诺生效时合同成立。"

【案例】

甲邮局与乙企业制作商函账单承诺纠纷案

甲邮局拟为乙企业制作商函账单,甲邮局向乙企业发出要约,称对方如同意其条件,可将答复意见发至其电子邮箱中。乙企业应约将承诺发至其邮箱中,即开始准备履行合同。因甲邮局经办人在外开会,一直未打开其邮箱查看,致使甲邮局以为乙企业未作承诺。一个月后,当乙企业要求甲邮局履行合同义务时,甲邮局称双方并未签订合同,甲邮局没有履约义务。

启示:《合同法》规定,承诺生效时合同成立,承诺通知到达要约人时生效;采用数据电文形式订立合同,收件人指定特定系统接收数据电文的,该数据电文进入该特定系统的时间,视为到达时间;未指定特定系统的,该数据电文进入收件人的任何系统的首次时间,视为到达时间。乙企业已将承诺发往甲邮局指定的电子邮箱中,承诺已生效,合同已成立,甲邮局与乙企业之间存在合同关系。

5. 承诺的迟延和撤回

① 承诺的迟延

承诺的迟延指受要约人做出的承诺超过承诺期限到达要约人。《合同法》第二十八条规定:"受要约人超过承诺期限发出承诺的,除要约人及时通知受要约人该承诺有效的以外,为新要约。"

《合同法》第二十九条规定:"受要约人在承诺期限内发出承诺,按照通常情形能够及时到达要约人,但因其他原因承诺到达要约人时超过承诺期限的,除要约人及时通知受要约人因承诺超过期限不接受该承诺的以外,该承诺有效。"

② 承诺的撤回

承诺的撤回是指受要约人阻止承诺发生法律效力的意思表示。撤回承诺的通知应当在承诺通知到达要约人之前或者与承诺通知同时到达要约人,即在承诺生效前到达要约人。

四、合同的内容

(一)合同成立的一般条款

(1)当事人的名称,或者姓名和住所

明确合同交易双方的主体资格,当事人是合同权利和义务的承受者。当事人住所是决定合同成立地点和民事诉讼纠纷管辖地点的重要因素。

(2)标的

标的是合同权利义务指向的对象。标的是合同成立的必要条件。合同的标的可以是有形财产,也可以是无形财产,如商标、专利、著作权、技术秘密等,同时还可以是劳务和工作成果等。

(3)数量

数量是合同的必备条款,没有数量,合同是不能成立的,而且数量要准确。

(4)质量

质量要求有国家或行业强制标准的,不得低于国家或者行业的强制标准;有国家或者行业推荐标准的,一般也约定不低于国家或者行业推荐标准。没有国家或者行业标准的,可以按照双方约定的技术标准要求以及样品执行。对于凭样品验收的,应当约定共同封存、分别保管。

(5)价款或者报酬

价款通常是指当事人一方为取得对方出让的标的物,而支付给对方一定数额的货币。报酬,通常是指当事人一方为对方提供劳务、服务等,从而向对方收取一定数额的货币。价款和报酬是有偿合同的主要条款,其中结算方式条款约定支付的方式,如采用票据、汇兑或其他方式,支付的时间和对方开户银行、账号亦应明确约定。

(6)履行期限,地点和方式

在订立合同时应当对履行期限做出规定,比如:买卖合同中买方的履行期限是指交货日期;货物运输合同中承运方的履行期限是装货日期或者交货日期。如果需要分期或者分批履行,对每一期的履行期限都要明确规定。在订立合同时应当对履行地点做出规定,如买卖合同的履行地点取决于约定的交货方式,可以是需方提货地点,可以是供方代办托运的地点,也可以是供方送货时需方接货的地点,因此,履行地点应该明确规定。

合同当事人应当根据合同的性质和内容,对合同的履行方式做出约定。

(7)违约责任

违约责任形式可以包括支付违约金、赔偿损失、解除合同以及其他补救方式(修理、重作、更换等)。

(8)解决争议的办法

如选用仲裁方式的,一般应当选择自己所在地的仲裁委员会,如选择诉讼方式,依照《民事诉讼法》的规定,可以从原告住所地、被告住所地、合同履行地、合同签订地、标的物所在地选择,但不动产的买卖除外。

2009年2月最高人民法院审判委员会第1462次会议通过,2009年5月13日起施行的最高人民法院《关于适用〈中华人民共和国合同法〉若干问题的解释(二)》(法释〔2009〕5号)(以下简称《合同法解释(二)》)第一条规定:"当事人对合同是否成立存在争议,人民法院能够确定当事人名称或者姓名、标的和数量的,一般应当认定合同成立。但法律另有规定或者当事人另有约定的除外。对合同欠缺的前款规定以外的其他内容,当事人达不成协议的,人民法院依照合同法第六十一条、第六十二条、第一百二十五条等有关规定予以确定。"

(二) 合同条款的签订技巧

合同的条款又称合同的内容,是指合同双方当事人依照法律规定协商达成一致的过程。合同条款,也就是合同内容运用的应用技巧。合同的条款准确、完整、合法,以邮政企业常用的《邮票个性化服务业务合同》为例,介绍合同条款的签订技巧。

1. 严格审查当事人的主体资格和资信能力审查,写清楚当事人的名称,或者姓名和住所等主要条款。

例如:在《邮票个性化服务业务合同书》中写明双方当事人。

① 甲方(客户):地址、邮政编码、法定代表人、联系人、电话、传真等。

② 乙方(邮政公司):地址、邮政编码、法定代表人、联系人、电话、传真等。

2. 标的必须明确、合法。

邮票个性化服务业务是在邮票附图或者整版邮票的空白区域为客户提供个性化服务。邮票个性化服务业务项目题材应该坚持内容健康、坚持弘扬主旋律,遵守国家有关法律、法规,对受理业务或者自主开发产品涉及的图稿、文字等各类内容应严格审核,把好政治关、法律关和质量关。

3. 数量条款要做到合法、准确、具体,防止出现文字表述瑕疵。

在《邮票个性化服务业务合同书》中写明:甲方委托乙方利用_____版个性化专用邮票_____,为甲方提供邮票个性化服务,制作《_____》(名称),印制数量为_____版。

4. 质量标准的标准化、统一化。

合同中常见的标准有国家标准、行业标准以及约定标准(含样品标准)。凭样品买卖的当事人应当封存样品,并可以对样品质量予以说明。出卖人交付的标的物应当与样品及其说明的质量相同。凭样品买卖的买受人不知道样品有隐蔽瑕疵的,即使交付的标的物与样品相同,出卖人交付的标的物的质量仍然应当符合同种物的通常标准。

在《邮票个性化服务业务合同书》中质量标准的表述是:根据乙方所提供的印刷样稿(其内容包括但不限于版面设计形式、构图、色调和字体等),甲方应及时提出修改或者确认的书面意见,并在样稿上签字,确认后未经乙方同意不得更改。

5. 价款或者报酬。

在《邮票个性化服务业务合同书》中声明:

(1) 甲乙双方确认,产品每版(包括_____枚)的价格人民币_____元,总价款共计人民币_____元。

(2) 自本协议签署之日起_____个工作日内甲方向乙方预付合同总价_____%,计_____元。甲方签订印刷小样后支付_____%计_____元。

交货时甲方付清余款_____元,乙方交付产品。

6. 履行期限,地点和方式。

在《邮票个性化服务业务合同书》中写明:

产品在设计、制作和印刷工作全部完成后,甲方应在双方商定的地点和规定的时间内完成验收,并最迟在验收后_____个工作日内,在交付地点接受乙方向甲方交付的全部产品。如果甲方在验收现场发现产品存在数量和印制质量的问题时,应当立即向乙方书面提出。验收后,甲方应承担全部责任。

7. 违约责任。

合同双方应本着诚实信用的原则履行本合同。任何一方违反合同约定的行为都应按照《中华人民共和国合同法》的规定承担违约责任。在《邮票个性化服务业务合同书》中写明:

(1) 若因甲方提供的证明文件虚假或合同中的保证失实,邮票个性化服务业务产品而导致违法或侵权,甲方应当赔偿因此给乙方造成的损失(包括但不限于财产损失和名誉损失)。

(2) 若因乙方(受托)自行设计图稿的原因,导致邮票个性化服务业务产品违法或侵权,乙方应当赔偿由此给甲方造成的损失。

(3) 乙方不按合同规定时间支付价款,延误期间按同期银行贷款利率标准向甲方支付滞纳金。

(4) 由于甲方原因没有按时交付图稿等资料,甲方承担违约责任,向乙方支付合同总价的_____%的违约金。

8. 解决争议的办法。

合同双方当事人如对合同内容或合同履行发生争议,应本着互利互信的原则协商解决,如协商不能解决,选择以下方式之一解决:

(1) 仲裁委员会仲裁解决;

(2) 人民法院诉讼解决。

9. 明确双方的义务和责任,达到定纷止争的目的。

在《邮票个性化服务业务合同书》中写明:

(1) 甲方责任

① 认可并遵守乙方主管单位关于邮票个性化服务业务的有关规定。

② 根据乙方规定的委托程序,及时向乙方提供对产品设计风格及主要内容的要求和详细的文件材料。

③ 甲方提供设计资料(包括美术作品、书画作品、书法作品等),甲方保证对设计资料享有著作权或已取得著作权人授权许可使用和修改。甲方提供使用参考资料的规定:甲方因创作需参考或使用其他资料或他人作品的,必须保证资料和作品的权威性、准确性和合法性,参考、引用和使用应事先征得资料及作品所有权人的许可。如第三方与甲方的委托作品发生纠纷,与乙方无关,由甲方承担全部责任。

④ 甲方涉及人物肖像的,甲方应提供该肖像人授权使用的"授权书"原件。甲方涉及的各种标识,如运动会会徽、会标等,甲方应提供标识所有权人(组委会)和标识著作权人(设计者)许可使用的证明文件的原件。

⑤ 甲方应保证产品所使用的文字、图像等内容和提供给乙方的全部文件、资料真实准确完整和合法,其已经得到了所必要的授权并已将有关证明文件提供给乙方,且不存在侵犯乙方或任何第三方合法权益的情形。

(2) 乙方责任
① 根据协议为甲方提供符合要求的邮票个性化服务。
② 乙方可以使用甲方的名称、域名、企业标识等,但是不应损害甲方的利益。
③ 听取甲方对产品设计制作及印刷样稿的意见,并在可行的范围内尽最大限度满足甲方的要求。
④ 未经甲方同意,乙方不得随意修改甲方提供的图稿和文字。图稿和文字定稿后,未经甲方授权代表签字确认,乙方不得制作、发布。

10. 附件。
协议的附件作为本协议不可分割的一部分,与协议具有同等法律效力。

五、格式条款

(一)格式条款的概念和特征

1. 格式条款的概念

格式条款是当事人为了重复使用而预先拟定,并在订立合同时未与对方协商的条款。格式条款的优点是减少了签订合同的交易成本,避免一事一议可能产生的不确定性。然而,由于格式条款提供方通常是处于垄断地位的行业或企业,格式条款中往往包含了一些不公平的内容。处于弱势地位的消费者,对含有不公平条款的合同,要么全盘接受,要么完全放弃,失去了"讨价还价"的基本权利。

2. 格式条款的特征

(1) 格式条款是由一方预先制订的;
(2) 格式条款是为不特定相对人订立的;
(3) 格式条款的内容具有完整性和定型化的特点;
(4) 相对人在订约中居于随从地位。

(二)合同格式条款的无效

采用格式条款的一方应当遵循公平原则确定当事人之间的权利和义务。提供格式条款的一方对格式条款中免除或者限制其责任的内容,在合同订立时采用足以引起对方注意的文字、符号、字体等特别标识,并按照对方的要求对该格式条款予以说明的,提供格式条款一方对已尽合理提示及说明义务承担举证责任。

(1) 格式条款具有《合同法》规定的合同无效(损害社会公共利益、违反法律的强制性规定、以合法形式掩盖非法目的等)和免责条款无效的情形(造成对方人身伤害的、因故意或者重大过失造成对方财产损失的)时,该条款无效。

(2) 提供格式条款的一方免除其责任,加大对方责任,排除对方主要权利的,该格式条款无效。

(三)合同格式条款的解释

对格式条款的理解发生争议的,应当按照通常理解予以解释。对格式条款有两种以上解释的,应当做出不利于提供格式条款一方的解释。格式条款和非格式条款不一致的,应当采用非格式条款。

第三节　合同的效力

一、合同的生效的概念

1. 合同的生效是指已经成立的合同在当事人之间产生了一定的法律约束力,也就是法律效力。

2. 合同成立和合同生效不同。

合同成立是指双方当事人意思表示达成了一致。《合同法》规定,依法成立的合同,自成立时生效。合同生效以合同成立为提前,合同不成立就无所谓生效。合同成立并不意味着合同生效,如果法律、行政法规明确规定某一类合同应当办理批准、登记手续才生效的,则此时批准、登记手续为该合同的生效要件。未予办理的,人民法院应当认定该合同未生效。

(1) 合同成立的时间

① 原则上,承诺生效时,合同成立。

② 法律规定或者当事人约定采用书面形式订立合同的合同成立的时间分三种情况:

第一,自"最后一方"签字或者盖章时合同成立。

第二,当事人没有采用书面形式,或者在签字或者盖章前,一方已经履行合同的"主要义务"且"对方接受"的,自对方接受履行时,合同成立。这是"鼓励交易原则"与"合同自由原则"的双重体现。

第三,《合同法解释(二)》第五条规定,采用书面形式订立合同的,当事人在合同书上"捺手印"的,具有与签字或者盖章同等的法律效力。

③ 当事人约定签订确认书的,签订确认书时合同成立。

(2) 合同成立的地点

① 原则上,承诺生效的地点,为合同成立的地点。

② 采用数据电文承诺的:当事人有约定的,约定的地点为合同成立的地点。当事人没有约定的,接收承诺一方的主营业地为合同成立的地点;没有主营业地的,接收承诺一方的经常居住地为合同成立的地点。

③ 采用书面形式订立合同的:

第一,双方约定了签订地点的:以约定的地点为合同成立的地点;约定的地点与实际签订合同的地点不一致的,以"约定的签订地"为合同成立的地点。这是《合同法解释(二)》第四条新增加的规定,目的在于避免涉外合同的当事人通过改变合同的实际签订地点来规避我国法院的管辖和规避我国法律的适用。

第二,当事人没有约定签订地点的:双方会签的,以会签地为合同成立的地点;双方异地签字、盖章的,以最后一方签字或盖章的地点为合同成立的地点。

(3) 合同的生效

合同的成立与合同的生效一般而言在时间上是同步的,但是还有几种例外情形:

① 合同法规定,法律、行政法规定应当办理批准、登记等手续生效的,依照其规定。以批准为生效条件的合同,如中外合资经营企业合同,只有在外贸主管机关批准后,合同才生效。以登记为生效条件的合同,如不动产抵押合同,只有在不动产登记机关办了登记手续后,不动

产抵押合同才生效。专利申请权、专利权转让合同自向国家专利局登记之日生效,向外国人转让的,还须事先经外经贸部及科技部批准。合营合同经外经贸部门审批后生效。中外合作合同经有关部门审批后生效。转让注册商标合同,经商标局核准登记且公告后生效。

② 附生效条件的合同,自条件成就时生效;附解除条件的合同,自条件成就时失效;当事人为自己的利益不正当地阻止条件成就的,视为条件已成就;不正当地促成条件成就的,视为条件不成就。

③ 当事人对合同的效力可以约定附期限。附生效期限的合同,自期限届至时生效。附终止期限的合同,自期限届满时失效。

二、合同生效的条件

合同生效要件如下:
(1) 缔约人具有相应的民事行为能力;
(2) 意思表示真实;
(3) 不违反法律或社会公共利益。

三、效力待定的合同

效力待定的合同是指合同订立后尚未生效,须经权利人追认才能生效的合同。效力待定的合同主要有以下几种类型。

1. 限制民事行为能力人订立的合同

(1) 限制民事行为能力人订立的合同必须经法定代理人追认后,合同有效。
(2) 纯获利益的合同或者是与其年龄、智力、精神健康状况相适应而订立的合同,不必经法定代理人追认,合同当然有效。
(3) 相对人可以催告法定代理人在一个月内予以追认。法定代理人未作表示的,视为拒绝追认。
(4) 合同被追认之前,善意相对人有撤销的权利。撤销应当以通知的方式做出。

2. 无权代理人订立的合同

(1) 行为人没有代理权、超越代理权或者代理权终止后以被代理人名义订立的合同,未经被代理人追认,对被代理人不发生效力,由行为人承担责任。
(2) 相对人可以催告被代理人在1个月内予以追认;被代理人表示同意的,由被代理人承担合同责任;被代理人未作表示的,视为拒绝追认,合同对被代理人不发生效力。

3. 无处分权的人订立的合同

无处分权的人处分他人财产,经权利人追认或者无处分权的人订立合同后取得处分权的,该合同有效。否则,合同无效。

【案例】

2018年1月10日甲以其不动产为抵押,与乙签订为期1年的借款合同。2018年5月10日,乙将甲抵押的不动产作为标的与丙签订买卖合同,甲得知后对此表示反对。

问题:按照法律规定,乙丙双方所签订的合同效力如何?

答案:乙丙双方所签订的合同是无效合同。乙将甲抵押的不动产作为标的与丙签订买卖合同,乙对该不动产无处分权,因此该合同处于效力待定状态。由于甲得知后对此表示反对,因此乙丙双方所签订的合同属于无效合同。

4. 法定代表人、负责人超越权限订立的合同

法人或者其他组织的法定代表人、负责人超越权限订立的合同,除相对人知道或者应当知道其超越权限的以外,该代表行为有效。《最高人民法院关于适用〈中华人民共和国合同法〉若干问题的解释(一)》中第十条规定当事人超越经营范围订立合同,人民法院不因此认定合同无效,但违反国家限制经营、特许经营以及法律、行政法规禁止经营规定的除外。

四、无效合同

1. 无效合同概念

无效合同是指合同虽然已经成立,但是欠缺合同生效要件,不具有法律约束力和不发生履行效力的合同。

2. 无效合同的特征

(1) 具有违法性;
(2) 自始就不具有法律效力。

3. 无效合同的种类

有下列情形之一的,合同无效:
(1) 一方以欺诈、胁迫的手段订立合同,损害国家利益;
(2) 恶意串通,损害国家、集体或者第三人利益;
(3) 以合法形式掩盖非法目的;
(4) 损害社会公共利益;
(5) 违反法律、行政法规的强制性规定。

【案例】

甲商贸公司生意每况愈下,为弥补损失,该公司与境外一非法商人乙勾结走私毒品,他们签订了购买白砂糖的合同,甲商贸公司找到某国际快递公司签订了货物运输合同。甲商贸公司在供应乙的白砂糖中,每箱放入一包装有海洛因的白砂糖。后来某国际快递公司知悉此事,并未予理睬,在运往境外途中,被海关查获,有关人员也被逮捕。

问题:甲商贸公司与某国际快递公司签订货物运输合同是否有效?

答案:甲商贸公司与某国际快递公司签订货物运输合同无效。因为甲公司与某国际快递公司签订的合同是以合法形式掩盖非法目的的合同。从形式上看,购买运输白砂糖是合法的,但签订这一合同的目的却是试图以合法形式掩盖非法贩毒的目的,因此合同无效。

五、可撤销的合同

合同成立后因法定事由,人民法院或者仲裁机构根据一方当事人的申请,变更合同的有关内容或者将合同予以撤销。

《合同法》第五十四条规定,下列合同,当事人一方有权请求人民法院或者仲裁机构变更或者撤销:

1. 因重大误解订立的合同。

《最高人民法院关于贯彻执行〈中华人民共和国民法通则〉若干问题的意见(试行)》(以下简称《民法通则若干问题的意见》)第七十一条规定:"行为人因对行为的性质、对方当事人、标的物的品种、质量、规格和数量等的错误认识,使行为的后果与自己的意思相悖,并造成较大损失的,可以认定为重大误解。"当事人针对同一物订立合同,但对合同标的物本质或性质认识错误,可以构成重大误解。比如将出租误认为出卖,将借贷误认为赠与,将镀金的物品当成是纯金的,不过,当事人自愿承担错误的风险的,不宜按重大误解处理。

2. 在订立合同时显失公平的合同。

所谓显失公平的合同,是指一方当事人利用其优势或利用对方没有经验,致使合同双方主要权利、义务明显违反公平原则。《民法通则若干问题的意见》第七十二条规定:"一方当事人利用优势或者利用对方没有经验,致使双方的权利与义务明显违反公平、等价有偿原则的,可以认定为显失公平。"

3. 一方以欺诈、胁迫的手段或者乘人之危,使对方在违背真实意思的情况下订立的合同。

对此类合同,受损害方有权请求人民法院或者仲裁机构变更或者撤销。当事人请求变更的,人民法院或者仲裁机构不得撤销。当事人自知道或者应当知道撤销事由之日起1年内没有行使撤销权,或知道撤销事由后明确表示或者以自己的行为放弃撤销权,或知道撤销事由后明确表示或者以自己的行为放弃撤销权的,撤销权消灭。

六、合同无效或撤销的后果

(1) 无效的合同或者被撤销的合同自始没有法律约束力。合同部分无效,不影响其他部分效力的,其他部分仍然有效。

(2) 合同无效或者被撤销后,因该合同取得的财产,应当予以返还;不能返还或者没有必要返还的,应当折价补偿。有过错的一方应当赔偿对方因此所受到的损失,双方都有过错的,应当各自承担相应的责任。

(3) 当事人恶意串通,损害国家、集体或者第三人利益的,因此取得的财产收归国家所有或者返还集体、第三人。

第四节 合同的履行

一、合同履行原则

1. 全面履行原则

当事人应当按照约定全面履行自己的义务。

2. 协作履行原则

当事人应当遵循诚实信用原则,根据合同的性质、目的和交易习惯履行通知、协助、保密等义务。

二、合同生效后有关事项未明确规定的合同履行原则

1. 合同生效后,当事人就质量、价款或者报酬、履行地点等内容没有约定或者约定不明确

的,可以协议补充。

2. 不能达成补充协议的,按照合同有关条款或者交易习惯确定。

（1）质量要求不明确的,按照国家标准、行业标准履行;没有国家标准、行业标准的,按照通常标准或者符合合同目的的特定标准履行。

（2）价款或者报酬不明确的,按照订立合同时履行地的市场价格履行;依法应当执行政府定价或者政府指导价的,按照规定履行。

（3）履行地点不明确,给付货币的,在接受货币一方所在地履行;交付不动产的,在不动产所在地履行;其他标的,在履行义务一方所在地履行。

（4）履行期限不明确的,债务人可以随时履行,债权人也可以随时要求履行,但应当给对方必要的准备时间。

（5）履行方式不明确的,按照有利于实现合同目的的方式履行。

（6）履行费用的负担不明确的,由履行义务一方负担。

3. 执行政府定价或者政府指导价合同履行原则。

执行政府定价或者政府指导价的,在合同约定的交付期限内政府价格调整时,按照交付时的价格计价。逾期交付标的物的,遇价格上涨时,按照原价格执行;价格下降时,按照新价格执行。逾期提取标的物或者逾期付款的,遇价格上涨时,按照新价格执行;价格下降时,按照原价格执行。

4. 合同履行涉及当事人之外的第三人时的履行原则。

《合同法》第六十四条规定,当事人约定由债务人向第三人履行债务的,债务人未向第三人履行债务或者履行债务不符合约定,应当向债权人承担违约责任。《合同法》第六十五条规定,当事人约定由第三人向债权人履行债务的,第三人不履行债务或者履行债务不符合约定,债务人应当向债权人承担违约责任。

三、合同履行的抗辩权

抗辩权是指在债权人行使债权时,债务人根据特定事由,对抗债权人行使债权的权利。《合同法》规定了同时履行抗辩权、后履行抗辩权和不安履行抗辩权三种情况。

（一）同时履行抗辩权

《合同法》第六十六条规定:"当事人互负债务,没有先后履行顺序的,应当同时履行。一方在对方履行之前有权拒绝其履行要求。一方在对方履行债务不符合约定时,有权拒绝其相应的履行要求。"

【案例】

A邮政局与B学校签订定做2000枚明信片的合同,B学校为庆祝建校60周年,需要印制2000枚明信片,由A邮政局负责印制。双方约定在秋季开学前5日钱货两清。A邮政局如期完成定做任务后,学校以资金周转困难为由,要求A邮政局先提供明信片,待开学后再结清货款。

问题:A邮政局是否可以拒绝向学校交付明信片?

答案:A邮政局可根据同时履行抗辩权制度拒绝向学校交付明信片。本案中,A邮政局与B学校互负债务,没有先后履行顺序,如学校不能支付款项,A邮政局可根据同时履行抗辩权制度拒绝向学校交付明信片。

（二）后履行抗辩权

《合同法》第六十七条规定："当事人互负债务，有先后履行顺序，先履行一方未履行的，后履行一方有权拒绝其履行要求。先履行一方履行债务不符合约定的，后履行一方有权拒绝其相应的履行要求。"

【案例】

甲邮局为乙公司制作庆祝乙公司成立30周年的个性化邮票一万套。甲邮局为乙公司订立的合同约定：乙公司向甲邮局购买个性化邮票8月1日前向甲邮局预先支付货款20%，余款于10月15日在邮局交付个性化邮票后2日内一次付清。另外，在合同签订五日内，乙公司提供乙公司成立30周年的图片等印制素材。乙公司以资金周转困难为由未按合同约定预先向甲邮局支付货款20%，并且一直没有提供印制素材。10月15日，乙公司要求甲邮局交付个性化邮票。

问题：根据《合同法》的规定，甲邮局应如何行使权利？

答案：甲邮局可以行使后履行抗辩权。

（三）不安抗辩权

1. 不安抗辩权的概念

不安抗辩权是指当事人互负债务，有先后履行顺序的，先履行的一方有确切证据表明另一方丧失履行债务能力时，在对方没有履行或者没有提供担保之前，有权中止合同履行的权利。

2. 行使不安抗辩权的情形

《合同法》规定，应当先履行债务的当事人，有确切证据证明对方有下列情况之一的，可以行使不安抗辩权，中止合同履行：

（1）经营状况严重恶化；

（2）转移财产、抽逃资金，以逃避债务；

（3）丧失商业信誉；

（4）有丧失或者可能丧失履行债务能力的其他情形。

3. 不安抗辩权的效力

（1）当事人中止合同履行后，应当及时通知对方；

（2）对方提供适当担保的，应当恢复履行；

（3）对方在合理期限内未恢复履行能力并且未提供适当担保的，中止履行方可以通知对方解除合同，合同自通知到达对方时解除；

（4）对方有异议的，可以请求人民法院或者仲裁机构确认解除合同的效力。

【案例】

甲报刊发行局与某杂志社双方订立期刊发行合同，期刊发行合同约定期限为一年，甲报刊发行局负责印制、发行，某杂志社负责每月两期出刊。其后某杂志社期刊内容质量下降，读者订阅越来越少。某杂志社又与另外一家公司发生债务纠纷，诉讼至法院。甲报刊发行局有确切证据证明某杂志社经营状况严重恶化。

问题:根据《合同法》规定,甲可采取的措施是什么?
答案:甲可采取的措施是行使不安抗辩权。

四、合同履行的保全

(一) 代位权

1. 代位权的概念

代位权是指债务人怠于行使其对到期债权,危及债权人债权实现时,债权人为保障自己的债权可以向人民法院以自己的名义代位行使债务人的债权。

2. 代位权行使的条件

(1) 债权人对债务人的债权合法。

(2) 债务人怠于行使其到期债权,对债权人造成损害。债务人的懈怠行为必须是债务人"不以诉讼方式或者仲裁方式"向债务人主张其享有的具有金钱给付内容的到期债权。

(3) 债务人的债权已到期,债权人的债权已到期。

(4) 债务人的债权不是专属于债务人自身的债权。

所谓"专属于债务人自身的债权"是指基于扶养关系、抚养关系、赡养关系、继承关系产生的给予请求权和劳动报酬、退休金、养老金、抚恤金、安置费、人寿保险、人身伤害赔偿请求权等权利。

代位权的行使范围以债权人的债权为限。债权人行使代位权的必要费用,由债务人负担。

【案例】

甲公司欠乙邮政速递物流公司 100 万元到期邮费无力偿还。乙邮政速递物流公司经过调查后得知下列情况:丙公司与甲公司之间存在买卖合同,甲公司已经付款,但丙公司未按期交货;甲公司与丁公司之间存在大型机器设备买卖合同,丁公司分期付款,在付清全部货款之前甲公司保留该机器设备的所有权,现丁公司已有两笔到期货款尚未支付,甲公司未采取任何措施。

问题:根据合同法律制度的规定,乙公司应通过诉讼采取哪些措施?
答案:以自己的名义请求丁公司向自己支付到期货款。

(二) 撤销权

1. 撤销权是指债权人对债务人危害其债权的行为请求法院予以撤销的权利。

2. 债权人行使撤销权的两种情况

(1) 因债务人放弃其到期债权或者无偿转让财产,对债权人造成损害的,债权人可以请求人民法院撤销债务人的行为。

(2) 债务人以明显不合理的低价转让财产,对债权人造成损害,并且受让人知道该情形的,债权人也可以请求人民法院撤销债务人的行为。

撤销权的行使范围以债权人的债权为限。债权人行使撤销权的必要费用,由债务人负担。撤销权自债权人知道或者应当知道撤销事由之日起一年内行使。自债务人的行为发生之日起五年内没有行使撤销权的,该撤销权消灭。

【案例】

甲公司欠乙公司30万元,一直无力偿付,现丙公司欠甲公司20万元,已经到期,但甲公司明示放弃对丙公司的债权。

问题:根据合同法律制度的规定,对甲公司的行为,乙公司可以采取怎样的措施?

答案:请求人民法院撤销甲公司放弃债权的行为,乙公司行使权利的必要费用可向甲公司主张。债权人行使撤销权所支付的律师代理费、差旅费等必要费用,由债务人负担;第三人有过错的,应当适当分担。

第五节 违约责任

一、违约概述

(一)违约概念

违约,是指合同当事人违反合同义务的行为。当事人一方不履行合同义务或者履行合同义务不符合约定的,即构成违约。

(二)合同当事人违反合同义务的行为分类

1. 预期违约

预期违约是指在合同有效成立后履行期限届满之前,当事人明确表示其在履行期到来后将不履行合同,或者其行为表明在履行期到来以后将不可能履行合同。预期违约包括两种形态,即明示预期违约和默示预期违约。

2. 实际违约

实际违约是指合同当事人违反合同约定的义务,在履行期限到来以后,当事人不履行或不适当履行合同义务,都构成实际违约。实际违约包括不履行合同义务、迟延履行(迟延履行包括迟延给付、迟延受领两种情况)、不完全履行(不完全履行包括瑕疵履行、部分履行)。

【案例】

某公司诉某县邮政局报刊订阅合同纠纷案

2017年12月2日,某公司向某县邮政局预订了2018年的《人民日报》《法制日报》等多种报刊,并交付了1003元的预订款。2018年1月至3月,邮政局及时送发了预订的报刊,可是从4月1日起,邮政局未做任何解释,便停送了该公司订的5种报纸。某公司多次催要,乡邮员答复说上述报纸已经停刊。于是某公司将邮政局告上法庭,要求邮政局履行报纸送发义务,并退还原告报刊费998.8元,赔偿违约金284.6元,赔偿精神损失1400元,其他经济损失138元。邮政局在接到应诉通知之后,向原告继续送发上述停送的报纸,但没有出庭应诉答辩。

启示:某公司诉某县邮政局报刊订阅合同属于实际违约,根据《中华人民共和国合同法》规定某邮政局继续履行报刊送发义务。

二、违约责任的概念和构成违约责任的条件

(一) 违约责任的概念

违约责任是指合同当事人不履行合同义务或者履行合同义务不符合约定时应承担的责任。违约金是合同当事人预定的,一方不履行合同或履行合同不符合约定条件的,应给付另一方当事人一定数额的货币。

(二) 构成违约责任的条件

(1) 从客观条件方面规定必须有违约行为。

(2) 从主观要件方面违约一方当事人存在过错。违约当事人要承担违约责任,主观上必须要有过错;在双方均有过错的情况下,过错的大小是其承担违约责任大小的依据。

(3) 须有损害事实发生。损害事实是指当事人违约给对方造成财产损害和其他不利后果。

(4) 损害事实与违约行为之间存在因果关系。

违约当事人承担赔偿责任,只限于因其违约而给对方造成的损失。对合同对方当事人的其他损失,违约人没有赔偿的义务。违约行为造成的损害包括直接损害和间接损害,对这两种损害违约人均应承担赔偿责任。

三、违约责任的承担方式

违约责任的承担方式有继续履行、采取补救措施、赔偿损失、支付违约金、支付定金。

(一) 继续履行

继续履行,也称为实际履行、强制履行,是指违约方不履行合同时,另一方有权请求法院强制违约方按照合同的约定履行义务,而不得以支付违约金或赔偿金的方式代替履行。《合同法》规定,一方不履行非金钱债务或者履行非金钱债务不符合约定的,对方可以要求继续履行,但是法律上或者事实上不能履行,债务的标的不适于强制履行或者履行费用过高,或债权人在合理期限内未请求履行的,均不适用强制履行的规定。

(二) 采取补救措施

当事人履行合同义务,质量不符合约定的,应当按照当事人的约定承担违约责任。对违约责任没有约定或者约定不明确的,受损害方根据标的性质以及损失的大小,可以合理要求对方承担修理、更换、重作、退货、减少价款或者报酬等违约责任。

(三) 赔偿损失

当事人一方不履行合同义务或者履行合同义务不符合约定,给对方造成损失的,损失赔偿额应当相当于因违约所造成的损失,包括合同履行后可以获得的利益,但不得超过违反合同一方订立合同时预见到或者应当预见到的因违反合同可能造成的损失。

(四) 支付违约金

1. 违约金的概念

违约金是对不能履行或者不能完全履行合同行为的一种带有惩罚性质的经济补偿手段,不论违约的当事人一方是否给对方造成损失,都应当支付。

2. 关于违约金的法律规定

（1）约定的违约金低于造成的损失的，当事人可以请求人民法院或仲裁机构予以增加（当事人以约定的违约金低于造成的损失为由请求增加的，应当以违约造成的损失确定违约金的数额）。

（2）约定的违约金过分高于造成的损失的，当事人可以请求人民法院或仲裁机构予以适当减少（当事人以约定的违约金过高为由请求减少的，应当以违约金超过造成的损失30%为标准适当减少）。

（五）支付定金

《担保法》中的定金是具有惩罚性违约金的作用。

（1）交付定金的一方不履行合同义务时，无权要求返还定金；收受定金的一方违约时，应双倍返还定金。

（2）合同既约定了违约金又约定了定金的，在一方违约时，另一方可以在违约金和定金两种违约责任方式中进行选择。如果要求违约方支付违约金，则不得再要求适用定金罚则。

【案例】

甲、乙签订的买卖邮票合同，约定了定金和违约金条款。甲违约给乙造成经济损失。

问题：根据《合同法》规定，乙可以追究甲违约责任的方式是什么？

答案：乙可以要求甲单独适用定金条款，也可以要求甲单独适用违约金条款。

第六节 邮政企业主要常用合同

一、买卖合同

（一）买卖合同的概念

买卖合同是出卖人转移标的物的所有权于买受人，买受人支付价款的合同。

（二）买卖合同的双方当事人的主要义务

1. 出卖人和买受人的义务

（1）出卖人的义务

出卖人的主要义务是交付标的物并转移标的物所有权。

① 出卖人应当履行向买受人交付标的物或者交付提取标的物的单证，并转移标的物所有权的义务。

② 出卖人应当按照约定或者交易习惯向买受人交付提取标的物单证以外的有关单证和资料。

③ 出卖人应当按照约定的期限交付标的物。约定交付期间的，出卖人可以在该交付期间内的任何时间交付。

④ 出卖人应当按照约定的地点交付标的物。当事人没有约定交付地点或者约定不明确，依照《合同法》有关规定双方可以协议补充；不能协议补充的，可以按照合同的有关条款或者交易习惯确定。仍不能确定的，标的物需要运输的，出卖人应当将标的物交付给第一承运人以运

交给买受人;标的物不需要运输,出卖人和买受人在订立合同时知道标的物在某一地点的,出卖人应当在该地点交付标的物;不知道标的物在某一地点的,应当在出卖人订立合同时的营业地交付标的物。

⑤ 出卖人应当按照约定的质量要求交付标的物。出卖人提供有关标的物质量说明的,交付的标的物应当符合该说明的质量要求。

⑥ 出卖人应当按照约定的包装方式交付标的物。对包装方式没有约定或者约定不明确的,应当按照通用的方式包装,没有通用方式的,应当采取足以保护标的物的包装方式。

(2) 买受人的主要义务

① 买受人收到标的物时应当在约定的检验期间内检验。没有约定检验期间的,应当及时检验。

当事人约定检验期间的,买受人应当在检验期间内将标的物的数量或者质量不符合约定的情形通知出卖人。买受人怠于通知的,视为标的物的数量或者质量符合约定。当事人没有约定检验期间的,买受人应当在发现或者应当发现标的物的数量或者质量不符合约定的合理期间内通知出卖人。买受人在合理期间内未通知或者自标的物收到之日起两年内未通知出卖人的,视为标的物的数量或者质量符合约定,但对标的物有质量保证期的,适用质量保证期,不适用该两年的规定。但是,出卖人知道或者应当知道提供的标的物不符合约定的,买受人不受前两款规定的通知时间的限制。

② 买受人应当按照约定的数额支付价款。

(三)买卖合同标的物所有权转移和风险负担

1. 买卖合同标的物所有权转移

(1) 标的物的所有权自标的物交付时起转移,但法律另有规定或者当事人另有约定的除外;

(2) 标的物毁损、灭失的风险,在标的物交付之前由出卖人承担,交付之后由买受人承担,但法律另有规定或者当事人另有约定的除外;

(3) 标的物在交付之前产生的孳息归出卖人所有,交付之后产生的孳息归买受人所有。

2. 买卖合同标的物风险负担

(1) 标的物毁损、灭失的风险,在标的物交付之前由出卖人承担,交付之后由买受人承担。

(2) 因买受人的原因致使标的物不能按照约定的期限交付的,买受人应当自违反约定之日起承担标的物毁损、灭失的风险。

(3) 出卖人出卖交由承运人运输的"在途标的物",毁损、灭失的风险自合同成立之日起由买受人承担。

(4) 当事人没有约定交付地点或者约定不明确,标的物需要运输的,出卖人将标的物交付给第一承运人后,标的物毁损、灭失的风险由买受人承担。

(5) 出卖人按照约定将标的物置于交付地点,买受人违反约定没有收取的,标的物毁损、灭失的风险自违反约定之日起由买受人承担。

(6) 出卖人未按照约定交付有关标的物的单证和资料的,不影响标的物毁损、灭失风险的转移。

(7) 因标的物不符合质量要求,致使不能实现合同目的的,买受人可以拒绝接受标的物或者解除合同。买受人拒绝接受标的物或者解除合同的,标的物毁损、灭失的风险由出卖人承担。

(8) 标的物毁损、灭失的风险由买受人承担的,不影响因出卖人履行债务不符合约定,买受人要求其承担违约责任的权利。

二、邮政报刊发行合同

(一) 党报党刊发行属于特殊服务业务,由国家邮政管理机构监管执行

《邮政法》第十五条第二款规定:邮政企业按照国家规定办理机要通信、国家规定报刊的发行,以及义务兵平常信函、盲人读物和革命烈士遗物的免费寄递等特殊服务业务。通过加强党报刊传递时限,完善党报党刊等专项检查机制,加强党报党刊的收订组织和协调工作,规范党报党刊发行工作,推动邮政党报党刊发行工作能力和水平的提升,是非常必要的。依据《中华人民共和国邮政法》、国务院发布的《国家邮政局主要职责内设机构和人员编制规定》(国办发〔2009〕21号),国家邮政局负责推进建立和完善普遍服务和特殊服务保障机制,并监督执行。

(二) 邮政报刊发行合同的主要内容

出版单位委托邮政企业发行报刊,应当与邮政企业订立发行合同。报刊社委托邮政企业发行报刊时,应当根据报刊发行的范围向指定的邮政企业或者邮政报刊发行局,出具有关主管部门批准出版和领有报纸、期刊登记证的证明。邮政企业有接办发行能力的,应当与报刊社遵循平等互利、协商一致、等价有偿的原则,按照国家有关规定签订报刊发行合同。邮政报刊发行合同,简称邮发合同,是一种具有法律约束效力的文件,须由具有法人资格的双方当事人签订。邮发合同包括以下内容:

(1) 报刊的名称、刊期、出版日期、定价;
(2) 发行费率、结算方法;
(3) 规格要求、交货时间、地点、方式及时限要求;
(4) 双方的权利义务及违约责任。

(三) 《期刊发行合同》《报纸发行合同》范本

《期刊发行合同》范本

甲　　方:
　法定代表人:
　联　系　人:
　联系方式:
　通讯地址:
　电　　话:＿＿＿＿＿＿＿＿＿＿　传真:＿＿＿＿＿＿＿＿＿＿
　电子信箱:＿＿＿＿＿＿＿＿＿＿＿＿＿＿＿＿＿＿＿＿＿＿
乙　　方:
　法定代表人:
　联　系　人:
　联系方式:
　通讯地址:

电　　话：_____　传　真：_____
电子信箱：_____

　　经友好协商，自_____年_____月_____日起，甲方委托乙方办理《_____》(国内统一刊号：_____,邮发代号：_____,以下简称本刊)的发行工作。根据《中华人民共和国合同法》及相关法律法规的规定，甲乙双方达成如下协议，共同遵守。

第一条：发行方式与发行范围
1. 甲方委托乙方以订阅、零售方式办理本刊的发行业务。
2. 甲方委托乙方在_____范围内发行本刊。
3. 甲方实行分地(印刷)发行，经中国邮政集团公司报刊发行业务主管部门同意后，可以与分地发行点邮政企业签订分地发行补充协议。

第二条：发行费用
1. 发行费：在本埠发行的，订阅为本刊定价的____%，零售为本刊零售价的____%；在外埠发行的，订阅为本刊定价的____%，零售为本刊零售价的____%，发行费在结付账款时由乙方坐扣。
2. 起点发行费：本刊期发数未达到____份，乙方按____份收取期刊起点发行费，但起点发行费最多不超过结算期内实际期发数全部定价款额的____。
3. 变动手续费：对发行全国的期刊，乙方每次收取1250元；发行全省(区、市)的，乙方每次收取250元；如通知变动时间晚于本合同约定的时间，按加急处理，发行全国的期刊，乙方每次收取3500元，发行全省的期刊，乙方每次收取350元。
4. 增刊、增页发行费：装订成册的一律按正刊发行费率计收，单页或未装订成册的单张对开的每张0.08元，大于或小于对开的按对开比例计算，但每张不少于0.04元。
5. 退款手续费：停刊、休刊、减价退款时，甲方按退款总额15％向乙方支付退款手续费。
6. 其他约定：_____。

第三条：结算方式
1. 乙方每月最后一期收齐后的3个工作日内向甲方拨付上月的期刊款。
2. 甲方开户银行名称、开户名称和账号为：
　　　　开户银行：_____
　　　　开户名称：_____
　　　　账　　号：_____

第四条：合同的履行
1. 甲方按照下列时间、地点和规格交付期刊：
(1) 交刊时间：_____。
(2) 交刊地点：_____。
(3) 交刊规格：_____。
2. 甲方应按照乙方的要数足量交付期刊，并按乙方通知数量的万分之五(至少10本)无偿加发本刊，供乙方补偿发运损耗之用。
3. 甲、乙双方定期对甲方交付的期刊数量进行抽查，整捆份数不足的，参照抽查短缺率，由甲方多印相应份数交乙方备补使用；无刊可补的，按短缺率计算出期刊短缺份数，按照定价折合成款额,由乙方在结算时坐扣,以备向订户退款。

4. 乙方应当在期刊出版日前____个工作日将期刊要数以_____(邮寄、电话、传真)方式通知甲方或者甲方指定的单位。截止日前甲方未收到乙方要数通知的,甲方应及时向乙方催要。

甲方要数联系人及电话:_____
乙方要数联系人及电话:_____

5. 甲乙双方应及时沟通情况,对读者反映的有关发行方面的问题共同协商予以解决。对未收到本刊的订阅读者,乙方应在本埠三日、外埠十五日内补投;无刊可补的,乙方应在十五天内向读者退款。

6. 甲方在交付乙方发行的期刊中携带有赠品随刊发行的,须征得乙方同意,并支付相应费用。

第五条:期刊出版情况变动

1. 本刊的出版情况应当固定。甲方确有需要年中变更期刊名称、刊期、出版日期、定价等出版情况的,须提供合法有效手续,在要数前1个月向乙方通知变动,并支付变动手续费。临时休刊、合刊、停刊、增刊增页的,须在要数前3个工作日向乙方通知变动,并支付变动手续费,增刊增页需支付增版发行费。设有分地发行点的,由甲方直接通知分地发行点邮政企业。

2. 甲方合刊要合价。对在正式合刊变动前已订合刊号中任一期的订户,乙方均发给合刊号,产生的差价损失由甲方承担。

3. 甲方年中变价的,乙方按新价与甲方结算。为维护订户利益,本着涨价不补收、减价要退款的原则,对已按照旧价向读者收订部分,涨价差额由甲方承担,并由乙方一次性在应付甲方期刊款中坐扣。

4. 遇有停刊、休刊,甲方应提前以有效方式声明公告读者。

第六条:甲方的权利与义务

1. 甲方有权要求乙方按月提供本刊在发行范围内各省(区、市)的发行份数。如有特别需求,由甲乙双方协商数据服务的内容及费用。

2. 甲方经乙方同意后,可以使用乙方信息发布平台的基本服务功能,及时了解本刊的基本发行信息,服务费由甲乙双方协商确定。

3. 甲方应当按双方约定时间、地点和规格交付本刊。

4. 在委托乙方发行本刊期间,未经甲乙双方协商一致,甲方不得另辟发行渠道,也不委托其他单位或个人办理本刊的发行工作。甲方设有读者服务部的,可以零售方式出售本刊,但不得进行批销。

5. 甲方确保本刊符合新闻出版管理部门的相关规定,并且不存在侵害他人合法权益的情形。

6. 甲方应在每期期刊封底或封面的显著位置刊印邮发代号和本期定价或零售价。

7. 甲方应积极配合乙方做好本刊的发行工作,保证印厂不得私自加印本刊流向社会或发生其他冲击邮发市场的行为。

8. 甲方应按照乙方规定的格式及时提供本刊的封面、电子样刊等电子信息,以便乙方顺利开展本刊的宣传和网上订阅业务。

9. 其他约定:_____。

第七条:乙方的权利与义务

1. 在本合同约定的发行范围内,各地邮政局均办理本刊的发行业务。
2. 乙方积极做好本刊的收订、分发、邮运、投递和零售。
3. 乙方认真组织本刊的宣传收订,并将期刊名称、邮发代号、刊期、定价列入发行范围内各省(区、市)本年度报刊收订简明目录。
4. 乙方确保将本刊(限全国公开发行期刊)的发行信息上传邮政报刊订阅网,为读者提供网上订阅服务,为本刊在邮政报刊订阅网上的宣传和与读者的信息沟通提供便利。乙方在提供推荐报刊广告宣传、调查问卷等信息沟通服务功能时,向甲方收取费用。
5. 乙方在要数前随时受理读者订阅期刊的需求,对赶不上整订要数日期的,可选择最近一期实行破订。
6. 乙方积极配合甲方开展发行宣传。如按甲方要求为甲方发放相关宣传品,所需费用由甲乙双方协商确定。
7. 乙方积极配合甲方开展各种营销策划和专项市场的开发,扩大本刊的影响力,促进发行量增长。
8. 乙方积极配合甲方开展读者市场的调研与分析,提供信息反馈。
9. 乙方协商甲方积极做好大客户的开发与维护工作。
10. 甲方按合同约定时间交齐本刊,乙方如数收齐本刊后,应在本埠城区 24 小时内投递。同时乙方应在收齐本刊后赶发____小时后有效车次发往外埠地区。
11. 其他约定:_____。

第八条:违约责任
1. 本合同有效期内,任何一方擅自解除本合同,解约方应向对方支付违约金。违约金按照本年度订销期刊流转额 40% 计算。
2. 甲方在合同有效期内违反本合同第六条第 4 款的约定,应按违约期内本刊全部邮发流转额 30% 向乙方支付违约金。乙方可以要求甲方改正以上行为。若甲方拒绝改正的,乙方有权解除合同,甲方应赔偿乙方因解除合同而遭受的损失。
3. 本刊如不符合新闻出版的相关规定,或者存在侵害他人合法权益的情形,由甲方承担相应的责任,并补偿由此给乙方造成的损失。
4. 甲方未按合同约定时间、地点、规格交付期刊或在乙方要数后变动本刊出版情况,应按当期期刊订销流转额的 2% 向乙方支付违约金。
5. 因乙方原因未将本刊列入发行区域内各省(区、市)本年度报刊收订简明目录,乙方应及时采取补救措施;给本刊收订造成损失的,乙方一次性支付违约金一万元。
6. 因乙方原因未按合同约定时间向甲方要数或发运本刊,造成甲方损失的,乙方应向甲方支付违约金。违约金按照给甲方造成损失的订销期刊总款额的 2% 计算。
7. 乙方未按照合同规定的时间与金额与甲方结算的,应当按照迟付金额每日千分之三缴纳滞纳金。
8. 其他约定:_____。

第九条:合同的解除
1. 双方协商一致,可以解除合同。
2. 有下列情形之一的,双方均可提出解除合同:
(1) 因不可抗力致使不能实现合同目的;
(2) 在履行期限届满之前,一方明确表示或者以自己的行为表明不履行主要义务;

(3) 一方迟延履行主要义务,经催告后在合理期限内仍未履行;

(4) 一方的违约行为致使不能实现合同目的;

(5) 法律规定的其他情形。

3. 一方提出解除合同,应当提前60天通知另一方。

第十条:免责条款

1. 遇不可抗力致使本合同不能履行或不能如期履行,甲乙双方均不承担违约责任。

2. 因国家有关部门政策调整致使合同不能履行,甲乙双方均不承担违约责任。

第十一条:有效期的延展

合同有效期为_____年____月____日至_____年____月____日。合同期满前经双方协商一致同意继续交乙方发行,甲方向乙方提交下一年度"报刊出版详情登记表"和"出版日期、期号对照表"的,合同有效期自动延长一年。

第十二条:合同争议解决

甲乙双方履行合同过程中产生的争议,应先协商予以解决;协商不能达成协议的,双方均可向合同签订地人民法院提起诉讼。

第十三条:附则

1. 本合同自双方法定代表人或负责人签字并加盖公章或合同专用章之日起生效。

2. 本合同正本一式_____份,双方各执_____份。

3. 本合同未尽事宜由双方充分协商后,以合同附件的形式做出补充约定。附件视为合同的组成部分,与本合同具有同等的法律效力。

甲方:_____（盖章）

法定代表人/委托代理人:_____（签名）

　　　　　　　　　　　　年　　月　　日

乙方:_____（盖章）

法定代表人/委托代理人:_____（签名）

　　　　　　　　　　　　年　　月　　日

《报纸发行合同》范本

甲　　方:

法定代表人:

联 系 人:

联系方式:

通讯地址:

电　　话:_____ 传真:_____

电子信箱:_____

乙　　　方：
　　法定代表人：
　　联 系 人：
　　联系方式：
　　通讯地址：
　　电　　　话：_____　传真：_____
　　电子信箱：_____

　　经友好协商，自_____年_____月_____日起，甲方委托乙方办理《_____》(国内统一刊号：_____，邮发代号：_____，以下简称本报)的发行工作。根据《中华人民共和国合同法》及相关法律法规的规定，甲乙双方达成如下协议，共同遵守。

　　第一条：发行方式与发行范围
　　1. 甲方委托乙方以订阅、零售方式办理本报的发行业务。
　　2. 甲方委托乙方在_____范围内发行本报。
　　3. 甲方实行分地(印刷)发行，经中国邮政集团公司报刊发行业务主管部门同意后，可以与分地发行点邮政企业签订分地发行补充协议。

　　第二条：发行费用
　　1. 发行费：在本埠发行的，订阅为本报定价的____％，零售为本报零售价的____％；在外埠发行的，订阅为本报定价的____％，零售为本报零售价的____％，发行费在结付账款时由乙方坐扣。
　　2. 起点发行费：本报期发数未达到____份，乙方按____份收取报纸起点发行费，但起点发行费最多不超过结算期内实际期发数全部定价款额的____。
　　3. 变动手续费：对发行全国的报纸，乙方每次收取1250元；发行全省(区、市)的，乙方每次收取250元；如通知变动时间晚于本合同约定的时间，按加急处理，发行全国的报纸，乙方每次收取3500元，发行全省的报纸，乙方每次收取350元。
　　4. 增版发行费：临时增版部分根据比例折算报纸定价后，按照35％～40％发行费率计收；固定增版根据比例折算报纸定价后，按照原发行费率标准收取固定增版发行费。
　　5. 退款手续费：停刊、休刊、减价退款时，甲方按退款总额15％向乙方支付退款手续费。
　　6. 其他费用：_____。

　　第三条：结算方式
　　1. 乙方每月5日前向甲方拨付上月的报款。拨付日期最后一天为法定节假日的，自动顺延至法定节假日后第一个工作日。
　　2. 甲方开户银行名称、开户名称和账号为：
　　　　开户银行：_____
　　　　开户名称：_____
　　　　账　　号：_____

　　第四条：合同的履行
　　1. 甲方按照下列时间、地点和规格交付报纸：
　　(1) 交报时间：_____。

(2) 交报地点：＿＿＿＿＿＿＿＿＿＿＿＿＿＿＿＿＿＿＿＿。
　　(3) 交报规格：＿＿＿＿＿＿＿＿＿＿＿＿＿＿＿＿＿＿＿＿。

　　2. 报纸分发、印刷不在同一场地的，由甲方用自备报皮布或其他包装材料包装后，送交乙方指定地点验收。

　　3. 甲方应按照乙方的要数足量交付报纸，并按乙方通知数量的万分之五（至少20份）无偿加发本报，供乙方补偿发运损耗之用。

　　4. 甲、乙双方定期对甲方交付的报纸数量进行抽查，如不准确，参照抽查短缺率，由甲方多印相应份数交乙方备补使用；无报可补的，按短缺率计算出报纸短缺份数，按照定价折合成款额，由乙方在结算时坐扣，以备向订户退款。

　　5. 乙方应当在报纸出版日前＿＿＿个工作日将报纸要数以＿＿＿＿＿＿（邮寄、电话、传真）方式通知甲方或者甲方指定的单位。截止日前甲方未收到要数通知的，甲方应及时向乙方催要。

　　甲方要数联系人及电话：＿＿＿＿＿＿＿＿＿＿＿＿＿＿
　　乙方要数联系人及电话：＿＿＿＿＿＿＿＿＿＿＿＿＿＿

　　6. 甲乙双方应及时沟通情况，对读者反映的有关发行方面的问题共同协商予以解决。对未收到本报的订阅读者，乙方应在本埠三日、外埠十五日内补投；无报可补的，乙方应在十五天内向读者退款。

　　7. 甲方在交付乙方发行的报纸中携带有赠品随报发行的，须征得乙方同意，并支付相应费用。

　　第五条：报纸出版情况变动

　　1. 本报的出版情况应当固定。甲方确有需要年中变更报纸名称、刊期、出版日期、定价等出版情况的，须提供合法有效手续，在要数前1个月向乙方通知变动，并支付变动手续费。临时休刊、合刊、停刊、增版的，须在要数前3个工作日向乙方通知变动，并支付变动手续费，增版需支付增版发行费。设有分地发行点的，由甲方直接通知分地发行点邮政企业。

　　2. 甲方合刊要合价。对在正式合刊变动前已订合刊号中任一期的订户，乙方均发给合刊号，产生的差价损失由甲方承担。

　　3. 甲方年中变价的，乙方按新价与甲方结算。为维护订户利益，本着涨价不补收、减价要退款的原则，对已按照旧价向读者收订部分，涨价差额由甲方承担，并由乙方一次性在应付甲方报款中坐扣。

　　4. 遇有停刊、休刊、减版，甲方应提前以有效方式声明公告读者。

　　第六条：甲方的权利与义务

　　1. 甲方有权要求乙方按月提供本报在发行范围内各省（区、市）的发行份数。如有特别需求，由甲乙双方协商数据服务的内容及费用。

　　2. 甲方经乙方同意后，可以使用乙方信息发布平台的基本服务功能，及时了解本报的基本发行信息，服务费由甲乙双方协商确定。

　　3. 甲方应当按双方约定时间、地点和规格交付本报。

　　4. 在委托乙方发行本报期间，未经甲乙双方协商一致，甲方不得另辟发行渠道，也不委托其他单位或个人办理本报的发行工作。甲方设有读者服务部的，可以零售方式出售本报，但不得进行批销。

　　5. 甲方确保本报符合新闻出版管理部门的相关规定，并且不存在侵害他人合法权益的情形。

6. 甲方应在每期报纸的报头下端刊印邮发代号和本期定价或零售价,在最后一版的最下端,刊印上期报纸开印和印完时间。

7. 甲方应积极配合乙方做好本报的发行工作,并保证印厂不得私自加印报纸流向社会或发生其他冲击邮发市场的行为。

8. 甲方应按照乙方规定的格式及时提供本报的报头、电子样刊等电子信息,以便乙方顺利开展本报的宣传和网上订阅业务。

9. 其他约定:_____。

第七条:乙方的权利与义务

1. 在本合同约定的发行范围内,各地邮政局均办理本报的发行业务。

2. 乙方积极做好本报的收订、分发、邮运、投递和零售。

3. 乙方认真组织本报的宣传收订,并将报纸名称、邮发代号、刊期、定价列入发行范围内各省(区、市)本年度报刊收订简明目录。

4. 乙方确保将本报(限全国公开发行报纸)的发行信息上传邮政报刊订阅网,为读者提供网上订阅服务,为本报在邮政报刊订阅网上的宣传和与读者的信息沟通提供便利。乙方在提供推荐报刊广告宣传、调查问卷等信息沟通服务功能时,向甲方收取费用。

5. 乙方在要数前随时受理读者订阅报纸的需求,对赶不上整订要数日期的,可选择最近一期实行破订。

6. 乙方积极配合甲方开展发行宣传。如按甲方要求为甲方发放相关宣传品,所需费用由甲乙双方协商确定。

7. 乙方积极配合甲方开展各种营销策划和专项市场的开发,扩大本报的影响力,促进发行量增长。

8. 乙方积极配合甲方开展读者市场的调研与分析,提供信息反馈。

9. 乙方协商甲方,积极做好大客户的开发与维护工作。

10. 甲方按合同约定时间交齐本报,乙方于____点____分前收齐本报,应在出版地本埠城区____点____分前投递完毕;乙方于____点____分前收齐本报,应在本埠城区实现当天投递。同时乙方应在收齐本报后____小时后赶发有效车次发往外埠地区。

11. 其他约定:_____。

第八条:违约责任

1. 本合同有效期内,任何一方擅自解除本合同,解约方应向对方支付违约金。违约金按照本年度订销报纸流转额40%计算。

2. 甲方在本合同有效期内违反本合同第六条第4款的约定,应按违约期内本报全部邮发流转额30%向乙方支付违约金。乙方可以要求甲方改正以上行为。若甲方拒绝改正的,乙方有权解除合同,甲方应赔偿乙方因解除合同而遭受的损失。

3. 本报如不符合新闻出版的相关规定,或者存在侵害他人合法权益的情形,由甲方承担相应的责任,并补偿由此给乙方造成的损失。

4. 甲方未按合同约定时间、地点、规格交付报纸或在乙方要数后变动本报出版情况,应按当期报纸订销流转额的2%向乙方支付违约金。

5. 因乙方原因未将本报列入发行区域内各省(区、市)本年度报刊收订简明目录,乙方应及时采取补救措施;给本报收订造成损失的,乙方一次性支付违约金一万元。

6. 因乙方原因未按合同约定时间向甲方要数或发运本报,造成甲方损失的,乙方应向甲方支付违约金。违约金按照给甲方造成损失的订销报纸总款额的2%计算。

7. 乙方未按照合同规定的时间与金额与甲方结算的,应当按照迟付金额每日千分之三缴纳滞纳金。

8. 其他约定:_____。

第九条:合同的解除

1. 双方协商一致,可以解除合同。

2. 有下列情形之一的,双方均可提出解除合同:

(1) 因不可抗力致使不能实现合同目的;

(2) 在履行期限届满之前,一方明确表示或者以自己的行为表明不履行主要义务;

(3) 一方迟延履行主要义务,经催告后在合理期限内仍未履行;

(4) 一方的违约行为致使不能实现合同目的;

(5) 法律规定的其他情形。

3. 一方提出解除合同,应当提前60天通知另一方。

第十条:免责条款

1. 遇不可抗力致使本合同不能履行或不能如期履行,甲乙双方均不承担违约责任。

2. 因国家有关部门政策调整致使合同不能履行,甲乙双方均不承担违约责任。

第十一条:有效期的延展

合同有效期为____年__月__日至____年__月__日。合同期满前经双方协商一致同意继续交乙方发行,甲方向乙方提交下一年度"报刊出版详情登记表"和"出版日期、期号对照表"的,合同有效期自动延长一年。

第十二条:合同争议解决

甲乙双方履行合同过程中产生争议,应先协商予以解决;协商不能达成协议的,双方均可向合同签订地人民法院提起诉讼。

第十三条:附则

1. 本合同自双方法定代理人或负责人签字并加盖公章或合同专用章之日起生效。

2. 本合同正本一式____份,双方各执____份。

3. 本合同未尽事宜由双方充分协商后,以合同附件的形式做出补充约定。附件视为合同的组成部分,与本合同具有同等的法律效力。

甲方:_____(盖章)

法定代表人/委托代理人:_____(签名)

年　　月　　日

乙方:_____(盖章)

法定代表人/委托代理人:_____(签名)

年　　月　　日

三、借款合同

(一) 借款合同的概念

借款合同是借款人向贷款人借款,到期返还借款并支付利息的合同。贷款是指贷款人对借款人提供的并按约定的利率和期限还本付息的货币资金。贷款人是指在中国境内依法设立的经营贷款业务的中资金融机构。借款人是指从经营贷款业务的中资金融机构取得贷款的法人、其他经济组织、个体工商户和自然人。

(二) 借款合同的主要内容

小额贷款是指邮政储蓄机构向单一借款人发放的、不超过一定额度的贷款,包括向县及县以下农村地区农户发放的用于满足其生产经营或日常消费资金需求的农户小额贷款,以及向城乡地区从事生产、贸易及农业部门的私营企业主、个体工商户和城镇个体经营者等微小企业主发放的用于满足其生产经营资金需求的贷款等。借款合同采用书面形式,但自然人之间借款另有约定的除外。借款合同的内容包括借款种类、币种、用途、数额、利率、期限和还款方式等条款。借款合同应设立相关条款,明确借款人不履行合同或怠于履行合同时应当承担的违约责任。借款合同的内容应当注意以下问题:

1. 借款人的主体资格

(1) 邮政储蓄银行对借款人的审查内容

第一,借款人有效身份证件的原件和复印件。目前接受的有效身份证件仅指身份证(当前在有效期内)或户口簿,且户口簿必须有客户身份证号码的记录,若使用临时身份证,则必须同时提供户口簿;农户贷款可使用身份证或户口簿,商户贷款必须使用身份证。借款人已婚的,还应提供婚姻证明材料(夫妻户口在一起的户口簿,或结婚证)原件与复印件、配偶的身份证原件与复印件。

第二,申请商户贷款的,应提供经年检合格的营业执照原件和复印件(工商部门规定不需要办理工商营业执照的可不提供),从事特许经营的,还应提供相关行政主管部门的经营许可证原件与复印件。

第三,申请商户贷款的,应提供经营场所产权证明或租赁合同(协议书),农村地区没有产权证明的可不提供。

第四,借款人为非当地常住户口的,应提供在当地经营或居住满一年的证明材料,如满一年的经营相关合同、房屋租赁合同、各类缴费单据等。

第五,申请保证贷款的,应提供保证人居民身份证(或军官证)原件和复印件、保证人证明材料(若保证人为有固定职业的自然人,应提供载明保证人姓名、工作单位、月均收入、单位联系人及联系电话并加盖单位公章的工作单位证明,若保证人单位规定不得开立单位证明,可由工作证原件和复印件及加盖单位公章的工资条等证明代替;若保证人为商户的,提供其营业执照即可)。

第六,有限责任公司个人股东申请贷款的,应提供机构代码证、税务登记证、完税证明等纳税证明材料,有限责任公司章程,证明股东股权结构的材料(如出资协议),贷款卡(如有则需提供),上年度和最近三个月的财务报表,有限责任公司主要结算账户最近 6 个月的交易明细。人民银行分支机构能提供企业征信查询服务的地区,应提供有限责任公司的企业征信报告,对于年销售额在 500 万元以上的有限责任公司,必须提供企业征信报告。

(2) 邮政储蓄银行对借款人的不予受理的几种情形:

第一,年龄在 18 岁(不含)以下,或在 60 岁(不含)以上;

第二,不能提供合法有效身份证明或固定住所证明;

第三,无固定的经营场所或经营场所超出服务范围;

第四,从事非法经营生产活动;

第五,经营时间不符合邮政储蓄银行要求的,即商户贷款申请人正常经营时间低于6个月(有限责任公司低于1年)的,农户贷款申请人经营时间低于1年的;

第六,提供虚假证明材料;

第七,农户贷款中客户家庭成员中无其他劳动力的。

2. 借款用途

借款用途为借款合同的必备条款。

(1) 农户小额贷款、商户小额贷款具体用途

农户小额贷款具体用途包括种植业、养殖业等农业生产费用贷款;购买小型农机具等农业生产设备贷款;围绕农业生产的产前、产中、产后服务等贷款;加工、手工、商业等个体经营户贷款。农户小额贷款用于非农业用途时,后续风险(指客户利用贷款从事生经营活动可能会对社会造成不良影响的风险,具体包括对环境造成污染的风险、产品由于质量问题对社会造成的风险等)必须很小,且必须满足如下条件:

① 农产品加工行业,其中食品行业必须具有卫生许可证;

② 特许经营行业,必须具有特许经营证书;

③ 医疗卫生用品制造、餐厅经营,必须有卫生许可证。

(2) 商户小额贷款具体用途

商户小额贷款可用于制造业、服务业、贸易和农业等领域,但必须适用国家和地方环保法规,具体包括投资项目,服务业项目,营运资金,购买用于进行贸易、生产或提供服务的轿车、货车、卡车、设备或房产等。有限责任公司个人股东或合伙企业合伙人贷款,贷款用途必须用于公司或企业的生产经营,不得向其他公司进行股权投资。

(3) 小额贷款发放的禁止性条款

① 严禁以任何形式向从事武器或军事设备的制造或贸易,有关濒危物种的产业或贸易,经营赌场或其他赌博设施,从事货币投机、不动产投机或任何形式的证券投资或有害环境的活动发放贷款;

② 严禁以任何形式向邮政企业或邮政企业实际控制的企业发放贷款,禁止与农资销售等邮政企业的其他业务捆绑发放小额贷款;

③ 禁止擅自与各地政府部门合作发放贴息贷款(存单质押贷款不受限),如确需开展合作须报经总行批准;

④ 禁止擅自与担保公司、财务公司、咨询公司等中介机构或其他个人合作发放小额贷款,也不得默认上述组织介绍的客户。

3. 额度、期限、利率及还款方式

(1) 额度

小额贷款额度采取授信管理,即根据客户生产经营情况、资产情况、年收入、资信状况等内容评定客户信用等级,确定客户最高授信额度。客户最高授信额度根据客户的最高偿还能力来确定:客户最高授信额度=信用系数×净收入-偿还其他借款,信用系数由客户的信用评级结果来确定,可根据实际情况浮动。单一借款人最高贷款额度原则上不得超过该客户的最高授信额度。单笔贷款最低限额1000元,最小变动单位为100元。小额贷款期限以月为单位。

(2) 利率

① 借款合同的贷款利率,应按中国人民银行规定的贷款利率上下限确定。

② 小额贷款利率实行风险定价原则,总行综合考虑资金成本、央行基准利率、通货膨胀

率、贷款损失风险、经营管理成本及市场竞争状况等因素制定全国的贷款产品利率和浮动范围。

③ 利率管理方式。各一级分行应根据自身实际经营情况和当地信贷市场竞争程度,在总行制定的贷款产品利率浮动条件、范围内确定利率浮动区间,并可对不同的分支行、不同的贷款产品、不同的客户群体确定不同的利率,报总行核准后执行。利率标准必须明确、统一,不得由信贷人员擅自决定对客户提高或降低利率。对老客户或诚信客户采取的利率优惠方式由总行确定,各一级分行确定相关参数,报总行核准后执行。小额贷款利息分为贷款本金利息和逾期本息的罚息。

(3) 利息

利息不得预先在本金中扣除。银行在发放借款时扣除全部或者部分利息或者要求借款人开设"保证金"专门利息账户的,都是无效、不受法律支持的。利息如果预先在本金中扣除,借款人只能按实际借款金额偿还本金并计收利息。贷款本金利息自放款日开始计息,计息方式有两种,即"按期计息"与"按日计息"。贷款逾期之后对逾期本息计收罚息,逾期罚息采取按日计息的方式。贷款期间,如遇利率调整,仍按合同利率执行。

(4) 小额贷款还款方式

《合同法》规定,借款人提前偿还借款的,除当事人另有约定的除外,应当依照实际借款期间计算利息。因此,借款人提前归还借款,是按照实际占用借款期间计算利息,还是支付合同约定借款期间的全部利息,或者适当降低利率,《合同法》允许当事人在借款合同中约定。小额贷款提供三种还款方式:

① 一次性还本付息法,即到期一次性偿还贷款本息,仅适用于贷款期限 3 个月(含)以内的商户小额贷款或 4 个月(含)以内的农户小额贷款。

② 等额本息还款法,即贷款期限内每月以相等的金额偿还贷款本息。

③ 阶段性等额本息还款法,即贷款宽限期内只偿还贷款利息,超过宽限期后按照等额本息还款法偿还贷款。对于商户小额贷款,贷款宽限期最长为 4 个月;对于农户小额贷款,贷款宽限期最长为 10 个月,各一级分行应根据农业生产周期或资金周转情况,在最长宽限期内合理确定当地贷款最长宽限期。

(三) 借款合同的成立

《合同法》第三十二条规定,当事人采用合同书订立合同的,自双方当事人签字或者盖章时合同成立。对于个人信贷借款合同来说,必须由借款人或者担保人本人在借款合同或者保证合同签字,并且捺手印。绝对禁止他人替代借款人、担保人签字、捺手印,否则,借款合同对借款人或者担保人不产生法律效力。

(四) 自然人之间的借款合同

(1) 自然人之间的借款合同对支付利息没有约定或者约定不明确的,视为不支付利息。

(2) 自然人之间的借款合同约定了偿还期限而借款人不按期偿还,或者未约定偿还期限但经出借人催告后借款人仍不偿还的,出借人可以要求借款人偿付逾期利息。

(3) 自然人之间的借款合同约定支付利息的,不得超过银行同期贷款利率的 4 倍。超过的,超过部分无效。

(五)《农户联保协议书》《农户保证借款及保证合同》《中国邮政储蓄银行小额贷款展期合同》《中国邮政储蓄银行商户联保补充协议书》《中国邮政储蓄银行联保小组解散说明》等合同范本。

《农户联保协议书》范本

编号：

联保小组成员声明与承诺

　　我们是讲信誉的、诚实的农户(包括农村承包经营户和在农村从事经营活动的家庭)，我们将为了家庭的幸福而辛勤劳动，我们将想尽一切办法来偿还邮政储蓄银行的贷款，我们相信"好借好还，再借不难"。

　　我们将及时、准确地向邮政储蓄机构提供办理借款所需要的信息。准时、认真参加邮政储蓄银行信贷员组织的小组会议。

　　我们将互相帮助，若借款人出现了困难，不能及时偿还贷款，其他小组成员作为担保人愿意替借款人偿还。

　　我们若不能偿还邮政储蓄银行的贷款，邮政储蓄银行可以从我们在邮政储蓄机构的储蓄账户、邮政汇款中进行扣划。

　　根据有关法律、法规，经甲方(贷款人)、乙方(联保小组成员)成员自愿、平等协商，达成以下协议：

　　第一条　乙方成员共＿＿＿人自愿遵循"自愿组合、诚实守信、风险共担"的原则，成立联保小组。

　　选举＿＿＿＿＿＿为联保小组组长，组长作为小组联系人，负责通知并召集小组成员参加小组会议，组织、配合信贷员进行贷前调查，督促小组成员按时还款、配合信贷员进行贷款逾期催收等。

　　第二条　从＿＿＿年＿＿月＿＿日起至＿＿＿年＿＿月＿＿日止，甲方可以根据乙方任一小组成员的申请，签订借款合同，在单一借款人最高贷款限额人民币(大写)＿＿＿＿＿＿元内发放贷款。具体借款的金额、期限、用途、利率和还款方式以借款合同和借据为准。借款合同有效期内，借款利率保持不变。

　　第三条　当乙方成员的全部贷款还清时，经联保小组成员协商一致，联保小组可以解散。联保小组解散需要由联保小组全体成员填写《中国邮政储蓄银行联保小组解散说明》提交贷款人，贷款人核实联保小组成员已全部还清贷款后，批准联保小组解散。乙方成员未全部还清邮政储蓄银行贷款前，联保小组不得解散，小组成员均不能退出小组。

　　第四条　甲方根据乙方成员具体经营和家庭情况，在小组成员已全部还清贷款的前提下，可以提前解散联保小组。

　　第五条　乙方任一成员自愿为甲方向联保小组其他成员发放的贷款提供连带责任保证。甲方和乙方任一成员签订借款合同时，不需逐笔办理保证手续，乙方其他成员均承担连带保证责任。

　　第六条　作为保证人的联保小组成员的权利义务

　　(一)保证方式为连带责任保证，任一联保小组成员向贷款人借款均由联保小组的所有其他成员提供连带责任保证；

　　(二)保证期间从借款之日起至借款到期后二年。借款人申请展期的，保证人继续承担保证责任，保证期间顺延至展期贷款到期后二年。

（三）保证范围包括借款的本金、利息、罚息、逾期利息、复息、违约金、损害赔偿金和因借款人违约致使贷款人采取诉讼方式所支付的律师费、差旅费及贷款人实现债权的其他费用；

（四）不论借款用于何种用途，均不影响保证人承担连带保证责任；

（五）因借款人违反借款合同，贷款人有权提前收回尚未到期的贷款，保证人承担连带保证责任；

（六）督促借款人履行协议约定，当借款人发生贷款挪用或其他影响贷款偿还的情况时，及时报告贷款人；

（七）保证人同意，保证人承担保证责任所应支付的一切款项（含本金、利息及其他费用），可由贷款人在保证人的任何账户内扣收。

第七条　本协议发生纠纷的，由甲方和乙方友好平等协商解决。解决不成的，任何一方均可向＿＿＿＿＿＿＿＿＿人民法院提起诉讼。

第八条　本协议一式＿＿＿份，联保小组成员各持一份，贷款人持一份。本协议自各方签章（字）之日起生效。

甲方（贷款人）法定代表人或其授权人签字：　　　　　　　　（公章）

　　　　　　　　　　　　　　　　　　　　　　　　年　　月　　日

乙方（联保小组成员）签字及手印：
＿＿＿＿＿（证件类型：＿＿＿＿＿证件号码：＿＿＿＿＿）　　年　月　日
＿＿＿＿＿（证件类型：＿＿＿＿＿证件号码：＿＿＿＿＿）　　年　月　日
＿＿＿＿＿（证件类型：＿＿＿＿＿证件号码：＿＿＿＿＿）　　年　月　日

《农户保证借款及保证合同》范本

合同编号：

借款人和担保人的声明和承诺

我们是讲信誉的人，我们是诚实的人，我们将为了家庭的幸福而合法经营、辛勤劳动，我们将尽一切办法偿还邮政储蓄的贷款，我们相信"好借好还，再借不难"。

我和我的家人（包括共同生活的配偶、子女、父母）承诺为借款人提供连带责任担保，我和我的家人的全部财产并没有分别所有的约定和划分。

我们已经认真阅读了合同的全部内容，我们理解并接受合同的所有约定。

我们将互相帮助，如果借款人出现了困难，不能及时偿还全部贷款，担保人愿意替其偿还。

担保人同意借款人不按时、足额归还贷款时，贷款人可以根据合同的约定，行使担保权利，收回贷款。

根据有关法律、法规，经贷款人（甲方）、借款人（乙方）和担保人（丙方、丁方）自愿、平等协商，达成以下协议：

第一条　甲方将通过乙方在甲方开立的邮政储蓄个人结算账户发放贷款，账户户名：＿＿＿＿＿＿，账号：＿＿＿＿＿＿＿＿＿＿＿＿＿＿＿。乙方承诺未经甲方许可不撤销此账户。

第二条　贷款的金额、用途、利率、期限如下：

金额	人民币(大写)　拾万　万　仟　佰圆整			拾万	万	仟	佰	拾	元
								0	0
期限	月(从 200　　年　　月　　日至 200　　年　　月　　日)								
利率	年利率为　　　％(月利率　　　‰)。贷款合同期限内,该利率保持不变。								
用途									

实际放款日与还款日以借款借据为准,借款借据为本合同的附件,与本合同具有同等法律效力。

第三条　贷款利率调整。本合同贷款利率生成方式为:_____(一)固定利率;(二)在基准利率基础上浮动比例_____％;(三)在基准利率基础上浮动值_____。在本合同签订后、放款前,如遇中国人民银行调整法定利率的,甲方可按照利率生成方式直接执行调整后的利率;在本合同项下贷款实际发放后,如遇中国人民银行调整法定利率:(一)贷款期限在一年内(含一年)的,本合同利率不调整;(二)贷款期限在一年以上的,当年仍执行调整前利率,合同生效后每满一年(分笔拨付的以第一笔贷款发放日为准),按相应利率档次执行调整后的利率。

第四条　甲方应在本合同签订后_____个工作日内完成贷款发放工作。

第五条　合同中的借款自甲方将资金划转入乙方指定的邮政储蓄个人结算账户之日起计息。贷款利息从贷款到账之日起,按照实际到账金额和占用天数计收。对于采用分期还款方式的贷款,以每年 360 天为基数,按期计算贷款利息,每期任何一个时点,均需偿还贷款整期的利息。

第六条　甲乙双方商定,自贷款发放次月起,乙方按月归还贷款本息,还款日为每月_____日(一次性还本付息为贷款到期日)。乙方自愿按下列第_____种方式归还贷款本息(具体还款金额以还款计划表为准):

(一)一次还本付息:贷款到期日一次性偿还贷款本息之和_____元;

(二)等额本金还款法:每月等额偿还贷款本金_____元,并结清当月利息,首月利息_____元,以后利息逐月递减;

(三)等额本息还款法:每月等额偿还贷款本息_____元;

(四)阶段性等额本金还款法:贷款前_____个月只按月偿还当月利息,不偿还本金。此后,按照等额本金还款法偿还,即每月归还贷款本金_____元,同时结清当月利息。

(五)阶段性等额本息还款法:贷款前_____个月只按月偿还当月利息,不偿还本金。此后,按照等额本息还款法偿还,即每月归还贷款本息_____元。

第七条　乙方应在还款日当天 16:00 之前,将当月应还贷款本息存入乙方在甲方开立的邮政储蓄个人结算账户(户名及账号同放款账户),并授权甲方从该账户扣收当月应还贷款本息。

第八条　提前还款应符合以下约定:

(1)贷款期限在一年以内(含一年)的,不得提前归还部分本金;

(2)提前还款日应为本合同约定的还款日,且不能为利率调整日;

(3)提前还款金额应不少于该贷款最低提前还款限额;

(4)提前还款时应结清已还本金的利息,对提前归还的贷款本金,甲方不退还已计收的

利息;

(5) 乙方要求提前还款应在还款日前至少提前3个银行工作日向甲方提出书面申请,经甲方同意后,双方应另行签订书面协议,载明提前还款后的剩余本金、剩余还款期数和月还款额。协议生效且提前还款资金到账后,方可办理有关手续;

(6) 乙方经甲方同意后提前归还部分本金且缩短还款期数的,剩余的贷款本金仍适用本合同约定利率。

第九条 贷款担保方式。丙方和丁方作为保证人对本合同项下贷款本息和违约金、实现债权的费用等提供连带责任保证。担保期间从借款之日起至借款到期后二年。借款人申请展期的,担保人继续承担担保责任,担保期间顺延至展期贷款到期后二年。

第十条 乙方的权利和义务
(一) 乙方有权要求甲方按合同约定发放贷款。
(二) 合同期内,如果乙方经营的企业或店铺需要进行承包、租赁或兼并、分立、联营等变更的,应提前5日通知甲方。经甲方书面同意后,乙方方可实施前述变更行为。
(三) 乙方应向甲方提供其拥有或经营的企业或店铺的进货、销货单等全部财务和经营资料,并保证资料和信息的真实性。
(四) 借款期内直至还清甲方贷款本息之前,未经甲方同意,乙方不得以个人和其拥有或经营的企业、店铺的名义对外提供任何保证、抵押、质押担保。
(五) 乙方必须按照合同约定用途使用贷款,不得违反法律、法规、规章的规定,将资金投向禁止或限制的产业。

第十一条 甲方的权利和义务
(一) 甲方应按合同约定向乙方发放贷款。
(二) 甲方有权定期或不定期地对乙方资金和生产经营情况进行监督,对乙方贷款资金使用情况进行检查,乙方应予以积极配合。
(三) 甲方有权向乙方获取相关财务和生产经营的资料和信息。

第十二条 合同的解除、变更和展期
合同生效后,任何一方不得擅自解除合同。合同期间,需要变更合同要素的,甲乙双方应协商一致并签订书面补充协议。在不加重担保人担保责任的前提下,担保人应继续承担担保责任。

贷款到期前,由于客观情况发生变化,乙方经过努力仍然不能按时还清贷款的,可以向甲方申请展期。乙方应将书面展期申请在贷款到期前10天提交甲方。甲方审查同意后,与乙方签订展期协议。

第十三条 乙方同意所应支付的一切款项(含本金、利息及其他费用),可由甲方(或商请其他行、社)在乙方的任何账户内扣收。

第十四条 违约责任
(一) 乙方违约
1. 乙方未按时足额偿还贷款本金、支付利息的,甲方有权按逾期罚息利率对逾期本金计收利息,对应付未付利息计收复利,逾期罚息利率为合同约定贷款利率上加收_____%;
2. 乙方未按合同约定用途使用贷款的,甲方有权按挪用贷款罚息利率对挪用贷款本金计收利息,挪用贷款罚息利率为合同约定贷款利率加收_____%;
3. 乙方提前偿还贷款本金的,应按提前偿还贷款本金的_____%支付违约金;

4. 乙方违反本合同任一条款时,甲方有权停止本合同尚未发放的贷款或提前收回尚未到期的贷款,并要求乙方承担损害赔偿责任。

(二)甲方违约

在乙方完全履行本协议约定义务且满足放款条件的前提下,甲方不能按本合同约定时间和金额提供贷款的,按违约数额和延期天数向乙方支付日利率万分之二点一的违约金。

第十五条 若乙方不能按时归还贷款本息,必须为前去调查情况的邮政储蓄机构工作人员免费提供与自己同样的食物和住宿,直至乙方偿清所欠的全部本金、利息、违约金为止。

第十六条 若乙方、丙方或丁方有能力履行义务却拒不履行的,甲方有权在公开场合重复公布其姓名及拖欠情况,措施不限于广播、张贴布告等,直至乙方或保证人偿还所欠的全部本金、利息、违约金为止。

第十七条 因本合同发生的争议,合同各方应协商解决,协商不成的,任何一方均可向_____人民法院提起诉讼。

第十八条 本合同自甲方的法定代表人或由其授权的代理人、乙方和担保人签字,并加盖公章或手印之日起生效。

第十九条 本合同正本一式_____份,贷款人、借款人和担保人各执一份,具有同等法律效力。合同未尽事宜,各方可以另行签订补充协议,补充协议与本合同具有同等法律效力

甲方法定代表人或其授权人(签字):_____

年　　月　　日

乙方(借款人签字及手印):
_____(证件类型:_____证件号码:_____)

年　　月　　日

丙方(保证人签字及手印):
_____(证件类型:_____证件号码:_____)

年　　月　　日

《中国邮政储蓄银行小额贷款展期合同》范本

合同编号:

鉴于贷款人(甲方)、借款人(乙方)和担保人_____、_____、_____签订的《中国邮政储蓄银行_____合同》(合同号:_____)(以下简称原合同)的借款不能按期还款,借款人申请展期,担保人同意继续提供担保,贷款人同意对原借款合同项下的借款展期。经各方平等协商,达成以下协议:

第一条 原合同金额为人民币_____元,展期金额和期限如下:

原合同贷款到期日和金额				展期后到期日和金额			
年	月	日	金额(元)	年	月	日	金额(元)

第二条　展期期间借款年利率____％（月利率____‰）。

第三条　借款人和担保人自愿承担以下义务：

（一）原借款有抵押或质押担保的，担保人继续承担担保责任。如展期后借款到期日超过原抵押或质押财产保险到期日的，借款人和担保人负责抵押、质押财产的续保险手续。

（二）原借款合同有保证担保的，担保人自愿继续承担连带保证责任，保证期间为借款展期到期后2年；若发生法律规定或原借款合同约定的事项，导致债务提前到期的，保证期间为提前到期之日起2年。

（三）展期产生的相关费用，由借款人承担。

第四条　本合同是对《中国邮政储蓄银行_____合同》（合同编号：_____）的补充和变更，除涉及上述内容的条款外，原借款合同和担保合同、联保协议等合同继续有效。

第五条　本协议自各方签字并签章（按手印）之日起生效。

第六条　本协议一式____份，各方当事人各持一份。

甲方法定代表人或其授权人（签字）：_____甲方（公章）

　　　　　　　　　　　　　　　　　　　　　　年　　月　　日

乙方（借款人签字及手印）：_____

　　　　　　　　　　　　　　　　　　　　　　年　　月　　日

担保人（担保人签字及手印）：_____、_____、_____

　　　　　　　　　　　　　　　　　　　　　　年　　月　　日

《中国邮政储蓄银行商户联保补充协议书》范本

编号：

根据有关法律、法规和《中国邮政储蓄银行商户联保协议书》（编号：_____），_____、_____、_____等三人自愿遵循"自愿组合、诚实守信、风险共担"的原则，成立联保小组。

为了进一步提高联保小组成员_____的偿债能力和联保能力，（身份证号码：_____）愿意作为其担保人，对其向贷款人偿还贷款本息和向其他小组成员的担保承担连带保证责任。

本协议一式两份，贷款人和联保小组成员的保证人各持壹份。本协议自各方签章（字）之日起生效。

贷款人法定代表人或其授权人签字：_____　　（公章）

　　　　　　　　　　　　　　　　　　　　　　年　　月　　日

_____的担保人签字及手印：_____

　　　　　　　　　　　　　　　　　　　　　　年　　月　　日

中国邮政储蓄银行联保小组解散说明

中国邮政储蓄银行：
根据《中国邮政储蓄银行农户/商户联保协议书》（编号：_____），我们____人（_____）共同组成联保小组向中国邮政储蓄银行申请贷款。截至____年____月____日，我们向中国邮政储蓄银行借入资金的本金和利息已经全部偿清。经我们友好协商，我们决定解散联保小组。

从我们收到贵行对我们贷款结清的确认信息起，联保小组自动解散。

联保小组成员（签字加盖手印）：

年　　月　　日

四、运输合同

（一）运输合同的概念和特点

1. 运输合同的概念

运输合同是承运人将旅客或者货物从起运地点运输到约定地点，旅客、托运人或者收货人支付票款或者运输费用的合同。运输合同除了适用《合同法》外，还要适用《中华人民共和国铁路法》《中华人民共和国民用航空器法》《中华人民共和国海商法》等。

2. 运输合同的特点

（1）运输合同的主体是承运人、托运人和旅客；

（2）承运人应当在约定期间或者合理期间内将旅客、货物安全运输到约定地点；

（3）承运人应当按照约定的或者通常的运输路线将旅客、货物运输到约定地点；

（4）旅客、托运人或者收货人应当支付票款或者运输费用。承运人未按照约定路线或者通常路线运输增加票款或者运输费用的，旅客、托运人或者收货人可以拒绝支付增加部分的票款或者运输费用。

运输合同主要分为客运合同、货运合同和多式联运合同。

（二）货运合同

1. 托运人的权利和义务

（1）托运人办理货物运输，应当向承运人准确表明收货人的名称或者姓名或者凭指示的收货人，货物的名称、性质、重量、数量，收货地点等有关货物运输的必要情况。

（2）因托运人申报不实或者遗漏重要情况，造成承运人损失的，托运人应当承担损害赔偿责任。

（3）货物运输需要办理审批、检验等手续的，托运人应当将办理完有关手续的文件提交承运人。

（4）托运人应当按照约定的方式包装货物。对包装方式没有约定或者约定不明确的，依照《合同法》仍不能确定的,应当按照通用的方式包装,没有通用方式的,应当采取足以保护标的物的包装方式。托运人违反前款规定的,承运人可以拒绝运输。

(5) 托运人托运易燃、易爆、有毒、有腐蚀性、有放射性等危险物品的,应当按照国家有关危险物品运输的规定对危险物品妥善包装,做出危险物标志和标签,并将有关危险物品的名称、性质和防范措施的书面材料提交承运人。

(6) 托运人违反前款规定的,承运人可以拒绝运输,也可以采取相应措施以避免损失的发生,因此产生的费用由托运人承担。

(7) 在承运人将货物交付收货人之前,托运人可以要求承运人中止运输、返还货物、变更到达地或者将货物交给其他收货人,但应当赔偿承运人因此受到的损失。

2. 承运人的权利和义务

(1) 货物运输到达后,承运人知道收货人的,应当及时通知收货人,收货人应当及时提货。收货人逾期提货的,应当向承运人支付保管费等费用。

(2) 收货人提货时应当按照约定的期限检验货物。对检验货物的期限没有约定或者约定不明确,依照《合同法》仍不能确定的,应当在合理期限内检验货物。收货人在约定的期限或者合理期限内对货物的数量、毁损等未提出异议的,视为承运人已经按照运输单证的记载交付的初步证据。

(3) 承运人对运输过程中货物的毁损、灭失承担损害赔偿责任,但承运人证明货物的毁损、灭失是因不可抗力、货物本身的自然性质或者合理损耗以及托运人、收货人的过错造成的,不承担损害赔偿责任。

(4) 货物的毁损、灭失的赔偿额,当事人有约定的,按照其约定;没有约定或者约定不明确,依照《合同法》仍不能确定的,按照交付或者应当交付时货物到达地的市场价格计算。法律、行政法规对赔偿额的计算方法和赔偿限额另有规定的,依照其规定。

(5) 两个以上承运人以同一运输方式联运的,与托运人订立合同的承运人应当对全程运输承担责任。损失发生在某一运输区段的,与托运人订立合同的承运人和该区段的承运人承担连带责任。

(6) 货物在运输过程中因不可抗力灭失,未收取运费的,承运人不得要求支付运费;已收取运费的,托运人可以要求返还。

(7) 托运人或者收货人不支付运费、保管费以及其他运输费用的,承运人对相应的运输货物享有留置权,但当事人另有约定的除外。收货人不明或者收货人无正当理由拒绝受领货物的,承运人可以提存货物。

(三) 多式联运合同

(1) 多式联运经营人负责履行或者组织履行多式联运合同,对全程运输享有承运人的权利,承担承运人的义务。

(2) 多式联运经营人可以与参加多式联运的各区段承运人就多式联运合同的各区段运输约定相互之间的责任,但该约定不影响多式联运经营人对全程运输承担的义务。

(3) 多式联运经营人收到托运人交付的货物时,应当签发多式联运单据。按照托运人的要求,多式联运单据可以是可转让单据,也可以是不可转让单据。

(4) 因托运人托运货物时的过错造成多式联运经营人损失的,即使托运人已经转让多式联运单据,托运人仍然应当承担损害赔偿责任。

（5）货物的毁损、灭失发生于多式联运的某一运输区段的,多式联运经营人的赔偿责任和责任限额,适用调整该区段运输方式的有关法律规定。货物毁损、灭失发生的运输区段不能确定的,依照合同的规定承担损害赔偿责任。

思 考 题

一、判断题

1. 定金是具有惩罚性违约金的作用,给付一方定金的一方不履行约定的债务的,应当双倍返还定金;收受一方不履行约定的债务的,无权要求返还定金。（　　）
2. 对格式条款的理解发生争议的,应当按照通常的理解予以解释。对格式条款有两种以上解释的,应当做出有利于提供格式条款一方的解释。（　　）
3. "绿卡在手,走遍神州"的邮政储蓄广告属于要约邀请。（　　）
4. 限制民事行为能力人订立的合同,经法定代理人追认后,该合同有效,但纯获利益的合同或者与其年龄、智力、精神健康状况相适应而订立的合同,必经法定代理人追认。（　　）

二、简答题

1. 合同的概念和特征是什么?
2. 合同的订立过程经过哪两个阶段?
3. 什么是要约?什么是要约邀请?两者有什么区别?
4. 什么是承诺?简述承诺的构成要件。
5. 合同生效的条件是什么?
6. 什么是无效合同和可撤销合同?
7. 简述快递合同双方当事人的权利和义务。
8. 简述买卖合同双方当事人的权利和义务。
9. 简述借款合同双方当事人的权利和义务。
10. 什么是多式联运合同?

三、案例分析题

1. 摄影家李某送给邮政商函局王经理一幅其独立创作完成的摄影作品。王经理认为该摄影作品突出表现了该省的风光,为此,经过申报批准用该摄影作品印发了一枚风光明信片,发行并出售。李某知道后,认为王经理没经过他许可就用他的摄影作品印风光明信片发行出售,应给他著作权许可使用费一万元。王经理则认为该作品是李某送给自己的,所有权属于自己,他可以不经李某许可,自行决定如何使用。双方发生纠纷诉到法院。回答下列问题:

（1）李某向王经理要著作权许可使用费合理吗?为什么?
（2）王经理如果与李某签订著作权许可使用合同后再印风光明信片,是否可以避免纠纷?
（3）王经理与李某签订许可使用合同应包括哪些主要内容?应当注意哪些问题?

2. 某年2月10日,甲公司与乙公司签订一份购买1000台A型微波炉的合同,约定由乙公司3月10日前办理托运手续,货到付款。乙公司如期办理了托运手续,但装货时多装了50

台B型微波炉。甲公司于3月13日与丙公司签订合同,将处于运输途中的前述合同项下的1000台A型微波炉转卖给丙公司,约定货物质量检验期为货到后10天内。3月15日,上述货物在运输途中突遇山洪暴发,致使100台A型微波炉受损报废。

问题:对因山洪暴发报废的100台微波炉,应当由谁承担风险损失?为什么?

第六章　电子商务法律实务

【学习目标】

　　了解新《电子商务法》的背景、意义
　　掌握电子商务经营者的一般规定
　　掌握电子商务平台经营者的法律制度的规定
　　掌握电子商务合同的订立与履行
　　掌握电子商务争议解决

【能力目标】

　　学会订立电子商务合同
　　能够正确地分析电子商务合同的相关案例
　　能够正确地运用跨境电子商务合同的主要条款

【导入案例】

电子商务经营者随意毁约法律纠纷案[①]

　　一些电商低价促销,但在消费者付款成功后又随意取消订单的情况屡见不鲜。2017年,某市消协开展调查共征集到电商"砍单"案例148件。其中,有超过一半的"砍单"案例发生在平台内商家,其次是电商平台自营和厂家官网。"砍单"的理由主要有商品缺货、操作失误、系统出错、产品质量、订单异常等。调查针对8个大型电商平台的网站页面、注册用户和购买下单过程进行体验,其中有6个网站利用格式条款规定,消费者成功下单并付款后,并不代表双方已建立合同关系,只有商家确认发货后,才算合同成立。有的网站甚至规定,在任何情况下,由于商品缺货对消费者带来任何损失不负任何责任。

　　评析:依据《电子商务法》第四十九条规定,电子商务经营者发布的商品或者服务信息符合要约条件的,用户选择该商品或者服务并提交订单成功,合同成立。当事人另有约定的,从其约定。电子商务经营者不得以格式条款等方式约定消费者支付价款后合同不成立;格式条款等含有该内容的,其内容无效。

　　从本案例中可以看出:电子商务经营者发布信息符合要约条件的,用户选择商品或者服务并提交订单成功,该合同成立。平台经营者、平台内电商不得以格式条款等方式,为自己的毁约行为制造借口。格式条款等含有消费者支付价款后合同不成立的,其内容无效。

---

　　① 摘编自 http://www.sohu.com,中消协解读《电子商务法》十大亮点,2018.9。

【引导问题】

电子商务经营者的一般规定是什么？电子商务合同如何订立与履行？带着这些问题，我们走进本章的学习。

第一节 电子商务概述

一、电子商务的概述

电子商务是指通过互联网等信息网络销售商品或者提供服务的经营活动。

电子商务的创新发展。国家鼓励发展电子商务新业态，创新商业模式，促进电子商务技术研发和推广应用，推进电子商务诚信体系建设，营造有利于电子商务创新发展的市场环境，充分发挥电子商务在推动高质量发展、满足人民日益增长的美好生活需要、构建开放型经济方面的重要作用。

商务活动的线上线下平等。国家平等对待线上线下商务活动，促进线上线下融合发展，各级人民政府和有关部门不得采取歧视性的政策措施，不得滥用行政权力排除、限制市场竞争。

电子商务的部门监管。国务院有关部门按照职责分工负责电子商务发展促进、监督管理等工作。县级以上地方各级人民政府可以根据本行政区域的实际情况，确定本行政区域内电子商务的部门职责划分。

电子商务的协同监管。国家建立符合电子商务特点的协同管理体系，推动形成有关部门、电子商务行业组织、电子商务经营者、消费者等共同参与的电子商务市场治理体系。

电子商务的行业自律。商务行业组织按照本组织章程开展行业自律，建立健全行业规范，推动行业诚信建设，监督、引导本行业经营者公平参与市场竞争。

二、《电子商务法》概述

2018年8月31日，第十三届全国人民代表大会常务委员会第五次会议通过《中华人民共和国电子商务法》（以下简称《电子商务法》），2019年1月1日起实施。《电子商务法》是一个新兴的综合法律规范，分总则、电子商务经营者、电子商务合同的订立与履行、电子商务争议解决、电子商务促进、法律责任、附则等七章八十九条。

1.《电子商务法》的基本原则

电子商务经营者从事经营活动，应当遵循自愿、平等、公平、诚信的原则，遵守法律和商业道德，公平参与市场竞争，履行消费者权益保护、环境保护、知识产权保护、网络安全与个人信息保护等方面的义务，承担产品和服务质量责任，接受政府和社会的监督。

2.《电子商务法》的立法目的

《电子商务法》的立法目的是保障电子商务各方主体的合法权益，规范电子商务行为，维护市场秩序，促进电子商务持续健康发展。

3.《电子商务法》的适用范围

根据《电子商务法》第二条第一款和第三款规定："中华人民共和国境内的电子商务活动，

适用本法。法律、行政法规对销售商品或者提供服务有规定的,适用其规定。金融类产品和服务,利用信息网络提供新闻信息、音视频节目、出版以及文化产品等内容方面的服务,不适用本法。"国家建立符合电子商务特点的协同管理体系,推动形成有关部门、电子商务行业组织、电子商务经营者、消费者等共同参与的电子商务市场治理体系。电子商务行业组织按照本组织章程开展行业自律,建立健全行业规范,推动行业诚信建设,监督、引导本行业经营者公平参与市场竞争。

第二节　电子商务经营者法律制度

一、电子商务经营者的概述

1. 电子商务经营者的概念

《电子商务法》第九条规定,本法所称电子商务经营者,是指通过互联网等信息网络从事销售商品或者提供服务的经营活动的自然人、法人和非法人组织,包括电子商务平台经营者、平台内经营者以及通过自建网站、其他网络服务销售商品或者提供服务的电子商务经营者。

2. 电子商务经营者的种类

《电子商务法》规定了电子商务经营者的种类,主要有电子商务平台经营者、平台内经营者以及通过自建网站、其他网络服务销售商品或者提供服务的电子商务经营者。

（1）电子商务平台经营者,是指在电子商务中为交易双方或者多方提供网络经营场所、交易撮合、信息发布等服务,供交易双方或者多方独立开展交易活动的法人或者非法人组织。

（2）平台内经营者,是指通过电子商务平台销售商品或者提供服务的电子商务经营者。

（3）自建网站、其他网络服务销售商品或者提供服务的电子商务经营者。

二、电子商务经营者的一般规定

1. 电子商务经营者应当依法办理市场主体登记与例外情况

从法律规定来说,电子商务经营者应当依法办理市场主体登记。但是,个人销售自产农副产品、家庭手工业产品,个人利用自己的技能从事依法无须取得许可的便民劳务活动和零星小额交易活动,以及依照法律、行政法规不需要进行登记的除外。

2. 电子商务经营者应当依法履行纳税义务,并依法享受税收优惠

个人销售自产农副产品、家庭手工业产品,个人利用自己的技能从事依法无须取得许可的便民劳务活动和零星小额交易活动的经营者,不需要办理市场主体登记的电子商务经营者在首次纳税义务发生后,应当依照税收征收管理法律、行政法规的规定申请办理税务登记,并如实申报纳税。

3. 电子商务活动与行政许可的关系

电子商务经营者从事经营活动,依法需要取得相关行政许可的,应当依法取得行政许可。

4. 电子商务经营的合法性要求

电子商务经营者销售的商品或者提供的服务应当符合保障人身、财产安全的要求和环境保护要求,不得销售或者提供法律、行政法规禁止交易的商品或者服务。

5. 电子商务经营者的发票提供义务

电子商务经营者销售商品或者提供服务应当依法出具纸质发票或者电子发票等购货凭证或者服务单据。电子发票与纸质发票具有同等法律效力。

6. 电子商务经营者的信息公示义务

电子商务经营者应当在其首页显著位置,持续公示营业执照信息、与其经营业务有关的行政许可信息、属于不需要办理市场主体登记情形(个人销售自产农副产品、家庭手工业产品,个人利用自己的技能从事依法无须取得许可的便民劳务活动和零星小额交易活动的经营活动主体)等信息,或者上述信息的链接标识。

如果信息发生变更的,电子商务经营者应当及时更新公示信息。

7. 电子商务经营者终止活动时的公示义务

电子商务经营者自行终止从事电子商务的,应当提前三十日在首页显著位置持续公示有关信息。

8. 电子商务经营者对消费者知情权保障义务

电子商务经营者应当全面、真实、准确、及时地披露商品或者服务信息,保障消费者的知情权和选择权。电子商务经营者不得以虚构交易、编造用户评价等方式进行虚假或者引人误解的商业宣传,欺骗、误导消费者。

【案例】

消费者给予网络购物盒装牛奶部分变质差评,电子商务平台删除该评价投诉案

某市消费者李女士在某购物网站平台购买品牌牛奶,快递员送达时,李女士发现外包装已经破损,但是内件盒装牛奶没有破损,如果退货还需要支付运费,因此签收了快件。当天打开几盒牛奶后,发现牛奶已经呈现豆腐渣状。因此,李女士将商品后拍照上传到某购物网站平台,并对此次购买给予差评,但是该评价一直看不到。李女士认为,消费评价应该真实有效,故投诉该平台不顾消费者感受删除差评的行为违反了《电子商务法》。

启示:《电子商务法》第十七条规定了电子商务经营者对消费者知情权保障义务。电子商务平台经营者应当建立健全信用评价制度,公示信用评价规则,为消费者提供对平台内销售的商品或者提供的服务进行评价的途径。电子商务平台经营者不得删除消费者对其平台内销售的商品或者提供的服务的评价。

9. 电子商务经营者向消费者提供搜索结果和发送广告时的义务

电子商务经营者根据消费者的兴趣爱好、消费习惯等特征向其提供商品或者服务的搜索结果的,应当同时向该消费者提供不针对其个人特征的选项,尊重和平等保护消费者合法权益。电子商务经营者向消费者发送广告的,应当遵守《中华人民共和国广告法》的有关规定。

10. 电子商务经营者搭售时应当履行的义务

电子商务经营者搭售商品或者服务,应当以显著方式提请消费者注意,不得将搭售商品或者服务作为默认同意的选项。

11. 电子商务经营者的交付义务与风险规则

电子商务经营者应当按照承诺或者与消费者约定的方式、时限向消费者交付商品或者服务,并承担商品运输中的风险和责任。但是,消费者另行选择快递物流服务提供者的除外。

12. 电子商务经营者的押金退还义务

电子商务经营者按照约定向消费者收取押金的,应当明示押金退还的方式、程序,不得对押金退还设置不合理条件。消费者申请退还押金,符合押金退还条件的,电子商务经营者应当及时退还。

13. 电子商务经营者不得滥用市场支配地位

电子商务经营者因其技术优势、用户数量、对相关行业的控制能力以及其他经营者对该电子商务经营者在交易上的依赖程度等因素而具有市场支配地位的,不得滥用市场支配地位,排除、限制竞争。

14. 电子商务经营者合法收集使用用户信息的义务

电子商务经营者收集、使用其用户的个人信息,应当遵守法律、行政法规有关个人信息保护的规定。

15. 用户处置自身信息时电子商务经营者的义务

电子商务经营者应当明示用户信息查询、更正、删除以及用户注销的方式、程序,不得对用户信息查询、更正、删除以及用户注销设置不合理条件。

电子商务经营者收到用户信息查询或者更正、删除的申请的,应当在核实身份后及时提供查询或者更正、删除用户信息。用户注销的,电子商务经营者应当立即删除该用户的信息;依照法律、行政法规的规定或者双方约定保存的,依照其规定。

16. 电子商务经营者向主管部门提供信息的义务

有关主管部门依照法律、行政法规的规定要求电子商务经营者提供有关电子商务数据信息的,电子商务经营者应当提供。有关主管部门应当采取必要措施保护电子商务经营者提供的数据信息的安全,并对其中的个人信息、隐私和商业秘密严格保密,不得泄露、出售或者非法向他人提供。

17. 合法从事跨境电子商务的义务

电子商务经营者从事跨境电子商务,应当遵守进出口监督管理的法律、行政法规和国家有关规定。

第三节　电子商务平台经营者法律制度

一、电子商务平台经营者概念

电子商务平台经营者,是指在电子商务中为交易双方或者多方提供网络经营场所、交易撮合、信息发布等服务,供交易双方或者多方独立开展交易活动的法人或者非法人组织。

平台内经营者,是指通过电子商务平台销售商品或者提供服务的电子商务经营者。

二、电子商务平台经营者的法律规定

1. 电子商务平台经营者形式审查义务

电子商务平台经营者应当要求申请进入平台销售商品或者提供服务的经营者提交其身份、地址、联系方式、行政许可等真实信息,进行核验、登记,建立登记档案,并定期核验更新。

电子商务平台经营者为进入平台销售商品或者提供服务的非经营用户提供服务,应当遵守本节有关规定。

2. 电子商务平台经营者协助监管义务

电子商务平台经营者应当按照规定向市场监督管理部门报送平台内经营者的身份信息,提示未办理市场主体登记的经营者依法办理登记,并配合市场监督管理部门,针对电子商务的特点,为应当办理市场主体登记的经营者办理登记提供便利。

电子商务平台经营者应当依照税收征收管理法律、行政法规的规定,向税务部门报送平台内经营者的身份信息和与纳税有关的信息,并应当提示依照《电子商务法》第十条规定,对于不需要办理市场主体登记的电子商务经营者依照本法第十一条第二款的规定办理税务登记。

3. 电子商务平台经营者对违法经营的处置和报告

电子商务平台内经营者销售的商品或者提供的服务应当符合保障人身、财产安全的要求和环境保护要求,不得销售或者提供法律、行政法规禁止交易的商品或者服务,如果违反《电子商务法》的规定,平台经营者应当依法采取必要的处置措施,并向有关主管部门报告。

4. 电子商务平台经营者网络交易系统安全保障义务

电子商务平台经营者应当采取技术措施和其他必要措施保证其网络安全、稳定运行,防范网络违法犯罪活动,有效应对网络安全事件,保障电子商务交易安全。

电子商务平台经营者应当制定网络安全事件应急预案,发生网络安全事件时,应当立即启动应急预案,采取相应的补救措施,并向有关主管部门报告。

5. 电子商务平台经营者交易信息保存义务

电子商务平台经营者应当记录、保存平台上发布的商品和服务信息、交易信息,并确保信息的完整性、保密性、可用性。商品和服务信息、交易信息保存时间为自交易完成之日起不少于三年;法律、行政法规另有规定的,依照其规定。

6. 电子商务平台经营者制定平台服务协议、交易规则的要求

电子商务平台经营者应当遵循公开、公平、公正的原则,制定平台服务协议和交易规则,明确进入和退出平台、商品和服务质量保障、消费者权益保护、个人信息保护等方面的权利和义务。

7. 电子商务平台经营者公示平台服务协议、交易规则义务

电子商务平台经营者应当在其首页显著位置持续公示平台服务协议和交易规则信息或者上述信息的链接标识,并保证经营者和消费者能够便利、完整地阅览和下载。

8. 电子商务平台经营者修改平台服务协议、交易规则的要求

电子商务平台经营者修改平台服务协议和交易规则,应当在其首页显著位置公开征求意见,采取合理措施确保有关各方能够及时充分表达意见。修改内容应当至少在实施前七日予以公示。

平台内经营者不接受修改内容,要求退出平台的,电子商务平台经营者不得阻止,并应按照修改前的服务协议和交易规则承担相关责任。

9. 平台服务协议、交易规则内容的限制性规定

电子商务平台经营者不得利用服务协议、交易规则以及技术等手段,对平台内经营者在平台内的交易、交易价格以及与其他经营者的交易等进行不合理限制或者附加不合理条件,或者向平台内经营者收取不合理费用。

10. 电子商务平台经营者对平台内经营者违规处罚的公示

电子商务平台经营者依据平台服务协议和交易规则对平台内经营者违反法律、法规的行为实施警示、暂停或者终止服务等措施的,应当及时公示。

11. 电子商务平台经营者从事自营业务的要求

电子商务平台经营者在其平台上开展自营业务的,应当以显著方式区分标记自营业务和平台内经营者开展的业务,不得误导消费者。

电子商务平台经营者对其标记为自营的业务依法承担商品销售者或者服务提供者的民事责任。

12. 电子商务平台经营者的民事侵权责任

电子商务平台经营者知道或者应当知道平台内经营者销售的商品或者提供的服务不符合保障人身、财产安全的要求,或者有其他侵害消费者合法权益行为,未采取必要措施的,依法与该平台内经营者承担连带责任。

对关系消费者生命健康的商品或者服务,电子商务平台经营者对平台内经营者的资质资格未尽到审核义务,或者对消费者未尽到安全保障义务,造成消费者损害的,依法承担相应的责任。

13. 电子商务平台经营者建立健全信用评价制度义务

电子商务平台经营者应当建立健全信用评价制度,公示信用评价规则,为消费者提供对平台内销售的商品或者提供的服务进行评价的途径。

电子商务平台经营者不得删除消费者对其平台内销售的商品或者提供的服务的评价。

14. 电子商务平台经营者的搜索结果显示义务和竞价排名的提示义务

电子商务平台经营者应当根据商品或者服务的价格、销量、信用等以多种方式向消费者显示商品或者服务的搜索结果;对于竞价排名的商品或者服务,应当显著标明"广告"。

15. 电子商务平台经营者保护知识产权义务

电子商务平台经营者应当建立知识产权保护规则,与知识产权权利人加强合作,依法保护知识产权。

16. 知识产权侵权中权利人的救济程序

知识产权权利人认为其知识产权受到侵害的,有权通知电子商务平台经营者采取删除、屏蔽、断开链接、终止交易和服务等必要措施。通知应当包括构成侵权的初步证据。

电子商务平台经营者接到通知后,应当及时采取必要措施,并将该通知转送平台内经营者;未及时采取必要措施的,对损害的扩大部分与平台内经营者承担连带责任。

因通知错误造成平台内经营者损害的,依法承担民事责任。恶意发出错误通知,造成平台内经营者损失的,加倍承担赔偿责任。

17. 平台内经营者的声明权利及处理程序

平台内经营者接到转送的通知后,可以向电子商务平台经营者提交不存在侵权行为的声明。声明应当包括不存在侵权行为的初步证据。

电子商务平台经营者接到声明后,应当将该声明转送发出通知的知识产权权利人,并告知其可以向有关主管部门投诉或者向人民法院起诉。电子商务平台经营者在转送声明到达知识产权权利人后十五日内,未收到权利人已经投诉或者起诉通知的,应当及时终止所采取的措施。

18. 平台经营者对侵权行为明知时的义务及责任

电子商务平台经营者知道或者应当知道平台内经营者侵犯知识产权的,应当采取删除、屏蔽、断开链接、终止交易和服务等必要措施;未采取必要措施的,与侵权人承担连带责任。

19. 平台经营者服务种类及交易方式的限定

《电子商务法》第四十六条规定,除本法第九条第二款规定的服务外,电子商务平台经营者可以按照平台服务协议和交易规则,为经营者之间的电子商务提供仓储、物流、支付结算、交收等服务。电子商务平台经营者为经营者之间的电子商务提供服务,应当遵守法律、行政法规和国家有关规定,不得采取集中竞价、做市商等集中交易方式进行交易,不得进行标准化合约交易。

第四节　电子商务合同

一、电子商务合同的法律适用

(1) 电子商务当事人订立和履行合同,需遵守《电子商务法》和《民法总则》《合同法》《电子签名法》等法律的规定。

(2) 使用自动信息系统的效力与当事人行为能力推定规则。

电子商务当事人使用自动信息系统订立或者履行合同的行为对使用该系统的当事人具有法律效力。

在电子商务中推定当事人具有相应的民事行为能力,但是,有相反证据足以推翻的除外。

二、电子商务合同的订立与成立

(1)《电子商务法》第四十九条规定,电子商务经营者发布的商品或者服务信息符合要约条件的,用户选择该商品或者服务并提交订单成功,合同成立。当事人另有约定的,从其约定。

(2) 电子商务经营者不得以格式条款等方式约定消费者支付价款后合同不成立;格式条款等含有该内容的,其内容无效。

为了防止电子商务格式条款对用户产生不利影响,电子商务经营者应当清晰、全面、明确地告知用户订立合同的步骤、注意事项、下载方法等事项,并保证用户能够便利、完整地阅览和下载。同时,电子商务经营者应当保证用户在提交订单前可以更正输入错误。

三、电子商务合同的交付和电子支付安全有关规定

1. 电子商务合同的交付时间

《电子商务法》第五十一条规定,合同标的为交付商品并采用快递物流方式交付的,收货人签收时间为交付时间。合同标的为提供服务的,生成的电子凭证或者实物凭证中载明的时间为交付时间;前述凭证没有载明时间或者载明时间与实际提供服务时间不一致的,实际提供服务的时间为交付时间。

合同标的为采用在线传输方式交付的,合同标的进入对方当事人指定的特定系统并且能够检索识别的时间为交付时间。

合同当事人对交付方式、交付时间另有约定的,从其约定。

2. 电子商务当事人可以约定采用快递物流方式交付商品和服务方式

快递物流服务提供者为电子商务提供快递物流服务,应当遵守法律、行政法规,并应当符合承诺的服务规范和时限。快递物流服务提供者在交付商品时,应当提示收货人当面查验;交由他人代收的,应当经收货人同意。

快递物流服务提供者应当按照规定使用环保包装材料,实现包装材料的减量化和再利用。

快递物流服务提供者在提供快递物流服务的同时,可以接受电子商务经营者的委托提供代收货款服务。

3. 电子支付服务提供者的义务

电子商务当事人可以约定采用电子支付方式支付价款。

电子支付服务提供者为电子商务提供电子支付服务,应当遵守国家规定,告知用户电子支付服务的功能、使用方法、注意事项、相关风险和收费标准等事项,不得附加不合理交易条件。电子支付服务提供者应当确保电子支付指令的完整性、一致性、可跟踪稽核和不可篡改。

电子支付服务提供者应当向用户免费提供对账服务以及最近三年的交易记录。

4. 电子支付安全

电子支付服务提供者提供电子支付服务不符合国家有关支付安全管理要求,造成用户损失的,应当承担赔偿责任。用户在发出支付指令前,应当核对支付指令所包含的金额、收款人等完整信息。

5. 支付指令的核对和发生错误的责任

支付指令发生错误的,电子支付服务提供者应当及时查找原因,并采取相关措施予以纠正。造成用户损失的,电子支付服务提供者应当承担赔偿责任,但能够证明支付错误非自身原因造成的除外。

6. 支付完成后的信息确认

电子支付服务提供者完成电子支付后,应当及时准确地向用户提供符合约定方式的确认支付的信息。

四、非授权支付中的用户义务和责任分担

(1)用户应当妥善保管交易密码、电子签名数据等安全工具。用户发现安全工具遗失、被盗用或者未经授权的支付的,应当及时通知电子支付服务提供者。

(2)未经授权的支付造成的损失,由电子支付服务提供者承担;电子支付服务提供者能够证明未经授权的支付是因用户的过错造成的,不承担责任。

(3)电子支付服务提供者发现支付指令未经授权,或者收到用户支付指令未经授权的通知时,应当立即采取措施防止损失扩大。电子支付服务提供者未及时采取措施导致损失扩大的,对损失扩大部分承担责任。

第五节 电子商务争议解决机制

一、商品或服务的质量担保机制

国家鼓励电子商务平台经营者建立有利于电子商务发展和消费者权益保护的商品、服务质量担保机制。

(1) 电子商务平台经营者与平台内经营者协议设立消费者权益保证金的,双方应当就消费者权益保证金的提取数额、管理、使用和退还办法等做出明确约定。

(2) 消费者要求电子商务平台经营者承担先行赔偿责任以及电子商务平台经营者赔偿后向平台内经营者的追偿,适用《中华人民共和国消费者权益保护法》的有关规定。

(3) 电子商务经营者应当建立便捷、有效的投诉、举报机制,公开投诉、举报方式等信息,及时受理并处理投诉、举报。

(4) 消费者在电子商务平台购买商品或者接受服务,与平台内经营者发生争议时,电子商务平台经营者应当积极协助消费者维护合法权益。

二、电子商务争议解决途径

电子商务争议可以通过协商和解,请求消费者组织、行业协会或者其他依法成立的调解组织调解,也可以通过向有关部门投诉,提请仲裁,或者提起诉讼等方式解决。

三、电子商务经营者建立的争议解决机制

1. 电子商务经营者建立消费者投诉、举报机制

电子商务经营者应当建立便捷、有效的投诉、举报机制,公开投诉、举报方式等信息,及时受理并处理投诉、举报。

2. 电子商务平台经营者协助消费者维权的义务

消费者在电子商务平台购买商品或者接受服务,与平台内经营者发生争议时,电子商务平台经营者应当积极协助消费者维护合法权益。

3. 电子商务经营者原始合同和交易记录的提供义务

在电子商务争议处理中,电子商务经营者应当提供原始合同和交易记录。因电子商务经营者丢失、伪造、篡改、销毁、隐匿或者拒绝提供前述资料,致使人民法院、仲裁机构或者有关机关无法查明事实的,电子商务经营者应当承担相应的法律责任。

4. 电子商务平台经营者在线争议解决机制

电子商务平台经营者可以建立争议在线解决机制,制定并公示争议解决规则,根据自愿原则,公平、公正地解决当事人的争议。

第六节 违反电子商务合同的法律责任

一、电子商务经营者违反法律规定的法律责任

1. 电子商务经营者违反电子合同的民事责任

《电子商务法》第七十四条规定:"电子商务经营者销售商品或者提供服务,不履行合同义务或者履行合同义务不符合约定,或者造成他人损害的,依法承担民事责任。"

2. 电子商务经营者违法经营的法律责任

《电子商务法》第七十五条规定:"电子商务经营者违反本法第十二条、第十三条规定,未取得相关行政许可从事经营活动,或者销售、提供法律、行政法规禁止交易的商品、服务,或者不履行本法第二十五条规定的信息提供义务,电子商务平台经营者违反本法第四十六条规定,采取集中交易方式进行交易,或者进行标准化合约交易的,依照有关法律、行政法规的规定处罚。"

3. 电子商务经营者违反公示义务的法律责任

《电子商务法》第七十六条规定:"电子商务经营者违反电子商务法规定,有下列行为之一的,由市场监督管理部门责令限期改正,可以处一万元以下的罚款,对其中的电子商务平台经营者,依照电子商务法第八十一条第一款的规定处罚:

"(一)未在首页显著位置公示营业执照信息、行政许可信息、属于不需要办理市场主体登记情形等信息,或者上述信息的链接标识的;

"(二)未在首页显著位置持续公示终止电子商务的有关信息的;

"(三)未明示用户信息查询、更正、删除以及用户注销的方式、程序,或者对用户信息查询、更正、删除以及用户注销设置不合理条件的;

"电子商务平台经营者对违反前款规定的平台内经营者未采取必要措施的,由市场监督管理部门责令限期改正,可以处二万元以上十万元以下的罚款。"

4. 电子商务经营者违法推销与搭售的法律责任

《电子商务法》第七十七条规定:"电子商务经营者违反本法第十八条第一款规定提供搜索结果,或者违反本法第十九条规定搭售商品、服务的,由市场监督管理部门责令限期改正,没收违法所得,可以并处五万元以上二十万元以下的罚款;情节严重的,并处二十万元以上五十万元以下的罚款。"

5. 电子商务经营者违反押金退还义务的法律责任

《电子商务法》第七十八条规定:"电子商务经营者违反本法第二十一条规定,未向消费者明示押金退还的方式、程序,对押金退还设置不合理条件,或者不及时退还押金的,由有关主管部门责令限期改正,可以处五万元以上二十万元以下的罚款;情节严重的,处二十万元以上五十万元以下的罚款。"

6. 电子商务经营者侵害个人信息权利的法律责任

《电子商务法》第七十九条规定:"电子商务经营者违反法律、行政法规有关个人信息保护的规定,或者不履行本法第三十条和有关法律、行政法规规定的网络安全保障义务的,依照《中华人民共和国网络安全法》等法律、行政法规的规定处罚。"

7. 电子商务经营者违法行为的行政责任

《电子商务法》第八十五条规定:"电子商务经营者违反电子商务法规定,销售的商品或者提供的服务不符合保障人身、财产安全的要求,实施虚假或者引人误解的商业宣传等不正当竞争行为,滥用市场支配地位,或者实施侵犯知识产权、侵害消费者权益等行为的,依照有关法律的规定处罚。"

8. 电子商务经营者违法行为的入档和公示

《电子商务法》第八十六条规定:"电子商务经营者有电子商务法规定的违法行为的,依照有关法律、行政法规的规定记入信用档案,并予以公示。"

二、平台经营者违反法律规定的法律责任

1. 平台经营者违反协助监管和信息保存义务的行政责任

《电子商务法》第八十条规定,电子商务平台经营者有下列行为之一的,由有关主管部门责令限期改正;逾期不改正的,处二万元以上十万元以下的罚款;情节严重的,责令停业整顿,并处十万元以上五十万元以下的罚款:

(1) 不履行《电子商务法》第二十七条规定(平台经营者形式审查义务)的核验、登记义务的;

(2) 不按照《电子商务法》第二十八条规定(平台经营者协助监管义务)向市场监督管理部门、税务部门报送有关信息的;

(3) 不按照《电子商务法》第二十九条规定(平台经营者对违法经营的处置和报告)对违法情形采取必要的处置措施,或者未向有关主管部门报告的;

(4) 不履行《电子商务法》第三十一条规定的商品和服务信息、交易信息保存义务的。

法律、行政法规对前款规定的违法行为的处罚另有规定的,依照其规定。

2. 平台经营者违反公示义务和侵害消费者评价权的行政责任

《电子商务法》第八十一条规定:"电子商务平台经营者违反本法规定,有下列行为之一的,由市场监督管理部门责令限期改正,可以处二万元以上十万元以下的罚款;情节严重的,处十万元以上五十万元以下的罚款:

"(一) 未在首页显著位置持续公示平台服务协议、交易规则信息或者上述信息的链接标识的;

"(二) 修改交易规则未在首页显著位置公开征求意见,未按照规定的时间提前公示修改内容,或者阻止平台内经营者退出的;

"(三) 未以显著方式区分标记自营业务和平台内经营者开展的业务的;

"(四) 未为消费者提供对平台内销售的商品或者提供的服务进行评价的途径,或者擅自删除消费者的评价的。

"电子商务平台经营者违反本法第四十条规定,对竞价排名的商品或者服务未显著标明'广告'的,依照《中华人民共和国广告法》的规定处罚。"

3. 平台经营者侵害平台内经营者合法权益的行政责任

《电子商务法》第八十二条规定:"电子商务平台经营者违反本法第三十五条规定,对平台内经营者在平台内的交易、交易价格或者与其他经营者的交易等进行不合理限制或者附加不合理条件,或者向平台内经营者收取不合理费用的,由市场监督管理部门责令限期改正,可以处五万元以上五十万元以下的罚款;情节严重的,处五十万元以上二百万元以下的罚款。"

4. 平台经营者未尽义务造成侵害消费者合法权益的行政责任

《电子商务法》第八十三条规定:"电子商务平台经营者违反本法第三十八条规定,对平台内经营者侵害消费者合法权益行为未采取必要措施,或者对平台内经营者未尽到资质资格审核义务,或者对消费者未尽到安全保障义务的,由市场监督管理部门责令限期改正,可以处五万元以上五十万元以下的罚款;情节严重的,责令停业整顿,并处五十万元以上二百万元以下的罚款。"

5. 平台经营者对侵犯知识产权未采取必要措施的行政责任

《电子商务法》第八十四条规定:"电子商务平台经营者违反本法第四十二条、第四十五条规定,对平台内经营者实施侵犯知识产权行为未依法采取必要措施的,由有关知识产权行政部门责令限期改正;逾期不改正的,处五万元以上五十万元以下的罚款;情节严重的,处五十万元以上二百万元以下的罚款。"

三、电子商务监督管理人员的法律责任

《电子商务法》第八十七条规定:"依法负有电子商务监督管理职责的部门的工作人员,玩忽职守、滥用职权、徇私舞弊,或者泄露、出售或者非法向他人提供在履行职责中所知悉的个人信息、隐私和商业秘密的,依法追究法律责任。"

四、违反治安管理行为的行政责任和刑事责任

《电子商务法》第八十八条规定:"违反电子商务法规定,构成违反治安管理行为的,依法给予治安管理处罚;构成犯罪的,依法追究刑事责任。"

第七节 邮政跨境电商法律实务

中国邮政利用自己的网络优势,积极搭建跨境电商平台,中国邮政已经成为中国跨境电商的主要支撑平台,目前,形成了部分省级邮政跨境电子商务产业园、邮政跨境电子商务创业平台[①]以及跨境电商综合服务园区等邮政跨境电子商务业务。《电子商务法》第七十一条规定:"国家促进跨境电子商务发展,建立健全适应跨境电子商务特点的海关、税收、进出境检验检疫、支付结算等管理制度,提高跨境电子商务各环节便利化水平,支持跨境电子商务平台经营者等为跨境电子商务提供仓储物流、报关、报检等服务。"

一、跨境电商法律制度概述

(一)跨境电商相关法律

国际邮件作为跨境电商的重要载体,为跨境电商发展提供支持的时候,也成为外来有害生

---

① 邮政跨境电子商务创业平台是免费向社会开放目前功能较全的跨境电商第三方服务平台,主要对接阿里巴巴速卖通、wish等跨境电子商务交易平台。

物、疫情、核化因子的偷渡路径,因此加强监管成为必要。

1.《电子商务法》第七十二条规定:"国家进出口管理部门应当推进跨境电子商务海关申报、纳税、检验检疫等环节的综合服务和监管体系建设,优化监管流程,推动实现信息共享、监管互认、执法互助,提高跨境电子商务服务和监管效率。跨境电子商务经营者可以凭电子单证向国家进出口管理部门办理有关手续。"

2. 2015年12月27日第十二届全国人民代表大会常务委员会第十八次会议通过的《中华人民共和国反恐怖主义法》第二十条规定:"铁路、公路、水上、航空的货运和邮政、快递等物流运营单位应当实行安全查验制度,对客户身份进行查验,依照规定对运输、寄递物品进行安全检查或者开封验视。对禁止运输、寄递,存在重大安全隐患,或者客户拒绝安全查验的物品,不得运输、寄递。"

3.《邮政法》第三十条规定:"海关依照《中华人民共和国海关法》的规定,对进出境的国际邮袋、邮件集装箱和国际邮递物品实施监管。"新修订《邮政法》第十一条规定:"邮件处理场所的设计和建设,应当符合国家安全机关和海关依法履行职责的要求。"

4. 在跨境电子商务知识产权的法律保护中要遵守《著作权法》《商标法》《专利法》等法律规定,以及《电子商务法》第八十四条规定:"电子商务平台经营者违反本法第四十二条(知识产权侵权中权利人的救济程序)、第四十五条规定(平台经营者对侵权行为明知时的义务及责任),对平台内经营者实施侵犯知识产权行为未依法采取必要措施的,由有关知识产权行政部门责令限期改正;逾期不改正的,处五万元以上五十万元以下的罚款;情节严重的,处五十万元以上二百万元以下的罚款。"

(二)《快递暂行条例》等行政法规

《快递暂行条例》第十六条规定:"国家鼓励经营快递业务的企业依法开展进出境快递业务,支持在重点口岸建设进出境快件处理中心、在境外依法开办快递服务机构并设置快件处理场所。海关、出入境检验检疫、邮政管理等部门应当建立协作机制,完善进出境快件管理,推动实现快件便捷通关。"

(三)部门规章和规范性文件

海关总署发布了《关于跨境贸易电商进出境货物、物品有关监管事宜的公告》,并且正在制定《中华人民共和国海关寄递进出境货物物品监管办法》。2016年4月8日起财政部、海关总署、国家税务总局联合制定《关于跨境电子商务零售进口税收政策的通知》(财关税〔2016〕18号)。不法寄递人利用邮政寄递渠道从境外走私名表、服装、化妆品等,应承担相应的刑事责任。跨境电子商务货物运输经营中药遵守中国民用航空危险品运输管理规定,如《中国民用航空危险品运输管理规定》《公共航空运输经营人危险品航空运输许可程序》《地面服务代理人危险品航空运输备案管理办法》《危险品航空运输管理办法》《货物航空运输条件鉴定机构管理办法》。国际铁路与公路货物运输遵守《国际铁路货物运输联运协定》《国际铁路货物联运协定办事细则》《国际铁路货物联运统一过境运价规则》。

(四)国际公约

国际海上货物运输的国际公约,遵守《统一提单的若干法律规则的国际公约》(简称《海牙规则》)、《修改统一提单的若干法律规则的国际公约的议定书》(简称《维斯比规则》)、《联合国海上货物运输公约》(简称《汉堡规则》)。

二、跨境电商与快递服务

(一)包裹快递对外全部开放

中国邮政对域外邮政市场对外开放,但是外商不得投资经营国内信件的快递业务(《邮政法》第五十一条第二款)。近年来,EMS适应跨境电商快速发展,借力"一带一路"和"走出去"国家战略,积极拓展海外市场。全球50多个WTO成员承诺开放速递服务,仅有个别成员承诺开放邮政服务,并对信件寄递做出限制,中国市场监管机构运用市场准入负面清单制度对外资经营境内寄递服务进行管理,并且运用国家安全审查、反垄断审查机制规制外资进入境内邮政市场。

(二)快递合同效力与海关通关

2016年4月8日起我国执行《关于跨境电子商务零售进口税收政策的通知》(财关税〔2016〕18号),明确跨境电商零售进口商品的贸易属性,以打击通过"拆单""分包"方式利用民用包裹行邮税政策脱逃税款行为[①]。因此,违反海关管理规范可导致快递服务合同无效。

【案例】

某科技有限公司与某快递公司邮寄服务合同纠纷案[②]

上诉人:某科技有限公司

被上诉人:某快递公司

一审法院审理查明:2014年5月31日,某科技有限公司员工严某向某快递公司交寄无线跟焦器PD1一批(运单号:902006290222),收件人是某国的KanYeang。其中,快递公司国际运单交运物品详细说明中注明:数量10;海关申报价值:单价10、总价值100,币别USD;原产地CN,寄件人有"JasonYen"的签名,寄件人签署栏中显示"请仔细阅读背面所载契约条款,签字即同意接受条款的一切内容"。2014年6月3日,某科技公司员工严某(JasonYen)再次向快递公司交寄无线跟焦器PD2一批(运单号:902006290725),收件人是某国的KanYeang。其中,快递公司国际运单交运物品详细说明中注明:数量12;海关申报价值:单价10、总价值120,币别USD;原产地CN,寄件人有"JasonYen"的签名,该运单的其他内容与2014年5月31日运单一致。某科技有限公司及严某否认上述运单寄件人"JasonYen"签名为其本人签名。某科技有限公司因交寄上述物品向快递公司支付了运费共7120元。2014年5月31日,某科技有限公司出具"装箱单"一份,确认其向快递公司交寄无线跟焦器PD1一批单价10美元,数量10个,总价100美元。以上两批货物交寄后,因申报价值过低和申报种类不符被某国海关和边境保护局扣押。某科技有限公司因此多次与快递公司工作人员交涉,未取得满意的效果。

[①] 贾玉平,张毅《跨境电商寄递合同的主体法律关系》载于《中国邮政》2016年6期,60-61页。
[②] 摘自中国裁判文书网。

2014年11月17日,快递公司某营业部向某科技有限公司发出通知函,认为:涉案邮寄的两批货物因申报价值过低和申报种类不符的原因被某国海关扣查,扣关后,经其公司某国区同事核实,扣关物品需收方(某国客户)收到某国海关的函件后向某国海关申请退回才可进行退回,但经沟通,收方不愿配合,致使其公司无法处理,因此通知某科技有限公司积极联系收方(某国客户)配合工作。至庭审辩论终结前,未有证据表明涉案物品的收货方已采取任何行动。

另查明:某快递公司国际运单背面约定的主要条款有:1. 寄件人的保证和赔偿责任:如寄件人违反有关法律法规或违反以下保证和陈述,寄件人应赔偿并确保其免受损失或损害:(1)寄件人或其代理人提供的所有信息都是完整和准确的;……(6)符合有关海关和进出口的规定,以及其他法律法规的规定;(7)运单系由寄件人或其授权代表签署,本协议对寄件人具有约束力和可强制执行的义务。2. 申报价值限制:寄件人同意,运单上海关申报价值与快件的实际现金价值相等且快件的实际现金价值不得高于等值5000美金的当地货币。3. 派送和不能派送:如果收件人地址设集中接收点,快件将被派送到该接收点。若有如下情形之一,快递公司将以合理的努力将快件退还寄件人,因此额外发生的费用由寄件人支付:海关认为寄件人低报了货物的价值。如不能退还,快递公司可以对快件进行放弃、处置或变卖,且补救上述行为向寄件人或其他人承担任何责任,所得收入将在扣除相关管理费用以及处理费用后返还寄件人。4. 快递公司的责任:快递公司基于本协议对寄件人所承担的责任仅限于直接损失,且不超过本条所规定的每公斤或每磅的限额。关于任何运输的责任,不超过货物的实际现金价值,且不得超过以下各项中的最高额100美元,或在空运或其他非陆运条件下为20美元/公斤或9.07美元/磅……如寄件人认为本协议关于赔偿的规定将不足以补偿其损失,则应自行投保,否则寄件人将承担一切损失合损害的风险。5. 准据法:从某快递公司的利益出发,除非与相应法律冲突,与本条款及条件有关的任何争议将受到快件原寄件地国家法院的非排他管辖,并适用于寄件地国家法律,寄件人不可撤销地接受该管辖。

一审法院审理认为:对于本案的法律适用问题。根据《最高人民法院关于适用〈中华人民共和国民事诉讼法〉的解释》第五百二十二条规定:"有下列情形之一,人民法院可以认定为涉外民事案件:……(四)产生、变更或者消灭民事关系的法律事实发生在中华人民共和国领域外的;……"涉案货物收货方为某国客户,且涉案货物被某国海关扣押,对本案合同履行产生了重要的影响,该法律事实发生在某国,故本案为涉外民事案件。根据《中华人民共和国涉外民事关系法律适用法》第三条规定:"当事人依照法律规定可以明示选择涉外民事关系适用的法律。"某快递公司国际运单约定"与本条款及条件有关的任何争议将受到快件原寄件地国家法院的非排他管辖,并适用于寄件地国家法律,寄件人不可撤销地接受该管辖",本案邮寄合同的寄件地为中国某省某市,故应适用中华人民共和国法律。本案是邮寄服务合同纠纷。本案中,虽然双方当事人没有签订书面的邮寄服务合同书,但某科技有限公司将货物交快递公司,快递公司通过国际快递的方式运送相关货物到收货方,某科技有限公司支付运费,故双方已经形成了事实上的邮寄服务合同关系,该合同关系是双方当事人的真实意思表示,合同内容没有违反法律法规的禁止性规定,合同合法有效。原审法院认为,根据《中华人民共和国合同法》第九十四条规定:"有下列情形之一的,当事人可以解除合同:……(四)当事人一方迟延履行债务或者有其他违约行为致使不能实现合同目的;……"对于合同是否应解除应当审查本案快递公司是否存在迟延履行债务或其他违约行为,导致合同目的无法实现。就本案而言,某快递公司的主要义务在于将货物及时完整送交收货人,某科技有限公司的主要义务在于按时支付运费。原审法院认定涉案货物被某国海关扣押的原因是某科技股份公司没有如实申报相关信息导致,快递公司在合同履行过程中并没有存在违约行为,并且,由于现有证据未能证实某国海关对涉案货物进行了没收或其他手段的处理,某科技有限公司以某快递公司存在迟延履行等违约行为,无法实现合同目的而请求解除本案邮寄服务合同的诉求,没有事实和法律依据,一审法院不予支持。某科技有限公司也未能提供证据充分证实涉案货物的价值,应承担举证不能的不利后果,故其要求赔偿损失 267871 元及返还运费 7120 元,依据不足,一审法院不予支持。据此,依照《中华人民共和国合同法》第六十条第一款、第九十四条第(四)项、第九十七条,《中华人民共和国邮政法》第四十五条第二款、《中华人民共和国民事诉讼法》第六十四条第一款、《中华人民共和国涉外民事关系法律适用法》第三条、《最高人民法院关于适用〈中华人民共和国民事诉讼法〉的解释》第九十条、第五百二十二条第(四)项的规定,判决如下:驳回某科技有限公司的全部诉讼请求。本案受理费 5525 元,由某科技有限公司负担。

原告某科技有限公司不服原审判决,向省高院提起上诉。经二审审理,法院对原审法院查明的事实依法予以确认。

二审法院认为:本案属邮寄服务合同纠纷。原审法院认定本案属涉外民事案件并适用中华人民共和国法律正确。原审判决认定事实清楚,但处理结果部分不当,应予纠正。某科技股份公司的上诉请求部分理由充分,本院对有理部分予以支持,其余部分不予支持。依照《中华人民共和国涉外民事关系法律适用法》第三条、《中华人民共和国邮政法》第四十五条第二款、《中华人民共和国合同法》第六十条第一款、第九十四条第(四)项、《中华人民共和国民事诉讼法》第六十四条第一款、第一百七十条第一款第(二)项、《最高人民法院关于适用〈中华人民共和国民事诉讼法〉的解释》第九十条、第五百二十二条第(四)项的规定,判决如下:一、撤销某省某市某人民法院(2015)民事判决;二、解除某科技有限公司与某快递公司之间的邮寄服务合同关系;三、某快递公司应于本判决生效之日起七日内退还邮资费用 7120 元给科技有限公司;四、驳回某科技有限公司其他诉讼请求。

启示:跨境电商合同中要明示用户如实申报价值,快递员在收寄(贵重物品)中需要个别重点提示,可以通过签字认可、视频记录或者录音的方式签订跨境电商合同,在投递、分拣、运输环节符合法律规范,确保快件安全。跨境电商所涉快递服务合同的法律关系属于涉外民事法律关系。

思 考 题

一、简答题

1. 简述电子商务合同的订立。
2. 简述电子商务合同的履行。
3. 电子商务经营者违反法律规定的法律责任有哪些?
4. 电子商务经营者建立的争议解决机制有哪些?

二、案例分析题

消费者李某通过某网络平台预订国内机票时,在不知情的情况下,平台默认勾选航空保险、酒店优惠券等付费项目,有损消费者合法权益。李某发现手动取消隐藏在订票信息下的,一些电子商务经营者在销售商品或者提供服务的过程中,经常采取使用很小的字号、默认勾选等各种方式,使消费者在不知情、难以察觉的情况下,出让一些权利或者被捆绑搭售。

问题:

1. 电子商务平台的经营者未经消费者明示同意变相强制搭售的行为,是否违背了《电子商务法》的有关规定?

2. 如果违背了《电子商务法》的规定,那么监管部门如何处罚?

第七章 知识产权法律实务

【知识目标】

　　了解知识产权的概念和范围
　　了解专利的强制实施许可
　　理解专利的申请、审批和批准的程序
　　理解商标的申请、审查和核准的程序
　　理解不正当竞争行为的种类
　　掌握著作权的主体和客体
　　掌握著作权的作品相关规定
　　掌握著作权主体及归属法律实务
　　掌握著作权内容
　　掌握著作权许可合同
　　掌握授予专利权的条件
　　掌握注册商标专用权的保护

【能力目标】

　　学习邮政企业知识产权管理的内容
　　能够正确地处理著作权纠纷的案例
　　能够正确地处理商标权争议的案例
　　能够正确地处理专利权争议的案例
　　学会运用知识产权法解决邮政企业相关案例

【导入案例】

未经许可使用他人享有著作权的作品制作集邮册纠纷案

　　某省歌舞剧院艺术创作中心的陈某到某市集邮公司交涉称,该公司制作的《京剧旦角》集邮册使用了其摄影作品"彩蝶"2幅,要求支付费用并赔礼道歉。经了解,《京剧旦角》集邮册2000年由集邮公司制作,发行数量为1000册,售价为260元。陈某在交涉未果后向法院提起诉讼,要求停止发行侵权产品——《京剧旦角》集邮册,在《中国摄影报》《中国文化报》上公开赔礼道歉,支付作品使用许可费3万元、律师费与调查取证费3000元,并承担本案的诉讼费用。庭审中,被告集邮公司对原告的诉讼主体资格提出质疑。原告向法庭提供了陈某个人摄影作品展宣传单、第五届"可爱的中华"全国摄影作品选画册、第十五届全国摄影艺术展览作品选画册等书证,其中的摄影作品"彩蝶"作者为陈某。后在法庭主持下,双方达成调解协议:被告一次向原告支付作品使用费7500元,其他一概不予追究。

【引导问题】

您了解邮政商函制作中常见的侵权案例吗?邮政商函业务、邮资票品业务开发制作中应注意哪些问题?带着这些问题,我们走进本章的学习。

第一节　企业知识产权概述

一、知识产权的概念和范围

(一)知识产权的概念和范围

1. 知识产权的概念

知识产权是指产业、科学、文学艺术领域,自然人、法人或者其他组织依法对其智力创造成果享有的权利。知识产权具有权利客体非物质性、权利内容专有性、权利效力的地域性、权利保护的实践性。

2. 知识产权的保护范围

知识产权的保护范围包括:(1)文学、艺术、科学等作品及其传播;(2)专利;(3)商标;(4)企业名称;(5)地理标志;(6)商业秘密;(7)集成电路布图设计;(8)植物新品种;(9)反不正当竞争等。

我国已经建立健全了符合国际通行规则、门类比较齐全的法律法规体系。颁布并多次修订了《中华人民共和国专利法》《中华人民共和国商标法》《中华人民共和国著作权法》和《计算机软件保护条例》《集成电路布图设计保护条例》《著作权集体管理条例》《音像制品管理条例》《植物新品种保护条例》《知识产权海关保护条例》《特殊标志管理条例》《奥林匹克标志保护条例》等涵盖知识产权保护主要内容的法律法规,还颁布了一系列相关的实施细则和司法解释。我国积极履行知识产权国际保护义务,相继加入了《保护工业产权巴黎公约》《保护文学和艺术作品伯尔尼公约》《世界版权公约》等10多个国际公约、条约、协定或议定书。

(二)邮政企业在经营服务中涉及的知识产权的范围

1. 著作权(版权)

邮政企业经营的邮资封片、邮政广告与著作权密切相关,邮政企业的知识产权纠纷大多与此相关。邮资凭证仿印以及邮政企业的计算机软件也涉及著作权的保护。

2. 商标专用权

邮政企业依法享有邮政专用标志以及其他邮政服务标志(农邮乐)的商标专用权,邮政企业经营的快递业务以及分销商品业务也涉及商标专用权的保护。

3. 商业秘密

采取保密措施的邮政企业的经营管理信息(客户名单)属于商业秘密的范围。

4. 其他知识产权

邮政企业经营过程中,还可能涉及专利权、植物新品种等知识产权。

二、邮政企业知识产权管理

邮政企业知识产权管理的主要内容包括：知识产权战略、知识产权管理机构、知识产权管理人员和知识产权管理制度。

邮政企业知识产权管理的功能主要有：

（1）制定、实施知识产权战略，实现邮政企业发展目标；
（2）管理邮政企业知识产权资源，实现无形资产保值增值；
（3）引进和培养知识产权专业人才；
（4）建立健全邮政企业创新机制，激励邮政企业创新发展；
（5）建立健全知识产权管理规章制度，防范知识产权法律风险，应诉知识产权纠纷与诉讼；
（6）开展知识产权许可活动，实现知识产权市场价值。

第二节　著作权法

一、著作权概述

（一）著作权的概念

著作权是指作者或者其他著作权人对文学、艺术、科学作品享有的专有人身权利和财产权利的总称。我国《著作权法》第五十七条规定，本法所称的著作权即版权。因此，著作权与版权在法律意义上可以通用。

（二）我国著作权法律体系

《中华人民共和国著作权法》（1990年9月7日第七届全国人大常委会第十五次会议通过，2001年10月27日第九届全国人大常委会第二十四次会议第一次修正，2010年2月26日第十一届全国人大常委会第十三次会议第二次修正）、《中华人民共和国著作权法实施条例》（2013年1月16日国务院第231次常务会议通过）、《著作权集体管理条例》《实施国际著作权条约的规定》以及最高人民法院《关于审理著作权民事纠纷案件适用法律若干问题的解释》、最高人民法院《关于审理涉及计算机网络著作权纠纷案件适用法律若干问题的解释》等有关法规、规章、司法解释等构成了我国著作权法律体系。

二、著作权主体

（一）著作权主体概述

1. 著作权主体概念

著作权主体，又称著作权人，是指依法就文学、艺术和科学作品享有著作权，并在著作权法中享有权利、承担义务的个人或者法人。

2. 著作权人

依据《著作权法》规定，著作权人包括作者和依照《著作权法》享有著作权的法人或者其他组织。《著作权法》第十一条规定:"著作权属于作者,本法另有规定的除外。创作作品的公民是作者。由法人或者其他组织主持,代表法人或者其他组织意志创作,并由法人或者其他组织承担责任的作品,法人或者其他组织视为作者。如无相反证明,在作品上署名的公民、法人或者其他组织为作者。"

(1) 作者是直接创作了文学、艺术和科学作品的自然人,属于原始著作权主体。

(2) 著作权的其他享有者主要包括:

第一,法人或者其他组织被视为作者的情况,如《新华字典》的版权人就是"中国社会科学院语言研究所(新华辞书社)",具体创作的自然人不是作者。

第二,法人或者其他组织对职务作品享有著作权的情况,如单位投入物质条件并承担责任的条件下创作出的计算机软件、工程设计图、地图等,作者仅享有署名权,其他权利由单位行使。

第三,作者通过合同或者其他形式将著作权的全部或者部分转让给他人的情况,如邮政企业委托他人设计邮资封片图稿,委托创作合同约定委托创作的图稿的著作权属于委托人(邮政企业),或者约定受托人(作者)仅享有图稿的署名权,其他如发表权、修改权、发行权等法律规定的版权由委托人(邮政企业)享有。因此,通过委托合同受托人(作者)可以将作品的全部或者部分著作权转让给委托人(邮政企业),委托人即可成为全部或者部分的著作权人。

根据《著作权法》及有关司法解释的规定,认定作品的著作权人可结合以下证据判断:作品的原稿、合法的出版物(如取得 ISBN 的图书、ISSN 或 CN 的报刊以及其他准印证号的出版物等)、认证机构出具的证明、国家版权管理部门颁发的作品登记证书以及受让版权的合同等。

第四,有下列情形的,国家也可以成为著作权人:公民、法人、其他组织将著作权的财产权利赠与国家,国家即为著作权人;作者不明的作品,著作权中的财产权利收归国有;非集体所有制组织的公民死亡时既无继承人又无受遗赠人的,著作权中的财产权利归国家所有;法人终止,没有承受其权利义务的人的,著作权中的财产权利归国家所有。

(二) 特殊作品的著作权主体

1. 合作作品的著作权

《著作权法》第十三条规定:"两人以上合作创作的作品,著作权由合作作者共同享有。没有参加创作的人,不能成为合作作者。合作作品可以分割使用的,作者对各自创作的部分可以单独享有著作权,但行使著作权时不得侵犯合作作品整体的著作权。"合作作品可以分割使用的,作者对各自创作的部分可以单独享有著作权,但行使著作权时不得侵犯合作作品整体的著作权。合作作品不可以分割使用的,其著作权由各合作作者共同享有,通过协商一致行使;不能协商一致,又无正当理由的,任何一方不得阻止他方行使除转让以外的其他权利,但是所得收益应当合理分配给所有合作作者。

2. 汇编作品的著作权

汇编若干作品、作品的片段或者不构成作品的数据或者其他材料,并在对其内容的选择或者编排上体现出独创性的作品。《著作权法》第十四条规定:"汇编若干作品、作品的片段或者不构成作品的数据或者其他材料,对其内容的选择或者编排体现独创性的作品,为汇编作品,其著作权由汇编人享有,但行使著作权时,不得侵犯原作品的著作权。"如中国集邮研究学会对其编辑的《中华人民共和国邮票目录》享有著作权,但在行使著作权时不得侵犯其收入的邮票图稿的著作权。

3. 职务作品的著作权

职务作品，是指公民为完成法人或者其他组织工作任务所创作的作品。判断是否属于职务作品，有以下两个标准：一是作者是否与单位存在雇佣关系，如果没有存在雇佣关系，即使有关作品与单位业务关系非常密切，也不能认为是职务作品；二是有关作品的创作是否因雇佣关系产生，或者因单位工作任务而完成，所谓工作任务，是指公民在该法人或者该组织中应当履行的职责。如果有关作品与作者履行工作职责无关，即使与单位存在雇佣关系，也不能列入职务作品的范围。

除《著作权法》另有规定以外，职务作品的著作权由作者享有，但法人或者其他组织有权在其业务范围内优先使用。作品完成两年内，未经单位同意，作者不得许可第三人以与单位相同的方式使用该作品。职务作品完成两年内，经单位同意，作者许可第三人以与单位相同的方式使用作品所获报酬，由作者与单位按约定的比例分配。作品完成两年的期限，自作者向单位交付作品之日起计算。

根据《著作权法》的规定，有下列情形之一的职务作品，作者享有署名权，著作权的其他权利由法人或者其他组织享有，法人或者其他组织可以给予作者奖励：第一，主要是利用法人或者其他组织的物质技术条件创作，并由法人或者其他组织承担责任的工程设计图、产品设计图、地图、计算机软件等职务作品。"物质技术条件"是指该法人或者该组织为公民完成创作专门提供的资金、设备或者资料。第二，法律、行政法规规定或者合同约定著作权由法人或者其他组织享有的职务作品。例如，邮政企业对其专职设计人员设计的邮资封片图稿，可以以合同形式约定专职设计人员设计的邮资封片图稿的著作权属于邮政企业，本人仅对图稿享有署名权。

4. 委托作品著作权

受委托创作的作品，著作权的归属由委托人和受托人通过合同约定。合同未作明确约定或者没有订立合同的，著作权属于受托人。可见，法律对受托人采取倾斜性的规定，注重保护创作者的权益。委托作品著作权属于受托人的，委托人在约定的使用范围内享有使用作品的权利，双方没有约定使用作品范围的，委托人可以在委托创作的特定目的范围内免费使用该作品。

对于邮资封片图稿设计来说，邮政企业委托社会美术家设计邮资封片的图稿，在约稿时，应当在邮资封片图稿设计合同中明确邮资封片图稿著作权属于邮政企业，作者对原图享有署名权。

5. 原件所有权转移的作品著作权

《著作权法》规定，美术等作品原件所有权的转移，不视为作品著作权的转移，但美术作品原件的展览权由原件所有人享有。这一规定，适用于任何原件所有权可能转移的作品的著作权归属。

由此可见，美术、摄影、雕塑、模型等作品，当其原件以出售、赠与等方式转移给他人后，该所有人对作品原件享有所有权，并可以行使原件的展览权；但该作品的著作权并不随原件转移，仍然属于作者。

6. 演绎作品的著作权归属

演绎作品，是指因改编、翻译、注释、整理已有的作品而产生的作品，体现了再创作者的智力成果。演绎作品的作者在使用原作品时，必须取得原作者的许可，不得侵权。演绎作品的作者仅对演绎作品享有著作权，而无权行使原作品的著作权。

三、著作权客体

(一) 著作权客体概述

1. 作品是著作权的客体,亦即《著作权法》保护的对象。

根据我国《著作权法实施条例》第二条的规定,作品是指文学、艺术和科学领域内具有独创性并能以某种有形形式复制的智力成果。

2. 作品具有以下法律特征。

(1) 属于文学、艺术和科学领域内创作,商业秘密不属于作品范围;

(2) 具有独创性,而非抄袭的。

独创性为作品获得《著作权法》保护的必要条件,只有具有独创性的作品才能获得《著作权法》的保护。作品的独创性,又称作品的原创性,是指作者在创作作品过程中投入某种智力劳动,创作出来的作品具有最低限度的创造性。

最高人民法院《关于审理著作权民事纠纷案件适用法律若干问题的解释》第十五条指出,由不同作者就同一题材创作的作品,作品的表达系独立完成并且有创作性的,应当认定作者各自享有独立著作权。

(3) 具有一定表现形式,思想观念的表述属于作品,而思想观念本身则不属于作品的范围。这就意味着,作品是由作者独立创作的,而非抄袭的,作品体现了作者的精神劳动和智力成果,而非简单的摹写或材料的汇集。

3. 根据《著作权法》规定,以下作品不受著作权法的保护:(1)依法禁止出版、传播的作品;(2)法律、法规,国家机关的决议、决定、命令和其他具有立法、行政、司法性质的文件,及其官方正式译文;(3)时事新闻;(4)历法、通用数表、通用表格和公式。

(二) 邮政企业涉及的作品

我国《著作权法》第三条规定,本法所称的作品,包括以下列形式创作的文学、艺术和自然科学、社会科学、工程技术等作品:(1)文字作品;(2)口述作品;(3)音乐、戏剧、曲艺、舞蹈、杂技艺术作品;(4)美术、建筑作品;(5)摄影作品;(6)电影作品和以类似摄制电影的方法创作的作品;(7)工程设计图、产品设计图、地图、示意图等图形作品和模型作品;(8)计算机软件;(9)法律、行政法规规定的其他作品。

邮政企业经营的商业函件、邮资封片等业务涉及的作品主要包括:美术、建筑作品、摄影作品、图形作品和模型作品。此外,邮政企业还会涉及计算机软件。

1. 美术、建筑作品

美术作品,是指绘画、书法、雕塑等以线条、色彩或者其他方式构成的有审美意义的平面或者立体的造型艺术作品。这样,美术作品包括各种形式的绘画,如油画、版画、水墨画、素描等,也包括各种字体的书法字帖,还包括各种雕刻、雕塑作品,如石雕、木雕和各种(铜、铁、铝、塑料)塑造的形象。对于雕塑作品来说,具有独创性为其受保护的前提,如雕塑"天下第一关"山海关,尽管工艺十分精湛,但由于山海关的造型自古就已经存在,因而不受《著作权法》的保护。如果雕塑为"嫦娥奔月",则可以受《著作权法》的保护。

建筑作品,是指以建筑物或者构筑物形式表现的有审美意义的作品。建筑作品不包括建筑设计图以及建筑模型,建筑设计图可以作为图形作品保护,建筑模型可以作为模型作品保护。建筑作品所保护的,仅为建筑外观的艺术性设计,包括整体的外形、空间和各种因素的排列组合,不包括实用性的建筑组合要件和标准建筑材料。对于乡俗式的民房或者积木式的楼房,因缺乏独创性不受《著作权法》的保护。

具有实用性的艺术品,如艺术台灯,艺术器皿,印有艺术图案的地毯、挂毯、手帕等,《著作权法》以美术作品的形式给予保护。当然,《著作权法》仅保护实用艺术品的艺术方面,亦即物品的艺术造型、外观设计、色彩装饰等,对于其实用方面则不予保护。

2. 摄影作品

摄影作品是指借助器械在感光材料或者其他介质上记录客观物体形象艺术作品。在现代科学技术条件下,记录或者储存摄影作品的,既可以是传统的胶片或者相纸,还可以是计算机内存、光盘或者U盘等。要构成《著作权法》意义上的摄影作品,必须具有某种艺术表现形式,反映作者独特的审美眼光和艺术构思,以及作者独特的曝光、编辑加工技巧。简单的拍照、如证件照(工作证、护照)以及一般性的摄影,由于不具有独创性,因而不属于《著作权法》保护的作品。当然,未经许可进行复制也可构成侵权,但侵犯的不是著作权,而是照片人物的肖像权。

此外,单独的翻拍,如翻拍文件、美术作品,甚至翻拍他人的摄影作品,都是对原件或者原作的复制,不属于摄影作品。

时事新闻报道中的摄影作品是否受《著作权法》的保护,应视具体情况而定,如果是新闻记者为新闻报道摄影的作品,应属于不受《著作权法》保护的作品;如果报刊发表的摄影作品是特约作品或者非职务作品,理应受《著作权法》的保护。

3. 图形作品和模型作品

(1) 工程设计图、产品设计图

工程设计图和产品设计图,是指为施工或生产而绘制的图形作品。一般来说,工程设计图和产品设计图,都可以作为图形作品成为《著作权法》的保护对象。

根据工程设计图和产品设计图产生的客体,是否受《著作权法》的保护分为以下两种情况:一是经过施工或者生产而产生的客体不属于作品,不受《著作权法》的保护,如常用家具、机床、楼房,《著作权法》仅保护平面设计图;二是经过施工或者生产而产生的客体属于文学艺术作品,如构成作品的建筑物、构成作品的实用艺术品。《著作权法》不仅保护平面设计图,而且保护立体复制品。

(2) 地图、示意图

地图是反映地理现象的作品,如行政区划图、地形图、街道图等。一方面地图反映真实的地理现象,这是不受《著作权法》保护的客观事实;另一方面,为使读者充分理解地图的内容或者突出某些必要的内容,作者可以在地图上添加一些提示性或者艺术性的成分,除涉及公有领域的成分(如经纬线、通用的线条)之外,应当受《著作权法》的保护。对于地图的使用,除遵守《著作权法》的规定之外,还必须遵守有关地图管理的法规、规章。

示意图是说明客观事物原理或者结构的作品。地图亦属于示意图的范围,但示意图的内涵要大于地图。在示意图中受《著作权法》保护的内容为作者独特性或者艺术性的指示部分,以及作者独特的编辑、选择和加工,不包括示意通常使用的成分。

(3) 模型作品

模型作品是指为展示、试验或者观测等用途,根据物体的形状和结构,按照一定比例制作的立体作品。模型在大多数情况下可以作为作品受到《著作权法》的保护。根据模型作品产生的产品,如果属于实用艺术品或者是构成作品的建筑物,则应当受到《著作权法》的保护;反之,单纯的产品或者建筑物,不构成《著作权法》保护的作品。

4. 民间文学艺术作品

民间文学艺术，属于非物质文化遗产的重要部分，是指某一民族或者某一地区人民的传统艺术表述，如民间传说、民间诗歌、民间工艺、民间舞蹈、民间宗教仪式、民间建筑等。民间文学艺术的最大特点就是世代流传、不断变化，没有形成固定的作品。民间文学艺术一旦固定下来，并且构成《著作权法》意义上的作品，就可以受到《著作权法》的保护，例如，吸收赫哲族民歌要素创作的《乌苏里船歌》，吸收陕西剪纸艺术创作的蛇年邮票图案等。因而，《著作权法》保护的应当是根据民间文学艺术表述而创作的作品，而非民间文学艺术表述本身，民间文学艺术的保护应由民间文学艺术保护法或者非物质文化遗产保护法调整。如果将民间文学艺术表述置于《著作权法》保护的范围，归属特定人所有，必然会妨碍民间文学艺术创作。对于民间艺术表述，任何人都可以采风、整理，只要整理者在民间文学艺术表述的基础上进行了创造性的劳动，整理人就可以对其作品享有著作权。对于他人已经整理的民间文学艺术作品，未经许可而加以使用，就属于侵犯他人著作权的行为。

5. 计算机软件作品

计算机软件存在复制难度小、成本低、速度快，复制件与原件质量差异不大等特点，使得软件盗版问题非常突出。国家在对计算机软件实行著作权保护的同时，还单独立法保护。我国1991年6月颁布了《计算机软件保护条例》，2001年12月重新修订公布。

《计算机软件保护条例》规定，计算机软件，是指计算机程序及其有关文档。计算机程序，是指为了得到某种结果而可以由计算机等具有信息处理能力的装置执行的代码化指令序列，或者可以被自动转换成代码化指令序列的符号化指令序列或者符号化语句序列。同一计算机程序的源程序和目标程序为同一作品。文档，是指用来描述程序的内容、组成、设计、功能规格、开发情况、测试结果及使用方法的文字资料和图表等，如程序设计说明书、流程图、用户手册等。受本条例保护的软件必须由开发者独立开发，并已固定在某种有形物体上。本条例对软件著作权的保护不延及开发软件所用的思想、处理过程、操作方法或者数学概念等。软件著作权人可以向国务院著作权行政管理部门认定的软件登记机构办理登记。

邮政金融计算机网和邮政综合网的软件属于邮政企业重要的无形资产，应当建立严格的管理制度防范他人侵权复制。同时，邮政企业也要注意不使用盗版软件。《计算机软件保护条例》第十六条规定，软件的合法复制品所有人享有下列权利：(1)根据使用的需要把该软件装入计算机等具有信息处理能力的装置内；(2)为了防止复制品损坏而制作备份复制品。这些备份复制品不得通过任何方式提供给他人使用，并在所有人丧失该合法复制品的所有权时，负责将备份复制品销毁；(3)为了把该软件用于实际的计算机应用环境或者改进其功能、性能而进行必要的修改；但是，除合同另有约定外，未经该软件著作权人许可，不得向任何第三方提供修改后的软件。根据上述规定，计算机软件著作权人可以追究使用盗版软件的最终用户的侵权责任。

四、著作权内容

（一）著作权内容概述

著作权的内容，亦即著作权人对作品享有的权利。根据《著作权法》的规定，著作权人的权利包括两大类，著作人身权和著作财产权。

1. 著作人身权

著作人身权是指著作权人基于一定的作品创作而享有的一种使其作品和人格得到尊重的

权利,包括:发表权、署名权、修改权和保护作品完整权。

2. 著作财产权

著作财产权是指作者以及其他著作权人所享有的利用作品并获得经济收益的权利,主要包括:复制权、发行权、出租权、展览权、表演权、放映权、广播权、信息网络传播权、摄制权、改编权、翻译权、汇编权以及其他权利。著作权人许可他人行使经济权利或者转让经济权利的,有权获得报酬。获得报酬权,总是与具体的经济权利相联系,并非独立的权利。

(二)邮政企业涉及的著作权内容

邮政企业经营业务涉及的著作权内容主要包括:发表权、署名权、修改权、保护作品完整权、复制权、发行权以及获得报酬权,以下进行简要分析。

1. 发表权

发表权,即决定作品是否公之于众的权利。具体说来,是指作者有权决定作品是否发表,何时发表,以何种形式发表。发表权只能由作者行使,《著作权法实施条例》第二十条规定:"著作权法所称已经发表的作品,是指著作权人自行或者许可他人公知于众的作品。"如果他人未经许可发表其作品,则他人侵犯了作者的发表权,作者仍然享有发表权。

发表权与作者的经济权利密切相关,一般来说,作者如果决定发表作品,就要选择以何种形式利用自己的作品,或者说行使何种经济权利。因而,作者虽然未将作品公知于众,但许可他人使用其作品,可以推定作者同意发表其作品。由于发表权为著作权的经济权利基础,对于作者生前未发表的作品,《著作权法实施条例》第十七条规定:"作者生前未发表的作品,如果作者未明确表示不发表,作者死亡后 50 年内,其发表权可由继承人或者受遗赠人行使;没有继承人又无人受遗赠的,由作品原件的所有人行使。"

2. 署名权

署名权,即表明作者的身份,在作品上署名的权利。署名权属于作者精神权利的核心权利,通过在作品上署名,作者向他人宣告了自己与作品的自然关系,即与作品所体现的思想、人格、精神、情感的关系。作者可以在作品上署名,是基于他与作品的自然关系;作者因为他人破坏了作品的完整而拒绝署名,也是因为他人破坏了作者与作品的自然关系。

署名权包括以下内容:第一,作者的姓名表示以及不表示的权利,即作者有权决定在作品上是否署名。第二,作者姓名表示方式的权利,作者有权决定使用本名、笔名、别名的任何形式。第三,作者署名排列顺序决定权。数名作者姓名如何排列,由作者协商确定。作者协商不成的,可以按照创造作品时付出的劳动、作品顺序、作者姓氏笔画顺序排列。第四,姓名指示权。他人使用其作品的,应当指明作者的姓名。

3. 修改权和保护作品完整权

修改权,即修改或者授权他人修改作品的权利;保护作品完整权,即保护作品不受歪曲、篡改的权利。修改权和保护作品完整权,可以说是一项权利的两个方面。从积极的方面来说,作者有权修改或者授权他人修改自己的作品;从消极的方面来说,当他人歪曲、篡改自己的作品时,作者有权阻止他人的侵权行为。

修改权和保护作品完整权,可以更好保护作者的思想、情感和精神,但行使修改权和保护作品完整权,也有一定的限制。当作品的原件所有权属于他人或者作品已经许可他人使用时,除非经过权利人同意或者法律另有规定,作者不得修改其作品。对于保护作品完整权来说,并非任何未取得作者同意的修改都构成对作品的歪曲、篡改,一般来说,善意的修改不构成对作品完整权的破坏。如报刊社可以对作品进行必要的文字加工,实用艺术品的生产者、建筑物的施工者可以根据需要对作品进行必要的修改,邮资封片选用的作品,也可以根据整体需要对图稿进行必要的修改,以符合邮资封片的规范标准,这些情况下,作者不能以侵犯作品完整权阻止对其作品进行必要的修改。

【案例】

赵某诉某市邮政局侵犯作品完整权纠纷案[①]

某市邮政局策划制作"五岳风光"邮册,向本市摄影者征集反映五岳风光的照片,赵某提供的"抱松石""五岳古镇"两幅照片被选入。"五岳风光"邮册样稿使用赵某所摄的两幅照片时做了较大修改,邮政局将修改后的样稿交给作者征求意见,赵某未提出异议,并于当日签字领取了稿酬。邮政局依照样稿印制发行了"五岳风光"邮册,并署有赵某的姓名。后赵某以该邮政局侵犯其"抱松石""五岳古镇"两幅摄影作品版权为由提起诉讼,要求邮政局停止侵害、赔礼道歉,赔偿经济损失12000元,并承担本案的律师费、诉讼费。

法院经审理后认为,邮政局编辑"五岳风光"邮册时,使用的赵某摄影作品,为赵某自己所提供;编辑处理后的"五岳风光"邮册样稿,赵某审样亦未提出异议,并领取了稿酬,应当视为认可。邮政局根据作者认可印制的"五岳风光"邮册均署有原作者姓名,不构成对赵某版权侵犯。赵某诉称修改后的"抱松石"、"五岳古镇"样稿"未经本人知道"与事实不符,理由不能成立,法院依法驳回了赵某的诉讼请求。

4. 复制权

复制权,即以印刷、复印、拓印、录音、录像、翻录、翻拍等方式将作品制作一份或者多份的权利。复制是使作品得以传播的重要手段,复制权是著作权人对作品享有的基本权利。

依照表现形式,复制可以分为:第一,从平面至平面的复制。印刷、复印、拓印、录音、录像、翻录、翻拍,基本上都属于从平面至平面的复制。第二,从平面到立体的复制。主要见于美术作品和建筑作品,如实用艺术品设计师首先在平面草图上设计产品,然后投入产业性的复制。从平面到立体的复制,仅指美学表述的复制,不包括依照一般的工程设计图、产品设计图施工建筑、制造产品。第三,从立体到平面的复制。如临摹、摄影雕塑、雕刻等美术作品以及建筑作品。第四,从立体到立体的复制。如依照原型复制雕塑、雕刻以及建筑作品。

复制权涉及的以下几个问题应当注意:第一,临摹属于复制的一种形式,主要对绘画、书法、雕刻等美术作品进行手工复制。临摹不是一般性的复制作品,而是临摹者创造性地劳动,临摹的作品同样享有著作权。第二,根据《著作权法》第二十二条的规定,对设置或者陈列在室外公共场所艺术作品进行临摹、绘画、摄影、录像,不需要取得著作权人的许可,也不必向其支付报酬,但应当指明作品名称、作者姓名。上述规定表明,对于设置或者陈列在室外公共场所艺术作品,可以自由地进行平面复制。但是,对设置在室内或者私人院落的艺术品作品进行复制以及对设置在室外公共场所艺术作品进行立体复制,必须取得著作权人的许可,否则构成侵权。第三,为他人画像或者以肖像为内容进行摄影的,著作权人不但无权阻止被画或被摄影的本人复制作品,而且行使著作权还要受到被画或被摄影的本人的限制。虽然绘画作品、摄影作品的著作权属于著作权人,但是被画或被摄影的本人享有肖像权,二者发生冲突时,著作权应

[①] 摘编自《邮政普法案例选编》。

当让位于肖像权,受到肖像权的限制。非经肖像权人许可,著作权人本人也不得复制该绘画作品、摄影作品。因而,邮资封片在使用肖像内容的图稿时,不仅要取得著作权人的许可,还要取得肖像权人的许可。

5. 发行权

发行权,即以出售或者赠与方式向公众提供作品的原件或者复制件的权利,发行是通过出售、赠与、散发等方式,将作品原件或一定数量的复制件提供给社会公众。出版是发行的一种形式,一般涉及文字作品、电影作品、计算机软件以及一部分美术作品。当然大多数情况下,发行仅涉及作品的复制件。因而,复制权往往与发行权联系在一起使用,仅仅获得复制权而不发行没有经济意义,比如出版社取得出版作品的许可,至少要包括复制与发行两项权利,邮资封片更是如此。他人获得著作权人的复制权许可时,往往同时约定发行权的许可。但是,必须注意发行权与复制权为著作权人的两项独立的权利,应当分别约定,并且支付各自的许可费用。

(三) 著作权的保护期限

根据《著作权法》的规定,作者的署名权、修改权、保护作品完整权的保护期不受限制。公民的作品,发表权以及经济权利的保护期为作者终生及其死亡后五十年,截止于作者死亡后第五十年的 12 月 31 日;如果是合作作品,截止于最后死亡的作者死亡后第五十年的 12 月 31 日。法人或者其他组织的作品、著作权(署名权除外)由法人或者其他组织享有的职务作品,其发表权以及经济权利的保护期为五十年,截止于作品首次发表后第五十年的 12 月 31 日,但作品自创作完成后五十年内未发表的,《著作权法》就不再保护了。

五、著作权许可合同法律实务

(一) 著作权许可合同概述

著作权许可,是指著作权人或者其他权利人将自己享有的著作权,在一定期限内转移给他人使用,并以此获得相应的报酬。著作权许可是著作权人利用作品并取得经济利益的重要形式,我国《著作权法》第二十四条规定:"使用他人作品应当同著作权人订立许可使用合同,本法规定可不经许可的除外。"也就是说,除《著作权法》第二十二条的"合理使用"以及第二十条的"法定许可"之外,使用他人的作品应当通过订立著作权许可使用合同的形式,取得著作权人的许可。

(二) 订立著作权许可使用合同应当注意的问题

根据《著作权法》第二十四条的规定,著作权许可使用合同包括以下主要内容:许可使用权利的种类;许可使用权是专有使用权还是非专有;许可使用的地域范围、期间;付酬标准和办法;违约责任;双方认为需要约定的其他内容。

邮政企业签订著作权许可使用合同时,应当注意以下问题:

1. 许可使用的权利种类

许可使用著作权的权利种类是订立著作权许可使用合同的基础,当事人必须对许可使用的权利种类约定明确、具体。根据《著作权法》的规定,著作权人未明确许可使用的权利,未经著作权人许可,另一方当事人不得使用。著作权包括精神权利和经济权利,邮资封片使用他人作品涉及的权利主要有:发表权、修改权、复制权、发行权,还可能涉及信息网络传播权、展览权、汇编权等。合同中明确邮政企业根据邮资封片的制作标准对被许可使用的作品享有修改权非常必要,可以避免作者以保护作品完整权为由提出侵权指控。

2. 许可使用的形式

著作权人许可他人使用作品分为专有使用权和非专有使用。专有使用权是指著作权人只授权某人使用其作品,从而该使用人取得了该作品的专有使用权,著作权人在该作品授权使用期内不再授权其他人使用。非专有使用权是指在一定期限内授权某人使用作品后,还可以将该作品再授权第三人使用。邮政企业应在合同中明确许可使用为专有使用权还是非专有使用权,一般为避免与他人的著作权产生冲突,在邮资封片开发中宜约定为专有使用权。根据《著作权法实施条例》第二十四条的规定,专有使用权的内容由合同约定,合同没有约定或者约定不明的,视为被许可人有权排除包括著作权人在内的任何人以同样的方式使用作品;除合同另有约定外,被许可人许可第三人行使同一权利,必须取得著作权人的许可。

3. 许可使用的地域范围、期间

许可使用的地域范围是指作品使用的地域,如允许在境内发行,或者在国内外发行。许可使用的期间是指作品使用人享有使用作品的时间,期间由当事人约定。邮资封片开发中,作品许可使用的地域范围至少约定为我国境内,期间根据邮资封片发行周期确定。

4. 付酬标准和办法

使用作品的付酬标准可以由当事人约定,也可以按照国务院著作权行政管理部门会同有关部门制定的付酬标准支付报酬。当事人约定不明确的,按照国务院著作权行政管理部门会同有关部门制定的付酬标准支付报酬。付酬办法可以采取向被许可人预付部分使用费的办法,也可以采取版税或者一次付清办法。

5. 违约责任

违约责任是指合同一方或者双方没有履行合同约定的义务或者不适当履行合同约定的义务,依照法律规定或者合同约定承担的法律责任。违约责任的形式可以采取赔偿损失、违约金以及采取补救措施。赔偿损失、违约金的计算方法应当明确、具体。

6. 约定的其他内容

邮资封片开发中,订立著作权许可合同除上述内容之外,还需要约定:许可使用作品的名称、形式和内容,可以标明著作权登记证书编码;作品的使用具体范围,如邮资封片、集邮票册、相关纪念品乃至包装物;作品许可使用的次数,是一次使用还是相同题材多次使用;许可人对许可使用的作品的权利保证,如承诺该作品许可人享有完全的权利,如涉及他人肖像权、企业名称权、知识产权的,已经取得合法授权;作者的署名标注形式、邮资封片不适合署名情况下作者署名的办法以及费用承担;邮资封片样品赠送许可人的种类、数量等。

第三节　商　标　法

一、商标法概述

(一)商标的概念及特征

商标就是识别商品和服务的标记。《商标法》规定,任何能够将自然人、法人或者其他组织的商品与他人的商品区别开的标志,包括文字、图形、字母、数字、三维标志、颜色组合和声音等,以及上述要素的组合,均可以作为商标申请注册。

商标作为特殊商业标志,不仅可以区别不同经营者的商品和服务,树立自己的品牌,便于消费者根据商标选择商品,而且是开展广告宣传,开拓市场,提高企业竞争力的重要载体。邮政企业的邮政专用标志以及新业务开发的"思乡月""次晨达""农邮乐"等都属于商标的范畴,对于提升邮政服务的竞争力具有很大作用,应当作为重要的无形资产依法予以保护。同时,邮政企业经营的快递包裹业务、农村电子商务、跨境电商还可能涉及他人的商标,应当防范侵犯他人的商标专用权。

(二) 商标法律制度主要内容

我国《商标法》于1982年8月23日在第五届全国人大常委会第二十四次会议上通过,1993年2月22日第七届全国人大常委会第三十次会议进行第一次修正,2001年10月27日第九届全国人大常委会第二十四次会议进行第二次修正,2013年8月30日第十二届全国人大常委会第四次会议《关于修改〈中华人民共和国商标法〉的决定》进行第三次修正,2014年5月1日起实施。我国还颁布了《商标法实施条例》以及相关司法解释,并加入了《商标国际注册马德里协定》等国际条约。

二、商标权的主体、客体和内容

(一) 商标权的主体

商标权的主体是依法享有商标权的人。《商标法》规定,自然人、法人或者其他组织在生产经营活动中,对其商品或者服务需要取得商标专用权的,应当向商标局申请商标注册。外国人或者外国企业在我国申请商标注册的,应当按其所属国和我国签订的协议或者共同参加的国际条约办理,或者按对等原则办理,并委托我国政府认可的商标代理机构办理。

(二) 商标权的客体

商标权的法律关系的客体就是注册商标。经商标局核准的商标是注册商标。

1. 商标的条件

(1) 商标的构成要素符合法律规定

我国《商标法》第八条规定:"任何能够将自然人、法人或者其他组织的商品与他人的商品区别开的标志,包括文字、图形、字母、数字、三维标志、颜色组合和声音等,以及上述要素的组合,均可以作为商标申请注册。"

(2) 商标使用的禁止性规定

第一,绝对禁用条款。《商标法》第十条规定,下列标志不得作为商标使用:同中华人民共和国的国家名称、国旗、国徽、国歌、军旗、军徽、军歌、勋章等相同或者近似的,以及同中央国家机关的名称、标志、所在地特定地点的名称或者标志性建筑物的名称、图形相同的;同外国的国家名称、国旗、国徽、军旗等相同或者近似的,但经该国政府同意的除外;同政府间国际组织的名称、旗帜、徽记等相同或者近似的,但经该组织同意或者不易误导公众的除外;与表明实施控制、予以保证的官方标志、检验印记相同或者近似的,但经授权的除外;同"红十字""红新月"的名称、标志相同或者近似的;带有民族歧视性的;带有欺骗性,容易使公众对商品的质量等特点或者产地产生误认的;有害于社会主义道德风尚或者有其他不良影响的。县级以上行政区划的地名或者公众知晓的外国地名,不得作为商标。但是,地名具有其他含义或者作为集体商标、证明商标组成部分的除外;已经注册的使用地名的商标继续有效。

第二,相对禁用条款。《商标法》第十一条规定,下列标志不得作为商标注册:仅有本商品的通用名称、图形、型号的;仅直接表示商品的质量、主要原料、功能、用途、重量、数量及其他特点的;其他缺乏显著特征的。前款所列标志经过使用取得显著特征,并便于识别的,可以作为商标注册。

《商标法》第十二条规定,以三维标志申请注册商标的,仅由商品自身的性质产生的形状、为获得技术效果而需有的商品形状或者使商品具有实质性价值的形状,不得注册。

2. 商标的种类

商标的种类依据标准不同,一般把商标分为以下几类。

(1) 注册商标和非注册商标

根据商标是否被商标主管部门核准划分为注册商标和非注册商标。经商标局核准注册的商标为注册商标,商标注册人享有商标专用权,受法律保护。

(2) 集体商标、证明商标、商品商标和服务商标

根据商标的用途进行分类,我国《商标法》规定,经商标局核准注册的商标为注册商标、包括商品商标、服务商标和集体商标、证明商标。

集体商标,是指以团体、协会或者其他组织名义注册,供该组织成员在商事活动中使用,以表明使用者在该组织中的成员资格的标志。

证明商标,是指由对某种商品或者服务具有监督能力的组织所控制,而由该组织以外的单位或者个人使用于其商品或者服务,用以证明该商品或者服务的原产地、原料、制造方法、质量或者其他特定品质的标志。集体商标、证明商标注册和管理的特殊事项,由国务院工商行政管理部门规定。

商品商标是指用来区分不同生产者和经营的商标,并用于生产销售的商品标记,比如"长虹""海尔"等。

服务商标是指用来区分服务提供者的商标,比如:邮政专用标志以及"思乡月""次晨达""农邮乐"等品牌属于服务商标。

(3) 传统商标和非传统商标

依据构成形式不同,商标可划分为传统商标和非传统商标。传统商标是指由文字(可以是中国文字或者外国文字组成)、图形、字母、数字相互组成的商标。非传统商标是近几年以来逐步发展成为的气味商标、声音商标和触觉商标等传统之外的商标。

(三) 商标权的内容

1. 商标权人的权利

商标权人的权利主要包括专用权、禁用权、许可使用权、转让权和续展权等。

(1) 专用权

专用权又叫独占使用权,是指商标权人对其注册的商标享有专有的权利。我国《商标法》第五十六条规定:"注册商标的专用权,以核准注册的商标和核定使用的商品为限。"

(2) 禁用权

《商标法》规定,未经商标注册人的许可,不得在同一种商品上使用与其注册商标近似的商标,或者在类似商品上使用与其注册商标相同或者近似的商标。禁用权就是商标注册人禁止他人未经许可使用其注册商标的权利。

(3) 许可使用权

《商标法》规定,商标注册人可以通过签订商标使用许可合同,许可他人使用其注册商标。许可人应当监督被许可人使用其注册商标的商品质量。被许可人应当保证使用该注册商标的

商品质量。

(4) 转让权

《商标法》规定,转让注册商标的,转让人和受让人应当签订转让协议,并共同向商标局提出申请。也就是说商标注册人有权依照法定程序将其所有的注册商标转让给他人。

(5) 续展权

《商标法》规定,注册商标有效期满,需要继续使用的,商标注册人应当在期满前十二个月内按照规定办理续展手续;在此期间未能办理的,可以给予六个月的续展期。每次续展注册的有效期为十年,自该商标上一届有效期满次日起计算。期满未办理续展手续的,注销其注册商标。商标局应当对续展注册的商标予以公告。

2. 商标权人的义务

(1) 依法使用注册商标的义务

申请注册和使用商标应当遵循诚实信用原则。国家规定,必须使用注册商标的商品,必须申请商标注册,未经核准注册的,不得在市场上销售。

(2) 保证商品质量的义务

商标权人对使用商标的商品质量负责,保证使用注册商标的商品或者服务的质量,是商标权人的一项重要义务。

(3) 缴纳规定的各项费用。商标权人应按规定缴纳各项费用。申请商标注册、移转注册、续展注册时,应按规定缴纳各项申请费。

三、商标注册制度

(一) 商标注册的原则

1. 自愿注册原则

《商标法》第六条规定,法律、行政法规规定必须使用注册商标的商品,必须申请商标注册,未经核准注册的,不得在市场销售。自愿注册原则是一种国际惯例,我国也不例外,但是目前我国针对极少数与国际民生有关的商品实行强制注册办法(例如烟草等)。

2. 申请在先原则

申请在先原则是指两个或者两个以上的商标注册申请人,在同一种商品或者类似商品上,以相同或者近似的商标申请注册的,初步审定并公告申请在先的商标,申请在后的商标予以驳回;如果是同一天申请的,初步审定并公告使用在先的商标,驳回其他人的申请,不予公告。对于申请人同时开始使用或者均未使用该商标的情况,实际做法是由各申请人进行协商,协商一致的,应当在规定期限内将书面协议报送商标局,超过规定期限达不成协议的,在商标局的主持下,由各申请人抽签决定,或者由商标局裁定。

我国《商标法》在坚持申请在先原则的同时,还强调申请在先的正当性,防止不正当的抢注行为。

3. 优先权原则

《商标法》规定了享有优先权的两种情况。在实行申请优先原则的规定下,申请时期一般以收到申请文件的日期为准。第一,商标注册申请人自其商标在外国第一次提出商标注册申请之日起六个月内,又在中国就相同商品以同一商标提出商标注册申请的,依照该外国同中国签订的协议或者共同参加的国际条约,或者按照相互承认优先权的原则,可以享有优先权;第二,商标在中国政府主办的或者承认的国际展览会展出的商品上首次使用的,自该商品展出之日起六个月内,该商标的注册申请人可以享有优先权。

(二) 商标注册的申请、审查和核准

1. 申请

商标注册申请人应当按规定的商品分类表填报使用商标的商品类别和商品名称,提出注册申请。商标注册申请人可以通过一份申请就多个类别的商品申请注册同一商标。商标注册申请等有关文件,可以以书面方式或者数据电文方式提出。注册商标需要在核定使用范围之外的商品上取得商标专用权的,应当另行提出注册申请。注册商标需要改变其标志的,应当重新提出注册申请。

2. 审查和核准

(1) 注册商标的审查

对注册商标的初步审查予以公告,还是驳回申请不予以公告,核准注册还是不核准注册,都要经过主管机关的审查后确定。主管机关的审查分形式审查和实质审查。对申请注册的商标,商标局应当自收到商标注册申请文件之日起九个月内审查完毕,符合商标法有关规定的,予以初步审定公告。申请注册的商标,凡不符合商标法有关规定或者同他人在同一种商品或者类似商品上已经注册的或者初步审定的商标相同或者近似的,由商标局驳回申请,不予公告。

(2) 注册商标的核准

申请注册的商标,凡符合《商标法》有关规定的,由商标局初步审定,予以公告。对初步审定的商标,自公告之日起三个月内,任何人(在先权利人、利害关系人等)均可以提出异议。公告期满无异议的,予以核准注册,发给商标注册证,并予公告。注册商标的有效期为十年,自核准注册之日起计算。

(3) 商标的复审

《商标法》第三十四条规定,对驳回申请、不予公告的商标,商标局应当书面通知商标注册申请人。商标注册申请人不服的,可以自收到通知之日起十五日内向商标评审委员会申请复审。商标评审委员会应当自收到申请之日起九个月内做出决定,并书面通知申请人。有特殊情况需要延长的,经国务院工商行政管理部门批准,可以延长三个月。当事人对商标评审委员会的决定不服的,可以自收到通知之日起三十日内向人民法院起诉。

四、注册商标专用权的保护

(一) 注册商标专用权的保护范围

根据《商标法》的规定,商标注册人享有商标专用权,受法律保护。商标专用权,也就是商标注册人对其注册商标在注册商品或者服务上享有独占使用的权利。注册商标的专用权,以核准注册的商标和核定使用的商品为限。注册商标专用权的保护范围主要包括三个方面:核准注册的商标;核定使用的商品或者服务;注册商标在有效期内。

(二) 侵犯注册商标专用权的行为

有下列行为之一的,均属侵犯注册商标专用权:(1)未经商标注册人的许可,在同一种商品或者类似商品上使用与其注册商标相同或者近似的商标的;(2)销售侵犯注册商标专用权的商品的;(3)伪造、擅自制造他人注册商标标识或者销售伪造、擅自制造的注册商标标识的;(4)未经商标注册人同意,更换其注册商标并将该更换商标的商品又投入市场的;(5)给他人的注册商标专用权造成其他损害的;(6)根据《商标法实施条例》的规定,故意为侵犯他人注册商标专用权行为提供仓储、运输、邮寄、隐匿等便利条件属于商标侵权行为;(7)给他人的注册商标专用权造成其他损害的。

侵犯商标专用权,根据《商标法》规定,商标注册人或者利害关系人可以向人民法院起诉,也可以请求工商行政管理部门处理。商标侵权人除应当依法承担赔偿责任之外;还应承担立即停止侵权行为,没收、销毁侵权商品和专门用于制造侵权商品、伪造注册商标标识的工具;涉嫌犯罪的,依法追究刑事责任。海关也可以根据《中华人民共和国知识产权海关保护条例》有关规定,对侵犯商标专用权的货物依权利人申请或者主动扣押、没收。

【案例】

提供快递服务被诉侵犯商标权案

某海关查获某市邮政速递公司代理申报出口的带有"NOKIA"商标的电池1975块、充电器3850个、汽车充电器1000个、耳机595个。诺基亚公司于2004年2月19日向某海关书面申请扣押涉案产品,海关随即依法采取扣押措施。原告以邮政速递公司侵犯其1541929号"NOKIA"商标专用权为由起诉至法院。诉称,被告申报出口与原告相同和类似商标的产品,侵犯原告的注册商标专用权,对原告造成了巨大的经济损失。请求依法判令:被告立即停止侵犯原告的注册商标专用权;被告向原告支付赔偿金人民币20万元整;被告向原告支付原告需向海关支付的有关仓储、保管和处置费用。邮政速递公司则辩称,涉案产品系受力豪海空货运有限公司(简称力豪公司)委托报关,被告并未侵权。

审理过程中,力豪公司参加了本案诉讼,并承认上述事实,表示愿意就涉案产品引起的商标侵权行为承担侵权赔偿责任。经法院主持调解,原、被告及第三人自愿协商达成如下协议:力豪公司自愿向原告支付损害赔偿金人民币3万元,该款项在签收法院调解书的同时支付;力豪公司不得再以其他任何方式侵犯"NOKIA"注册商标专用权;原告不再对被告主张权利。

(三)侵犯注册商标专用权的法律责任

1. 民事责任

《商标法》第六十三条规定,侵犯商标专用权的赔偿数额,按照权利人因被侵权所受到的实际损失确定;实际损失难以确定的,可以按照侵权人因侵权所获得的利益确定;权利人的损失或者侵权人获得的利益难以确定的,参照该商标许可使用费的倍数合理确定。对恶意侵犯商标专用权,情节严重的,可以在按照一倍以上三倍以下确定赔偿数额。赔偿数额应当包括权利人为制止侵权行为所支付的合理开支。

人民法院为确定赔偿数额,在权利人已经尽力举证,而与侵权行为相关的账簿、资料主要由侵权人掌握的情况下,可以责令侵权人提供与侵权行为相关的账簿、资料;侵权人不提供或者提供虚假的账簿、资料的,人民法院可以参考权利人的主张和提供的证据判定赔偿数额。

权利人因被侵权所受到的实际损失、侵权人因侵权所获得的利益、注册商标许可使用费难以确定的,由人民法院根据侵权行为的情节判决给予三百万元以下的赔偿。

2. 行政责任

工商行政管理部门处理时,认定侵权行为成立的,责令立即停止侵权行为,没收、销毁侵权商品和主要用于制造侵权商品、伪造注册商标标识的工具,违法经营额五万元以上的,可以处违法经营额五倍以下的罚款,没有违法经营额或者违法经营额不足五万元的,可以处二十五万元以下的罚款。对五年内实施两次以上商标侵权行为或者有其他严重情节的,应当从重处罚。销售不知道是侵犯注册商标专用权的商品,能证明该商品是自己合法取得并说明提供者的,由工商行政管理部门责令停止销售。

3. 刑事责任

第一,未经商标注册人许可,在同一种商品上使用与其注册商标相同的商标,构成犯罪的,除赔偿被侵权人的损失外,依法追究刑事责任。

第二,伪造、擅自制造他人注册商标标识或者销售伪造、擅自制造的注册商标标识,构成犯罪的,除赔偿被侵权人的损失外,依法追究刑事责任。

第三,销售明知是假冒注册商标的商品,构成犯罪的,除赔偿被侵权人的损失外,依法追究刑事责任。

(四)驰名商标的法律保护

1. 驰名商标的概念

驰名商标是指在我国为相关公众知晓并在一定地域范围享有较高知名度的商标。我国法律规定,生产、经营者不得将"驰名商标"字样用于商品、商品包装或者容器上,或者用于广告宣传、展览以及其他商业活动中。

2. 驰名商标的认定

《商标法》第十四条规定,驰名商标应当根据当事人的请求,作为处理涉及商标案件需要认定的事实进行认定。认定驰名商标应当考虑下列因素:

(1)相关公众对该商标的知晓程度;

(2)该商标使用的持续时间;

(3)该商标的任何宣传工作的持续时间、程度和地理范围;

(4)该商标作为驰名商标受保护的记录;

(5)该商标驰名的其他因素。

3. 驰名商标的特殊保护

第一,为相关公众所熟知的商标,持有人认为其权利受到侵害时,可以依照本法规定请求驰名商标保护。

第二,就相同或者类似商品申请注册的商标是复制、摹仿或者翻译他人未在中国注册的驰名商标,容易导致混淆的,不予注册并禁止使用。

第三,就不相同或者不相类似商品申请注册的商标是复制、摹仿或者翻译他人已经在中国注册的驰名商标,误导公众,致使该驰名商标注册人的利益可能受到损害的,不予注册并禁止使用。

第四,对恶意注册驰名商标的行为可以随时请求撤销,不受五年的限制。

第四节 专 利 法

一、专利法概述

(一)专利权的概念

专利权是指依照《专利法》的规定,权利人对其获得专利的发明创造,在法定期限内所享有的独占权或专有权。

(二)专利法律制度

我国第一部《专利法》于1984年3月12日第六届全国人大常委会第四次会议通过,我国分别于1992年9月4日第七届全国人大常委会第二十七次会议进行第一次修正,2000年8月25日第九届全国人大常委会第十七次会议进行第二次修正,2008年12月27日第十一届全国人大常委会第六次会议进行第三次修正。与专利法配套使用的《专利法实施细则》于2001年6月15日公布,2002年12月、2010年1月分别对《专利实施细则》进行了两次修订,并加入了《保护工业产权巴黎公约》《专利合作条约》等国际公约。

二、专利权的主体、客体和内容

(一)专利权的主体

专利权的主体就是专利权人,是指依法享有专利权并且承当相应义务的人。根据《专利法》规定,专利权的主体包括发明人或者设计人、职务发明创造的单位、合法受让人、外国人。

1. 发明人或者设计人

发明人或者设计人是指从事具体发明创造的自然人对发明创造的实质性特点做出贡献的人。

2. 职务发明创造的单位

职务发明创造是指执行本单位的任务或者主要是利用本单位的物质技术条件所完成的发明创造为职务发明创造。

(1) 执行本单位的任务所完成的发明创造为职务发明创造。《专利法实施细则》规定,职务发明创造一是在本职工作中做出的发明创造;二是履行本单位交付的本职工作之外的任务所做出的发明创造;三是退休、调离原单位后或者劳动、人事关系终止后1年内做出的,与其在原单位承担的本职工作或者原单位分配的任务有关的发明创造。

(2) 利用本单位的物质条件完成的发明创造。《专利法实施细则》规定,《专利法》第六条所称本单位,包括临时工作单位;《专利法》第六条所称本单位的物质技术条件,是指本单位的资金、设备、零部件、原材料或者不对外公开的技术资料等。

职务发明创造申请专利的权利属于该单位;申请被批准后,该单位为专利权人。非职务发明创造,申请专利的权利属于发明人或者设计人;申请被批准后,该发明人或者设计人为专利权人。

利用本单位的物质技术条件所完成的发明创造,单位与发明人或者设计人订有合同,对申请专利的权利和专利权的归属做出约定的,从其约定。

3. 共同发明创造的人

两个以上单位或者个人合作完成的发明创造、一个单位或者个人接受其他单位或者个人委托所完成的发明创造,除另有协议的以外,申请专利的权利属于完成或者共同完成的单位或者个人;申请被批准后,申请的单位或者个人为专利权人。

4. 外国人

第一,在中国没有经常居所或者营业所的外国人、外国企业或者外国其他组织在中国申请专利的,依照其所属国同中国签订的协议或者共同参加的国际条约,或者依照互惠原则,可以申请专利。应当委托依法设立的专利代理机构办理。

第二,在中国有经常居所或者营业所的外国人、外国企业或者外国其他组织在中国申请专利的,享有与中国公民、单位同等的专利申请权和专利权。

5. 发明创造的合法受让人

发明创造人或者单位,可以将自己所有的专利申请权转让给他人,合法受让人有权就受让的发明创造申请专利,申请被批准后,专利权归该申请人所有。

(二) 专利权的客体

专利权的客体就是我国《专利法》所称的发明创造,主要包括发明、实用新型和外观设计。

1. 发明

发明是指对产品、方法或者其改进所提出的新的技术方案。发明包括产品发明和方法发明。产品发明是人们通过研究开发出来的关于各种新产品、新材料、新物质的技术方案,方法发明则是人们为制造产品或者解决某个技术课题而研究开发出来的操作方法、制造方法或者工艺流程等技术方案,如汉字输入法、无铅汽油提炼方法等。

2. 实用新型

实用新型是指对产品的形状、构造或者其结合所提出的适于实用的新的技术方案。实用新型应具备以下特征:首先,实用新型的客体必须是一种产品。非经加工制造的自然存在的物品,以及一切有关的方法,包括产品的制造方法、使用方法、通讯方法、处理方法以及将产品用于特定用途的方法等,不属于实用新型专利的保护范围。其次,实用新型是针对产品的形状、构造或组合而言的,即必须是对产品的外部形状、内部结构或者二者的结合提出的一种新的技术方案。单纯以美感为目的的产品的形状、图案、色彩或者其结合的新设计不属于实用新型的技术方案。再次,实用新型必须具有实用性。即应当是具有一定的实用价值并且在产业上能够制造。最后,实用新型必须是"新型",即具有一定的创新性,属于一种"新的技术方案"。

3. 外观设计

外观设计是指对产品的形状、图案或者其结合以及色彩与形状、图案的结合所做出的富有美感并适于工业应用的新设计。

(三) 专利权的内容

1. 专利权人的权利

(1) 专利独占权。专利权人依法对其获得的专利的发明创造享有的独占实施权,主要包括制造权、使用权、许诺销售权、进口权等。

(2) 专利转让权。中国单位或者个人向外国人、外国企业或者外国其他组织转让专利申请权或者专利权的,应当依照有关法律、行政法规的规定办理手续。转让专利申请权或者专利权的,当事人应当订立书面合同,并向国务院专利行政部门登记,由国务院专利行政部门予以公告。专利申请权或者专利权的转让自登记之日起生效。

(3) 实施许可权。任何单位或者个人实施他人专利的,应当与专利权人订立实施许可合同,向专利权人支付专利使用费。被许可人无权允许合同规定以外的任何单位或者个人实施该专利。

(4) 标记权。标记权是指专利权人享有的在其专利产品或该产品包装上标明专利标记和专利号的权利。

(5) 放弃权。专利权在期限届满前终止前,专利权人以书面声明放弃其专利权的一种法律行为。

2. 专利人的义务

(1) 缴纳专利年费

《专利法》规定,发明专利申请公布后,申请人可以要求实施其发明的单位或者个人支付适当的费用。专利权人应当自授予专利权的当年开始缴纳年费,没有按照规定缴纳年费的,在专利权期限届满前终止。

(2) 职务发明创造的单位,在授予专利权后,应当对职务发明创造的发明人或者设计人给予奖励;发明创造专利实施后,根据其推广应用的范围和取得的经济效益,对发明人或者设计人给予合理的报酬。

三、专利权授予的条件

(一) 授予专利的实质要件

《专利法》规定,被授予专利权的发明和实用新型,应当具备新颖性、创造性和实用性。

(1) 新颖性,是指该发明或者实用新型不属于现有技术;也没有任何单位或者个人就同样的发明或者实用新型在申请日以前向国务院专利行政部门提出过申请,并记载在申请日以后公布的专利申请文件或者公告的专利文件中。《专利法》规定,申请专利的发明创造在申请日以前六个月内,有下列情形之一的,不丧失新颖性:在中国政府主办或者承认的国际展览会上首次展出的;在规定的学术会议或者技术会议上首次发表的;他人未经申请人同意而泄露其内容的。

(2) 创造性,是指与现有技术相比,该发明具有突出的实质性特点和显著的进步,该实用新型具有实质性特点和进步。

(3) 实用性,是指该发明或者实用新型能够制造或者使用,并且能够产生积极效果。

(二) 授予外观设计专利权的条件

《专利法》规定,被授予专利权的外观设计,应当不属于现有设计;也没有任何单位或个人就同样的外观设计在申请日以前向国务院专利行政部门提出过申请,并记载在申请日以后公告的专利文件中。被授予专利权的外观设计与现有设计或者现有设计特征的组合相比,应当具有明显区别。被授予专利权的外观设计不得与他人在申请日以前已经取得的合法权利(如著作权)相冲突。

(三) 不授予专利权的情形

《专利法》第二十五条规定,对下列各项不授予专利权:

(1) 科学发现;

(2) 智力活动的规则和方法；
(3) 疾病的诊断和治疗方法；
(4) 动物和植物品种；
(5) 用原子核变换方法获得的物质；
(6) 对平面印刷品的图案、色彩或者二者的结合做出的主要起标识作用的设计。

动物和植物品种的生产方法，可以依照专利法规定授予专利权。

《专利法》第五条规定，对违反法律、社会公德或者妨害公共利益的发明创造，不授予专利权。

四、专利的申请、审查和批准

(一) 专利的申请原则

1. 单一性原则

一项发明专利申请应当限于一项发明。一件发明或者实用新型专利申请应当限于一项发明或者实用新型。属于一个总的发明构思的两项以上的发明或者实用新型，可以作为一件申请提出。一件外观设计专利申请应当限于一项外观设计。同一产品两项以上的相似外观设计，或者用于同一类别并且成套出售或者使用的产品的两项以上外观设计，可以作为一件申请提出。

2. 先申请原则

先申请原则是以申请日作为判断申请先后的标准。两个以上的申请人分别就同样的发明创造申请专利的情况下，对先提出申请的申请人授予专利权。两个以上的申请人同日（指申请日；有优先权的，指优先权日）分别就同样的发明创造申请专利的，应当在收到国务院专利行政部门的通知后自行协商确定申请人。

3. 优先权原则

申请人自发明或者实用新型在外国第一次提出专利申请之日起十二个月内，或者自外观设计在外国第一次提出专利申请之日起六个月内，又在中国就相同主题提出专利申请的，依照该外国同中国签订的协议或者共同参加的国际条约，或者依照相互承认优先权的原则，可以享有优先权。

申请人自发明或者实用新型在中国第一次提出专利申请之日起十二个月内，又向国务院专利行政部门就相同主题提出专利申请的，可以享有优先权。

(二) 专利的审查和批准

1. 发明申请的审查和批准

(1) 初步审查

国务院专利行政部门收到发明专利申请后，经初步审查认为符合专利法要求的，自申请日起满十八个月，即行公布。国务院专利行政部门可以根据申请人的请求早日公布其申请。

(2) 实质审查

发明专利申请自申请日起三年内，国务院专利行政部门可以根据申请人随时提出的请求，对其申请进行实质审查；申请人无正当理由逾期不请求实质审查的，该申请即被视为撤回。国务院专利行政部门认为必要的时候，可以自行对发明专利申请进行实质审查。

（3）授权

发明专利申请经实质审查没有发现驳回理由的,由国务院专利行政部门做出授予发明专利权的决定,发给发明专利证书,同时予以登记和公告。发明专利权自公告之日起生效。

2. 实用新型和外观设计专利的审查和批准

实用新型和外观设计专利申请经初步审查没有发现驳回理由的,由国务院专利行政部门做出授予实用新型专利权或者外观设计专利权的决定,发给相应的专利证书,同时予以登记和公告。实用新型专利权和外观设计专利权自公告之日起生效。

3. 专利复审

《专利法》第四十一条规定,国务院专利行政部门设立专利复审委员会。专利申请人对国务院专利行政部门驳回申请的决定不服的,可以自收到通知之日起三个月内,向专利复审委员会请求复审。专利复审委员会复审后,做出决定,并通知专利申请人。专利申请人对专利复审委员会的复审决定不服的,可以自收到通知之日起三个月内向人民法院起诉。

五、专利权的保护期限和无效宣告

（一）专利权的保护期限

《专利法》规定,发明专利权的期限为二十年,实用新型专利权和外观设计专利权的期限为十年,均自申请日起计算。发明和实用新型专利权的保护范围以其权利要求的内容为准,说明书及附图可以用于解释权利要求的内容。外观设计专利权的保护范围以表示在图片或者照片中的该产品的外观设计为准,简要说明可以用于解释图片或者照片所表示的该产品的外观设计。

（二）专利权的无效宣告

《专利法》第四十五条规定,自国务院专利行政部门公告授予专利权之日起,任何单位或者个人认为该专利权的授予不符合专利法有关规定的,可以请求专利复审委员会宣告该专利权无效。被宣告无效的专利权视为自始无效。

《专利法》第四十六条规定,专利复审委员会对宣告专利权无效的请求应当及时审查和做出决定,并通知请求人和专利权人。宣告专利权无效的决定,由国务院专利行政部门登记和公告。对专利复审委员会宣告专利权无效或者维持专利权的决定不服的,可以自收到通知之日起三个月内向人民法院起诉。人民法院应当通知无效宣告请求程序的对方当事人作为第三人参加诉讼。

六、专利实施的强制许可

《专利法》第四十八条规定,有下列情形之一的,国务院专利行政部门根据具备实施条件的单位或者个人的申请,可以给予实施发明专利或者实用新型专利的强制许可：

（1）专利权人自专利权被授予之日起满三年,且自提出专利申请之日起满四年,无正当理由未实施或者未充分实施其专利的；

（2）专利权人行使专利权的行为被依法认定为垄断行为,为消除或者减少该行为对竞争产生的不利影响的。

《专利法》第四十九条规定,在国家出现紧急状态或者非常情况时,或者为了公共利益的目的,国务院专利行政部门可以给予实施发明专利或者实用新型专利的强制许可。

《专利法》第五十条规定,为了公共健康目的,对取得专利权的药品,国务院专利行政部门可以给予制造并将其出口到符合中华人民共和国参加的有关国际条约规定的国家或者地区的强制许可。

《专利法》第五十一条规定,一项取得专利权的发明或者实用新型比前已经取得专利权的发明或者实用新型具有显著经济意义的重大技术进步,其实施又有赖于前一发明或者实用新型的实施的,国务院专利行政部门根据后一专利权人的申请,可以给予实施前一发明或者实用新型的强制许可。

在依照前款规定给予实施强制许可的情形下,国务院专利行政部门根据前一专利权人的申请,也可以给予实施后一发明或者实用新型的强制许可。

国务院专利行政部门做出的给予实施强制许可的决定,应当及时通知专利权人,并予以登记和公告。给予实施强制许可的决定,应当根据强制许可的理由规定实施的范围和时间。强制许可的理由消除并不再发生时,国务院专利行政部门应当根据专利权人的请求,经审查后作出终止实施强制许可的决定。

取得实施强制许可的单位或者个人不享有独占的实施权,并且无权允许他人实施。取得实施强制许可的单位或者个人应当付给专利权人合理的使用费,或者依照中华人民共和国参加的有关国际条约的规定处理使用费问题。付给使用费的,其数额由双方协商;双方不能达成协议的,由国务院专利行政部门裁决。

专利权人对国务院专利行政部门关于实施强制许可的决定不服的,专利权人和取得实施强制许可的单位或者个人对国务院专利行政部门关于实施强制许可的使用费的裁决不服的,可以自收到通知之日起三个月内向人民法院起诉。

七、专利权的保护

(一) 专利权的保护的范围

发明或者实用新型专利权的保护范围以其权利要求的内容为准,说明书及附图可以用于解释权利要求的内容。外观设计专利权的保护范围以表示在图片或者照片中的该产品的外观设计为准,简要说明可以用于解释图片或者照片所表示的该产品的外观设计。

(二) 专利侵权行为的概念和特征

1. 专利侵权行为的概念

专利侵权行为是指在专利权有效期限内,行为人未经专利权人许可又无法律依据,以营利为目的实施他人专利的行为。

2. 专利侵权行为的特征

第一,侵害的对象是有效的专利。专利侵权必须以存在有效的专利为前提,实施专利授权以前的技术、已经被宣告无效、被专利权人放弃的专利或者专利权期限届满的技术,不构成侵权行为。《专利法》规定了临时保护制度,发明专利申请公布后至专利权授予前,使用该发明的应支付适当的使用费。对于在发明专利申请公布后至专利权授予前使用发明而未支付适当费用的纠纷,专利权人应当在专利权被授予之后,请求管理专利工作的部门调解,或直接向人民法院起诉。

第二,必须有侵害行为,即行为人在客观上实施了侵害他人专利的行为。

第三,以生产经营为目的。非生产经营目的的实施,不构成侵权。

第四,违反了法律的规定,即行为人实施专利的行为未经专利权人的许可,又无法律依据。专利侵权行为的表现形式专利侵权行为分为直接侵权行为和间接侵权行为两类。

(三)专利侵权行为的表现形式

1. 未经许可他人专利行为

行为人实施的侵犯他人专利权的行为。其表现形式包括:第一,未经专利权人许可,为生产经营目的制造、使用、许诺销售、销售、进口其专利产品,或者使用其专利方法以及使用、许诺销售、销售、进口依照该专利的方法直接获得的产品;第二,未经专利权人许可,为生产经营目的使用或者销售不知道是未经专利权人许可而制造并售出的专利产品或者依照专利方法直接获得的产品,能证明其产品合法来源的,仍然属于侵犯专利权的行为。

2. 假冒他人专利的行为

为生产经营目的的使用或者销售不知道是未经专利权人许可而制造并售出的专利产品或者依照专利方法直接获得的产品,能证明其产品合法来源的,仍然属于侵犯专利权的行为,需要停止侵害但不承担赔偿责任。

(四)不视为侵犯专利权行为

《专利法》第六十九条规定,有下列情形之一的,不视为侵犯专利权:

(1)专利产品或者依照专利方法直接获得的产品,由专利权人或者经其许可的单位、个人售出后,使用、许诺销售、销售、进口该产品的;

(2)在专利申请日前已经制造相同产品、使用相同方法或者已经做好制造、使用的必要准备,并且仅在原有范围内继续制造、使用的;

(3)临时通过中国领陆、领水、领空的外国运输工具,依照其所属国同中国签订的协议或者共同参加的国际条约,或者依照互惠原则,为运输工具自身需要而在其装置和设备中使用有关专利的;

(4)专为科学研究和实验而使用有关专利的;

(5)为提供行政审批所需要的信息,制造、使用、进口专利药品或者专利医疗器械的,以及专门为其制造、进口专利药品或者专利医疗器械的。

(五)侵犯专利权的法律行为

1. 民事责任

侵犯专利权的赔偿数额按照权利人因被侵权所受到的实际损失确定;实际损失难以确定的,可以按照侵权人因侵权所获得的利益确定。权利人的损失或者侵权人获得的利益难以确定的,参照该专利许可使用费的倍数合理确定。赔偿数额还应当包括权利人为制止侵权行为所支付的合理开支。

权利人的损失、侵权人获得的利益和专利许可使用费均难以确定的,人民法院可以根据专利权的类型、侵权行为的性质和情节等因素,确定给予一万元以上一百万元以下的赔偿。

2. 行政责任

第一,侵夺发明人或者设计人的非职务发明创造专利申请权和本法规定的其他权益的,由所在单位或者上级主管机关给予行政处分。

第二,假冒专利的,除依法承担民事责任外,由管理专利工作的部门责令改正并予公告,没收违法所得,可以并处违法所得四倍以下的罚款;没有违法所得的,可以处二十万元以下的罚款。

第三,管理专利工作的部门根据已经取得的证据,对涉嫌假冒专利行为进行查处时,可以询问有关当事人,调查与涉嫌违法行为有关的情况;对当事人涉嫌违法行为的场所实施现场检查;查阅、复制与涉嫌违法行为有关的合同、发票、账簿以及其他有关资料;检查与涉嫌违法行为有关的产品,对有证据证明是假冒专利的产品,可以查封或者扣押。

第四,违反规定向外国申请专利,泄露国家秘密的,由所在单位或者上级主管机关给予行政处分;构成犯罪的,依法追究刑事责任。

第五,从事专利管理工作的国家机关工作人员以及其他有关国家机关工作人员玩忽职守、滥用职权、徇私舞弊,构成犯罪的,依法追究刑事责任;尚不构成犯罪的,依法给予行政处分。

3．刑事责任

第一,违反《专利法》规定向外国申请专利,泄露国家秘密的,由所在单位或者上级主管机关给予行政处分;构成犯罪的,依法追究刑事责任。

第二,从事专利管理工作的国家机关工作人员以及其他有关国家机关工作人员玩忽职守、滥用职权、徇私舞弊,构成犯罪的,依法追究刑事责任;尚不构成犯罪的,依法给予行政处分。

第三,依照《专利法》《刑法》的规定,假冒他人专利,情节严重的应对直接责任人员追究刑事责任。

第五节　邮政企业知识产权法律实务

一、邮政企业有关著作权法律实务

1. 邮政企业经营管理活动中许多方面涉及著作权,尤其是商业函件(邮政广告)、邮资封片,侵犯他人著作权的法律纠纷时常出现。主要表现为:

(1)未经著作权人许可,侵犯他人著作权,如署名权、复制权、发行权以及获得报酬权等;

(2)著作权许可合同约定不明确,发生法律纠纷时,因举证不能,承担侵权的不利后果;

(3)邮政企业购买物品(如雕塑作品)以及经营图书报刊发行零售业务存在侵犯他人著作权的侵权隐患。

2. 邮政企业在防范侵犯他人著作权的同时,自身也存在着著作权保护的问题。邮政企业对邮资凭证、计算机软件以及其他作品也享有著作权,他人未经邮政企业许可而使用的,同样构成对邮政企业著作权的侵犯。邮政企业全面加强著作权管理,牢固树立版权意识,建立著作权管理体系显得尤为重要。

二、邮政企业有关商标法律实务

(一)切实保护自身商标专用权

对邮政专用标志以及其他邮政服务商标,应根据《商标法》的规定及时进行注册、续展,以防止他人抢注。对于侵犯邮政商标专用权的行为,应申请工商行政管理机关处理,或者向人民法院提起诉讼。对于冒用邮政专用标志的,还可以根据《邮政法》第七十九条的规定,请求邮政管理部门查处。

(二)注意防范侵犯他人商标权

邮政企业在办理国际业务时应切实履行保护知识产权的职责,严格落实中国邮政集团公司《关于在收寄环节加强对侵犯知识产权的物品进行检查的通知》。通过业务宣传等形式告知用户不得在邮件中夹寄涉嫌侵犯他人知识产权的物品。对于代理报关或者交寄数量较大涉及知识产权的货物、物品的,应请其出示商标专有权使用证明或者其他合法来源的证明文件、单据以备海关查验。并应明确告知,如因侵犯知识产权被海关扣留、没收的,损失自行承担并承担遭受侵权指控的法律责任。邮政企业在商品分销中也要注意审查对方商标注册证书,防止经营假冒他人商标的商品。

三、邮政企业有关专利权法律实务

(一)邮政企业专利权管理

邮政用品用具、邮资封片可以申请实用新型专利或者外观设计专利;邮政企业采购的设备或者其他物品(报刊亭)可能涉及他人的专利权。因此,邮政企业在专利权管理中应当注意:

(1)对于自主开发设计的邮政用品用具、邮资封片应申请专利权,以防范他人抢注使自己权益受到损害。

(2)在订立设备采购或者加工承揽合同时,应当在合同中明确知识产权权利保证条款。可以约定为:对方应保证我方获得、使用该产品或产品的任何一部分不受第三方提出的侵犯其专利权、商标权、版权、其他知识产权、所有权、他物权等的起诉。如果发生第三方对我方因使用对方提供的产品的侵权指控,对方无条件自愿承担全部经济和法律责任。

(二)邮政企业商业秘密法律实务

邮政企业经营的快递、物流、广告、金融等业务无不面临激烈的市场竞争,"商战不可无秘密"是企业搏击市场的基本准则,商业秘密与商标权、专利权、著作权等企业无形资产一起成为商战的法宝。

根据我国《反不正当竞争法》第十条的规定,商业秘密,是指不为公众所知悉、能为权利人带来经济利益、具有实用性并经权利人采取保密措施的技术信息和经营信息。商业秘密必须符合特定的法定条件,符合条件的技术信息和经营信息也可以成为商业秘密。根据《反不正当竞争法》第十条的规定,商业秘密构成要件包括:

(1)不为公众所知悉,指的是有关信息不为其所属领域的相关人员普遍知悉和容易获得。也就是说,不为公众所知悉具有相对性,即只是在相关技术或者经营领域内不为相关人员普遍知悉即可,且允许权利人在采取保密措施的情况下让有必要知道商业秘密的人员知悉,而不是除权利人以外的任何人都不能知道。另外,一项信息要构成商业秘密,不仅要处于一般的保密状态,而且获得该项信息要有一定的难度,这样才符合商业秘密的秘密性要求。

如果具有以下情形的则不符合不为公众所知悉的特点:该信息为其所属技术或者经济领域的人的一般常识或者行业惯例;该信息仅涉及产品的尺寸、结构、材料、部件的简单组合等内容,进入市场后相关公众通过观察产品即可直接获得;该信息已经在公开出版物或者其他媒体上公开披露;该信息已通过公开的报告会、展览等方式公开;该信息从其他公开渠道可以获得;该信息无须付出一定的代价而容易获得。

(2) 能为权利人带来经济利益、具有实用性,是指有关信息具有现实的或者潜在的商业价值,能为权利人带来竞争优势,这是商业秘密的价值性要求。商业秘密的信息可以分为两种:一种是具有直接的应用价值、能够积极地提高权利人竞争优势的信息,学理上称为积极信息;另一种对于权利人而言不再能够创造新价值,但保守秘密仍可以使其维持竞争优势的信息,学理上称为消极信息。不论是积极信息还是消极信息,只要具有维持竞争优势的意义,都可以按照商业秘密进行保护。另外,商业秘密的价值性包括现实的价值性和潜在的价值性。前者涉及可以现实地直接应用的信息;后者涉及虽不能现实应用但将来可以应用的信息。

(3) 经权利人采取了保密措施,是指权利人为防止信息泄露所采取的与其商业价值等具体情况相适应的合理保护措施,即所采取的保密措施有程度上的要求。

具有下列情形之一的,在正常情况下足以防止涉密信息泄露的,就应当认定权利人采取了保密措施:限定涉密信息的知悉范围,只对必须知悉的相关人员告知其内容;对于涉密信息载体采取加锁等防范措施;在涉密信息的载体上标有保密标志;对于涉密信息采用密码或者代码等;签订保密协议;对于涉密的机器、厂房、车间等场所限制来访者或者提出保密要求;确保信息秘密的其他合理措施。

(4) 商业秘密的客体为技术信息和经营信息,包括设计、程序、产品配方、制作工艺、制作方法、客户名单、货源情报、产销策略、招投标中的标底及标书内容等信息。邮政企业包括但不限于以下商业秘密:经营规划和计划、市场调查报告、营销策略和实施方案、客户名单、资费浮动策略、邮件经转和邮路组织方案、指挥生产作业和管理的各类文件、作业流程、招投标中的标底及标书内容、会计财务报表、分配方案、邮政计算机软件程序等。其中构成商业秘密的客户名单不是简单的客户名称,而通常必须有名称以外的深度信息,一般应当包括客户的名称、地址、联系方式以及交易的习惯、意向、内容等所构成的、区别于相关公知信息的特殊客户信息,包括汇集众多客户的客户名册,以及保持长期稳定交易关系的特定客户。

邮政企业应当尽快将商业秘密的保护纳入知识产权保护的体系之中,并建立完善的规章制度和工作机制。从司法实践来看,企业保护自身商业秘密的措施应有内部制定的保密制度,确定保密范围和保密内容;与员工签订商业秘密保密合同或在劳动合同中规定保密条款;与员工签订竞业限制合同或在劳动合同中规定竞业限制条款等。

(三) 邮政企业植物新品种权法律实务

邮政企业涉及的植物新品种纠纷,主要表现为在农资分销中,未经品种权人许可销售其享有植物新品种权的种子时,受到侵权指控发生的纠纷。

植物新品种的产生,来源于人们对于植物的人工培育或者对野生植物的开发。植物新品种的培育,可以提高农作物和林业的质量,减少因病虫自然灾害所产生的损失,对于促进国民经济的健康发展有着重要意义。因此,许多国家制定了保护植物新品种的法律,授予植物新品种培育者以排他(独占)权,以保证其先前投资的合理回报。1997年3月,我国发布了《植物新品种保护条例》,1998年8月,我国决定加入《国际植物新品种保护公约》(1978年文本),农业部、国家林业局发布了配套的实施细则,最高人民法院也出台相关的司法解释,我国基本上形成了比较完善的对植物新品种保护的法律体系。

1. 依照法律规定,植物新品种培育完成后,经申请由国家主管部门审查批准,获得植物新品种权,权利人即依法享有排他权。具体而言,包括以下权利:

第一,生产权,对品种权人生产授权品种繁殖材料专有权的保护,是世界各国制定新品种保护的主要做法。生产权系指品种权人有权禁止他人未经许可,为商业目的生产授权品种的繁殖材料,如种子。当然,品种权不能延及从授权品种繁殖材料获得产品,如粮食、蔬菜等。

第二,销售权,系指授权的繁殖材料的销售行为必须经过品种权人的许可。销售是实现品种权人经济利益的重要方式,品种权人有权禁止未经其许可而销售该品种繁殖材料的行为。

第三,使用权,系指品种权人有权禁止他人未经许可即将授权的该品种的繁殖材料为商业目的重复使用于生产另一品种的繁殖材料。

第四,名称标注权,系指品种权人享有的在自己的授权品种包装上标明品种权标记的权利。

第五,许可权,根据品种权人拥有的独占权,品种权不仅自己可以实施授权品种,还有权许可其他单位或者个人实施。许可他人实施的,双方应订立书面合同,明确约定双方的权利义务,如许可的内容(生产、销售、使用)、数量、区域范围以及利益分配等。

第六,转让权,系指品种权人对自己拥有的品种权和申请权的处分权。

第七,追偿权,品种权人获得授权后,在初步审查公告之日起至被授权之日止的期间内,对未经申请人许可为商业目的生产或者销售该授权品种的繁殖材料的单位和个人,品种权人依法享有追偿的权利。

2. 植物新品种受到法律保护必须具备以下条件:

第一,申请品种权的植物新品种应属于国家植物新品种保护名录中列举的植物的属或者种;

第二,授予品种权的植物新品种应具有新颖性,即申请品种权的植物新品种在申请日前该品种繁殖材料未被销售,或者经育种者许可在中国境内销售该品种繁殖材料未超过1年,在中国境外销售藤本植物、林木、果树和观赏树木品种繁殖材料未超过6年,销售其他植物品种繁殖材料未超过4年;

第三,授予品种权的植物新品种应具有一致性,即申请品种权的植物新品种经过繁殖,除可以预见的变异外,其相关的特征或特性一致;

第四,授予品种权的植物新品种应具有稳定性,即申请品种权的植物新品种经过反复繁殖后或者在特定繁殖周期结束时,其相关的特征或特性保持不变;

第五,授予品种权的植物新品种应具备适当的名称,并与相同或者相近的植物属或种中已知品种的名称相区别,该名称经注册后即为该植物新品种的通用名称。

对未经品种权人许可,以商业目的生产或者销售新品种的繁殖材料,品种权人或者利害关系人可以请求省级以上农业、林业主管部门进行处理,也可向法院提起诉讼。最高人民法院《关于审理侵犯植物新品种权纠纷案件具体应用法律问题的若干规定》中规定未经品种权人许可,为商业目的生产或销售授权品种的繁殖材料,或者为商业目的将授权品种的繁殖材料重复使用于生产另一品种的繁殖材料的,在诉讼中将被认定为侵犯植物新品种权。

【案例】

农资分销被诉侵犯植物新品种权纠纷案[①]

某市邮政局与新苗种子有限公司(以下简称新苗公司)签订了玉米种子配送、分销协议。在未取得合法特许销售权的前提下,新苗公司擅自让该邮政局配送、分销了某种业有限公司享有的"郑单958"玉米新品种。于是,该种业有限公司以侵犯其享有的植物新品种权为由提起诉讼,要求邮政局停止其侵权行为并赔偿经济损失50万元。

经法院主持调解,双方达成如下协议:邮政局停止销售"郑单958"玉米种子,并赔偿该公司3万元;由该公司承担案件受理费,并承诺不再追究邮政局侵权责任。本案终结后,由于邮政局与新苗公司签订的种子销售协议包含权利保证条款,在种子配送、分销产生的质量问题以及他人主张权利的指控,邮政局若因此承担赔偿责任,新苗公司无条件给予赔偿。邮政局据此要求新苗公司承担了3万元的赔偿费用。

农资分销的植物新品种等纠纷,邮政企业一般比较难以预见,比较可行的办法是减少中间环节,直接与种子生产企业合作。这样可以便捷查验有关知识产权的权属证书,如是否申请植物新品种权,从而避免受到侵权指控。在与厂家订立分销协议时,应当明确约定,保证邮政企业分销的农资产品免受第三方提出的侵犯其包括但不限于植物新品种权、商标权、所有权的指控。如果发生侵权指控,对方应承担全部经济和法律责任。

思 考 题

一、简答题

1. 邮政企业知识产权范围包括哪些?
2. 知识产权对邮政企业的作用有哪些?
3. 邮政企业知识产权管理的主要功能有哪些?
4. 作品的独创性如何认定?
5. 如何认定著作权主体?
6. 简述委托作品的归属原则。
7. 著作权的署名权包括哪些内容?
8. 著作权许可使用合同包括哪些内容?
9. 《专利法》所称的实用新型的特征有哪些?
10. 商业秘密的构成要件有哪些?

二、案例分析题

为配合《九寨沟》特种邮票的发行,某邮政局委托邮品有限公司印制"九寨沟邮品专集"

---

① 摘编自中国邮政集团公司:《邮政普法案例选编(二)》。

1万册,单价29.8元,总价款298 000元。邮政局向该公司提供了《世界自然遗产中国九寨沟》画册,该公司选取该画册中的部分图片,其中包括方某的1幅摄影作品。在使用时,该专集未予署名,并在首页上截取了方某作品的三分之一;在最后一页截取该作品的三分之一,并在其上覆盖了文字,未能保持其完整性。方某以邮政局、邮品有限公司未经许可使用其作品,共同侵犯了原告的署名权、修改权、保护作品完整权、使用权和获得报酬权为由,要求两被告停止侵权、向原告赔礼道歉并赔偿经济损失、精神损失3万元。

问题:
1. 被告是否侵犯原告享有的著作权,为什么?
2. 被告应如何承担法律责任?

第八章　广告法律实务

【知识目标】

　　了解广告法律法规的基本内容

　　理解虚假广告

　　掌握广告法律法规的基本理论

　　掌握广告准则

　　掌握广告审查制度

　　掌握广告法律责任等基本理论

【能力目标】

　　学会分析邮政企业在广告业务中遇到的法律纠纷

　　能够正确地去解决邮政广告活动和广告管理中的法律问题

【导入案例】

"绿卡在手,走遍神州"的邮政储蓄广告纠纷案

　　王某看了某市邮局发布的"绿卡在手,走遍神州"的邮政储蓄广告后,到某储蓄所办理了绿卡一张,并存入人民币 4000 元。在营业柜台前,王某特意询问营业员某一海上岛屿是否与内地邮政绿卡网联网,营业员明知此岛屿未联网,只是为了完成储蓄任务,在没有说明情况下做出虚假承诺。同年王某持绿卡到此岛屿旅游景点旅游,但因该景点所在地的自动取款机(ATM机)未与邮政绿卡网联网,王某取款未果,只能向导游借款消费,待到 A 市联上网的自动取款机取款时,又因故障 ATM 停机。由此,王某未能及时还上所借款项,遭人奚落和辱骂。王某认为这一切结果之发生都是因被告未履行如实告知义务造成的。为此,请求依法判决被告赔偿王某损失 6200 元,精神损害赔偿 2000 元,共计 8200 元。

【引导问题】

　　"绿卡在手,走遍神州"的邮政储蓄广告是否是虚假广告？您知道邮政企业在从事医疗、农药、兽药、食品、房地产、化妆品、酒类、烟草广告等应遵循的相关法律规定是什么？如何防止虚假广告？带着这些问题,我们走进本章的学习。

第一节　广告法概述

一、我国广告法律制度

（一）广告主、广告经营者、广告发布者、广告代言人的概念

《广告法》第二条规定，在中华人民共和国境内，商品经营者或者服务提供者通过一定媒介和形式直接或者间接地介绍自己所推销的商品或者服务的商业广告活动，适用本法。

1. 广告主的概念

广告主，是指为推销商品或者提供服务，自行或者委托他人设计、制作、发布广告的法人、其他经济组织或者个人。

2. 广告经营者的概念

广告经营者，是指接受委托提供广告设计、制作、代理服务的自然人、法人、其他经济组织。

3. 广告发布者的概念

广告发布者指为广告主或者广告主委托的广告经营者发布广告的自然人、法人或者其他组织。

4. 广告代言人的概念

广告法所称广告代言人，是指广告主以外的，在广告中以自己的名义或者形象对商品、服务作推荐、证明的自然人、法人或者其他组织。

对在虚假广告中作推荐、证明受到行政处罚未满三年的自然人、法人或者其他组织，不得利用其作为广告代言人。

（二）我国广告法律体系

1994年10月27日第八届全国人大会常委会第十次会议审议通过了《中华人民共和国广告法》，自1995年2月1日起正式实施。2015年4月24日修订通过的《中华人民共和国广告法》（以下简称《广告法》），由中华人民共和国第十二届全国人民代表大会常务委员会第十四次会议通过，自2015年9月1日起施行。2018年10月26日第十三届全国人民代表大会常务委员会第六次会议进行修正。《广告法》是我国广告法领域中的基本法律，颁布出台了配套法规的《广告管理条例》。国家工商行政管理局还颁布了众多的部门规章和行政解释，构成了我国广告法的专门法律体系，形成了以《广告法》为核心，《产品质量法》《反不正当竞争法》《消费者权益保护法》《药品管理法》《食品卫生法》《烟草专卖法》《民法通则》《合同法》等多种法律文件规定的广告法律规范。还包括广告管理的单行规定，比如：《印刷品广告管理办法》《烟草广告管理暂行办法》《兽药广告审查标准》《医疗器械广告管理办法》《医疗器械广告审查标准》《医疗器械广告审查办法》《药品广告管理办法》《药品广告审查办法》《药品广告审查标准》《农药广告审查标准》《农药广告审查办法》《化妆品广告管理办法》《食品广告管理办法》《食品广告发布暂行规定》《房地产广告发布暂行规定》《医疗广告管理办法》《酒类广告管理办法》《临时性广告经营管理办法》《户外广告登记管理规定》《广告显示屏管理办法》《店堂广告管理暂行办法》《广告语言文字管理暂行规定》等。

另外,广告管理的部门规章、广告行业自律规则以及一些地方法律法规,有:《北京户外广告管理办法》《湖南省实施〈中华人民共和国广告法〉的办法》等。

二、广告准则

(一)《广告法》的基本原则

(1) 广告主、广告经营者、广告发布者从事广告活动,应当遵守法律、行政法规,遵循公平、诚实信用的原则。

(2) 广告内容应当有利于人民的身心健康,促进商品和服务质量的提高,保护消费者的合法权益,遵守社会公德和职业道德,维护国家的尊严和利益。

(二) 广告准则的一般规定

(1) 广告不得使用或者变相使用中华人民共和国国旗、国徽、国歌、军旗、军歌、军徽。

(2) 广告不得使用或者变相使用国家机关工作人员的名义或者形象。比如:不得利用政府采购办公厅进行广告宣传。

(3) 广告中不得使用绝对化用语,还包括与"国家级""最高级""最佳"等内涵完全相同的用语,如最好、最优秀等。

(4) 广告不得损坏国家尊严或者利益,泄露国家秘密。

(5) 广告不得妨碍社会安定,损害社会公共利益。

(6) 广告不得危害人身、财产安全,泄露个人隐私。

(7) 广告不得妨碍社会公共秩序和违背社会良好风尚。

(8) 广告不得含有淫秽、色情、赌博、迷信、恐怖、暴力的内容。

(9) 广告不得含有民族、种族、宗教、性别歧视的内容。

(10) 广告不得妨碍环境、自然资源保护或者文化遗产。

(11) 广告不得损害未成年人和残疾人的身心健康。

(12) 广告内容涉及的事项需要取得行政许可的,应当与许可的内容相符合。

(13) 广告中涉及专利产品或者专利方法的,应当标明专利号和专利种类。未取得专利权的,不得在广告中谎称取得专利权。禁止使用未授予专利权的专利申请和已经终止、撤销、无效的专利作广告。

(14) 广告不得贬低其他生产经营者的商品或者服务。

(15) 广告应当有可识别性,能够使消费者辨明其为广告。大众传播媒介不得以新闻报道形式发布广告。通过大众传播媒介发布的广告应当有广告标记,与其他非广告信息相区别,不得使消费者产生误解。广播电台、电视台发布广告,应当遵守国务院有关部门关于时长、方式的规定,并应当对广告时长做出明显提示。

(16) 广告使用数据、统计资料、调查结果、文摘、引用语,应当真实、准确,并表明出处。

(17) 广告不得侵犯肖像权。广告主或者广告经营者在广告中使用他人名义或者形象的,应当事先取得其书面同意;使用无民事行为能力人、限制民事行为能力人的名义或者形象的,应当事先取得其监护人的书面同意。

【案例】

酒广告侵犯肖像权被判赔 6.3 万元

因酒广告中的人物形象侵犯肖像权,某商贸公司被起诉。2001 年 4 月,某商贸公司与杨先生签订了聘用合同,合同约定聘请杨先生参与广告拍摄,支付杨先生平面肖像使用费 7500 元,以继续使用以前拍摄的含有其肖像的平面广告,并使用本年度续拍的含有其肖像的新广告片,使用期限为 2001 年 6 月 28 日至 2002 年 6 月 28 日止。然而,在此期限届满后,杨先生发现某卫视仍在连续播放含有其肖像的酒广告,为此,杨先生曾以律师函形式提出停止侵权、赔偿损失的要求,但未果。某区法院对该起肖像权纠纷案做出一审判决,判令某公司赔偿原告侵权损失 55000 元、精神损害抚慰金 5000 元和律师费 3000 元。

三、虚假广告

《广告法》第四条规定:"广告不得含有虚假的内容,不得欺骗和误导消费者。"《广告法》第二十八条规定:"广告以虚假或者引人误解的内容欺骗、误导消费者的,构成虚假广告。"《中华人民共和国反不正当竞争法》规定:"经营者不得对其商品的性能、功能、质量、销售状况、用户评价、曾获荣誉等作虚假宣传或者引人误解的商业宣传,欺骗、误导消费者。"由此可见,邮政企业需在代理、设计、制作、发布环节中防范虚假广告。

(一) 虚假广告的主要表现

广告有下列情形之一的,为虚假广告:

(1) 商品或者服务不存在的;

(2) 商品的性能、功能、产地、用途、质量、规格、成分、价格、生产者、有效期限、销售状况、曾获荣誉等信息,或者服务的内容、提供者、形式、质量、价格、销售状况、曾获荣誉等信息,以及与商品或者服务有关的允诺等信息与实际情况不符,对购买行为有实质性影响的。

【案例】

虚假宣传案

某市厨房设备有限公司为了宣传本公司产品,提高公司知名度,在一批产品宣传样本上印有"重合同守信用企业""企业资信等级 AAA 级""全国用户产品质量满意、售后服务满意十佳企业"奖牌等资料。经调查核实,该公司实际上从未取得上述认证证书和奖牌,属不真实的虚假宣传。工商局对该公司做出了责令改正,罚款 20000 元的处罚。

(3) 使用虚构、伪造或者无法验证的科研成果、统计资料、调查结果、文摘、引用语等信息作证明材料的;

(4) 虚构使用商品或者接受服务的效果的;

(5) 以虚假或者引人误解的内容欺骗、误导消费者的其他情形。

(二) 虚假广告的法律责任

1. 广告主承担的法律责任

《广告法》第五十五条第一款规定:"违反本法规定,发布虚假广告的,由市场监督管理部门责令停止发布广告,责令广告主在相应范围内消除影响,处广告费用三倍以上五倍以下的罚款,广告费用无法计算或者明显偏低的,处二十万元以上一百万元以下的罚款;两年内有三次以上违法行为或者有其他严重情节的,处广告费用五倍以上十倍以下的罚款,广告费用无法计算或者明显偏低的,处一百万元以上二百万元以下的罚款,可以吊销营业执照,并由广告审查机关撤销广告审查批准文件、一年内不受理其广告审查申请。"

《广告法》第五十五条第二款规定:"医疗机构有前款规定违法行为,情节严重的,除由工商行政管理部门依照本法处罚外,卫生行政部门可以吊销诊疗科目或者吊销医疗机构执业许可证。"

2. 广告经营者、广告发布者承担的法律责任

《广告法》第五十五条规定:"广告经营者、广告发布者明知或者应知广告虚假仍设计、制作、代理、发布的,由市场监督管理部门没收广告费用,并处广告费用三倍以上五倍以下的罚款,广告费用无法计算或者明显偏低的,处二十万元以上一百万元以下的罚款;两年内有三次以上违法行为或者有其他严重情节的,处广告费用五倍以上十倍以下的罚款,广告费用无法计算或者明显偏低的,处一百万元以上二百万元以下的罚款,并可以由有关部门暂停广告发布业务、吊销营业执照、吊销广告发布登记证件。"

3. 广告主、广告经营者、广告发布者承担的刑事责任

根据《广告法》规定,广告主、广告经营者、广告发布者发布虚假广告,明知或者应知广告虚假仍设计、制作、代理、发布的规定行为,构成犯罪的,依法追究刑事责任。

4. 广告主、广告经营者、广告发布者承担的民事责任

《广告法》第五十六条规定:"发布虚假广告,欺骗、误导消费者,使购买商品或者接受服务的消费者的合法权益受到损害的,由广告主依法承担民事责任。广告经营者、广告发布者不能提供广告主的真实名称、地址和有效联系方式的,消费者可以要求广告经营者、广告发布者先行赔偿。

"关系消费者生命健康的商品或者服务的虚假广告,造成消费者损害的,其广告经营者、广告发布者、广告代言人应当与广告主承担连带责任。

"前款规定以外的商品或者服务的虚假广告,造成消费者损害的,其广告经营者、广告发布者、广告代言人,明知或者应知广告虚假仍设计、制作、代理、发布或者作推荐、证明的,应当与广告主承担连带责任。"

《广告法》第六十九条规定:"广告主、广告经营者、广告发布者违反本法规定,有下列侵权行为之一的,依法承担民事责任:在广告中损害未成年人或者残疾人的身心健康的;假冒他人专利的;贬低其他生产经营者的商品、服务的;在广告中未经同意使用他人名义或者形象的;其他侵犯他人合法民事权益的。"

四、广告行为规范

(一)广告行为主体

广告经营主体包括广告主、广告经营者、广告发布者和广告代言人。

《广告法》规定,广播电台、电视台、报刊出版单位从事广告发布业务的,应当设有专门从事广告业务的机构,配备必要的人员,具有与发布广告相适应的场所、设备,并向县级以上地方市场监督管理部门办理广告发布登记。

广播电台、电视台、报刊音像出版单位发布违法广告,或者以新闻报道形式变相发布广告,或者以介绍健康、养生知识等形式变相发布医疗、药品、医疗器械、保健食品广告,工商行政管理部门依照《广告法》给予处罚的,应当通报新闻出版广电部门以及其他有关部门。新闻出版广电部门以及其他有关部门应当依法对负有责任的主管人员和直接责任人员给予处分;情节严重的,并可以暂停媒体的广告发布业务。

新闻出版广电部门以及其他有关部门未依照前款规定对广播电台、电视台、报刊音像出版单位进行处理的,对负有责任的主管人员和直接责任人员,依法给予处分。

(二) 广告行为规范

根据《广告法》的规定,广告活动主要应当遵守以下规则:

(1) 依法订立和履行广告合同。广告主、广告经营者、广告发布者之间在广告活动中应当依法订立书面合同。

(2) 广告主委托设计、制作、发布广告,应当委托具有合法经营资格的广告经营者、广告发布者。

(3) 广告经营者、广告发布者应当按照国家有关规定,建立、健全广告业务的承接登记、审核、档案管理制度。

(4) 依法查验、核实广告。广告经营者、广告发布者依据法律、行政法规查验有关证明文件,核对广告内容。对内容不符或者证明文件不全的广告,广告经营者不得提供设计、制作、代理服务,广告发布者不得发布。

(5) 广告收费应该公开、透明。广告经营者、广告发布者应当公布其收费标准和收费办法。

(6) 广告发布者向广告主、广告经营者提供的覆盖率、收视率、点击率、发行量等资料应当真实。

(7) 法律、行政法规规定禁止生产、销售的产品或者提供的服务,以及禁止发布广告的商品或者服务,任何单位或者个人不得设计、制作、代理、发布广告。

(8) 合法使用他人名义或者形象。

五、监督管理

(一) 市场监督管理部门履行广告监督管理职责

市场监督管理部门履行广告监督管理职责可以行使下列职权:

(1) 对涉嫌从事违法广告活动的场所实施现场检查;

(2) 询问涉嫌违法当事人或者其法定代表人、主要负责人和其他有关人员,对有关单位或者个人进行调查;

(3) 要求涉嫌违法当事人限期提供有关证明文件;

(4) 查阅、复制与涉嫌违法广告有关的合同、票据、账簿、广告作品和其他有关资料;

(5) 查封、扣押与涉嫌违法广告直接相关的广告物品、经营工具、设备等财物;

(6) 责令暂停发布可能造成严重后果的涉嫌违法广告;

(7) 法律、行政法规规定的其他职权。

国务院市场监督管理部门会同国务院有关部门,制定大众传播媒介广告发布行为规范。市场监督管理部门依照本法规定行使职权,当事人应当协助、配合,不得拒绝、阻挠。市场监督管理部门和有关部门及其工作人员对其在广告监督管理活动中知悉的商业秘密负有保密义务。任何单位或者个人有权向市场监督管理部门和有关部门投诉、举报违反《广告法》的行为。市场监督管理部门和有关部门应当向社会公开受理投诉、举报的电话、信箱或者电子邮件地址，接到投诉、举报的部门应当自收到投诉之日起七个工作日内，予以处理并告知投诉、举报人。市场监督管理部门和有关部门不依法履行职责的，任何单位或者个人有权向其上级机关或者监察机关举报。接到举报的机关应当依法做出处理，并将处理结果及时告知举报人。有关部门应当为投诉、举报人保密。消费者协会和其他消费者组织对违反《广告法》规定，发布虚假广告侵害消费者合法权益，以及其他损害社会公共利益的行为，依法进行社会监督。

（二）市场监督管理部门应当建立健全广告监测制度，完善监测措施，及时发现和依法查处违法广告行为

1. 市场监督管理部门对因发布虚假广告的法定代表人的处罚

因发布虚假广告，或者有其他《广告法》规定的违法行为，被吊销营业执照的公司、企业的法定代表人，对违法行为负有个人责任的，自该公司、企业被吊销营业执照之日起三年内不得担任公司、企业的董事、监事、高级管理人员。

2. 市场监督管理部门给予的行政处罚

第一，违反《广告法》规定，拒绝、阻挠市场监督管理部门监督检查，或者有其他构成违反治安管理行为的，依法给予治安管理处罚；构成犯罪的，依法追究刑事责任。

第二，广告审查机关对违法的广告内容做出审查批准决定的，对负有责任的主管人员和直接责任人员，由任免机关或者监察机关依法给予处分；构成犯罪的，依法追究刑事责任。

第三，市场监督管理部门对在履行广告监测职责中发现的违法广告行为或者对经投诉、举报的违法广告行为，不依法予以查处的，对负有责任的主管人员和直接责任人员，依法给予处分。

第二节 特殊广告的规定

邮政企业在从事医疗、农药、兽药、食品、房地产、化妆品、酒类、烟草广告等应遵循的相关法律规定。

一、医疗、药品、医疗器械广告的相关规定

为加强药品广告管理，保证医疗、药品、医疗器械广告的真实性和合法性，根据《中华人民共和国广告法》《中华人民共和国药品管理法》和《中华人民共和国药品管理法实施条例》《医疗器械监督管理条例》等法律规定，邮政企业工作人员在办理业务中对邮政业务的宣传以及在承揽制作广告中应注意的问题如下。

（一）医疗、药品、医疗器械广告的禁止性规定

《广告法》第十六条规定，医疗、药品、医疗器械广告不得含有下列内容：

（1）表示功效、安全性的断言或者保证；

（2）说明治愈率或者有效率；

（3）与其他药品、医疗器械的功效和安全性或者其他医疗机构比较；

（4）利用广告代言人作推荐、证明；

(5) 广播电台、电视台、报刊音像出版单位、互联网信息服务提供者以介绍健康、养生知识等形式变相发布医疗、药品、医疗器械、保健食品广告；

(6) 法律、行政法规规定禁止的其他内容。

药品广告的内容不得与国务院药品监督管理部门批准的说明书不一致，并应当显著标明禁忌、不良反应。处方药广告应当显著标明"本广告仅供医学药学专业人士阅读"，非处方药广告应当显著标明"请按药品说明书或者在药师指导下购买和使用"。

推荐给个人自用的医疗器械的广告，应当显著标明"请仔细阅读产品说明书或者在医务人员的指导下购买和使用"。医疗器械产品注册证明文件中有禁忌内容、注意事项的，广告中应当显著标明"禁忌内容或者注意事项详见说明书"。

《广告法》第十七条规定："除医疗、药品、医疗器械广告外，禁止其他任何广告涉及疾病治疗功能，并不得使用医疗用语或者易使推销的商品与药品、医疗器械相混淆的用语。"

（二）特殊药品的规定

麻醉药品、精神药品、医疗用毒性药品、放射性药品等特殊药品，药品类易制毒化学品，以及戒毒治疗的药品、医疗器械和治疗方法，不得作广告。麻醉药品、精神药品、医疗用毒性药品、放射性药品等特殊药品以外的处方药，只能在国务院卫生行政部门和国务院药品监督管理部门共同指定的医学、药学专业刊物上作广告。

二、保健食品广告的相关规定

《广告法》十八条规定，保健食品广告不得含有下列内容：

(1) 表示功效、安全性的断言或者保证；

(2) 涉及疾病预防、治疗功能；

(3) 声称或者暗示广告商品为保障健康所必需；

(4) 与药品、其他保健食品进行比较；

(5) 利用广告代言人作推荐、证明；

(6) 法律、行政法规规定禁止的其他内容。

保健食品广告应当显著标明"本品不能代替药物"。禁止在大众传播媒介或者公共场所发布声称全部或者部分替代母乳的婴儿乳制品、饮料和其他食品广告。

三、农药、兽药、饲料和饲料添加剂广告的相关规定

《广告法》第二十一条规定，农药、兽药、饲料和饲料添加剂广告不得含有下列内容：

(1) 表示功效、安全性的断言或者保证；

(2) 利用科研单位、学术机构、技术推广机构、行业协会或者专业人士、用户的名义或者形象作推荐、证明；

(3) 说明有效率；

(4) 违反安全使用规程的文字、语言或者画面；

(5) 法律、行政法规规定禁止的其他内容。

四、农作物种子、林木种子、草种子、种畜禽、水产苗种和种养殖广告的相关规定

农作物种子、林木种子、草种子、种畜禽、水产苗种和种养殖广告关于品种名称、生产性能、

生长量或者产量、品质、抗性、特殊使用价值、经济价值、适宜种植或者养殖的范围和条件等方面的表述应当真实、清楚、明白,并不得含有下列内容:

(1) 作科学上无法验证的断言;
(2) 表示功效的断言或者保证;
(3) 对经济效益进行分析、预测或者作保证性承诺;
(4) 利用科研单位、学术机构、技术推广机构、行业协会或者专业人士、用户的名义或者形象作推荐、证明。

五、房地产广告的相关规定

(一) 严格审查房地产有关手续

发布房地产广告,须真实、合法、科学、准确,不得欺骗和误导公众,应当具有或者提供下列相应真实、合法、有效的证明文件:

(1) 房地产开发企业、房地产权利人、房地产中介服务机构的营业执照或者其他主要资格证明。
(2) 建设主管部门颁发的房地产开发企业资质证书。
(3) 土地主管部门颁发的项目土地使用权证明。
(4) 工程竣工验收合格证明。
(5) 发布房地产项目预售、出售广告,应当具有地方政府建设主管部门颁发的预售、销售许可证明;发布出租、项目转让广告,应当具有相应的产权证明。
(6) 中介机构发布所代理的房地产项目广告,应当提供业主委托证明。
(7) 工商行政管理机关规定的其他证明。

【案例】

某房地产公司违法发布房地产广告案

某房地产公司于 2006 年 12 月在未取得该项目预售许可证情况下,发布广告,其行为违反了《房地产广告发布暂行规定》第四条之规定,依据《房地产广告发布暂行规定》第二十一条之规定,责令其停止发布并处罚款 10000 元。

(二) 严格审查房地产广告的有关内容

《广告法》规定,房地产广告,房源信息应当真实,面积应当表明为建筑面积或者套内建筑面积,并不得含有下列内容:

(1) 升值或者投资回报的承诺;
(2) 对价格有表示的,应当清楚表示为实际的销售价格,明示价格的有效期;
(3) 对规划或者建设中的交通、商业、文化教育设施以及其他市政条件作误导宣传;
(4) 房地产中表示项目位置,应以从该项目到达某一具体参照物的现有交通干道的实际距离表示,不得以所需时间来表示距离。

【案例】

某房地产开发商,在商品房预售前打出房地产广告,声称该小区拥有一块 400 多平方米的绿地,小区内设有幼儿园。消费者购房后,发现原定绿地处盖上了其他建筑,小区内也没有幼儿园,许多消费者认为受了该房地产开发商的欺骗,向市消委会投诉,要求讨个说法。房地产开发商以经有关部门批准为由,不予解决。

六、化妆品广告的相关规定

(一) 不得销售的化妆品

依据《化妆品卫生监督条例》的规定,化妆品的经营者不得销售下列化妆品:
(1) 未取得《化妆品生产企业卫生许可证》的企业生产的化妆品;
(2) 无质量合格标记的化妆品;
(3) 标签、小包装或者说明书不符合法律规定的化妆品;
(4) 未取得批准文号的特殊用途化妆品;
(5) 超过使用期限的化妆品。

(二) 化妆品广告不得出现的内容

(1) 化妆品名称的制法、效用或性质有虚假夸大;
(2) 使用他人名义保证或以暗示方法使人误解;
(3) 宣传医疗作用。

七、酒类广告的相关规定

根据《酒类广告管理办法》的规定,酒类广告,是指含有酒类商品名称、商标、包装、制酒企业名称等内容的广告。

广告主自行或者委托他人设计、制作、发布酒类广告,应当具有或者提供真实、合法、有效的下列证明文件:
(1) 营业执照以及其他生产、经营资格的证明文件;
(2) 经国家规定或者认可的省辖市以上食品质量检验机构出具的该酒符合质量标准的检验证明;
(3) 发布境外生产的酒类商品广告,应当有进口食品卫生监督检验机构批准核发的卫生证书;
(4) 确认广告内容真实性的其他证明文件。

任何单位和个人不得伪造、变造上述文件发布广告。

酒类广告中不得出现以下内容:
(1) 诱导、怂恿饮酒或者宣传无节制饮酒;
(2) 出现饮酒的动作;
(3) 未成年人的形象;
(4) 表现驾驶车、船、飞机等活动;
(5) 明示或者暗示饮酒有消除紧张和焦虑、增加体力等功效。

八、烟草广告的相关规定

(一) 烟草广告的法律依据

发布烟草广告的法律依据包括:新修订的《中华人民共和国广告法》,以及涉及烟草广告的由全国人大常委会通过的《中华人民共和国烟草专卖法》,同时还应遵守国家工商行政管理局发布的《烟草广告管理暂行办法》以及地方性法规的规定。

(二)烟草广告的禁止性规定

(1)禁止在大众传播媒介或者公共场所、公共交通工具、户外发布烟草广告。禁止向未成年人发送任何形式的烟草广告。

(2)禁止利用其他商品或者服务的广告、公益广告,宣传烟草制品名称、商标、包装、装潢以及类似内容。

(3)烟草制品生产者或者销售者发布的迁址、更名、招聘等启事中,不得含有烟草制品名称、商标、包装、装潢以及类似内容。

九、有关未成年人的广告的相关规定

(1)广告代言人在广告中对商品、服务作推荐、证明,应当依据事实,符合《广告法》和有关法律、行政法规规定,并不得为其未使用过的商品或者未接受过的服务作推荐、证明。不得利用未成年人作为广告代言人。

对在虚假广告中作推荐、证明受到行政处罚未满三年的自然人、法人或者其他组织,不得利用其作为广告代言人。

(2)不得在中小学校、幼儿园内开展广告活动,不得利用中小学生和幼儿的教材、教辅材料、练习册、文具、教具、校服、校车等发布或者变相发布广告,但公益广告除外。

(3)在针对未成年人的大众传播媒介上不得发布医疗、药品、保健食品、医疗器械、化妆品、酒类、美容广告,以及不利于未成年人身心健康的网络游戏广告。

(4)针对不满十四周岁的未成年人的商品或者服务的广告不得含有下列内容:劝诱其要求家长购买广告商品或者服务;可能引发其模仿的不安全行为。

禁止在大众传播媒介或者公共场所发布声称全部或者部分替代母乳的婴儿乳制品、饮料和其他食品广告。

十、教育、培训广告的相关规定

有关教育、培训广告的不得含有下列内容:

(1)对升学、通过考试、获得学位学历或者合格证书,或者对教育、培训的效果做出明示或者暗示的保证性承诺;

(2)明示或者暗示有相关考试机构或者其工作人员、考试命题人员参与教育、培训;

(3)利用科研单位、学术机构、教育机构、行业协会、专业人士、受益者的名义或者形象作推荐、证明。

十一、招商等有投资回报预期的商品或者服务广告的相关规定

招商等有投资回报预期的商品或者服务广告,应当对可能存在的风险以及风险责任承担有合理提示或者警示,并不得含有下列内容:

(1)对未来效果、收益或者与其相关的情况做出保证性承诺,明示或者暗示保本、无风险或者保收益等,国家另有规定的除外;

(2)利用学术机构、行业协会、专业人士、受益者的名义或者形象作推荐、证明。

十二、利用互联网从事广告活动的相关规定

（1）利用互联网发布、发送广告，不得影响用户正常使用网络。在互联网页面以弹出等形式发布的广告，应当显著标明关闭标志，确保一键关闭。

（2）公共场所的管理者或者电信业务经营者、互联网信息服务提供者对其明知或者应知的利用其场所或者信息传输、发布平台发送、发布违法广告的，应当予以制止。

（3）违反利用互联网从事广告活动的法律规定如下：

违反《广告法》第四十四条第二款规定，利用互联网发布广告，未显著标明关闭标志，确保一键关闭的，由工商行政管理部门责令改正，对广告主处五千元以上三万元以下的罚款。

《广告法》第六十四条规定："违反本法第四十五条规定，公共场所的管理者和电信业务经营者、互联网信息服务提供者，明知或者应知广告活动违法不予制止的，由工商行政管理部门没收违法所得，违法所得五万元以上的，并处违法所得一倍以上三倍以下的罚款，违法所得不足五万元的，并处一万元以上五万元以下的罚款；情节严重的，由有关部门依法停止相关业务。"

《广告法》第六十五条规定："违反本法规定，隐瞒真实情况或者提供虚假材料申请广告审查的，广告审查机关不予受理或者不予批准，予以警告，一年内不受理该申请人的广告审查申请；以欺骗、贿赂等不正当手段取得广告审查批准的，广告审查机关予以撤销，处十万元以上二十万元以下的罚款，三年内不受理该申请人的广告审查申请。"

十三、违反《广告法》的法律责任

广告主、广告经营者、广告发布者、广告代言人，广告监督管理机关和广告审查机关及其工作人员，违反《广告法》的法律责任如下：

（一）违反《广告法》发布处方药广告、药品类易制毒化学品广告、戒毒治疗的医疗器械和治疗方法，发布烟草广告，在针对未成年人的大众传播媒介上发布医疗、药品、保健食品、医疗器械、化妆品、酒类、美容广告，以及不利于未成年人身心健康的网络游戏广告的法律责任

《广告法》第五十七条规定，有下列行为之一的，由工商行政管理部门责令停止发布广告，对广告主处二十万元以上一百万元以下的罚款，情节严重的，并可以吊销营业执照，由广告审查机关撤销广告审查批准文件、一年内不受理其广告审查申请；对广告经营者、广告发布者，由工商行政管理部门没收广告费用，处二十万元以上一百万元以下的罚款，情节严重的，并可以吊销营业执照、吊销广告发布登记证件：

（1）发布有《广告法》第九条、第十条规定的禁止情形的广告的；

（2）违反《广告法》第十五条规定发布处方药广告、药品类易制毒化学品广告、戒毒治疗的医疗器械和治疗方法广告的；

（3）违反《广告法》第二十条规定，发布声称全部或者部分替代母乳的婴儿乳制品、饮料和其他食品广告的；

（4）违反《广告法》第二十二条规定发布烟草广告的；

（5）违反《广告法》第三十七条规定，利用广告推销禁止生产、销售的产品或者提供的服务，或者禁止发布广告的商品或者服务的；

（6）违反《广告法》第四十条第一款规定，在针对未成年人的大众传播媒介上发布医疗、药品、保健食品、医疗器械、化妆品、酒类、美容广告，以及不利于未成年人身心健康的网络游戏广告的。

（二）违反《广告法》发布医疗、药品、医疗器械广告，发布保健食品广告，发布农药、兽药、饲料和饲料添加剂广告，发布酒类广告，发布教育、培训广告，发布房地产广告，发布农作物种子、林木种子、草种子、种畜禽、水产苗种和种养殖广告的及违反针对未成年人发布的广告的法律责任

《广告法》第五十八条规定，有下列行为之一的，由工商行政管理部门责令停止发布广告，责令广告主在相应范围内消除影响，处广告费用一倍以上三倍以下的罚款，广告费用无法计算或者明显偏低的，处十万元以上二十万元以下的罚款；情节严重的，处广告费用三倍以上五倍以下的罚款，广告费用无法计算或者明显偏低的，处二十万元以上一百万元以下的罚款，可以吊销营业执照，并由广告审查机关撤销广告审查批准文件、一年内不受理其广告审查申请：

（1）违反《广告法》第十六条规定发布医疗、药品、医疗器械广告的；

（2）违反《广告法》第十七条规定，在广告中涉及疾病治疗功能，以及使用医疗用语或者易使推销的商品与药品、医疗器械相混淆的用语的；

（3）违反《广告法》第十八条规定发布保健食品广告的；

（4）违反《广告法》第二十一条规定发布农药、兽药、饲料和饲料添加剂广告的；

（5）违反《广告法》第二十三条规定发布酒类广告的；

（6）违反《广告法》第二十四条规定发布教育、培训广告的；

（7）违反《广告法》第二十五条规定发布招商等有投资回报预期的商品或者服务广告的；

（8）违反《广告法》第二十六条规定发布房地产广告的；

（9）违反《广告法》第二十七条规定发布农作物种子、林木种子、草种子、种畜禽、水产苗种和种养殖广告的；

（10）违反《广告法》第三十八条第二款规定，利用不满十周岁的未成年人作为广告代言人的；

（11）违反《广告法》第三十八条第三款规定，利用自然人、法人或者其他组织作为广告代言人的；

（12）违反《广告法》第三十九条规定，在中小学校、幼儿园内或者利用与中小学生、幼儿有关的物品发布广告的；

（13）违反《广告法》第四十条第二款规定，发布针对不满十四周岁的未成年人的商品或者服务的广告的；

（14）违反《广告法》第四十六条规定，未经审查发布广告的。

医疗机构有前款规定违法行为，情节严重的，除由工商行政管理部门依照《广告法》处罚外，卫生行政部门可以吊销诊疗科目或者吊销医疗机构执业许可证。

广告经营者、广告发布者明知或者应知有本条第一款规定违法行为仍设计、制作、代理、发布的，由工商行政管理部门没收广告费用，并处广告费用一倍以上三倍以下的罚款，广告费用无法计算或者明显偏低的，处十万元以上二十万元以下的罚款；情节严重的，处广告费用三倍以上五倍以下的罚款，广告费用无法计算或者明显偏低的，处二十万元以上一百万元以下的罚款，并可以由有关部门暂停广告发布业务、吊销营业执照、吊销广告发布登记证件。

(三) 违反广告内容准则的法律责任

《广告法》第五十九条规定,有下列行为之一的,由工商行政管理部门责令停止发布广告,对广告主处十万元以下的罚款:

(1) 广告内容违反"广告中对商品的性能、功能、产地、用途、质量、成分、价格、生产者、有效期限、允诺等或者对服务的内容、提供者、形式、质量、价格、允诺等有表示的,应当准确、清楚、明白。广告中表明推销的商品或者服务附带赠送的,应当明示所附带赠送商品或者服务的品种、规格、数量、期限和方式。法律、行政法规规定广告中应当明示的内容,应当显著、清晰表示。"

(2) 广告引证内容违反"广告内容涉及的事项需要取得行政许可的,应当与许可的内容相符合。广告使用数据、统计资料、调查结果、文摘、引用语等引证内容的,应当真实、准确,并表明出处。引证内容有适用范围和有效期限的,应当明确表示。"

(3) 涉及专利的广告违反"广告中涉及专利产品或者专利方法的,应当标明专利号和专利种类。未取得专利权的,不得在广告中谎称取得专利权。禁止使用未授予专利权的专利申请和已经终止、撤销、无效的专利作广告。"

(4) 广告贬低其他生产经营者的商品或者服务的。

广告经营者、广告发布者明知或者应知有前款规定违法行为仍设计、制作、代理、发布的,由工商行政管理部门处十万元以下的罚款。

广告违反《广告法》第十四条规定,不具有可识别性的,或者违反《广告法》第十九条规定,变相发布医疗、药品、医疗器械、保健食品广告的,由工商行政管理部门责令改正,对广告发布者处十万元以下的罚款。

(四) 广播电台、电视台、报刊出版单位违反《广告法》的法律责任

《广告法》第六十条规定,违反《广告法》第二十九条规定,广播电台、电视台、报刊出版单位未办理广告发布登记,擅自从事广告发布业务的,由工商行政管理部门责令改正,没收违法所得,违法所得一万元以上的,并处违法所得一倍以上三倍以下的罚款;违法所得不足一万元的,并处五千元以上三万元以下的罚款。

(五) 广告代言人违反《广告法》的法律责任

《广告法》第六十二条规定,广告代言人有下列情形之一的,由工商行政管理部门没收违法所得,并处违法所得一倍以上二倍以下的罚款:

(1) 违反《广告法》第十六条第一款第四项规定,在医疗、药品、医疗器械广告中作推荐、证明的;

(2) 违反《广告法》第十八条第一款第五项规定,在保健食品广告中作推荐、证明的;

(3) 违反《广告法》第三十八条第一款规定,为其未使用过的商品或者未接受过的服务作推荐、证明的;

(4) 明知或者应知广告虚假仍在广告中对商品、服务作推荐、证明的。

第三节 邮政广告业务法律风险控制

邮政企业在普通邮资(广告)明信片、企业拜年卡、普通邮资封、户外广告、中邮专送广告上应当如实掌握广告主提供与广告宣传的产品、服务项目相一致的营业执照、生产许可证、卫生

许可证、资格证明等复印件,并与原件核对,以及该企业法定代表人的详细情况等。

一、遵守集邮品广告的相关规定,防止出现法律处罚

根据国家工商行政管理总局、国家邮政局2007年发布的《关于加强集邮票品广告管理有关问题的通知》(工商广字〔2007〕198号)规定,集邮品广告可以介绍邮票历年交易价格和当前市场行情等客观、真实情况,不得在广告中发布有关集邮品以及邮票价格升值预测和投资回报承诺等内容。集邮品广告中有关集邮品的发行(或联合发行)单位名称、发行时间、生产单位名称、售价、鉴定机构等内容的,应当真实、清楚、明白。

1. 禁止发布下列集邮票品的广告:
(1) 伪造、变造的邮资凭证;
(2) 国家禁止流通的集邮票品;
(3) 1949年10月1日以后发行的带有"中华民国"字样的集邮票品;
(4) 未经国家邮政主管部门审批的仿印仿制邮票图案制品;
(5) 属于走私进口的其他国家(地区)发行的邮票及其制品。

2. 集邮票品广告不得利用"经国家邮政局审批""经国家邮政部门批准"或"国家邮政主管部门限量发行"的名义,宣传收录的邮票具有"珍品""奇品"的收藏价值以及投资回报、升值等内容,欺骗和误导消费者。

二、避免邮政广告审核制度中的法律风险

邮政广告审核工作主要依据《广告法》及相关法律、法规规定,从以下几个方面审查把关:
(1) 广告主提供与广告宣传的产品、服务项目相一致的营业执照、生产许可证、卫生许可证、资格证明等复印件,并与原件核对;
(2) 涉及政治、历史事件和重要人物内容的,要有省级以上党委宣传部门的局面同意证明;
(3) 涉及宗教内容和人物的要有省级以上宗教管理局审核同意证明;
(4) 涉及药品、化妆品、保健品、医疗、医疗器械、食品、烟、酒、农药的广告,要有省级行政监督管理部门出具的广告证明审批表和批准文号;
(5) 广告内容中出现的各种评优、评奖、评比结果均需出具相关的评比证书复印件,并与原件核对;
(6) 广告图稿、文字涉及使用他人享有著作权的作品的,要有著作权人的授权许可,并书面签订著作权许可使用合同;使用博物馆的藏画、文物的要出具该博物馆授权许可使用证明;
(7) 广告图稿涉及使用他人肖像的,要有肖像权人同意使用的书面证明材料(协议);
(8) 广告图稿使用中国地图的要有省级以上测绘部门的书面审核证明;
(9) 学校招生广告要有学校上级主管部门或教育行政主管部门的书面审核证明。

在开展邮政业务的宣传中,为了提高服务质量,树立形象服务工程,应避免夸大宣传和不实承诺所带来的法律纠纷。一旦邮政企业所作的承诺没有达到承诺中所表述的服务质量,则邮政企业可能面对法律纠纷,并由此承担败诉的危险。

三、邮政企业在承揽制作广告中发生虚假广告的,如果邮政企业不能提供广告主的真实姓名和地址的,应当承担全部民事责任

《广告法》第五十六条规定,违法发布虚假广告,欺骗、误导消费者,使购买商品或者接受服务的消费者的合法权益受到损害的,由广告主依法承担民事责任。广告经营者、广告发布者不能提供广告主的真实名称、地址和有效联系方式的,消费者可以要求广告经营者、广告发布者先行赔偿。

关系消费者生命健康的商品或者服务的虚假广告,造成消费者损害的,其广告经营者、广告发布者、广告代言人应当与广告主承担连带责任。

前款规定以外的商品或者服务的虚假广告,造成消费者损害的,其广告经营者、广告发布者、广告代言人,明知或者应知广告虚假仍设计、制作、代理、发布或者作推荐、证明的,应当与广告主承担连带责任。

四、树立版权意识,有效防止邮政广告侵权责任的发生

邮政企业委托他人从事商函广告业务的制作应签订图稿委托设计合同,并规定版权归属。

根据《著作权法》规定,委托作品没有规定版权归属,则归设计一方所有。邮政企业委托他人设计作品,应规定版权归邮政企业所有,并指出受托方所设计的作品如果侵犯第三人的版权则由受托方承担责任,受托人对创作图稿涉及第三人知识产权、肖像权,应取得权利人同意,并签署许可使用的法律文件,以防止邮政企业承担侵权责任。

另外,在合同中还要约定创作设计要求,酬金与创作费用及其支付方式,双方的权利与义务、著作权归属等。

思 考 题

一、简答题

1. 简述《广告法》的基本原则。
2. 简述广告准则的一般规定。
3. 简述虚假广告。
4. 简述医疗行业的广告应遵循的规定。
5. 简述农药广告有关管理规定。
6. 简述兽药广告有关管理规定。
7. 简述食品广告的有关规定。
8. 简述房地产广告的有关规定。
9. 简述化妆品广告的有关规定。
10. 简述酒类广告的有关规定。
11. 简述烟草广告的有关规定。

二、案例分析题

宋某诉某市旅游局、某邮政局广告商函公司侵犯摄影作品著作权案[①]

2000年6月初,原告宋某作为市摄影家协会会员为准备出版某风光明信片,经过精心构思、选景,拍摄了照片,2001年4月17日,被告某市旅游局与被告广告商函公司签订邮政广告合同书,双方约定由某市旅游局委托广告商函公司发布旅游内容的邮送广告,规格为16开两版,发行量为3.6万份,广告单价0.44元,总计15840元,广告商函公司免费加印4000份。广告内容约定:"由某市旅游局提供资料,广告商函公司未经市旅游局同意,不得改动广告内容,广告采用黑白样稿由市旅游局签字,并与合同一并存档。"合同签订后,广告商函公司根据某市旅游局提供的广告内容制作了黑白样稿,并经某市旅游局相关负责人签名确认后,于2001年4月26日印制为中邮专送广告(第21期,总第166期"旅游"),并随《某广播电视报》向社会发送。该广告在文字说明下方使用了原告拍摄的照片,未指明该照片摄影者的姓名和照片的名称。双方发生纠纷诉至法院。

问题:

某邮政局广告商函公司是否侵权?为什么?

[①] 摘编自《法律快车网》。

第九章 劳动合同法律实务

【知识目标】

　　了解劳动合同的概念、特征
　　了解《劳动合同法》的立法宗旨和调整范围
　　掌握劳动合同订立法律制度
　　劳动合同履行和变更法律制度
　　劳动合同解除和终止法律制度及相关法律实务

【能力目标】

　　能够正确运用劳务派遣和非全日制用工的法律制度
　　能够分析邮政企业劳动关系状况及劳动争议处理途径
　　能够正确处理邮政企业劳动用工制度存在的问题与对策

【导入案例】

聘书具有书面劳动合同的效力吗？

　　2010年8月,刘某应聘上海某邮政企业经理一职。面试结束后,该企业认为刘某的条件符合岗位要求,便通知他前来报到,并发出聘书,聘书对刘某的工作岗位、工作报酬、聘期进行了约定。2010年9月,刘某正式到该企业报到,但双方一直未签订书面劳动合同。刘某曾经向该企业要求签订书面劳动合同,但企业却表示,对于经理这个岗位,一直都是发聘书,无须签订书面劳动合同。2011年1月底,刘某提出辞职。辞职时,刘某再次提出补签劳动合同,遭到该企业领导的拒绝。离职后,刘某即向劳动争议仲裁委员会申请仲裁,要求该企业支付2010年10月至2011年1月期间未与其签订劳动合同的双倍工资。

　　刘某的主张能否得到支持？

【引导问题】

　　该案例涉及劳动合同订立与解除的相关法律知识。您了解《劳动合同法》的相关内容吗？您了解一份相对完善的劳动合同都包含哪些必备条款和约定条款吗？您想了解企业尤其是邮政企业人力资源管理如何避免用工误区、防范法律风险吗？您想了解企业规章制度相关操作实务、商业秘密和竞业禁止约定操作实务、培训与服务期约定操作实务、劳动合同单方解除操作实务等相关法律知识吗？带着这些问题,我们走进本章的学习。

第一节　劳动合同法律制度概述

一、劳动合同的概念和特征

(一) 劳动合同的概念

劳动合同也称劳动契约、劳动协议,是指劳动者与用人单位之间确立劳动关系,依法协商达成的明确双方权利和义务的协议。

根据我国《劳动法》的规定,建立劳动关系应当订立劳动合同,凡是建立劳动关系的所有劳动者,都必须订立劳动合同,劳动合同是劳动关系建立的基础。

(二) 劳动合同的特征

与一般的民事合同相比,劳动合同具有以下特征:

(1) 劳动合同主体具有特定性。劳动合同的主体一方是用人单位,另一方是劳动者。

(2) 劳动合同具有从属性。劳动合同签订以后,劳动者成为用人单位中的一员,劳动合同双方在实现社会劳动过程中形成了支配与被支配、领导与服从的从属关系。

(3) 劳动合同是双务、有偿合同。所谓双务合同,是指劳动合同双方都负有义务,劳动者有完成工作任务并遵守所在单位内部劳动规则和其他规章制度的义务;用人单位有支付劳动报酬、提供安全卫生劳动条件和社会保险、福利待遇及其他保护性条件等义务。所谓有偿合同,即根据劳动合同约定,劳动者通过用人单位提供劳动获得工资报酬和其他待遇,用人单位则以支付工资报酬等为条件获得劳动者的劳动成果。

(4) 劳动合同具有人身属性。劳动合同具有很强的人身性,具有不可替代性。

二、《劳动合同法》的立法宗旨和调整范围

(一) 《劳动合同法》的立法宗旨

立法宗旨也称立法目的。《劳动合同法》第一条规定:"为了完善劳动合同制度,明确劳动合同双方当事人的权利和义务,保护劳动者的合法权益,构建和发展和谐稳定的劳动关系,制定本法。"本条就是关于《劳动合同法》立法宗旨的规定。包括以下内容:

(1) 完善劳动合同制度,明确劳动合同双方当事人的权利和义务;

(2) 保护劳动者的合法权益;

(3) 构建和发展和谐稳定的劳动关系。

目前我国劳动用工中普遍实行劳动合同制度,将劳动合同制度化、法律化,明确劳动合同双方当事人的权利和义务,有利于建立稳定的劳动关系,减少劳动争议的发生,有利于保护劳动者和用人单位双方的合法权益。

(二) 《劳动合同法》的调整范围

《劳动合同法》第二条规定:"中华人民共和国境内的企业、个体经济组织、民办非企业单位等组织(以下称"用人单位")与劳动者建立劳动关系,订立、履行、变更、解除或者终止劳动合同,适用本法。

"国家机关、事业单位、社会团体和与其建立劳动关系的劳动者,订立、履行、变更、解除或者终止劳动合同,依照本法执行。"

(1) 从主体看:劳动关系的主体可以分为用人单位和劳动者。用人单位包括企业、个体经济组织、民办非企业单位、其他组织(主要包括合伙组织和基金会)和依照《劳动合同法》执行的国家机关、事业单位、社会团体。劳动者是指达到法定劳动年龄,依法享有劳动能力的自然人。根据劳动部《关于〈劳动法〉若干条文的说明》和《关于贯彻执行〈中华人民共和国劳动法〉若干问题的意见》,在我国,不适用《劳动合同法》的自然人包括:国家公务员和比照实行公务员制度的事业组织和社会团体的工作人员,农村劳动者(乡镇企业职工和进城务工、经商的农民除外),现役军人,家庭保姆,利用业余时间勤工助学的在校生。

(2) 从调整事项看:包括劳动合同的订立、履行、变更、解除和终止。

(3) 就适用地域范围看:劳动合同法的适用范围限定于中华人民共和国境内。

第二节　劳动合同订立法律实务

一、劳动合同订立概述

(一) 劳动合同订立的概念

劳动合同订立是指劳动者与用人单位就双方权利、义务进行平等协商,意思表示一致,从而订立对双方具有法律约束力的劳动合同的法律行为。

《劳动合同法》第三条规定:"订立劳动合同,应当遵循合法、公平、平等自愿、协商一致、诚实信用的原则。依法订立的劳动合同具有约束力,用人单位与劳动者应当履行劳动合同约定的义务。"

(二) 劳动合同的形式

劳动合同的形式,是指劳动合同双方当事人意思表示一致的外部表现,可分为书面和口头两种形式。我国《劳动合同法》明确规定建立劳动关系应当订立书面劳动合同。

《劳动合同法》第十条规定:"建立劳动关系,应当订立书面劳动合同。已建立劳动关系,未同时订立书面劳动合同的,应当自用工之日起一个月内订立书面劳动合同。"由此可见,《劳动合同法》将订立书面劳动合同作为建立劳动关系的法定必备条件。

企业不依法订立书面劳动合同的,《劳动合同法》第八十二条第一款规定:"用人单位自用工之日起超过一个月不满一年未与劳动者订立书面劳动合同的,应当向劳动者每月支付二倍的工资。"《劳动合同法实施条例》第六条还规定:"用人单位自用工之日起超过一个月不满一年未与劳动者订立书面劳动合同的,应当依照劳动合同法第八十二条的规定向劳动者每月支付两倍的工资,并与劳动者补订书面劳动合同;劳动者不与用人单位订立书面劳动合同的,用人单位应当书面通知劳动者终止劳动关系,并依照劳动合同法第四十七条的规定支付经济补偿。前款规定的用人单位向劳动者每月支付两倍工资的起算时间为用工之日起满一个月的次日,截止时间为补订书面劳动合同的前一日。"

【案例】

某建材家居有限公司与刘某劳动争议纠纷案[①]

2007年12月7日,刘某通过招聘进入河南某建材家居有限公司工作,并未签订书面劳动合同。2008年11月22日,该建材家居有限公司以刘某严重违反公司考勤管理制度为由,决定对刘某除名,下发〔2008〕017号《关于对刘某除名的决定》的文件。刘某不服,经与该公司协商无果后于2008年12月向郑州市劳动争议仲裁委提出申诉,要求该公司支付自己9个月两倍工资的剩余未支付工资16200元及违法解除劳动合同的赔偿金3600元。

郑州市劳动争议仲裁委员会裁定:河南某建材家居公司支付刘某2008年2月至2008年10月二倍工资的剩余未支付工资16200元,因该公司考勤管理制度未经民主程序通过,因此不能作为对刘某除名的依据,该公司解除劳动合同的行为系违法解除,该公司应向刘某支付违法解除劳动关系的赔偿金3600元。

劳动者不同意订立书面劳动合同的,《劳动合同法实施条例》第五条规定:"自用工之日起一个月内,经用人单位书面通知后,劳动者不与用人单位订立书面劳动合同的,用人单位应当书面通知劳动者终止劳动关系,无需向劳动者支付经济补偿,但是应当依法向劳动者支付其实际工作时间的劳动报酬。"

根据《劳动合同法》第十六条第二款的规定,劳动合同文本由用人单位和劳动者各执一份。这主要为防止个别用人单位以种种理由不将劳动合同文本交付劳动者,造成劳动者维权举证不能。用人单位未将劳动合同文本交付劳动者的,由劳动行政部门责令改正;给劳动者造成损害的,应当承担赔偿责任。

(三)劳动合同的种类

按照劳动合同期限,可以将劳动合同分为固定期限劳动合同、无固定期限劳动合同和以完成一定工作任务为期限的劳动合同三类。劳动合同期限是指劳动合同的有效期限,是劳动关系当事人双方享有权利和履行义务的时间,一般由用人单位和劳动者双方协商确定。

1. 固定期限劳动合同

固定期限劳动合同,是指用人单位与劳动者约定合同终止时间的劳动合同。用人单位与劳动者协商一致,可以订立固定期限劳动合同。

2. 无固定期限劳动合同

无固定期限劳动合同,是指用人单位与劳动者约定无确定终止时间的劳动合同。用人单位与劳动者协商一致,可以订立无固定期限劳动合同。有下列情形之一,劳动者提出或者同意续订、订立劳动合同的,除劳动者提出订立固定期限劳动合同外,应当订立无固定期限劳动合同:(1)劳动者在该用人单位连续工作满十年的;(2)用人单位初次实行劳动合同制度或者国有企业改制重新订立劳动合同时,劳动者在该用人单位连续工作满十年且距法定退休年龄不足十年的;(3)连续订立二次固定期限劳动合同,且劳动者没有《劳动合同法》第三十九条和第四十条第一项、第二项规定的情形,续订劳动合同的;(4)用人单位自用工之日起满一年不与劳动

---

① 《中华人民共和国劳动合同法适用要点与实例》编写组.中华人民共和国劳动合同法适用要点与实例.北京:法律出版社,2012:163.

者订立书面劳动合同的,视为用人单位与劳动者已订立无固定期限劳动合同。

其中提到的第三十九条是因劳动者过错用人单位解除劳动合同的情形;第四十条第一项、第二项指劳动者患病或者非因工负伤,在规定的医疗期满后不能从事原工作,也不能从事由用人单位另行安排的工作用人单位解除劳动合同及劳动者不能胜任工作,经过培训或者调整工作岗位,仍不能胜任工作用人单位解除劳动合同的情形。

3. 以完成一定工作任务为期限的劳动合同

以完成一定工作任务为期限的劳动合同,是指用人单位与劳动者约定以某项工作的完成为合同期限的劳动合同。以完成一定工作任务为期限的劳动合同也可以变更、解除和终止,终止此类合同也要给予相应的经济补偿。《劳动合同法实施条例》第二十二条规定:"以完成一定工作任务为期限的劳动合同因任务完成而终止的,用人单位应当依照劳动合同法第四十七条的规定向劳动者支付经济补偿。"

(四)劳动合同的无效

劳动合同无效是指劳动合同因缺少法定有效要件而全部或者部分不具有法律效力。劳动合同部分无效,不影响其他部分效力的,其他部分仍然有效。

《劳动合同法》第二十六条规定了下列劳动合同无效或者部分无效:

(1) 以欺诈、胁迫的手段或者乘人之危,使对方在违背真实意思的情况下订立或者变更劳动合同的。欺诈行为,是指一方当事人故意告知对方当事人虚假的情况,或者故意隐瞒真实情况,诱使对方当事人做出错误意思表示的行为。胁迫行为,是指以给公民及其亲友的生命健康、荣誉、名誉、财产等造成损害为要挟,迫使对方做出违背真实的意思表示的行为。乘人之危行为,是指一方当事人乘对方处于危难之机,为牟取不正当利益,迫使对方做出不真实的意思表示,严重损害对方利益的行为。

(2) 用人单位免除自己的法定责任、排除劳动者权利的。

(3) 违反法律、行政法规强制性规定的。

对劳动合同的无效或者部分无效有争议的,由劳动争议仲裁机构或者人民法院确认。劳动合同被确认无效,劳动者已付出劳动的,用人单位应当向劳动者支付劳动报酬。劳动报酬的数额,参照本单位相同或者相近岗位劳动者的劳动报酬确定。《劳动合同法》第八十六条的规定:"劳动合同依照本法第二十六条规定被确认无效,给对方造成损害的,有过错的一方应当承担赔偿责任。"

二、邮政企业招聘录用法律实务

邮政企业在招聘员工时要符合法律法规的规定,可从以下方面进行风险防范:

(一) 招聘员工时禁止就业歧视

结合国际公约及我国的国情,我们将就业歧视界定为:没有合法目的和原因,基于种族、宗教、民族、社会出身、性别、户籍、残障或身体健康状况、年龄、身高等原因,采取区别、排斥限制或给予优惠,取消或损害劳动者的平等就业权。我国《劳动法》第十二条规定:"劳动者就业,不因民族、种族、性别、宗教信仰不同而受歧视。"该法第十三条还规定:"妇女享有与男子平等的就业权利。在录用职工时,除国家规定的不适合妇女的工种或者岗位外,不得以性别为由拒绝录用妇女或者提高对妇女的录用标准。"邮政企业在发布招聘信息和招聘广告时,除工作岗位有特殊要求的以外,禁止出现性别歧视、民族种族歧视、残疾歧视、健康歧视和户籍歧视的内容。

（二）招用员工时不得违法扣押证件、收取押金

邮政企业在招聘员工时还要注意不能扣押劳动者的证件，不得向劳动者收取押金或其他财物。我国《劳动合同法》第九条规定："用人单位招用劳动者，不得扣押劳动者的居民身份证和其他证件，不得要求劳动者提供担保或者以其他名义向劳动者收取财物。"但在现实生活中，有的企业为规避法律，虽不收取抵押金，但收取培训费、电脑费、服装费、集资款（股金）等；或者为限制劳动者的流动，扣押其身份证以及职业资格证、学历证等个人身份证明，这些做法都是不符合法律规定的。《劳动合同法》第八十四条对这种情况进行了法律规制："用人单位违反本法规定，扣押劳动者居民身份证等证件的，由劳动行政部门责令限期退还劳动者本人，并依照有关法律规定给予处罚。用人单位违反本法规定，以担保或者其他名义向劳动者收取财物的，由劳动行政部门责令限期退还劳动者本人，并以每人五百元以上二千元以下的标准处以罚款；给劳动者造成损害的，应当承担赔偿责任。"

（三）招用员工时要详细了解招聘对象的基本情况

我国《劳动合同法》第八条规定："用人单位招用劳动者时，应当如实告知劳动者工作内容、工作条件、工作地点、职业危害、安全生产状况、劳动报酬，以及劳动者要求了解的其他情况；用人单位有权了解劳动者与劳动合同直接相关的基本情况，劳动者应当如实说明。"在这里不仅规定了用人单位的告知义务，也规定了劳动者向用人单位如实说明的义务。告知与说明是双向的，任何一方如果存在欺诈行为，都可能导致劳动合同的无效。

用人单位在招工时，为了更好地进行选择，需要对劳动者的基本情况进行了解，劳动者对自身的情况不得隐瞒，应当如实说明。实践中，有的劳动者故意隐瞒一些不利于自己的实际情况，甚至伪造学历证明欺骗用人单位。依照《劳动合同法》第二十六条第（一）项的规定，属于以欺诈手段订立的无效劳动合同，用人单位可以根据《劳动合同法》第三十九条的规定解除劳动合同。依照《劳动合同法》的规定，劳动合同无效或者部分无效，用人单位可以解除劳动合同，给用人单位造成损害的，应当承担赔偿责任。

因此，邮政企业在招聘员工时除加强对应聘者所提供信息的调查核实外，还应当在"招聘信息表"中明确地载明，应聘者承诺所提供的信息真实有效，不存在任何虚假内容；如违反前述承诺，用人单位将不予录用，录用后也将视为以欺诈手段订立的无效劳动合同。向应聘者发出的录用通知，应将不予录用的情形逐一列明，并保留最终是否签订劳动合同的权利。企业可以在录用通知中要求应聘者在报到时或者正式签订劳动合同时提供相关证明文件，如原用人单位的解除劳动合同证明（同意辞职证明）、社会保险转移证明、档案保管证明、学历证书等。在与应聘者订立劳动合同时，也要明确其提供虚假信息的相应法律责任。

三、劳动合同条款

我国《劳动合同法》规定了签订劳动合同的必备条款和约定条款。所谓必备条款又称法定条款，是指由《劳动合同法》所规定，双方当事人签订的劳动协议中必须具备的条款。根据《劳动合同法》第十七条的规定："劳动合同应当具备以下条款：用人单位的名称、住所和法定代表人或者主要负责人；劳动者的姓名、住址和居民身份证或者其他有效身份证件号码；劳动合同期限；工作内容和工作地点；工作时间和休息休假；劳动报酬；社会保险；劳动保护、劳动条件和职业危害防护；法律、法规规定应当纳入劳动合同的其他事项。"劳动合同必须具备前述法定必

备条款,必备条款欠缺并不必然导致劳动合同无效。因此,第十八条又规定:劳动合同对劳动报酬和劳动条件等标准约定不明确引发争议的,用人单位与劳动者可以重新协商;协商不成的,适用集体合同规定;没有集体合同或者集体合同未规定劳动报酬的,实行同工同酬;没有集体合同或者集体合同未规定劳动条件等标准的,适用国家有关规定。依照《劳动合同法》的规定,用人单位提供的劳动合同文本未载明本法规定的劳动合同必备条款的,由劳动行政部门责令改正;给劳动者造成损害的,应当承担赔偿责任。

劳动合同除前述必备条款外,双方当事人还可以在劳动合同中协商约定一些条款。约定条款的内容只要不违反法律、法规的规定,同法定条款一样,对当事人同样具有法律约束力。根据《劳动合同法》的规定,用人单位与劳动者可以约定试用期、培训、保守秘密、补充保险和福利待遇等其他事项。下面将择其主要进行概述。

(一)工作内容和工作地点法律实务

工作内容,是指劳动法律关系所指向的对象,即劳动者具体从事什么种类或者内容的劳动,也就是工作岗位或者工作任务、职责。工作内容为劳动合同的核心条款,是建立劳动关系最为重要的因素,是用人单位使用劳动者的目的,也是劳动者通过自己的劳动取得劳动报酬的缘由。工作内容约定应当具体、明确,以利于执行。

工作地点,是指实际履行工作的地点。在现实生活中,有的劳动合同履行地和用人单位注册地不一致,在我国由于地区收入和最低工资标准的不同,因此,有必要在劳动合同中明确工作地点。《劳动合同法实施条例》第十四条规定:"劳动合同履行地与用人单位注册地不一致的,有关劳动者的最低工资标准、劳动保护、劳动条件、职业危害防护和本地区上年度职工月平均工资标准等事项,按照劳动合同履行地的有关规定执行;用人单位注册地的有关标准高于劳动合同履行地的有关标准,且用人单位与劳动者约定按照用人单位注册地的有关规定执行的,从其约定。"

(二)试用期约定法律实务

1. 试用期期限

劳动合同双方当事人可以约定试用期。《劳动合同法》对试用期期限有明确规定:"劳动合同期限三个月以上不满一年的,试用期不得超过一个月;劳动合同期限一年以上不满三年的,试用期不得超过二个月;三年以上固定期限和无固定期限的劳动合同,试用期不得超过六个月。同一用人单位与同一劳动者只能约定一次试用期。以完成一定工作任务为期限的劳动合同或者劳动合同期限不满三个月的,不得约定试用期。"用人单位与劳动者约定适用期必须符合上述规定。

如果违反上述规定,则按照《劳动合同法》第八十三条的规定:"违反本法规定与劳动者约定试用期的,由劳动行政部门责令改正;违法约定的试用期已经履行的,由用人单位以劳动者试用期满月工资为标准,按已经履行的超过法定试用期的期间向劳动者支付赔偿金。"

2. 试用期工资和社会保险

用人单位不得随意压低试用期劳动者工资,也要为劳动者依法缴纳社会保险费。《劳动合同法》第二十条规定:"劳动者在试用期的工资不得低于本单位相同岗位最低档工资或者劳动合同约定工资的百分之八十,并不得低于用人单位所在地的最低工资标准。"《劳动法》第七十二条规定:"用人单位和劳动者必须依法参加社会保险,缴纳社会保险费。"

3. 试用期内劳动合同的解除

即使劳动者在试用期内,用人单位也不得随意解除劳动合同。依据《劳动合同法》第三十九条规定:"劳动者有下列情形之一的,用人单位可以解除劳动合同:(一)在试用期间被证明不符合录用条件的;(二)严重违反用人单位的规章制度的……"

根据上述法律规定,用人单位如以"劳动者在试用期间不符合录用条件"为由而解除劳动合同,用人单位应当提供相关的证据,证明劳动者不符合录用条件,否则,构成违法解除劳动合同,应依据《劳动合同法》第八十七条之规定,支付相当于经济补偿金两倍的赔偿金。根据司法实践,用人单位辞退试用期员工,至少应当承担如下举证责任:一要证明录用条件是什么,二要证明劳动者哪些方面不符合录用条件。

(三) 保密协议及竞业限制(禁止)约定法律实务

商业秘密是企业的无形资产,邮政企业由于其行业的特殊性,尤其要提高自身的保密意识。《劳动合同法》第二十三条规定,"用人单位与劳动者可以在劳动合同中约定保守用人单位的商业秘密和与知识产权相关的保密事项。

"对负有保密义务的劳动者,用人单位可以在劳动合同或者保密协议中与劳动者约定竞业限制条款,并约定在解除或者终止劳动合同后,在竞业限制期限内按月给予劳动者经济补偿。劳动者违反竞业限制约定的,应当按照约定向用人单位支付违约金。"

这条是关于保护用人单位商业秘密和竞业限制的规定。我国《反不正当竞争法》第九条规定:"商业秘密是指不为公众所知悉、具有商业价值并经权利人采取保密措施的技术信息和经营信息。"此处的技术信息主要指非专利技术信息,包括技术诀窍、技术配方、工艺流程、加工方法等。经营信息包括企业发展目标战略、内部决策、市场布局、销售策略、客户名单等[①]。与知识产权相关的保密事项是指尚未依法取得知识产权,但与知识产权相关的事项,主要包括非专利技术。商业秘密是用人单位的无形资产,具有商业价值,因此用人单位与劳动者签订劳动合同时可以约定劳动者对用人单位的商业保密负有保密义务的条款或专门签订保密协议。

1. 保密协议或保密条款的签订

邮政企业与劳动者可以在劳动合同中约定,也可以与负有保密义务的劳动者单独签订保密协议和竞业限制条款。保密条款或保密协议常常和竞业限制条款紧密联系在一起。《劳动合同法》第二十四条明确规定:"竞业限制的人员限于用人单位的高级管理人员、高级技术人员和其他负有保密义务的人员。"

2. 合同或条款内容要有明确的保密事项范围

任何单位尤其是邮政企业都有自己的技术信息和经营信息,都有必要保护自己的商业秘密。与劳动者签订的保密合同或保密条款中,要明确保密事项的范围,并应当由员工签名确认,以免日后发生争议。

【案例】

李某侵犯商业秘密案[②]

2000年6月7日,李某与佩里·约翰逊(上海)咨询有限公司签订了一年的劳动合同。合

[①] 国家工商行政管理局《关于禁止侵犯商业秘密行为的若干规定》第二条:本规定所称技术信息和经营信息,包括设计、程序、产品配方、制作工艺、制作方法、管理诀窍、客户名单、货源情报、产销策略、招投标中的标底及标书内容等信息。

[②] 杨金志,张欣."竞业禁止"勿越雷池.中国法院网. https://www.chinacourt.org/article/detail/2002/07/id/8716.shtml. 2002-7-23.

同中特别约定,李某必须保守佩里公司的商业秘密,否则承担违约损害赔偿责任。李某也书面承诺:在其受雇佣期间得到的相关情报,诸如顾客资料、支付体系、合约事项等,全部作为保密事项以及专用情况来保存。如有故意或在未得到许可而给第三者看到的情况,李某将被受到革职处分,同时赔偿公司的经济损失。在同一天,李某用他弟弟的名义还出具了一份保证书,担保李某不会做损害公司利益的事。

但是,佩里公司怎么也不会想到,此前李某已经同瀚泰企业咨询(上海)有限公司签订了一份兼职协议书。巧合的是,合同也是从2000年6月7日开始生效的,有效期也是一年。合同中明确约定,李某是瀚泰公司的"兼职业务员",李某为瀚泰公司联系所签的咨询合约按咨询费的20%提成。李某没有向佩里公司提起这件事。

2000年7、8月间,李某负责为佩里公司联系两家客户的咨询业务,却擅自将信息披露给佩里公司的竞争对手瀚泰公司,导致这两家客户最终与瀚泰公司签订了合同书。当年9月15日,得知内情的佩里公司负责人找李某谈话,李某做出了书面承诺:"今天总经理和律师跟我谈了有关'兼职协议书'事宜。经过这次谈话,我觉得很对不起公司。为了弥补公司因此造成的损失,决定补偿公司所发的全部工资费用和两家客户的咨询费用。"同一天,佩里公司书面通知李某,解除双方的劳动合同。

此后双方为赔偿事宜发生纠纷,分别向上海市浦东新区劳动人事争议仲裁委员会提起劳动争议仲裁。仲裁委员会于2001年2月20日以李某应聘动机不纯、违反竞业禁止义务等做出裁决,判令李某退还已领取的工资2403.75元,并赔偿佩里公司经济损失71500元。

3. 竞业限制期限内用人单位要给予劳动者相应的经济补偿

竞业限制是指负有保密义务的劳动者在解除或终止劳动合同的一定期限内,不得到与本单位生产或经营同类产品、从事同类业务的有竞争关系的其他用人单位,或者自己开业生产或经营同类产品、从事同类业务的有竞争关系的行业就业,以维护用人单位的合法权益。法律规定:竞业限制的范围、地域、期限由用人单位与劳动者约定,竞业限制的约定不得违反法律、法规的规定。在解除或者终止劳动合同后,前款规定的人员到与本单位生产或者经营同类产品、从事同类业务的有竞争关系的其他用人单位,或者自己开业生产或者经营同类产品、从事同类业务的竞业限制期限,不得超过二年。

《劳动合同法》第二十三条第二款规定:"负有保密义务的劳动者,用人单位可以在劳动合同或者保密协议中与劳动者约定竞业限制条款,并约定在解除或者终止劳动合同后,在竞业限制期限内按月给予劳动者经济补偿。劳动者违反竞业限制约定的,应当按照约定向用人单位支付违约金。"关于竞业限制期间的经济补偿数额,最高人民法院《关于审理劳动争议案件适用法律若干问题的解释(四)》详细规定了竞业限制期间经济补偿问题。"当事人在劳动合同或者保密协议中约定了竞业限制,但未约定解除或者终止劳动合同后给予劳动者经济补偿,劳动者履行了竞业限制义务,要求用人单位按照劳动者在劳动合同解除或者终止前十二个月平均工资的30%按月支付经济补偿的,人民法院应予支持。前款规定的月平均工资的30%低于劳动合同履行地最低工资标准的,按照劳动合同履行地最低工资标准支付。当事人在劳动合同或者保密协议中约定了竞业限制和经济补偿,劳动合同解除或者终止后,因用人单位的原因导致三个月未支付经济补偿,劳动者请求解除竞业限制约定的,人民法院应予支持。"

《劳动合同法》第九十条规定,劳动者违反劳动合同中约定的保密义务或者竞业限制,给用人单位造成损失的,应当承担赔偿责任。

4. 竞业限制具体范围要合法

对用人单位来说，在与劳动者约定竞业限制条款后不仅要支付竞业限制劳动者在竞业限制期间的经济补偿金，还要注意在与劳动者约定竞业限制条款时，对竞业限制人员、保密事项的范围、竞业限制的地域范围和年限也要具体规定，不得违反法律的强制性规定。竞业限制人员仅限于"用人单位的高级管理人员、高级技术人员和其他负有保密义务的人员"。

(四) 培训和服务期约定法律实务

1. 培训条款和服务期的概念

培训条款是指用人单位与劳动者在劳动合同中约定由用人单位为劳动者提供专项培训费用，对劳动者进行专项技术培训的条款。服务期，是指用人单位和劳动者在劳动合同中约定的因劳动者接受用人单位给予的培训或特殊待遇而承诺必须为用人单位服务的期限。服务期可以在劳动合同中约定，也可以通过其他专项协议约定。只有当用人单位为劳动者提供了特殊待遇或出资招用、培训的情况下，才有权设定服务期，进而设定违约金。从服务期的设定目的看，更多的是为了保护用人单位的权益。

2. 约定服务期的规定

《劳动合同法》第二十二条规定："用人单位为劳动者提供专项培训费用，对其进行专业技术培训的，可以与该劳动者订立协议，约定服务期。劳动者违反服务期约定的，应当按照约定向用人单位支付违约金。违约金的数额不得超过用人单位提供的培训费用。用人单位要求劳动者支付的违约金不得超过服务期尚未履行部分所应分摊的培训费用。用人单位与劳动者约定服务期的，不影响按照正常的工资调整机制提高劳动者在服务期期间的劳动报酬。"

3. 劳动合同期限与服务期的关系

一般情况下，劳动合同期限与服务期相同，但也有二者不一致的情形。处理的规则，按照《劳动合同法实施条例》的规定："劳动合同期满，但是用人单位与劳动者依照劳动合同法第二十二条的规定约定的服务期尚未到期的，劳动合同应当续延至服务期满；双方另有约定的，从其约定。"

4. 邮政企业实施专项培训时应注意的事项

对员工进行培训，是不断提高员工素质，促进企业可持续发展的基础保障。但由于受到薪酬利益等的影响，接受企业出资培训的员工辞职跳槽的现象时有发生。为避免培训后的人才流失和培训费用损失的风险，企业大多与被培训员工约定有一定期限的服务期。邮政企业对员工进行专业培训时应注意以下问题：

(1) 签订内容详尽的"培训协议书"。企业对员工进行费用较高的专业培训时，应与员工签订书面培训协议，对双方的权利义务、服务期限以及违约责任做出约定。

(2) 约定合理的赔偿方式。培训协议对违约赔偿责任的约定应当合理，不要违反国家有关规定，否则发生劳动争议后也得不到支持。对在约定的服务期内辞职的，应依照服务期限递减赔偿培训费用。可以具体参照以下规定设计：约定服务期的，按服务期等分出资金额，以职工已履行的服务期限递减支付；没约定服务期的，按劳动合同期等分出资金额，以职工已履行的合同期限递减支付；没有约定合同期的，按服务期年限等分出资金额，以员工已履行的服务期限递减支付；双方对递减计算方式已有约定的，从其约定。如果合同期满，员工要求终止合同，用人单位不得要求劳动者支付该项培训费用。

（3）不要对试用期内员工进行专业培训。因试用期内员工有权提前3日通知解除劳动合同，员工能否继续在单位工作还是未知数，对企业来说安排其参加专业技术培训有较大风险；而且在试用期用人单位对员工的品行、能力以及发展潜力有待于深入了解，不适宜在此阶段进行专业培训。

（4）培训费用的支付与操作要规范。对员工进行专业培训所发生的费用应当一律明确为"培训费用"，包括但不限于培训费、教材费、住宿费、交通费等。一般一次费用不要过高，最好由员工凭单据在培训结束后报销。

（5）国际培训保障措施要完善。用人单位委派员工到国外培训，尽可能让员工到投资的外商方总部受训。如条件不具备，用人单位可以与国际培训机构签订委托培训协议，约定受训人员回本单位工作的内容，如规定将培训完毕的合格证书、职业证书交由用人单位管理，由用人单位发给外派受训的员工，以防止员工在受训期间跳槽、出走。

第三节 劳动合同履行和变更法律实务

一、劳动合同履行和变更概述

劳动合同的履行，是指劳动合同的双方当事人按照合同约定履行各自的义务，并享有各自权利的行为。《劳动合同法》第二十九条规定："用人单位与劳动者应当按照劳动合同的约定，全面履行各自的义务。"

劳动合同的变更，是指劳动合同内容的变更，是指劳动合同双方当事人就已经生效的合同条款达成修改或补充协议的法律行为。劳动合同的变更发生在劳动合同成立之后尚未履行或者尚未完全履行完毕之前。劳动合同依法订立后，就具有法律约束力，双方当事人必须履行劳动合同规定的义务，任何一方当事人都不得擅自变更劳动合同的内容。

用人单位发生变动时，《劳动合同法》分别做出相应规定：第一，用人单位变更名称、法定代表人、主要负责人或者投资人等事项，不影响劳动合同的履行；第二，用人单位发生合并或者分立等情况，原劳动合同继续有效，劳动合同由承继其权利和义务的用人单位继续履行。

在劳动合同履行的过程中，由于客观情况的变化，根据国家有关法律、法规的规定，在符合一定条件的前提下，可以变更劳动合同。

二、工作岗位变更法律实务

《劳动合同法》第三十五条规定："用人单位与劳动者协商一致，可以变更劳动合同约定的内容。变更劳动合同，应当采用书面形式。"

"变更后的劳动合同文本由用人单位和劳动者各执一份。"

（一）用人单位变更工作岗位要具备充分的合理性

工作岗位和工作内容是劳动合同中的必备条款，在双方当事人协商一致的情况下是可以变更的。然而在现实生活中，由于工作岗位变更往往涉及劳动者切身利益，由工作岗位变更而引发的劳动争议时有出现。为此，《劳动法》《劳动合同法》对用人单位单方变更劳动者岗位、劳动报酬等事项进行了严格限制。用人单位需要对劳动岗位进行适当调整,可以单方进行调整,但必须具备充分的合理性。对于用人单位与劳动者因为劳动报酬等事项发生争议,向人民法院起诉的,根据最高人民法院《关于审理劳动争议案件适用法律若干问题的解释》(法释〔2001〕14号)第十三条的规定,用人单位负举证责任。一般认为,当用人单位将劳动者调整到职务、薪酬高的工作岗位,应属于企业自主权的范畴,一般无须征得员工同意;但是,对于劳动合同已经明确工作岗位的员工,将其变更为职务、薪酬低的工作岗位,就必须符合法定条件,而不得随意变更,否则劳动者的权益将得不到有效保障,不利于和谐稳定的劳动关系的建立。

(二) 用人单位变更工作岗位要符合法定程序

调整工作岗位还应当注意符合法定程序,《劳动合同法》第三十五条规定,用人单位与劳动者协商一致,可以变更劳动合同约定的内容。变更劳动合同,应当采用书面形式。对于劳动合同或者岗位聘任协议明确工作岗位的,尤其要与员工协商,不得单方做出决定。对于协商不成的,依据《劳动合同法》第四十条第(三)项的规定,劳动合同订立时所依据的客观情况发生重大变化,致使劳动合同无法履行,经用人单位与劳动者协商,未能就变更劳动合同内容达成协议的,可以解除劳动合同。

在劳动争议审判实践中,经常会遇到用人单位调整了劳动者的工作岗位或工作地点,劳动者拒绝到新的岗位和地点上班,用人单位即以旷工为由解除劳动合同的情形。此种情况下,用人单位普遍认为调整劳动者的岗位和工作地点,属于企业用工自主权,一般都在劳动合同中约定"用人单位可以根据工作需要调整劳动者的工作岗位和工作地点",无须再经劳动者同意,却忽略了用人单位调整工作岗位和地点所要满足的合理性的前提条件。

在劳动关系的实际履行中,虽然用人单位享有经营自主权,但一旦涉及劳动者的劳动条件、劳动报酬等重大利益事项,用人单位无权肆意进行调整,而应当与劳动者协商一致或通过其他法定程序进行。用人单位进行调岗、调薪、变动工作地点等是否合法合理,应当符合两方面的要求:一是在劳动合同或规章制度中有关于调整工作岗位和工资报酬的约定或规定;二是岗位调整应当具有合理性。这种合理性需要从岗位变更是否大幅度影响劳动者的劳动报酬收入、是否严重影响劳动者提供劳动的便利性以及地点变更是否在劳动者可预见范围内等方面进行综合考量。用人单位的岗位调整行为如果违背了法律所要求的合理性原则,造成劳动者辞职的,应当视为"推定解雇",也就是劳动者被迫辞职,用人单位应当支付经济补偿金;用人单位事后以劳动者辞职、旷工等不符合客观实际的理由办理退工手续的,不能免除其承担相应的责任。当然,用人单位在合理范围内行使用工自主权的,亦应受到法律的保护。

三、工资支付法律实务

工资是指用人单位按照法律的规定和集体合同与劳动合同的约定,依据劳动者提供的劳动数量和质量以货币形式直接支付给本单位劳动者的劳动报酬,一般包括计时工资、计件工资、奖金、津贴和补贴、延长工作时间的工资报酬以及特殊情况下支付的工资等。《劳动法》第五十条规定,工资应当以货币形式按月支付,不得克扣或者无故拖欠劳动者的工资。《劳动合同法》第三十条规定,用人单位应当按照劳动合同约定和国家规定,向劳动者及时足额支付劳动报酬。用人单位在支付工资应当遵循以下规则:

(一) 不克扣工资

工资应当以法定货币支付,不得以实物或有价证券替代货币支付。《劳动法》第五十条规定:"不得克扣或者无故拖欠劳动者工资。"《劳动合同法》第三十条第二款规定:"用人单位拖欠或者未足额支付劳动报酬的,劳动者可以依法向当地人民法院申请支付令,人民法院应当依法发出支付令。"

克扣工资,是指用人单位无正当理由扣减劳动者应得工资(即在劳动者已提供正常劳动的前提下用人单位按劳动合同规定的标准应当支付给劳动者的全部劳动报酬)。除有下列情况之一的,用人单位不得代扣劳动者工资:(1)用人单位代扣代缴的个人所得税;(2)用人单位代扣代缴的应由劳动者个人负担的各项社会保险费用;(3)法院判决、裁定中要求代扣的抚养费、赡养费;(4)法律、法规规定可以从劳动者工资中扣除的其他费用。

根据有关规定,因劳动者本人原因给用人单位造成经济损失的,用人单位可按照劳动合同的约定要求其赔偿经济损失。经济损失的赔偿,可从劳动者本人的工资中扣除,但每月扣除的部分不得超过劳动者当月工资的20%。若扣除后的剩余工资部分低于当地月最低工资标准,则按最低工资标准支付。

下列情形,允许用人单位减发工资:(1)国家的法律、法规中有明确规定的;(2)依法签订的劳动合同中有明确规定的;(3)用人单位依法制定并经职代会批准的厂规、厂纪中有明确规定的;(4)企业工资总额与经济效益相联系,经济效益下浮,工资必须下浮的(但支付给劳动者工资不得低于当地的最低工资标准);(5)因劳动者请事假等相应减发工资等。

(二) 不无故拖欠工资

无故拖欠工资系指用人单位无正当理由超过规定付薪时间未支付劳动者工资。工资必须在用人单位与劳动者约定的日期支付。如遇节假日或休息日,则应提前在最近的工作日支付。工资至少每月支付一次,实行周、日、小时工资制的可按周、日、小时支付工资。劳动关系双方依法解除或终止劳动合同时,用人单位应在解除或终止劳动合同时一次性付清劳动者工资。

以下情况不属于无故拖欠工资:(1)用人单位遇到非人力所能抗拒的自然灾害、战争等原因,无法按时支付工资;(2)用人单位确因生产经营困难、资金周转受到影响,在征得本单位工会同意后,可暂时延期支付劳动者工资,延期时间的最长限制可由各省、自治区、直辖市劳动行政部门根据各地情况确定。其他情况下拖欠工资均属无故拖欠工资。

(三) 欠薪支付保障

用人单位未及时足额支付劳动者劳动报酬,劳动者可以单方解除劳动合同。用人单位还应向劳动者支付经济补偿金。

《工资支付暂行规定》第十八条规定:"各级劳动行政部门有权监察用人单位工资支付的情况。用人单位有下列侵害劳动者合法权益行为的,由劳动行政部门责令其支付劳动者工资和经济补偿,并可责令其支付赔偿金:克扣或者无故拖欠劳动者工资的;拒不支付劳动者延长工作时间工资的;低于当地最低工资标准支付劳动者工资的。经济补偿和赔偿金的标准,按国家有关规定执行。"

根据《劳动合同法》第八十五条的规定,用人单位未按照劳动合同约定或者国家规定及时足额支付劳动者劳动报酬的,由劳动行政部门责令限期支付劳动报酬,并责令用人单位按应付金额百分之五十以上百分之一百以下的标准向劳动者加付赔偿金。

用人单位拖欠或者未足额支付劳动报酬的,劳动者可以依法向当地人民法院申请支付令,人民法院应当依法发出支付令。根据《民事诉讼法》第二百一十四条规定:"债权人请求债务人给付金钱、有价证券,符合下列条件的,可以向有管辖权的基层人民法院申请支付令:(一)债权人与债务人没有其他债务纠纷的;(二)支付令能够送达债务人的。"

为切实保障劳动者获得劳动报酬的权利,2011年2月全国人大常委会通过《刑法修正案(八)》,新增拒不支付劳动报酬罪,追究恶意拖欠劳动者工资者的刑事责任。《刑法》第二百七十六条规定:"以转移财产、逃匿等方法逃避支付劳动者的劳动报酬或者有能力支付而不支付劳动者的劳动报酬,数额较大,经政府有关部门责令支付仍不支付的,处三年以下有期徒刑或者拘役,并处或者单处罚金;造成严重后果的,处三年以上七年以下有期徒刑,并处罚金。

"单位犯前款罪的,对单位判处罚金,并对其直接负责的主管人员和其他直接责任人员,依照前款的规定处罚。"

邮政企业应当依照《劳动合同法》等有关规定,在集体合同或者劳动合同约定日期支付工资报酬;如因自身无法克服的原因需要延期支付的,应当向员工(包括聘用工)公告,并尽快支付。

(四)工资支付不低于最低工资标准

最低工资标准,是指劳动者在法定工作时间或依法签订的劳动合同约定的工作时间内提供了正常劳动的前提下,用人单位依法应支付的最低劳动报酬。

劳动者提供正常劳动的情况下,用人单位应支付给劳动者的工资不得低于当地最低工资标准。所谓"正常劳动",是指劳动者按依法签订的劳动合同约定,在法定工作时间或劳动合同约定的工作时间内从事的劳动。劳动者依法享受带薪年休假、探亲假、婚丧假、生育(产)假、节育手术假等国家规定的假期间,以及法定工作时间内依法参加社会活动期间,视为提供了正常劳动。

用人单位支付的工资低于最低工资标准的,由劳动保障行政部门责令其限期补发所欠劳动者工资,并可责令其按所欠工资的1~5倍支付劳动者赔偿金。

(五)加班加点工资的支付

用人单位在劳动者完成劳动定额或规定的工作任务后,根据实际需要安排劳动者在法定标准工作时间以外工作的,应按以下标准支付工资:

(1)用人单位依法安排劳动者在日法定标准工作时间以外延长工作时间的,按照不低于劳动合同规定的劳动者本人小时工资标准的150%支付劳动者工资;

(2)用人单位依法安排劳动者在休息日工作,而又不能安排补休的,按照不低于劳动合同规定的劳动者本人日或小时工资标准的200%支付劳动者工资;

(3)用人单位依法安排劳动者在法定节假日工作的,按照不低于劳动合同规定的劳动者本人日或小时工资标准的300%支付劳动者工资。

(六)特殊情况的工资支付

劳动者在法定工作时间内依法参加社会活动期间,用人单位应视同其提供了正常劳动而支付工资。社会活动包括:依法行使选举权或被选举权;当选代表出席乡(镇)、区以上政府、党派、工会、青年团、妇女联合会等组织召开的会议;出任人民法庭证明人;出席劳动模范、先进工作者大会；《工会法》规定的不脱产工会基层委员会委员因工作活动占用的生产或工作时间；其他依法参加的社会活动。劳动者依法享受年休假、探亲假、婚假、丧假期间，用人单位应按劳动合同规定的标准支付劳动者工资。非因劳动者原因造成单位停工、停产在一个工资支付周期内的，用人单位应按劳动合同规定的标准支付劳动者工资。超过一个工资支付周期的，若劳动者提供了正常劳动，则支付给劳动者的劳动报酬不得低于当地的最低工资标准；若劳动者没有提供正常劳动，应按国家有关规定办理。

四、用人单位规章制度法律实务

（一）规章制度在企业管理中的地位

规章制度可以有广义和狭义之分，狭义上规章制度仅指企业管理工作制度，广义上的规章制度还包括企业的工作标准、技术标准和技术规范等。以下分析的规章制度属于狭义的规章制度，并且侧重于进行劳动管理或者人力资源管理的规则。

规章制度在企业管理中居于非常重要的地位，具体体现为：规章制度是建立现代企业制度的基础；规章制度是企业经营活动和员工行为的准则；规章制度是规避法律风险的必然要求。构建完善的企业规章制度，可以使企业形成有效的内部控制机制，从而最大程度地防范企业法律风险，提高企业的核心竞争力。规章制度同时也是人民法院和劳动争议仲裁机关处理劳动争议的重要依据，规章制度是调节劳动关系的重要手段。

（二）规章制度的法律效力

我国《劳动合同法》第四条规定："用人单位应当依法建立和完善劳动规章制度，保障劳动者享有劳动权利和履行劳动义务。用人单位在制定、修改或者决定有关劳动报酬、工作时间、休息休假、劳动安全卫生、保险福利、职工培训、劳动纪律以及劳动定额管理等直接涉及劳动者切身利益的规章制度或者重大事项时，应当经职工代表大会或者全体职工讨论，提出方案和意见，与工会或者职工代表平等协商确定。在规章制度和重大事项决定实施过程中，工会或者职工认为不适当的，有权向用人单位提出，通过协商予以修改完善。用人单位应当将直接涉及劳动者切身利益的规章制度和重大事项决定公示，或者告知劳动者。"

最高人民法院《关于审理劳动争议案件适用法律若干问题的解释》第十九条对企业规章制度的法律效力进行了界定：用人单位根据《劳动法》第四条之规定，通过民主程序制定的规章制度，不违反国家法律、行政法规及政策规定，并已向劳动者公示的，可以作为人民法院审理劳动争议案件的依据。

据此，规章制度如为劳动争议仲裁机关、人民法院在处理劳动争议中适用须满足以下三个条件：

（1）规章制度的内容应具有合法性。规章制度的内容必须符合《劳动法》《劳动合同法》以及相关的法律、法规及政策。对于内容不合法的规章制度，人民法院或者劳动争议仲裁机关将不予适用。

（2）制定和通过规章制度应经过民主程序。依照《劳动合同法》的规定，用人单位在制定、修改或者决定有关劳动报酬、工作时间、休息休假、劳动安全卫生、保险福利、职工培训、劳动纪律以及劳动定额管理等直接涉及劳动者切身利益的规章制度或者重大事项时，应当经职工代表大会或者全体职工讨论，提出方案和意见，与工会或者职工代表平等协商确定。

（3）规章制度应向劳动者公示。《劳动合同法》规定，用人单位应当将直接涉及劳动者切身利益的规章制度和重大事项决定公示,或者告知劳动者。企业规章制度必须采取适当的方式使员工知晓,才能对员工产生效力。规章制度公开的形式包括:下发文件、发放员工手册、在企业报刊、局域网、公告栏上公布。

【案例】

用人单位规章制度未公示纠纷案[①]

2008年9月,王某被聘到某大型博物馆当讲解员,与博物馆签订了为期3年的固定期限劳动合同。2010年6月,王某的一个远方亲戚开了一家媒体公司,想请王某帮忙。王某提前一个月向博物馆书面提出辞职请求,要求于2010年8月解除与博物馆的劳动合同。因博物馆正在举行一个大型展览,急需人手,于是拒绝了王某解除劳动合同的要求,并向王某提出,博物馆规章制度里面明确规定,在博物馆有大型活动期间,可以暂时中止博物馆工作人员的流动,如果职工想要解除劳动合同,在大型活动结束之后才能进行。王某不服,向当地劳动争议仲裁机构提起仲裁。

仲裁委经审理认为,根据《劳动合同法》第四条的规定,用人单位在制定、修改或者决定有关劳动报酬、工作时间、休息休假、劳动安全卫生、保险福利、职工培训、劳动纪律以及劳动定额管理等直接涉及劳动者切身利益的规章制度或者重大事项时,应当经职工代表大会或者全体职工讨论,提出方案和意见,与工会或者职工代表平等协商确定。用人单位应当将直接涉及劳动者切身利益的规章制度和重大事项决定公示,或者告知劳动者。由于博物馆方面没有履行上述程序,因此该规章制度无效。同时该法的第八十条规定:用人单位的直接涉及劳动者切身利益的规章制度违反法律、法规规定的,由劳动行政部门责令改正,给予警告;给劳动者造成损害的,应当承担赔偿责任。在王某已经履行解除劳动合同义务的情况下,博物馆不得因规章制度的规定不与王某解除劳动合同。后经仲裁委调解,博物馆承认了规章制度在制定上存在违法行为,同时表示将按照法律的规定与王某解除劳动合同。

第四节 劳动合同的解除和终止法律实务

一、劳动合同的解除和终止概述

(一)劳动合同解除的概念和类型

劳动合同解除,是指劳动合同订立后,尚未全部履行前,由于某种原因导致劳动合同一方或者双方当事人提前消灭劳动关系的法律行为。按照解除劳动合同的方式不同,劳动合同解除可分为双方解除和单方解除,双方解除又可称为协议解除,单方解除按照首先提起主体的不同,又可分为劳动者的单方解除和用人单位的单方解除两类。按照解除劳动合同的依据不同,劳动合同的解除可分为法定解除和约定解除。按照解除劳动合同是否合法,可以分为合法解除和

[①]《中华人民共和国劳动合同法适用要点与实例》编写组.中华人民共和国劳动合同法适用要点与实例.北京:法律出版社,2012:10.

违法解除。劳动合同解除涉及的内容较多,下文中将详细介绍劳动合同解除的相关法律实务。

(二)劳动合同终止的概念和类型

劳动合同的终止,是指劳动合同的法律效力依法被消灭,劳动者与用人单位之间原有的权利和义务不复存在。《劳动合同法》第四十四条规定了劳动合同终止的情形:"有下列情形之一的,劳动合同终止:(1)劳动合同期满的;(2)劳动者开始依法享受基本养老保险待遇的;(3)劳动者死亡,或者被人民法院宣告死亡或者宣告失踪的;(4)用人单位被依法宣告破产的;(5)用人单位被吊销营业执照、责令关闭、撤销或者用人单位决定提前解散的;(6)法律、行政法规规定的其他情形。"根据上述条款,可以将劳动合同终止概括为三种情形:一是劳动合同中的预先约定,包括约定的劳动合同期限届满和约定的工作任务完成;二是基于客观事实或法律规定当事人丧失合同的主体资格,包括劳动者一方主体资格的丧失和用人单位主体资格的丧失;三是法律法规规定的其他情形。劳动合同终止,用人单位也要按照法律规定给予劳动者一定的经济补偿(见表9.1)。

同时,为防止用人单位通过合同约定扩大劳动合同终止的情形,《劳动合同法实施条例》又同时规定:"用人单位与劳动者不得在劳动合同法第四十四条规定的劳动合同终止情形之外约定其他的劳动合同终止条件。"

表9.1 劳动合同终止及经济补偿

终止分类	终止事由		是否补偿(《劳动合同法》第四十六条)
一般终止(《劳动合同法》第四十四条)	劳动合同期满		一般补偿,法定例外不补偿
	劳动合同任务完成		补偿(《劳动合同法实施条例》第二十二条)
	劳动者	开始依法享受基本养老保险待遇	不补偿
		死亡,或者被宣告死亡或失踪	
	用人单位	被宣告破产;被吊销营业执照、责令关闭、撤销或者用人单位决定提前解散	补偿
特殊终止(《劳动合同法实施条例》第五、六条)	自用工之日起不满一年未与劳动者签订书面劳动合同		自用工之日起一个月内不补偿;超过一个月不满一年的补偿(《劳动合同法实施条例》第五、六条)
延期终止(《劳动合同法》第四十五条)	有《劳动合同法》第四十二条规定的不得辞退的情形之一		不补偿,但因工伤丧失劳动能力者享受工伤保险待遇

(三)劳动合同解除和终止的法律后果

劳动合同解除和终止意味着劳动关系的终结,原有的权利义务不再存在,双方不再执行原劳动合同中约定的事项。劳动合同解除和终止符合法定条件的,用人单位应给予劳动者经济补偿。《劳动合同法》第四十六条规定,除用人单位维持或者提高劳动合同约定条件续订劳动合同,劳动者不同意续订的情形外,因劳动合同期满终止固定期限劳动合同的,用人单位应向劳动者支付经济补偿。《劳动合同法实施条例》第二十二条还规定,以完成一定工作任务为期限的劳动合同因任务完成而终止的,用人单位应当依照《劳动合同法》第四十七条的规定向劳动者支付经济补偿。

用人单位违法解除、终止劳动合同的,依照《劳动合同法》应承担相应的法律责任。《劳动合同法》第四十七条、第八十七条规定:用人单位违反本法规定解除或者终止劳动合同,劳动者要求继续履行劳动合同的,用人单位应当继续履行;劳动者不要求继续履行劳动合同或者劳动合同已经不能继续履行的,用人单位应当依照本法第四十七条规定的经济补偿标准的二倍向劳动者支付赔偿金。

劳动合同解除、终止后,用人单位和劳动者都应依据诚信原则,履行相应的后继义务。《劳动合同法》第五十条规定:"用人单位应当在解除或者终止劳动合同时出具解除或者终止劳动合同的证明,并在十五日内为劳动者办理档案和社会保险关系转移手续。劳动者应当按照双方约定,办理工作交接。用人单位依照本法有关规定应当向劳动者支付经济补偿的,在办结工作交接时支付。用人单位对已经解除或者终止的劳动合同的文本,至少保存二年备查。"

二、劳动者单方解除劳动合同法律实务

劳动者可以与用人单位协商一致解除劳动合同,也可以按照法律规定单方解除劳动合同。按照解除的条件和程序的不同,劳动者单方解除劳动合同可以分为预告解除、随时解除和立即解除三种类型。劳动合同解除是对尚未履行部分的劳动合同的消灭,已经履行的仍然有效,用人单位要给劳动者支付工资,同时,劳动者随时解除和立即解除劳动合同的,用人单位必须向劳动者支付经济补偿。《劳动合同法》对劳动者单方解除劳动合同限制较少,符合法定条件和程序即可辞职。劳动者单方解除劳动合同适用于无固定期限劳动合同、固定期限劳动合同和以完成一定工作任务为期限的劳动合同。

但是也要注意,《劳动合同法》第九十条规定:"劳动者违反本法规定解除劳动合同,或者违反劳动合同中约定的保密义务或者竞业限制,给用人单位造成损失的,应当承担赔偿责任。"关于赔偿的范围,依据《违反〈劳动法〉有关劳动合同规定的赔偿办法》(劳部发〔1995〕223号)第四条的规定,主要包括对生产、经营和工作造成的直接经济损失。

关于劳动者单方解除劳动合同的经济补偿,具体内容见表9.2。

表9.2 劳动者单方解除劳动合同的经济补偿

辞职分类	事由和程序	是否补偿(《劳动合同法》第四十六条)
预告解除(《劳动合同法》第三十七条)	提前30日书面通知	不补偿
	在试用期内,提前3日通知	
随时解除(《劳动合同法》第三十八条第一款)	用人单位有过错,随时通知	补偿
立即解除(同上第二款)	用人单位严重违法,无须通知	补偿

《劳动合同法》第三十七条规定,劳动者提前三十日以书面形式通知用人单位,可以解除劳动合同。劳动者在试用期内提前三日通知用人单位,可以解除劳动合同。本条实质上是赋予员工以辞职权,无须具有实质条件,只要具备提前三十日书面通知或者试用期内提前三日通知的程序条件即可。

《劳动合同法》第三十八条第一款规定用人单位有下列情形之一的,劳动者可以随时通知用人单位解除劳动合同:(1)未按照劳动合同约定提供劳动保护或者劳动条件的;(2)未及时足额支付劳动报酬的;(3)未依法为劳动者缴纳社会保险费的;(4)用人单位的规章制度违反法

律、法规的规定,损害劳动者权益的;(5)因本法第二十六条第一款规定的情形致使劳动合同无效的;(6)法律、行政法规规定劳动者可以解除劳动合同的其他情形。同时,第二款规定用人单位严重违法、劳动者人身自由和人身安全受到威胁时,劳动者可以立即解除劳动合同无须事先通知用人单位,包括:用人单位以暴力、威胁或者非法限制人身自由的手段强迫劳动者劳动的,或者用人单位违章指挥、强令冒险作业危及劳动者人身安全的。

三、用人单位单方解除劳动合同法律实务

(一) 过错性辞退

因劳动者有过错,用人单位单方解除劳动合同,并可以不进行经济补偿。

《劳动合同法》第三十九条规定了这种情形:劳动者有下列情形之一的,用人单位可以解除劳动合同:(1)在试用期间被证明不符合录用条件的;(2)严重违反用人单位的规章制度的;(3)严重失职,营私舞弊,给用人单位造成重大损害的;(4)劳动者同时与其他用人单位建立劳动关系,对完成本单位的工作任务造成严重影响,或者经用人单位提出,拒不改正的;(5)因本法第二十六条第一款第一项规定的情形致使劳动合同无效的;(6)被依法追究刑事责任的。

【案例】

单位承担员工严重违反规章制度的举证责任[①]

2012年5月,田成入职世纪传播公司,担任编导,双方签订了期限为2012年5月13日至2015年5月12日的劳动合同。2014年8月8日,田成身体不适未上班,2014年8月11日,世纪传播公司即以田成旷工3天严重违反公司规章制度为由,与田成解除了劳动关系。田成认为公司系违法解除劳动合同,先后提起仲裁和诉讼。

法院经审理发现,虽然田成2014年8月8日生病未履行正当的请假手续,但2014年8月8日为周五,9日、10日两天为周末休息时间,世纪传播公司所称因田成连续3天旷工而解除劳动关系,明显与事实不符,因此,法院最终支持了田成的请求,判决世纪传播公司支付违法解除劳动合同赔偿金。

因严重违反用人单位的规章制度而辞退员工时,要注意"规章制度"必须是用人单位依《劳动合同法》制定的合法、有效的规章制度。"严重"程度,一般应由劳动法规规定的限度和用人单位的规章制度具体界定,并按规章制度规定的程序处理,但不能违反法律法规的规定,不得违反公平原则。

(二) 无过失性辞退

劳动者无过失,用人单位由于客观情况的变化,劳动合同无法继续履行,用人单位经过预告或支付代通知金可以解除劳动合同。《劳动合同法》第四十条规定了无过失辞退的情形:"有下列情形之一的,用人单位提前三十日以书面形式通知劳动者本人或者额外支付劳动者一个月工资后,可以解除劳动合同:(1)劳动者患病或者非因工负伤,在规定的医疗期满后不能从事

[①] 参见:北京市劳动人事争议仲裁委员会,2014年十大劳动争议典型案例,2015年6月24日。

原工作,也不能从事由用人单位另行安排的工作的;(2)劳动者不能胜任工作,经过培训或者调整工作岗位,仍不能胜任工作的;(3)劳动合同订立时所依据的客观情况发生重大变化,致使劳动合同无法履行,经用人单位与劳动者协商,未能就变更劳动合同内容达成协议的。"

企业单方面解除职工劳动合同时,根据《劳动合同法》第四十三条的规定,应当事先将理由通知工会。用人单位违反法律、行政法规规定或者劳动合同约定的,工会有权要求用人单位纠正。用人单位应当研究工会的意见,并将处理结果书面通知工会。解除劳动合同的书面决定应当直接送达本人,无法送达本人的,可以送达其同住的成年亲属,或者邮寄送达,上述途径均无法送达的,可以公告送达。

【案例】

客观情况发生重大变化可以解约[①]

刘某于2012年8月13日到某模型公司上班。双方签订三年期劳动合同,合同中未约定工作地点,实际履行地为北京市昌平区某村。2014年7月30日,模型公司厂房的租赁合同到期,未能继续签订租赁合同,也未在原址附近找到合适的办公场所,最终决定将厂址迁至河北。模型公司将上述情况提前告知刘某,并承诺提供班车住宿等条件,但刘某不同意到新地点继续履行劳动合同。于是模型公司解除了双方的劳动合同,并依法支付刘某解除劳动合同经济补偿金和未提前通知解除劳动合同的代通知金。

刘某对此仍然不满意,向仲裁委提出仲裁申请,要求模型公司支付违法解除劳动合同赔偿金。庭审中,模型公司主张,变更地址的背景是公司经营地址的租赁合同到期,并不是主观上故意迁址,且作为变更地址的补救措施,公司给员工提供了班车、住宿等条件,让员工继续履行合同实质上不存在障碍,但是刘某不同意变更劳动合同的履行地,公司不得已与他解除劳动合同,且已依法支付解除劳动合同经济补偿金和代通知金,但不同意支付违法解除劳动合同赔偿金。

仲裁委审理后认为,模型公司因厂房租赁合同到期将办公地点从北京昌平迁至河北,与刘某解除劳动合同属于订立劳动合同时所依据的客观情况发生重大变化,致使劳动合同无法继续履行,经用人单位与劳动者协商,未能就变更劳动合同内容达成一致的情形。模型公司已经支付刘某解除劳动合同经济补偿金和代通知金,刘某的仲裁请求没有事实依据,于是驳回了他的仲裁请求。

(三) 经济性裁员

裁员是指用人单位由于生产经营状况发生变化而出现劳动力过剩,以裁减人员来改善经营状况的一种手段。由于解除劳动合同的原因是经济性的,因此叫作经济性裁员。《劳动合同法》第四十一条规定:"有下列情形之一,需要裁减人员二十人以上或者裁减不足二十人但占企业职工总数百分之十以上的,用人单位提前三十日向工会或者全体职工说明情况,听取工会或者职工的意见后,裁减人员方案经向劳动行政部门报告,可以裁减人员:(1)依照企业破产法规定进行重整的;(2)生产经营发生严重困难的;(3)企业转产、重大技术革新或者经营方式调整,

---

[①] 参见,北京市劳动人事争议仲裁委员会,2014年十大劳动争议典型案例。

经变更劳动合同后,仍需裁减人员的;(4)其他因劳动合同订立时所依据的客观经济情况发生重大变化,致使劳动合同无法履行的。

"裁减人员时,应当优先留用下列人员:(1)与本单位订立较长期限的固定期限劳动合同的;(2)与本单位订立无固定期限劳动合同的;(3)家庭无其他就业人员,有需要扶养的老人或者未成年人的。

"用人单位依照本条第一款规定裁减人员,在六个月内重新招用人员的,应当通知被裁减的人员,并在同等条件下优先招用被裁减的人员。"

(四)不得进行无过失辞退和经济性裁员的情形

《劳动合同法》第四十二条规定了不允许无过失辞退和经济性裁员的情形:"劳动者有下列情形之一的,用人单位不得依照本法第四十条、第四十一条的规定解除劳动合同:(1)从事接触职业病危害作业的劳动者未进行离岗前职业健康检查,或者疑似职业病病人在诊断或者医学观察期间的;(2)在本单位患职业病或者因工负伤并被确认丧失或者部分丧失劳动能力的;(3)患病或者非因工负伤,在规定的医疗期内的;(4)女职工在孕期、产期、哺乳期的;(5)在本单位连续工作满十五年,且距法定退休年龄不足五年的;(6)法律、行政法规规定的其他情形。"

(五)解除劳动合同的经济补偿金

1. 用人单位应当向劳动者支付经济补偿金的情形

《劳动合同法》第四十六条对此情形进行了明确规定,根据此条内容归纳成图9.1。

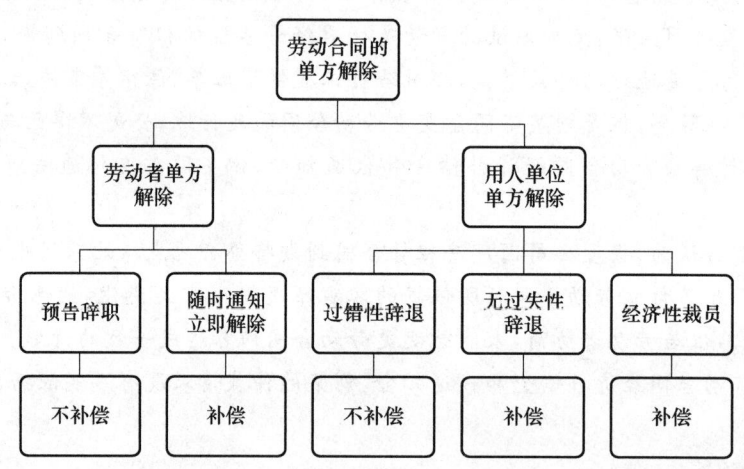

图9.1 单方解除合同的经济补偿

2. 补偿标准

经济补偿按劳动者在本单位工作的年限,每满一年支付一个月工资的标准向劳动者支付。六个月以上不满一年的,按一年计算;不满六个月的,向劳动者支付半个月工资的经济补偿。劳动者月工资高于用人单位所在直辖市、设区的市级人民政府公布的本地区上年度职工月平均工资三倍的,向其支付经济补偿的标准按职工月平均工资三倍的数额支付,向其支付经济补偿的年限最高不超过十二年。前述所称月工资是指劳动者在劳动合同解除或者终止前十二个月的平均工资。

第五节　劳务派遣和非全日制用工法律实务

一、劳务派遣法律实务

（一）劳务派遣的概念

劳务派遣是指劳务派遣单位与被派遣劳动者建立劳动关系，并将劳动者派遣到用工单位，被派遣劳动者在用工单位的指挥、监督下从事劳动的新型用工方式。劳务派遣有以下特征：劳动者的雇佣和使用相分离；劳务派遣包括劳务派遣单位、实际用工单位、劳动者三方主体。劳务派遣关系中存在两个合同：一是劳务派遣单位与劳动者之间的劳动合同；二是劳务派遣单位与用工单位之间的劳务派遣协议（合同）。

（二）劳务派遣单位的设立要求

《劳动合同法》第五十七条规定："经营劳务派遣业务应当具备下列条件：（1）注册资本不得少于人民币二百万元；（2）有与开展业务相适应的固定的经营场所和设施；（3）有符合法律、行政法规规定的劳务派遣管理制度；（4）法律、行政法规规定的其他条件。经营劳务派遣业务，应当向劳动行政部门依法申请行政许可；经许可的，依法办理相应的公司登记。未经许可，任何单位和个人不得经营劳务派遣业务。"

（三）劳务派遣的法律关系

劳务派遣涉及三方法律关系，即派遣单位与被派遣劳动者、派遣单位与接受以劳务派遣形式用工的单位即用工单位，以及用工单位与被派遣劳动者的三个关系。派遣单位与被派遣劳动者之间存在劳动关系，行使对劳动者的人事管理权，如处分、解除合同；同时派遣单位承担对劳动者的劳动报酬、社会福利的劳动法义务。派遣单位与用工单位之间是民事合同关系，双方订立派遣协议确定双方的权利义务，派遣单位根据用工单位的标准派遣符合要求的劳动者，用工单位根据派遣协议向派遣单位支付报酬或者管理费。而用工单位与被派遣劳动者之间构成劳务关系，用工单位负责在劳动过程对被派遣劳动者进行指挥和管理，劳动者遵守用工单位的规章制度，为用工单位提供劳务。

根据《劳动合同法》的规定，劳务派遣法律关系中各方的义务和责任包括：

1. 派遣单位与被派遣劳动者的法律关系

《劳动合同法》规定，劳务派遣单位是本法所称用人单位，应当履行用人单位对劳动者的义务。这一规定，明确劳务派遣单位与劳动者形成法律规定的劳动关系。这些权利义务关系《劳动合同法》已经有明确规定，如派遣单位依法招用劳动者，签订书面劳动合同，支付工资，参加社会保险以及依法支付经济补偿金等。

劳务派遣单位与被派遣劳动者订立的劳动合同，除应当载明《劳动合同法》第十七条规定的事项外，还应当载明被派遣劳动者的用工单位以及派遣期限、工作岗位等情况。劳务派遣单位应当与被派遣劳动者订立二年以上的固定期限劳动合同,按月支付劳动报酬;被派遣劳动者在无工作期间,劳务派遣单位应当按照所在地人民政府规定的最低工资标准,向其按月支付报酬。《劳动合同法》特别强调,劳务派遣中的劳动合同期限不得少于两年,当然可以多于两年。

劳务派遣单位应当将劳务派遣协议的内容告知被派遣劳动者。劳务派遣单位不得克扣用工单位按照劳务派遣协议支付给被派遣劳动者的劳动报酬。劳务派遣单位和用工单位不得向被派遣劳动者收取费用。劳务派遣单位跨地区派遣劳动者的,被派遣劳动者享有的劳动报酬和劳动条件,按照用工单位所在地的标准执行。劳务派遣单位不得以非全日制用工形式招用被派遣劳动者。

2. 劳务派遣单位与实际用工单位的法律关系

劳务派遣单位派遣劳动者应当与接受以劳务派遣形式用工的单位订立劳务派遣协议,劳务派遣协议实际属于民事合同。劳务派遣协议应当约定派遣岗位和人员数量、派遣期限、劳动报酬和社会保险费的数额与支付方式以及违反协议的责任。派遣岗位是指被派遣劳动者在用工单位中将被安排工作的性质、职位;派遣期限是指被派遣劳动者依派遣单位的派遣受用工单位的指挥、管理的时间。用工单位应当根据工作岗位的实际需要与劳务派遣单位确定派遣期限,不得将连续用工期限分割订立数个短期劳务派遣协议。在劳务派遣协议中明确劳动报酬和社会保险费的数额和支付方式以及违反协议责任等内容有利于明确派遣单位与用工单位的权利义务,从而避免发生争议时双方相互推诿责任的现象。

3. 用工单位与被派遣劳动者的法律关系

用工单位与被派遣劳动者之间的法律关系为劳务关系,依照《劳动合同法》的规定,用工单位应当履行下列义务:(1)执行国家劳动标准,提供相应的劳动条件和劳动保护;(2)告知被派遣劳动者的工作要求和劳动报酬;(3)支付加班费、绩效奖金,提供与工作岗位相关的福利待遇;(4)对在岗被派遣劳动者进行工作岗位所必需的培训;(5)连续用工的,实行正常的工资调整机制。此外,用工单位接受劳务派遣必须用于本单位的岗位,不得将被派遣劳动者再派遣到其他用人单位。

被派遣劳动者有《劳动合同法》第三十九条和第四十条第一款、第二款规定解除劳动合同情形的,如严重违纪、不胜任工作,用工单位可以将劳动者退回劳务派遣单位,劳务派遣单位依照本法有关规定,可以与劳动者解除劳动合同。

被派遣劳动者在劳务派遣期间享有以下权利:第一,享有与用工单位的劳动者同工同酬的权利。用工单位无同类岗位劳动者的,参照用工单位所在地相同或者相近岗位劳动者的劳动报酬确定。第二,有权在劳务派遣单位或者用工单位依法参加或者组织工会,维护自身的合法权益。第三,可以依照《劳动合同法》第三十六条(协商解除)、第三十八条(特别解除权)的规定与劳务派遣单位解除劳动合同。

二、非全日制用工法律实务

非全日制用工,是指以小时计酬为主,劳动者在同一用人单位一般平均每日工作时间不超过四小时,每周工作时间累计不超过二十四小时的用工形式。非全日制用工双方当事人可以订立口头协议。从事非全日制用工的劳动者可以与一个或者一个以上用人单位订立劳动合同,但是,后订立的劳动合同不得影响先订立的劳动合同的履行。非全日制用工双方当事人不得约定试用期。非全日制用工小时计酬标准不得低于用人单位所在地人民政府规定的最低小时工资标准。非全日制用工劳动报酬结算支付周期最长不得超过十五日。非全日制用工双方当事人任何一方都可以随时通知对方终止用工。终止用工,用人单位不向劳动者支付经济补偿。

第六节　业务外包实施过程的法律解析

一、业务外包概述

(一) 业务外包的概念

业务外包,一般是指发包方将一些非核心的、次要的或者辅助性的功能或业务外包给外部专业服务机构(通常称为承包方)具体实施,双方签订外包合同,发包方支付报酬,利用他们的专长(如专业技术)或优势(如用工成本)来提高企业的整体效率和竞争力的经营管理方式。

(二) 探索业务外包中应注意的问题

邮政企业在外包过程中对外包商主体资格的资质进行审查。外包商必须具备相应的资质,严禁外包给个人,否则会给邮政企业带来法律风险。

根据《劳动合同法》第九十四条规定,个人承包经营违反劳动合同法规定招用劳动者,给劳动者造成损害的,发包的组织与个人承包经营者承担连带赔偿责任。同时,外包合同不能涉及对外包单位的用工管理,要注意相关条款的表述上"外包合同中不能涉及有关对外包单位的用工管理",避免形成事实劳动关系,给企业带来法律纠纷。

二、在签订外包合同中应该注意的情况

(一) 审慎签订业务外包合同的主要条款

根据我国《合同法》规定,确定外包方后,企业应当及时与选定的外包方签订业务外包合同,约定业务外包的内容和范围、双方权利和义务、服务和质量标准、保密事项、费用结算标准和违约责任等事项。合同条款未能针对业务外包风险做出明确的约定,对外包方的违约责任界定不够清晰,会导致企业陷入合同纠纷和诉讼;合同约定的业务外包价格不合理或成本费用过高,会导致企业遭受损失。

(二) 邮政企业签订外包协议的风险管控

第一,在订立外包合同前,充分考虑业务外包方案的重要风险因素,并通过合同条款的详细规定来避免发生不必要的纠纷。

第二,在合同的内容和范围方面,明确外包方提供的服务的类型、数量和成本,以及明确界

定流程环节、作业方式、作业时间、费用等细节。

第三,在合同的权利和义务方面,明确企业有权督促外包商改进服务流程和方法,外包方有责任按照合同协议规定的条款,及时告知企业,并对存在问题进行高效沟通。

第四,在合同的服务和质量标准方面,应当规定外包商标准的服务水平以及如果未能满足标准实施的补救措施。

第五,在合同的保密事项方面,应具体约定对于涉及本企业商业机密的业务和事项,外包商有责任履行保密义务。

第六,在费用结算标准方面,综合考虑内外部因素,合理确定业务价格,严控成本。

第七,在违约责任方面,明确责任界定、解决方式和救济途径等。

思 考 题

一、简答题

1. 简述劳动合同的概念、特征。
2. 我国劳动合同的分类是怎样的?
3. 试述劳动合同订立的原则。
4. 简述无固定期限劳动合同签订的条件。
5. 试述劳动合同的必备条款。
6. 服务期条款如何约定?
7. 如何约定试用期?
8. 试述劳动合同的无效。
9. 加班工资如何支付?
10. 哪些情况下用人单位可以代扣工资?
11. 试述劳动者单方解除劳动合同制度的内容。
12. 员工辞职,用人单位应协助办理哪些事项?
13. 劳动合同解除、终止应如何支付经济补偿?
14. 劳务派遣单位和实际用工单位应分别履行哪些法定义务?
15. 试述非全日制用工制度。

二、案例分析

王某于2012年10月16日入职甲公司,并与甲公司签订了劳动合同,劳动合同到期日为2015年10月15日,王某的工作岗位是技术总监。2012年10月20日,王某与甲公司签订了《竞业限制协议》和《保密协议》。《竞业限制协议》约定的内容有:(1)王某与甲公司解除或终止劳动合同之日起两年内,未经甲公司同意,不得直接或间接自营、为他人经营与甲公司同类行业或到与甲公司有竞争关系的单位就职;(2)王某在职期间甲公司向王某每月支付的工资中有1000元为竞业限制补偿金;(3)王某不履行规定的就业限制义务,应当承担违约责任,一次性向甲公司支付违约金为王某离开公司前12个月工资总和的100倍,同时王某应当继续履行竞业限制义务。

2014年9月20日,王某提出辞职,辞职理由为与甲公司合作不愉快,王某当天离开公司,此后一直没有找到新工作,甲公司亦一直未向王某支付竞业限制补偿金。2014年12月25日,王某向甲公司书面送达了《解除竞业限制协议通知书》,通知公司自收到通知书之日起,双方竞业限制协议解除。2014年12月28日,王某到与甲公司有竞争关系的本案第三人——乙公司工作。王某离职前12个月内的平均工资为每月1万元。

甲公司认为王某违反了法律和《竞业限制协议》的决定,严重损害了甲公司的合法权益,应当承担法律责任。甲公司向当地劳动争议仲裁部门提出仲裁申请,主张:王某继续履行竞业限制协议;王某向甲公司赔偿1200万元。

问题:

此案当如何处理?

第十章 金融法律实务

【学习目标】

　　了解金融法概念、体系
　　了解金融法律制度的总体框架
　　掌握中国人民银行的组织结构及职责
　　掌握商业银行的贷款、财务会计制度
　　掌握我国商业银行的经营原则与业务范围
　　掌握商业银行的接管与终止

【能力目标】

　　能够将所学金融法律法规的知识应用到企业实际

【导入案例】

邮储银行未依照存款实名制规定履行客户身份识别纠纷案

　　自称李某的人与经营布匹生意的郭某洽谈业务,提出购买郭某20万元的布匹,但要求其提供质量保证金。郭某随即使用自己的居民身份证在邮政储蓄银行某市富强大街支行开设活期储蓄存折,户名郭某、账号2057。某日,郭某在五七路支行存款6万元,本人填写了存款凭单上的户名、账号、存款金额等内容。柜员要求郭某出示了本人的居民身份证,但未与系统记载的信息进行核对。数日之后,郭某发现存入的款项被他人支取,即到公安机关报案。经查,他人使用郭某(姓名相同)的军官证在长安支行开设了活期储蓄存折和储蓄卡,户名郭某、账号3873。在与郭某洽谈业务中将存折调包,郭某在不知情的情形下持有账号3873的活期储蓄存折办理了6万元存款,他人通过柜员机将存款分次取出了。

【引导问题】

　　邮政金融业务遇到的法律问题是什么?如何加强防范措施?带着这些问题,我们走进本章的学习。

第一节 金融法律制度概述

一、金融法的概念

(一) 金融法的概念

金融,是指货币资金的信用融通活动的总和。从参加主体上来看,包括企业、个人、银行以及国家。从行为上来看,包括货币的发行、流通和回笼,存款的吸收和支付,贷款的发放和回收,票据的承兑和贴现,银行同业拆借,外汇和金银的买卖,国内、国际货币收付和结算,股票、债券发行和交易,财产信托,融资租赁,保险等活动。

(二) 金融法的概念

金融法是调整各种金融关系的法律规范的总和。金融法是由国家制定或者认可的,用以确定金融机构的地位、性质和职责权限并调整在金融活动中形成的法律规范的总称。

(三) 金融关系包含的内容

(1) 金融交易关系,即社会主体之间因存款、贷款、同业拆借、票据贴现、银行结算、证券买卖、金融信托、金融租赁、外汇买卖和保险而发生的社会关系。

(2) 金融中介服务关系。金融机构为融资双方提供收付结算、承销经纪、咨询代理等辅助性金融服务。在上述活动中,金融机构不是资金融通的直接当事人,仅是为融资双方提供中介服务,收取中介服务费,如货币市场资金的结算、融资租赁、信托,资本市场的证券的承销经纪、证券保管、登记等。

(3) 金融监管关系,即国家及国家金融监管机关对金融市场、金融市场主体以及金融市场主体之间的交易活动实施监管而产生的关系。

(4) 金融调控关系,即国家以及有关的国家机关,以稳定金融市场、引导资金流向、控制信贷规模为目的,对有关金融变量实行调节和控制而产生的关系。

金融法由于调整对象、调整方法的多样性,其法律属性既包括民法的规范,也包括行政法、经济法以及其他法律规范。

二、金融法的体系

我国的金融法律体系包括:

(1) 法律,如《中国人民银行法》《商业银行法》《银行业监督管理法》《票据法》《保险法》《证券投资基金法》《信托法》《反洗钱法》。

(2) 行政法规,如《储蓄管理条例》《人民币管理条例》《个人存款账户实名制规定》《金融违法行为处罚办法》《外汇管理条例》《中华人民共和国外资银行管理条例》。

(3) 金融规章以及规范性文件,如中国人民银行《关于执行〈储蓄管理条例〉的若干规定》《利率管理暂行规定》《金融机构大额交易和可疑交易报告管理办法》,中国银监会《商业银行服务价格管理暂行办法》《个人贷款管理暂行办法》《电子银行业务管理办法》《商业银行个人理财业务风险管理指引》。

第二节 中国人民银行法

一、中国人民银行的法律地位和职责

(一)中国人民银行的法律地位

《中国人民银行法》第二条规定:"中国人民银行是中华人民共和国的中央银行。中国人民银行在国务院领导下,制定和执行货币政策,防范和化解金融风险,维护金融稳定。"

(二)中国人民银行的职责

(1)发布与履行其职责有关的命令和规章;
(2)依法制定和执行货币政策;
(3)发行人民币,管理人民币流通;
(4)监督管理银行间同业拆借市场和银行间债券市场;
(5)实施外汇管理,监督管理银行间外汇市场;
(6)监督管理黄金市场;
(7)持有、管理、经营国家外汇储备、黄金储备;
(8)经理国库;
(9)维护支付、清算系统的正常运行;
(10)指导、部署金融业反洗钱工作,负责反洗钱的资金监测;
(11)负责金融业的统计、调查、分析和预测;
(12)作为国家的中央银行,从事有关的国际金融活动;
(13)国务院规定的其他职责。

二、中国人民银行的组织机构

(一)中国人民银行总行

《中国人民银行法》规定:中国人民银行实行行长负责制。行长领导中国人民银行的工作,副行长协助行长工作。中国人民银行设行长一人,副行长若干人。中国人民银行实行行长负责制,中国人民银行行长的人选,根据国务院总理的提名,由全国人民代表大会决定;全国人民代表大会闭会期间,由全国人民代表大会常务委员会决定,由中华人民共和国主席任免。中国人民银行副行长由国务院总理任免。

中国人民银行设立货币政策委员会。货币政策委员会的职责、组成和工作程序,由国务院规定,报全国人民代表大会常务委员会备案。中国人民银行货币政策委员会应当在国家宏观调控、货币政策制定和调整中,发挥重要作用。

(二)中国人民银行分支机构

中国人民银行根据履行职责的需要设立分支机构(即分行、支行),作为中国人民银行的派出机构。中国人民银行对分支机构实行统一领导和管理。中国人民银行的分支机构根据中国人民银行的授权,维护本辖区的金融稳定,承办有关业务。

三、人民币

（1）中华人民共和国的法定货币是人民币。以人民币支付中华人民共和国境内的一切公共的和私人的债务，任何单位和个人不得拒收。人民币的单位为元，人民币辅币单位为角、分。人民币由中国人民银行统一印制、发行。中国人民银行发行新版人民币，应当将发行时间、面额、图案、式样、规格予以公告。

（2）禁止伪造、变造人民币。禁止出售、购买伪造、变造的人民币。禁止运输、持有、使用伪造、变造的人民币。禁止故意毁损人民币。禁止在宣传品、出版物或者其他商品上非法使用人民币图样。任何单位和个人不得印制、发售代币票券，以代替人民币在市场上流通。

（3）残缺、污损的人民币，按照中国人民银行的规定兑换，并由中国人民银行负责收回、销毁。

（4）中国人民银行设立人民币发行库，在其分支机构设立分支库。分支库调拨人民币发行基金，应当按照上级库的调拨命令办理。任何单位和个人不得违反规定，动用发行基金。

四、中国人民银行业务

（一）货币政策工具

（1）要求银行业金融机构按照规定的比例交存存款准备金；
（2）确定中央银行基准利率；
（3）为在中国人民银行开立账户的银行业金融机构办理再贴现；
（4）向商业银行提供贷款；
（5）在公开市场上买卖国债、其他政府债券和金融债券及外汇；
（6）国务院确定的其他货币政策工具。

（二）中国人民银行的其他金融业务

（1）中国人民银行依照法律、行政法规的规定经理国库。

（2）中国人民银行可以代理国务院财政部门向各金融机构组织发行、兑付国债和其他政府债券。

（3）中国人民银行可以根据需要，为银行业金融机构开立账户，但不得对银行业金融机构的账户透支。

（4）中国人民银行应当组织或者协助组织银行业金融机构相互之间的清算系统，协调银行业金融机构相互之间的清算事项，提供清算服务。具体办法由中国人民银行制定。中国人民银行会同国务院银行业监督管理机构制定支付结算规则。

（5）中国人民银行根据执行货币政策的需要，可以决定对商业银行贷款的数额、期限、利率和方式，但贷款的期限不得超过一年。

（三）中国人民银行禁止从事的金融业务

中国人民银行不得对政府财政透支，不得直接认购、包销国债和其他政府债券。中国人民银行不得向地方政府、各级政府部门提供贷款，不得向非银行金融机构以及其他单位和个人提供贷款，但国务院决定中国人民银行可以向特定的非银行金融机构提供贷款的除外。中国人民银行不得向任何单位和个人提供担保。

五、金融监督管理

中国人民银行依法监测金融市场的运行情况,对金融市场实施宏观调控,促进其协调发展。中国人民银行有权对金融机构以及其他单位和个人的下列行为进行检查监督:
(1) 执行有关存款准备金管理规定的行为;
(2) 与中国人民银行特种贷款有关的行为;
(3) 执行有关人民币管理规定的行为;
(4) 执行有关银行间同业拆借市场、银行间债券市场管理规定的行为;
(5) 执行有关外汇管理规定的行为;
(6) 执行有关黄金管理规定的行为;
(7) 代理中国人民银行经理国库的行为;
(8) 执行有关清算管理规定的行为;
(9) 执行有关反洗钱规定的行为。

前款所称中国人民银行特种贷款,是指国务院决定的由中国人民银行向金融机构发放的用于特定目的的贷款。

当银行业金融机构出现支付困难,可能引发金融风险时,为了维护金融稳定,中国人民银行经国务院批准,有权对银行业金融机构进行检查监督。中国人民银行根据履行职责的需要,有权要求银行业金融机构报送必要的资产负债表、利润表以及其他财务会计、统计报表和资料。中国人民银行应当和国务院银行业监督管理机构、国务院其他金融监督管理机构建立监督管理信息共享机制。中国人民银行负责统一编制全国金融统计数据、报表,并按照国家有关规定予以公布。中国人民银行应当建立、健全本系统的稽核、检查制度,加强内部的监督管理。

六、财务会计

1. 中国人民银行实行独立的财务预算管理制度

中国人民银行的预算经国务院财政部门审核后,纳入中央预算,接受国务院财政部门的预算执行监督。

2. 盈亏的财务处理

中国人民银行每一会计年度的收入减除该年度支出,并按照国务院财政部门核定的比例提取总准备金后的净利润,全部上缴中央财政。中国人民银行的亏损由中央财政拨款弥补。

3. 中国人民银行的财务收支和会计事务

中国人民银行的财务收支和会计事务应当执行法律、行政法规和国家统一的财务、会计制度,接受国务院审计机关和财政部门依法分别进行的审计和监督。中国人民银行应当于每一会计年度结束后的三个月内,编制资产负债表、损益表和相关的财务会计报表,并编制年度报告,按照国家有关规定予以公布。中国人民银行的会计年度自公历1月1日起至12月31日止。

第三节 商业银行法

1995年5月10日第八届全国人民代表大会常务委员会第十三次会议通过《中华人民共

和国商业银行法》（以下简称《商业银行法》），2003年12月27日第十届全国人民代表大会常务委员会第六次会议进行了第一次修正，2015年8月29日第十二届全国人民代表大会常务委员会第十六次会议进行了第二次修正，自2015年10月1日施行。

一、商业银行的概念、设立和组织机构

（一）商业银行的概念

商业银行是指依照《商业银行法》和《公司法》设立的吸收公众存款、发放贷款、办理结算等业务的企业法人。

（二）商业银行的设立

1. 商业银行的设立条件

第一，有符合《商业银行法》和《公司法》规定的章程。

第二，有符合《商业银行法》规定的注册资本最低限额，设立全国性商业银行的注册资本最低限额为十亿元人民币。设立城市商业银行的注册资本最低限额为一亿元人民币，设立农村商业银行的注册资本最低限额为五千万元人民币。注册资本应当是实缴资本。国务院银行业监督管理机构根据审慎监管的要求可以调整注册资本最低限额，但不得少于前款规定的限额。

第三，有具备任职专业知识和业务工作经验的董事、高级管理人员。

第四，有健全的组织机构和管理制度。

第五，有符合要求的营业场所、安全防范措施和与业务有关的其他设施。

设立商业银行，还应当符合其他审慎性条件。

2. 设立商业银行的程序

与大多数国家一致，我国金融市场实行的是严格的市场准入制度。经批准设立的商业银行，由国务院银行业监督管理机构颁发经营许可证，并凭该许可证向工商行政管理部门办理登记，领取营业执照。经批准设立的商业银行及其分支机构，由国务院银行业监督管理机构予以公告。

商业银行及其分支机构自取得营业执照之日起无正当理由超过六个月未开业的，或者开业后自行停业连续六个月以上的，由国务院银行业监督管理机构吊销其经营许可证，并予以公告。

商业银行应当依照法律、行政法规的规定使用经营许可证。禁止伪造、变造、转让、出租、出借经营许可证。

3. 商业银行分支机构的设立

《商业银行法》第十九条规定，商业银行根据业务需要可以在中华人民共和国境内外设立分支机构。设立分支机构必须经国务院银行业监督管理机构审查批准。在中华人民共和国境内的分支机构，不按行政区划设立。商业银行分支机构不具有法人资格，在总行授权范围内依法开展业务，其民事责任由总行承担。

商业银行在中华人民共和国境内设立分支机构，应当按照规定拨付与其经营规模相适应的营运资金额。拨付各分支机构营运资金额的总和，不得超过总行资本金总额的百分之六十。经批准设立的商业银行分支机构，由国务院银行业监督管理机构颁发经营许可证，并凭该许可证向工商行政管理部门办理登记，领取营业执照。商业银行对其分支机构实行全行统一核算，统一调度资金，分级管理的财务制度。经批准设立的商业银行及其分支机构，由国务院银行业

监督管理机构予以公告。

4. 商业银行的变更

商业银行有下列变更事项之一的,应当经国务院银行业监督管理机构批准:

第一,变更名称;

第二,变更注册资本;

第三,变更总行或者分支行所在地;

第四,调整业务范围;

第五,变更持有资本总额或者股份总额百分之五以上的股东;

第六,修改章程;

第七,国务院银行业监督管理机构规定的其他变更事项。

更换董事、高级管理人员时,应当报经国务院银行业监督管理机构审查其任职资格。

(三)商业银行的组织形式和组织机构

商业银行的组织形式、组织机构适用《公司法》的规定。《商业银行法》第十七条规定:"本法施行前设立的商业银行,其组织形式、组织机构不完全符合《公司法》规定的,可以继续沿用原有的规定,适用前款规定的日期由国务院规定。"

我国的某些专业银行改制成为商业银行,采用国有独资银行的形式。国有独资商业银行设立监事会。监事会的产生办法由国务院规定。

监事会对国有独资商业银行的信贷资产质量、资产负债比例、国有资产保值增值等情况以及高级管理人员违反法律、行政法规或者章程的行为和损害银行利益的行为进行监督。任何单位和个人购买商业银行股份总额百分之五以上的,应当事先经国务院银行业监督管理机构批准。

二、商业银行的经营原则与业务范围

(一)商业银行的经营原则

商业银行以安全性、流动性、效益性为经营原则,实行自主经营,自担风险,自负盈亏,自我约束。

(二)商业银行的业务范围

商业银行依法开展业务,不受任何单位和个人的干涉。商业银行以其全部法商业银行可以经营下列部分或者全部业务:

(1)吸收公众存款;

(2)发放短期、中期和长期贷款;

(3)办理国内外结算

(4)办理票据承兑与贴现;

(5)发行金融债券;

(6)代理发行、代理兑付、承销政府债券;

(7)买卖政府债券、金融债券;

(8)从事同业拆借;

(9)买卖、代理买卖外汇;

(10)从事银行卡业务;

(11) 提供信用证服务及担保;
(12) 代理收付款项及代理保险业务;
(13) 提供保管箱服务;
(14) 经国务院银行业监督管理机构批准的其他业务。

商业银行经营范围由商业银行章程规定,报国务院银行业监督管理机构批准。商业银行经中国人民银行批准,可以经营结汇、售汇业务。

三、对存款人的保护

(一) 商业银行办理个人储蓄存款业务的原则

商业银行办理个人储蓄存款业务应当遵循存款自愿、取款自由、存款有息、为存款人保密的原则。

(二) 商业银行对存款人的保护

商业银行对存款人的保护体现在以下几个方面:

(1) 对个人储蓄存款,商业银行有权拒绝任何单位或者个人查询、冻结、扣划,但法律另有规定的除外。

(2) 对单位存款,商业银行有权拒绝任何单位或者个人查询,但法律、行政法规另有规定的除外;有权拒绝任何单位或者个人冻结、扣划,但法律另有规定的除外。

(3) 商业银行应当按照中国人民银行规定的存款利率的上下限,确定存款利率,并予以公告。

(4) 商业银行应当按照中国人民银行的规定,向中国人民银行交存存款准备金,留足备付金。

(5) 商业银行应当保证存款本金和利息的支付,不得拖延、拒绝支付存款本金和利息。

四、商业银行贷款和其他业务的基本规则

(一) 商业银行贷款的基本规则

(1) 商业银行根据国民经济和社会发展的需要,在国家产业政策指导下开展贷款业务。

(2) 商业银行贷款,应当对借款人的借款用途、偿还能力、还款方式等情况进行严格审查。商业银行贷款,应当实行审贷分离、分级审批的制度。

(3) 商业银行贷款,借款人应当提供担保。商业银行应当对保证人的偿还能力,抵押物、质物的权属和价值以及实现抵押权、质权的可行性进行严格审查。经商业银行审查、评估,确认借款人资信良好,确能偿还贷款的,可以不提供担保。

(4) 商业银行贷款,应当与借款人订立书面合同。合同应当约定贷款种类、借款用途、金额、利率、还款期限、还款方式、违约责任和双方认为需要约定的其他事项。

(5) 商业银行应当按照中国人民银行规定的贷款利率的上下限,确定贷款利率。商业银行贷款,应当遵守下列资产负债比例管理的规定:资本充足率不得低于百分之八;流动性资产余额与流动性负债余额的比例不得低于百分之二十五;对同一借款人的贷款余额与商业银行资本余额的比例不得超过百分之十;国务院银行业监督管理机构对资产负债比例管理的其他规定。

(6) 商业银行不得向关系人发放信用贷款；向关系人发放担保贷款的条件不得优于其他借款人同类贷款的条件。关系人是指：商业银行的董事、监事、管理人员、信贷业务人员及其近亲属。

(7) 任何单位和个人不得强令商业银行发放贷款或者提供担保。商业银行有权拒绝任何单位和个人强令要求其发放贷款或者提供担保。

(8) 借款人应当按期归还贷款的本金和利息。

借款人到期不归还担保贷款的，商业银行依法享有要求保证人归还贷款本金和利息或者就该担保物优先受偿的权利。商业银行因行使抵押权、质权而取得的不动产或者股权，应当自取得之日起二年内予以处分。借款人到期不归还信用贷款的，应当按照合同约定承担责任。

(二) 关于商业银行其他业务的基本规则

1. 关于银行结算业务的规定

《商业银行法》第四十四条规定，商业银行办理票据承兑、汇兑、委托收款等结算业务，应当按照规定的期限兑现，收付入账，不得压单、压票或者违反规定退票。有关兑现、收付入账期限的规定应当公布。

2. 商业银行存贷款利率的禁止性规定

《商业银行法》第四十七条规定，商业银行不得违反规定提高或者降低利率以及采用其他不正当手段吸收存款、发放贷款。

3. 关于银行账户管理和禁止"公款私存"的规定

《商业银行法》第四十八条规定，企业事业单位可以自主选择一家商业银行的营业场所开立一个办理日常转账结算和现金收付的基本账户，不得开立两个以上基本账户。任何单位和个人不得将单位的资金以个人名义开立账户存储。

4. 关于营业时间的规定

《商业银行法》第四十九条规定，商业银行的营业时间应当方便客户，并予以公告。商业银行应当在公告的营业时间内营业，不得擅自停止营业或者缩短营业时间。

5. 关于业务手续费的规定

《商业银行法》第五十条规定，商业银行办理业务，提供服务，按照规定收取手续费。收费项目和标准由国务院银行业监督管理机构、中国人民银行根据职责分工，分别会同国务院价格主管部门制定。

6. 关于业务资料保存的规定

《商业银行法》第五十一条规定，商业银行应当按照国家有关规定保存财务会计报表、业务合同以及其他资料。

五、商业银行的财务会计制度

商业银行应当依照法律和国家统一的会计制度以及国务院银行业监督管理机构的有关规定，建立、健全本行的财务、会计制度。商业银行应当按照国家有关规定，真实记录并全面反映其业务活动和财务状况，编制年度财务会计报告，及时向国务院银行业监督管理机构、中国人民银行和国务院财政部门报送。商业银行不得在法定的会计账册外另立会计账册。

商业银行应当于每一会计年度终了三个月内，按照国务院银行业监督管理机构的规定，公布其上一年度的经营业绩和审计报告。商业银行应当按照国家有关规定，提取呆账准备金，冲销呆账。商业银行的会计年度自公历1月1日起至12月31日止。

六、商业银行的接管和终止

(一) 商业银行的接管

1. 商业银行接管

根据《商业银行法》第六十四条第一款的规定,商业银行已经或者可能发生信用危机,严重影响存款人的利益时,国务院银行业监督管理机构可以对该银行实行接管。

接管的目的是对被接管的商业银行采取必要措施,以保护存款人的利益,恢复商业银行的正常经营能力。被接管的商业银行的债权债务关系不因接管而变化,这是一种在非常情况下中国人民银行对金融市场的直接干预。

2. 商业银行接管的程序

《商业银行法》第六十五条规定:"接管由国务院银行业监督管理机构决定并组织实施。接管决定由国务院银行业监督管理机构予以公告。"

国务院银行业监督管理机构的接管决定应当载明的内容有:被接管的商业银行名称;接管理由;接管组织;接管期限。自接管开始之日起,由接管组织行使商业银行的经营管理权力。接管期限届满,国务院银行业监督管理机构可以决定延期,但接管期限最长不得超过二年。

(二) 商业银行的终止

《商业银行法》第七十二条规定,商业银行因解散、被撤销和被宣告破产而终止。

1. 商业银行的解散

《商业银行法》第六十九条规定:"商业银行因分立、合并或者出现公司章程规定的解散事由需要解散的,应当向国务院银行业监督管理机构提出申请,并附解散的理由和支付存款的本金和利息等债务清偿计划。经国务院银行业监督管理机构批准后解散。"

2. 商业银行的被撤销

《商业银行法》第七十条规定:"商业银行因吊销经营许可证被撤销的,国务院银行业监督管理机构应当依法及时组织成立清算组,进行清算,按照清偿计划及时偿还存款本金和利息等债务。"

3. 商业银行的破产

《商业银行法》第七十一条规定:"商业银行不能支付到期债务,经国务院银行业监督管理机构同意,由人民法院依法宣告其破产。商业银行被宣告破产的,由人民法院组织国务院银行业监督管理机构等有关部门和有关人员成立清算组,进行清算。商业银行破产清算时,在支付清算费用、所欠职工工资和劳动保险费用后,应当优先支付个人储蓄存款的本金和利息。"

第十一章　竞争法律实务

【知识目标】

　　了解反不正当竞争法的概念和立法目的
　　了解反垄断法制度的行为规范
　　理解不正当竞争行为的种类
　　掌握对涉嫌不正当竞争行为的调查规定
　　掌握垄断协议、滥用市场支配地位、经营者集中

【能力目标】

　　能够正确地判断不正当竞争行为
　　能够正确地辨别垄断行为
　　学会运用反不正当竞争法解决邮政企业相关案例

【导入案例】

某县邮政强制交易违法案

　　某地区邮政局将某叶面肥作为邮购商品在本地区推广销售。某县邮政局为了获取更多的返还利润，擅自规定用户在汇兑款项和领取包裹邮件时必须按照汇兑款项的数量和领取包裹的大小购买一定数量的叶面肥。对拒绝购买的叶面肥用户不给办理汇兑，不予领取包裹。某县邮政局构成了限制竞争行为，某市工商局依法做出了行政处罚。

【引导问题】

　　某县邮政局的强制交易行为违反了哪部法律？在市场经营中应该怎样遵守竞争法律？带着这些问题，我们走进本章的学习。

第一节　反不正当竞争法

一、不正当竞争和《反不正当竞争法》概述

(一) 不正当竞争的概念和立法目的

1. 不正当竞争的概念

《中华人民共和国反不正当竞争法》第二条规定：本法所称的不正当竞争行为，是指经营者

在生产经营活动中,违反本法规定,扰乱市场竞争秩序,损害其他经营者或者消费者的合法权益的行为。本法所称的经营者,是指从事商品生产、经营或者提供服务(以下所称商品包括服务)的自然人、法人和非法人组织。

2. 不正当竞争的立法目的

为了促进社会主义市场经济健康发展,鼓励和保护公平竞争,制止不正当竞争行为,保护经营者和消费者的合法权益,保障社会主义市场经济健康发展。

(二)《反不正当竞争法》概述

1993年9月2日第八届全国人民代表大会常务委员会第三次会议通过《中华人民共和国反不正当竞争法》(以下简称《反不正当竞争法》)。2017年11月4日第十二届全国人民代表大会常务委员会第三十次会议对其进行修订,2018年1月1日起施行,修改后的《反不正当竞争法》是适应社会发展的需要,针对当前市场竞争中的新情况、新问题进行修订,有利于更好地落实党的十九大提出的实现"竞争有序""清理废除妨碍统一市场和公平竞争的各种规定和做法"的要求。

二、不正当竞争行为

1. 混淆交易行为

《反不正当竞争法》第六条规定,经营者不得实施下列混淆行为,引人误认为是他人商品或者与他人存在特定联系:

(1)擅自使用与他人有一定影响的商品名称、包装、装潢等相同或者近似的标识;

(2)擅自使用他人有一定影响的企业名称(包括简称、字号等)、社会组织名称(包括简称等)、姓名(包括笔名、艺名、译名等);

(3)擅自使用他人有一定影响的域名主体部分、网站名称、网页等;

(4)其他足以引人误认为是他人商品或者与他人存在特定联系的混淆行为。

以下是禁止混淆行为的规定,一是实际混淆行为的主体是经营者,二是被混淆对象是有一定影响的标识,三是从事混淆的行为方式是"擅自使用",四是混淆结果是引人误以为是他人商品或者与他人存在特定联系。

2. 商业贿赂行为

《反不正当竞争法》第七条规定:经营者不得采用财物或者其他手段贿赂下列单位或者个人,以谋取交易机会或者竞争优势:

(1)交易相对方的工作人员;

(2)受交易相对方委托办理相关事务的单位或者个人;

(3)利用职权或者影响力影响交易的单位或者个人。

经营者在交易活动中,可以以明示方式向交易相对方支付折扣,或者向中间人支付佣金。经营者向交易相对方支付折扣、向中间人支付佣金的,应当如实入账。接受折扣、佣金的经营者也应当如实入账。

经营者的工作人员进行贿赂的,应当认定为经营者的行为,但是,经营者有证据证明该工作人员的行为与为经营者谋取交易机会或者竞争优势无关的除外。

3. 虚假宣传行为

《反不正当竞争法》第八条规定:"经营者不得对其商品的性能、功能、质量、销售状况、用户评价、曾获荣誉等作虚假或者引人误解的商业宣传,欺骗、误导消费者。经营者不得通过组织虚假交易等方式,帮助其他经营者进行虚假或者引人误解的商业宣传。"

4. 侵犯商业秘密行为

商业秘密,是指不为公众所知悉、能为权利人带来经济利益、具有实用性并经权利人采取保密措施的技术信息和经营信息。

经营者不得实施下列侵犯商业秘密的行为:

(1) 以盗窃、贿赂、欺诈、胁迫或者其他不正当手段获取权利人的商业秘密;

(2) 披露、使用或者允许他人使用以前项手段获取的权利人的商业秘密;

(3) 违反约定或者违反权利人有关保守商业秘密的要求,披露、使用或者允许他人使用其所掌握的商业秘密。

第三人明知或者应知商业秘密权利人的员工、前员工或者其他单位、个人实施前款所列违法行为,仍获取、披露、使用或者允许他人使用该商业秘密的,视为侵犯商业秘密。

5. 违法有奖销售行为

《反不正当竞争法》第十条规定,经营者进行有奖销售不得存在下列情形:

(1) 所设奖的种类、兑奖条件、奖金金额或者奖品等有奖销售信息不明确,影响兑奖;

(2) 采用谎称有奖或者故意让内定人员中奖的欺骗方式进行有奖销售;

(3) 抽奖式的有奖销售,最高奖的金额超过五万元。

6. 诋毁商誉行为

《反不正当竞争法》第十一条规定:"经营者不得编造、传播虚假信息或者误导性信息,损害竞争对手的商业信誉、商品声誉。"商业诋毁的行为主体是经营者,商业诋毁的对象是竞争对手,商业诋毁的行为表现是编造、传播虚假信息或者误导性信息,诋毁的后果是损害竞争对手的商业信誉、商品声誉。

7. 网络领域不正当竞争行为

随着互联网技术和互联网商业模式的发展,不断涌现了互联网领域的不正当竞争,此次修订为新增条款。关于网络领域不正当竞争行为的分类有两种,一种是属于传统不正当竞争行为在网络领域的延伸。例如,利用互联网实施虚假宣传、商业诋毁等不正当行为。另一种是属于互联网领域特有的,利用技术手段实施的不正当竞争行为。

《反不正当竞争法》第十二条规定,经营者利用网络从事生产经营活动,应当遵守本法的各项规定。

经营者不得利用技术手段,通过影响用户选择或者其他方式实施下列妨碍、破坏其他经营者合法提供的网络产品或者服务正常运行的行为:

(1) 未经其他经营者同意,在其合法提供的网络产品或者服务中,插入链接、强制进行目标跳转;

(2) 误导、欺骗、强迫用户修改、关闭、卸载其他经营者合法提供的网络产品或者服务;

(3) 恶意对其他经营者合法提供的网络产品或者服务实施不兼容;

(4) 其他妨碍、破坏其他经营者合法提供的网络产品或者服务正常运行的行为。

三、对涉嫌不正当竞争行为的调查

(一) 监督检查部门调查措施、程序和规则

监督检查部门调查涉嫌不正当竞争行为时有权采取的行政查处措施、应当遵守的行政程序和规则的规定如下。

1. 监督检查部门行使调查权的范围

（1）《反不正当竞争法》总则规定，监督检查部门是县级以上人民政府履行工商行政管理职责的部门和法律、行政法规规定的其他部门。监督检查部门及其工作人员对调查过程中知悉的商业秘密负有保密义务。

（2）监督检查部门调查涉嫌不正当竞争行为时，可以采取的措施有：

一是进入涉嫌不正当竞争行为的经营场所进行现场检查。

二是询问有关单位和个人。询问被调查的经营者、利害关系人及其他有关单位、个人，要求其说明有关情况或者提供与被调查行为有关的其他资料。

三是查询、复制与涉嫌不正当竞争行为有关的协议、账簿、单据、文件、记录、业务函电和其他资料。

四是查封、扣押与涉嫌不正当竞争行为有关的财物。

五是查询涉嫌不正当竞争行为的经营者的银行账户。

2. 监督检查部门履行调查权的程序要求

《反不正当竞争法》第十三条规定，采取前款规定的各项调查措施，应当向监督检查部门主要负责人书面报告，并经批准后方可实施。其中，查封、扣押与涉嫌不正当竞争行为有关的财物和查询涉嫌不正当竞争行为的经营者的银行账户这两项措施的，应当向设区的市级以上人民政府监督检查部门主要负责人书面报告，并经批准后方可实施。

3. 监督检查部门履行调查权应当遵守的规则

监督检查部门调查涉嫌不正当竞争行为，应当遵守《中华人民共和国行政强制法》和其他有关法律、行政法规的规定，并应当将查处结果及时向社会公开。

（二）被调查者配合调查义务

《反不正当竞争法》第十四条规定："监督检查部门调查涉嫌不正当竞争行为，被调查的经营者、利害关系人及其他有关单位、个人应当如实提供有关资料或者情况。对不如实提供有关资料或者情况，拒不配合反不正当竞争监督检查部门调查的单位或者个人，应当依法追究其法律责任。"

（三）举报制度

《反不正当竞争法》第十六条规定："对涉嫌不正当竞争行为，任何单位和个人有权向监督检查部门举报，监督检查部门接到举报后应当依法及时处理。监督检查部门应当向社会公开受理举报的电话、信箱或者电子邮件地址，并为举报人保密。对实名举报并提供相关事实和证据的，监督检查部门应当将处理结果告知举报人。"

四、法律责任

（一）经营者的法律责任

1. 不正当竞争行为的民事责任

经营者违反《反不正当竞争法》规定，给他人造成损害的，应当依法承担民事责任。经营者的合法权益受到不正当竞争行为损害的，可以向人民法院提起诉讼。因不正当竞争行为受到损害的经营者的赔偿数额，按照其因被侵权所受到的实际损失确定；实际损失难以计算的，按照侵权人因侵权所获得的利益确定。赔偿数额还应当包括经营者为制止侵权行为所支付的合理开支。经营者违反《反不正当竞争法》第六条"经营者实施混淆行为"、第九条"经营侵犯商业秘密的行为"规定,权利人因被侵权所受到的实际损失、侵权人因侵权所获得的利益难以确定的,由人民法院根据侵权行为的情节判决给予权利人三百万元以下的赔偿。

2. 混淆行为的行政责任

《反不正当竞争法》第十八条规定,经营者违反《反不正当竞争法》第六条规定实施混淆行为的,由监督检查部门责令停止违法行为,没收违法商品。违法经营额五万元以上的,可以并处违法经营额五倍以下的罚款;没有违法经营额或者违法经营额不足五万元的,可以并处二十五万元以下的罚款。情节严重的,吊销营业执照。经营者登记的企业名称违反《反不正当竞争法》第六条规定的,应当及时办理名称变更登记;名称变更前,由原企业登记机关以统一社会信用代码代替其名称。

经营者实施混淆行为侵犯他人的知识产权应该承担的行政责任的规定。行政责任包括行政处罚和行政处分两大类。通过完善和加大对实施不正当竞争行为的经营者的处罚力度,提高违法成本,从而达到防止和减少不正当竞争行为。

3. 违反商业贿赂行为的行政责任

《反不正当竞争法》第十九条规定:"经营者违反本法第七条规定贿赂他人的,由监督检查部门没收违法所得,处十万元以上三百万元以下的罚款。情节严重的,吊销营业执照。"

4. 虚假宣传的行政责任

《反不正当竞争法》第二十条规定:"经营者违反本法第八条规定对其商品作虚假或者引人误解的商业宣传,或者通过组织虚假交易等方式帮助其他经营者进行虚假或者引人误解的商业宣传的,由监督检查部门责令停止违法行为,处二十万元以上一百万元以下的罚款;情节严重的,处一百万元以上二百万元以下的罚款,可以吊销营业执照。经营者违反本法第八条规定,属于发布虚假广告的,依照《中华人民共和国广告法》的规定处罚。"

5. 侵犯商业秘密行为的行政责任

《反不正当竞争法》第二十一条规定:"经营者违反《反不正当竞争法》第九条规定侵犯商业秘密的,由监督检查部门责令停止违法行为,处十万元以上五十万元以下的罚款;情节严重的,处五十万元以上三百万元以下的罚款。"

6. 违法有奖销售行为的行政责任

《反不正当竞争法》第二十二条规定:"经营者违反《反不正当竞争法》第十条规定进行有奖销售的,由监督检查部门责令停止违法行为,处五万元以上五十万元以下的罚款。"

7. 商业诋毁的行政责任

《反不正当竞争法》第二十三条规定:"经营者违反《反不正当竞争法》第十一条规定损害竞争对手商业信誉、商品声誉的,由监督检查部门责令停止违法行为、消除影响,处十万元以上五十万元以下的罚款;情节严重的,处五十万元以上三百万元以下的罚款。"

8. 网络不正当竞争行为的行政责任

《反不正当竞争法》第二十四条规定:"经营者违反《反不正当竞争法》第十二条规定,妨碍、破坏其他经营者合法提供的网络产品或者服务正常运行的,由监督检查部门责令停止违法行为,处十万元以上五十万元以下的罚款;情节严重的,处五十万元以上三百万元以下的罚款。"

经营者违反《反不正当竞争法》的规定,从事不正当竞争,有主动消除或者减轻违法行为危害后果等法定情形的,依法从轻或者减轻行政处罚;违法行为轻微并及时纠正,没有造成危害后果的,不予行政处罚。经营者违反法规定从事不正当竞争,受到行政处罚的,由监督检查部门记入信用记录,并依照有关法律、行政法规的规定予以公示。

违反《反不正当竞争法》规定,应当承担民事责任、行政责任和刑事责任,其财产不足以支付的,优先用于承担民事责任。妨害监督检查部门依照本法履行职责,拒绝、阻碍调查的,由监督检查部门责令改正,对个人可以处五千元以下的罚款,对单位可以处五万元以下的罚款,并可以由公安机关依法给予治安管理处罚。当事人对监督检查部门做出的决定不服的,可以依法申请行政复议或者提起行政诉讼。

(二)监督检查部门工作人员的法律责任

《反不正当竞争法》第三十条规定:"监督检查部门的工作人员滥用职权、玩忽职守、徇私舞弊或者泄露调查过程中知悉的商业秘密的,依法给予处分。"有关部门监督检查查处不正当竞争行为,是法律赋予的职权,也是法律规定的职责。

第二节 反垄断法

中华人民共和国第十届全国人民代表大会常务委员会第二十九次会议于2007年8月30日通过《中华人民共和国反垄断法》(以下简称《反垄断法》),自2008年8月1日起施行。

一、《反垄断法》的立法目的和调整范围

(一)《反垄断法》的立法目的

预防和制止垄断行为,保护市场公平竞争,提高经济运行效率,维护消费者利益和社会公共利益,促进社会主义市场经济健康发展。

(二)《反垄断法》的调整范围

我国境内经济活动中的垄断行为,适用该法;我国境外的垄断行为,对境内市场竞争产生排除、限制影响的,适用该法。

二、垄断协议

(一)垄断协议的概念和分类

1. 垄断协议的概念

垄断协议是指排除、限制竞争的协议、决定或者其他协同行为。

2. 垄断协议的分类

(1)垄断行为分为经营性垄断和行政性垄断。

经营性垄断行为包括:经营者达成垄断协议;经营者滥用市场支配地位;具有或者可能具有排除、限制竞争效果的经营者集中。

行政性垄断行为主要包括行政机关和法律、法规授权的具有管理公共事务职能的组织滥用行政权力,排除、限制竞争。国务院设立反垄断委员会,负责组织、协调、指导反垄断工作。

(2)根据参与垄断协议的经营者之间是否具有竞争关系,将垄断协议分为横向垄断协议和纵向垄断协议。

（二）对垄断协议的规制

1. 我国反垄断法禁止具有横向垄断性质和纵向性质的协议

禁止具有竞争关系的经营者达成下列横向垄断性质的协议：

（1）固定者变更商品价格；

（2）限制商品的生产数量或者销售数量；

（3）分割销售市场或者原材料采购市场；

（4）限制购买新技术、新设备或者限制开发新技术、新产品；

（5）联合抵制交易；

（6）国务院反垄断执法机构认定的其他垄断协议。

2. 我国反垄断法禁止具有纵向垄断性质的协议

禁止经营者与交易相对人达成下列垄断协议：

（1）固定向第三人转售商品的价格；

（2）限定向第三人转售商品的最低价格；

（3）国务院反垄断执法机构认定的其他垄断协议。

（三）垄断协议的豁免

经营者能够证明所达成的协议属于下列情形之一的，不属于垄断协议：

（1）为改进技术、研究开发新产品的；

（2）为提高产品质量、降低成本、增进效率，统一产品规格、标准或者实行专业化分工的；

（3）为提高中小经营者经营效率，增强中小经营者竞争力的；

（4）为实现节约能源、保护环境、救灾救助等社会公共利益的；

（5）因经济不景气，为缓解销售量严重下降或者生产明显过剩的；

（6）为保障对外贸易和对外经济合作中的正当利益的；

（7）法律和国务院规定的其他情形。

上述第一项至第五项情形，经营者还应当证明所达成的协议不会严重限制相关市场的竞争，并且能够使消费者分享由此产生的利益。

（四）法律责任

（1）民事责任

《反垄断法》第五十条规定："经营者实施垄断行为，给他人造成损失的，依法承担民事责任。"

（2）行政责任

《反垄断法》第四十六条第一款规定："经营者违反本法规定，达成并实施垄断协议的，由反垄断执法机构责令停止违法行为，没收违法所得，并处上一年度销售额百分之一以上百分之十以下的罚款；尚未实施所达成的垄断协议的，可以处五十万元以下的罚款。"

三、滥用市场支配地位的法律规制

市场支配地位，是指经营者在相关市场内具有能够控制商品价格、数量或者其他交易条件，或者能够阻碍、影响其他经营者进入相关市场能力的市场地位。

（一）禁止具有市场支配地位的经营者出现的行为

（1）以不公平的高价销售商品或者以不公平的低价购买商品；

(2) 没有正当理由,以低于成本的价格销售商品;
(3) 没有正当理由,拒绝与交易相对人进行交易;
(4) 没有正当理由,限定交易相对人只能与其进行交易或者只能与其指定的经营者进行交易;
(5) 没有正当理由,搭售商品,或者在交易时附加其他不合理的交易条件;
(6) 没有正当理由,对条件相同的交易相对人在交易价格等交易条件上实行差别待遇;
(7) 国务院反垄断执法机构认定的其他滥用市场支配地位的行为。

(二) 市场支配地位的认定和推定

1. 市场支配地位的认定

认定经营者具有市场支配地位,应当依据下列因素:
(1) 该经营者在相关市场的市场份额,以及相关市场的竞争状况;
(2) 该经营者控制销售市场或者原材料采购市场的能力;
(3) 该经营者的财力和技术条件;
(4) 其他经营者对该经营者在交易上的依赖程度;
(5) 其他经营者进入相关市场的难易程度;
(6) 与认定该经营者市场支配地位有关的其他因素。

2. 市场支配地位的推定

有下列情形之一的,可以推定经营者具有市场支配地位:
(1) 一个经营者在相关市场的市场份额达到二分之一的;
(2) 两个经营者在相关市场的市场份额合计达到三分之二的;
(3) 三个经营者在相关市场的市场份额合计达到四分之三的。

另外,对于多个经营者被推定为共同占有市场支配地位时,其中有的经营者市场份额不足十分之一的,不应当推定该经营者具有市场支配地位。

被推定具有市场支配地位的经营者,有证据证明不具有市场支配地位的,不应当认定其具有市场支配地位。

3. 法律责任

《反垄断法》第四十七条规定:"经营者违反本法规定,滥用市场支配地位的,由反垄断执法机构责令停止违法行为,没收违法所得,并处上一年度销售额百分之一以上百分之十以下的罚款。"

四、经营者集中

(一) 概念

经营者集中是指经营者合并;经营者通过取得股权或者资产的方式取得对其他经营者的控制权;经营者通过合同等方式取得对其他经营者的控制权或者能够对其他经营者施加决定性影响。

(二) 经营者集中申报和审查

1. 事先申报制

《反垄断法》第二十一条规定:"经营者集中达到国务院规定的申报标准的,经营者应当事先向国务院反垄断执法机构申报,未申报的不得实施集中。"

2. 申报标准及豁免条件

(1) 申报标准

2008年8月1日国务院第20次常务会议通过的《国务院关于经营者集中申报标准的规定》规定,经营者集中达到下列标准之一的,经营者应当事先向国务院商务主管部门申报,未申报的不得实施集中:

① 参与集中的所有经营者上一会计年度在全球范围内的营业额合计超过100亿元人民币,并且其中至少两个经营者上一会计年度在中国境内的营业额均超过4亿元人民币。

② 参与集中的所有经营者上一会计年度在中国境内的营业额合计超过20亿元人民币,并且其中至少两个经营者上一会计年度在中国境内的营业额均超过4亿元人民币。

营业额的计算,应当考虑银行、保险、证券、期货等特殊行业、领域的实际情况,具体办法由国务院商务主管部门会同国务院有关部门制定。经营者集中未达到规定的申报标准,但按照规定程序收集的事实和证据表明该经营者集中具有或者可能具有排除、限制竞争效果的,国务院商务主管部门应当依法进行调查。

(2) 豁免条件

《反垄断法》第二十二条规定,经营者集中有下列情形之一的,可以不向国务院反垄断执法机构申报:

① 参与集中的一个经营者拥有其他每个经营者百分之五十以上有表决权的股份或者资产的;

② 参与集中的每个经营者百分之五十以上有表决权的股份或者资产被同一个未参与集中的经营者拥有的。

3. 经营者提交的申报材料

经营者向国务院反垄断执法机构申报集中,应当提交下列文件、资料:

(1) 申报书;

(2) 集中对相关市场竞争状况影响的说明;

(3) 集中协议;

(4) 参与集中的经营者经会计师事务所审计的上一会计年度财务会计报告;

(5) 国务院反垄断执法机构规定的其他文件、资料。

申报书应当载明参与集中的经营者的名称、住所、经营范围、预定实施集中的日期和国务院反垄断执法机构规定的其他事项。

4. 审查程序

(1) 第一阶段审查

国务院反垄断执法机构应当自收到经营者提交的符合规定的文件、资料之日起三十日内,对申报的经营者集中进行初步审查,做出是否实施进一步审查的决定,并书面通知经营者。国务院反垄断执法机构做出决定前,经营者不得实施集中。

国务院反垄断执法机构做出不实施进一步审查的决定或者逾期未做出决定的,经营者可以实施集中。

(2) 第二阶段审查

国务院反垄断执法机构决定实施进一步审查的,应当自决定之日起九十日内审查完毕,做出是否禁止经营者集中的决定,并书面通知经营者。做出禁止经营者集中的决定,应当说明理由。审查期间,经营者不得实施集中。

有下列情形之一的,国务院反垄断执法机构经书面通知经营者,可以延长前款规定的审查期限,但最长不得超过六十日:经营者同意延长审查期限的;经营者提交的文件、资料不准确,需要进一步核实的;经营者申报后有关情况发生重大变化的。国务院反垄断执法机构逾期未做出决定的,经营者可以实施集中。

（3）决定

经营者集中具有或者可能具有排除、限制竞争效果的,国务院反垄断执法机构应当做出禁止经营者集中的决定。但是,经营者能够证明该集中对竞争产生的有利影响明显大于不利影响,或者符合社会公共利益的,国务院反垄断执法机构可以做出对经营者集中不予禁止的决定。

对不予禁止的经营者集中,国务院反垄断执法机构可以决定附加减少集中对竞争产生不利影响的限制性条件。国务院反垄断执法机构应当将禁止经营者集中的决定或者对经营者集中附加限制性条件的决定,及时向社会公布。

对外资并购境内企业或者以其他方式参与经营者集中,涉及国家安全的,除依照《反垄断法》规定进行经营者集中审查外,还应当按照国家有关规定进行国家安全审查。

五、滥用行政权力排除、限制竞争的法律规制

滥用行政权力排除、限制竞争的法律规制,通常是指"行政性垄断"。《反垄断法》列举了六项滥用行政权力排除、限制竞争的表现形式。

1. 行政机关和法律、法规授权的具有管理公共事务职能的组织不得滥用行政权力,限定或者变相限定单位或者个人经营、购买、使用其指定的经营者提供的商品,这样属于强制交易。

2.《反垄断法》第三十三条规定了行政机关和法律、法规授权的具有管理公共事务职能的组织不得滥用行政权力,实施下列行为,妨碍商品在地区之间的自由流通:

（1）对外地商品设定歧视性收费项目、实行歧视性收费标准,或者规定歧视性价格;

（2）对外地商品规定与本地同类商品不同的技术要求、检验标准,或者对外地商品采取重复检验、重复认证等歧视性技术措施,限制外地商品进入本地市场;

（3）采取专门针对外地商品的行政许可,限制外地商品进入本地市场;

（4）设置关卡或者采取其他手段,阻碍外地商品进入或者本地商品运出;

（5）妨碍商品在地区之间自由流通的其他行为。

3. 行政机关和法律、法规授权的具有管理公共事务职能的组织不得滥用行政权力,以设定歧视性资质要求、评审标准或者不依法发布信息等方式,排斥或者限制外地经营者参加本地的招标投标活动。

4. 行政机关和法律、法规授权的具有管理公共事务职能的组织不得滥用行政权力,采取与本地经营者不平等待遇等方式,排斥或者限制外地经营者在本地投资或者设立分支机构。

5. 行政机关和法律、法规授权的具有管理公共事务职能的组织不得滥用行政权力,强制经营者从事本法规定的垄断行为。

6. 行政机关禁止抽象性行政行为。行政机关不得滥用行政权力,制定含有排除、限制竞争内容的规定。

思 考 题

一、简答题

1. 《反不正当竞争法》与《反垄断法》的立法目的有何不同？
2. 简述不正当竞争行为。
3. 简述垄断协议的概念和分类。
4. 简述滥用市场支配地位及法律规制。
5. 简述经营者集中申报程序和审查。
6. 简述滥用行政权力排除、限制竞争的法律规制。

二、案例分析题

甲邮政旅行社和乙旅行社是在某市旅游行业内享有盛名的承办境外旅游客到国内观光的经济组织。乙旅行社以高薪为条件，致使甲旅行社海外部10名工作人员全部辞职，转入乙旅行社工作。甲旅行社该10名工作人员在转入乙旅行社时将自己的业务资料、海外业务单位名单都带入乙旅行社。致使两旅行社的业务均发生很大的变化，乙旅行社的海外游客骤然上升，效益大增，而甲邮政旅行社业务受到极大影响，造成了较大的经济损失。

问题：

乙旅行社的行为是否构成不正当竞争？对乙旅行社是否应进行法律制裁？

第十二章　消费者权益保护法

【知识目标】

了解消费者权益保护法适用范围
掌握消费者、经营者的概念
掌握消费者的基本权利和基本义务
掌握消费者、经营者纠纷的解决方式

【能力目标】

能够正确地处理消费者权益保护案例
学会运用消费者权益保护法解决邮政企业相关案例

【导入案例】

高某购买电冰箱因质量瑕疵引发消费者权益纠纷案

2015年3月15日,某市教师高某在该市某家电中心购买了一台著名品牌的电冰箱,价格2000元。试机时发现冷冻室没有挂霜,家电中心经理认为这是因为室外湿度过高所致,并说电冰箱是直接从厂家进的货,质量没有问题,还表示1个月内如有质量问题包退包换,高某在得到保证后运走了冰箱。3月20日,高某在家试机,发现冰箱不制冷,同时还发现冰箱上下门中间有一条边发烫,封条变形,冷冻室有流水现象。高某立即找到该中心经理说明情况,经家电中心修理后,冰箱仍不制冷。原来冰箱是一台有质量问题而被其他客户退回来的次品,但家电中心经理却故意隐瞒了实情。高某提出退换要求,但被拒绝。高某遂向人民法院提起诉讼。

问题:经营者应当承担什么责任?请结合《消费者权益保护法》的知识进行分析。

【引导问题】

该案涉及《消费者权益保护法》相关知识,作为一名普通消费者,你了解消费者有哪些基本权利吗?你知道经营者有哪些基本义务吗?你知道当消费者与经营者因消费问题发生纠纷时,可以通过什么方式解决纠纷?带着这些问题,我们走进本章的学习。

第一节 消费者的权利与经营者的义务

一、消费者权益保护法概述

(一) 消费者权益保护法立法目的

保护消费者权益是全世界通行的做法。我国实行市场经济后,市场竞争日益激烈,出现了各种不正当竞争行为,消费者合法权益受到损害现象层出不穷。国家为保护消费者的合法权益,维护市场经济秩序,促进社会主义市场经济健康发展,出台了《中华人民共和国消费者权益保护法》(以下简称《消费者权益保护法》)。

《消费者权益保护法》第二条规定:"消费者为生活消费需要而购买、使用商品或者接受服务,其权益受本法保护;本法未作规定的,受其他有关法律、法规保护。"消费者,一般指以个人消费为目的,购买、使用商品或接受服务的个人。消费是社会再生产的环节之一,是生产、交换、分配的目的和归宿,包括生产消费和生活消费两大方面。

经营者是为消费者提供其生产、销售的商品或者提供服务的人或企业。

(二) 消费者权益保护法的法律制度

1993年10月31日第八届全国人大常委会第四次会议通过并颁布了《中华人民共和国消费者权益保护法》,2009年8月27日第十一届全国人民代表大会常务委员会第十次会议进行了第一次修正,2013年10月25日十二届全国人大常委会第五次会议进行了第二次修正,修订后的《消费者权益保护法》于2014年3月15日起施行。

二、消费者的权利和经营者的义务

(一) 消费者的权利

1. 人身、财产安全权

消费者在购买、使用商品和接受服务时享有人身、财产安全不受损害的权利。消费者有权要求经营者提供的商品和服务,符合保障人身、财产安全的要求。

2. 知悉真情权

消费者享有知悉其购买、使用的商品或者接受的服务的真实情况的权利。

消费者有权根据商品或者服务的不同情况,要求经营者提供商品的价格、产地、生产者、用途、性能、规格、等级、主要成分、生产日期、有效期限、检验合格证明、使用方法说明书、售后服务,或者服务的内容、规格、费用等有关情况。

3. 自主选择权

消费者享有自主选择商品或者服务的权利。有权自主选择提供商品或者服务的经营者,自主选择商品品种或者服务方式,自主决定购买或者不购买任何一种商品、接受或者不接受任何一项服务。消费者在自主选择商品或者服务时,有权进行比较、鉴别和挑选。

4. 公平交易权

消费者享有公平交易的权利。消费者在购买商品或者接受服务时,有权获得质量保障、价格合理、计量正确等公平交易条件,有权拒绝经营者的强制交易行为。

5. 获得赔偿权

消费者因购买、使用商品或者接受服务受到人身、财产损害的,享有依法获得赔偿的权利。

6. 依法结社权

消费者享有依法成立维护自身合法权益的社会组织的权利。

7. 获得知识权

消费者享有获得有关消费和消费者权益保护方面的知识的权利。消费者应当努力掌握所需商品或者服务的知识和使用技能,正确使用商品,提高自我保护意识。

8. 获得尊重权和信息保护权

消费者在购买、使用商品和接受服务时,享有人格尊严、民族风俗习惯得到尊重的权利,享有个人信息依法得到保护的权利。

9. 批评监督权

消费者享有对商品和服务以及保护消费者权益工作进行监督的权利。

消费者有权检举、控告侵害消费者权益的行为和国家机关及其工作人员在保护消费者权益工作中的违法失职行为,有权对保护消费者权益工作提出批评、建议。

(二) 经营者的义务

1. 遵守法律的义务

经营者向消费者提供商品或者服务,应当依照《消费者权益保护法》和其他有关法律、法规的规定履行义务。经营者和消费者有约定的,应当按照约定履行义务,但双方的约定不得违背法律、法规的规定。经营者向消费者提供商品或者服务,应当恪守社会公德,诚信经营,保障消费者的合法权益;不得设定不公平、不合理的交易条件,不得强制交易。

2. 接受监督的义务

经营者应当听取消费者对其提供的商品或者服务的意见,接受消费者的监督。

3. 保障安全的义务

经营者应当保证其提供的商品或者服务符合保障人身、财产安全的要求。对可能危及人身、财产安全的商品和服务,应当向消费者做出真实的说明和明确的警示,并说明和标明正确使用商品或者接受服务的方法以及防止危害发生的方法。宾馆、商场、餐馆、银行、机场、车站、港口、影剧院等经营场所的经营者,应当对消费者尽到安全保障义务。

4. 提供信息的义务

经营者发现其提供的商品或者服务存在缺陷,有危及人身、财产安全危险的,应当立即向有关行政部门报告和告知消费者,并采取停止销售、警示、召回、无害化处理、销毁、停止生产或者服务等措施。采取召回措施的,经营者应当承担消费者因商品被召回支出的必要费用。经营者向消费者提供有关商品或者服务的质量、性能、用途、有效期限等信息,应当真实、全面,不得作虚假或者引人误解的宣传。

经营者对消费者就其提供的商品或者服务的质量和使用方法等问题提出的询问,应当做出真实、明确的答复。经营者提供商品或者服务应当明码标价。

5. 标明名称、标记的义务

经营者应当标明其真实名称和标记。租赁他人柜台或者场地的经营者,应当标明其真实名称和标记。

6. 出具凭证的义务

经营者提供商品或者服务,应当按照国家有关规定或者商业惯例向消费者出具发票等购货凭证或者服务单据;消费者索要发票等购货凭证或者服务单据的,经营者必须出具。

7. 保证质量的义务

经营者应当保证在正常使用商品或者接受服务的情况下其提供的商品或者服务应当具有的质量、性能、用途和有效期限,但消费者在购买该商品或者接受该服务前已经知道其存在瑕疵,且存在该瑕疵不违反法律强制性规定的除外。经营者以广告、产品说明、实物样品或者其他方式表明商品或者服务的质量状况的,应当保证其提供的商品或者服务的实际质量与表明的质量状况相符。经营者提供的机动车、计算机、电视机、电冰箱、空调器、洗衣机等耐用商品或者装饰装修等服务,消费者自接受商品或者服务之日起六个月内发现瑕疵,发生争议的,由经营者承担有关瑕疵的举证责任。

8. 承担责任的义务

经营者提供的商品或者服务不符合质量要求的,消费者可以依照国家规定、当事人约定退货,或者要求经营者履行更换、修理等义务。没有国家规定和当事人约定的,消费者可以自收到商品之日起七日内退货;七日后符合法定解除合同条件的,消费者可以及时退货,不符合法定解除合同条件的,可以要求经营者履行更换、修理等义务。

依照前款规定进行退货、更换、修理的,经营者应当承担运输等必要费用。

经营者采用网络、电视、电话、邮购等方式销售商品,消费者有权自收到商品之日起七日内退货,且无须说明理由,但下列商品除外:

(1) 消费者定做的;

(2) 鲜活易腐的;

(3) 在线下载或者消费者拆封的音像制品、计算机软件等数字化商品;

(4) 交付的报纸、期刊。

除前款所列商品外,其他根据商品性质并经消费者在购买时确认不宜退货的商品,不适用无理由退货。

消费者退货的商品应当完好。经营者应当自收到退回商品之日起七日内返还消费者支付的商品价款。退回商品的运费由消费者承担;经营者和消费者另有约定的,按照约定。

9. 重要内容的提示义务

经营者在经营活动中使用格式条款的,应当以显著方式提请消费者注意商品或者服务的数量和质量、价款或者费用、履行期限和方式、安全注意事项和风险警示、售后服务、民事责任等与消费者有重大利害关系的内容,并按照消费者的要求予以说明。

经营者不得以格式条款、通知、声明、店堂告示等方式,做出排除或者限制消费者权利、减轻或者免除经营者责任、加重消费者责任等对消费者不公平、不合理的规定,不得利用格式条款并借助技术手段强制交易。

格式条款、通知、声明、店堂告示等含有前款所列内容的,其内容无效。

10. 尊重消费者人格义务

经营者不得对消费者进行侮辱、诽谤,不得搜查消费者的身体及其携带的物品,不得侵犯消费者的人身自由。

11. 提供经营地址、联络方式及警示义务

采用网络、电视、电话、邮购等方式提供商品或者服务的经营者,以及提供证券、保险、银行等金融服务的经营者,应当向消费者提供经营地址、联系方式、商品或者服务的数量和质量、价款或者费用、履行期限和方式、安全注意事项和风险警示、售后服务、民事责任等信息。

12. 合法、正当、必要使用消费者信息义务

经营者收集、使用消费者个人信息,应当遵循合法、正当、必要的原则,明示收集、使用信息的目的、方式和范围,并经消费者同意。经营者收集、使用消费者个人信息,应当公开其收集、使用规则,不得违反法律、法规的规定和双方的约定收集、使用信息。

经营者及其工作人员对收集的消费者个人信息必须严格保密,不得泄露、出售或者非法向他人提供。经营者应当采取技术措施和其他必要措施,确保信息安全,防止消费者个人信息泄露、丢失。在发生或者可能发生信息泄露、丢失的情况时,应当立即采取补救措施。

经营者未经消费者同意或者请求,或者消费者明确表示拒绝的,不得向其发送商业性信息。

第二节　国家对消费者权益的保护及法律责任

一、国家对消费者权益的保护

(1)国家保护消费者合法权益不受侵犯。国家制定有关消费者权益的法律、法规、规章和强制性标准,应当听取消费者和消费者协会等组织的意见。

(2)地方各级人民政府应当加强领导,组织、协调、督促有关行政部门做好保护消费者合法权益的工作,落实保护消费者合法权益的职责。各级人民政府应当加强监督,预防危害消费者人身、财产安全行为的发生,及时制止危害消费者人身、财产安全的行为。

(3)各级人民政府工商行政管理部门和其他有关行政部门应当依照法律、法规的规定,在各自的职责范围内,采取措施,保护消费者的合法权益。

(4)有关行政部门应当听取消费者和消费者协会等组织对经营者交易行为、商品和服务质量问题的意见,及时调查处理。

(5)有关行政部门在各自的职责范围内,应当定期或者不定期对经营者提供的商品和服务进行抽查检验,并及时向社会公布抽查检验结果。有关行政部门发现并认定经营者提供的商品或者服务存在缺陷,有危及人身、财产安全危险的,应当立即责令经营者采取停止销售、警示、召回、无害化处理、销毁、停止生产或者服务等措施。

(6)有关国家机关应当依照法律、法规的规定,惩处经营者在提供商品和服务中侵害消费者合法权益的违法犯罪行为。

人民法院应当采取措施,方便消费者提起诉讼。对符合《中华人民共和国民事诉讼法》起诉条件的消费者权益争议,必须受理,及时审理。

二、社会对消费者权益的保护

1. 消费者协会

消费者协会应当认真履行保护消费者合法权益的职责,听取消费者的意见和建议,接受社会监督。

2. 消费者协会的职责

（1）向消费者提供消费信息和咨询服务，提高消费者维护自身合法权益的能力，引导文明、健康、节约资源和保护环境的消费方式；

（2）参与制定有关消费者权益的法律、法规、规章和强制性标准；

（3）参与有关行政部门对商品和服务的监督、检查；

（4）就有关消费者合法权益的问题，向有关部门反映、查询，提出建议；

（5）受理消费者的投诉，并对投诉事项进行调查、调解；

（6）投诉事项涉及商品和服务质量问题的，可以委托具备资格的鉴定人鉴定，鉴定人应当告知鉴定意见；

（7）就损害消费者合法权益的行为，支持受损害的消费者提起诉讼或者依照《消费者权益保护法》提起诉讼；

（8）对损害消费者合法权益的行为，通过大众传播媒介予以揭露、批评。

各级人民政府对消费者协会履行职责应当予以必要的经费等支持。

依法成立的其他消费者组织依照法律、法规及其章程的规定，开展保护消费者合法权益的活动。

（9）消费者组织不得从事商品经营和营利性服务，不得以收取费用或者其他牟取利益的方式向消费者推荐商品和服务。

三、争议的解决

（一）消费者和经营者发生消费者权益争议的解决方式

（1）与经营者协商和解；

（2）请求消费者协会或者依法成立的其他调解组织调解；

（3）向有关行政部门投诉；

（4）根据与经营者达成的仲裁协议提请仲裁机构仲裁；

（5）向人民法院提起诉讼。

（二）损害赔偿责任的承担主体

（1）消费者在购买、使用商品时，其合法权益受到损害的，可以向销售者要求赔偿。销售者赔偿后，属于生产者的责任或者属于向销售者提供商品的其他销售者的责任的，销售者有权向生产者或者其他销售者追偿。

消费者或者其他受害人因商品缺陷造成人身、财产损害的，可以向销售者要求赔偿，也可以向生产者要求赔偿。属于生产者责任的，销售者赔偿后，有权向生产者追偿。属于销售者责任的，生产者赔偿后，有权向销售者追偿。

消费者在接受服务时，其合法权益受到损害的，可以向服务者要求赔偿。

（2）消费者在购买、使用商品或者接受服务时，其合法权益受到损害，因原企业分立、合并的，可以向变更后承受其权利义务的企业要求赔偿。

（3）使用他人营业执照的违法经营者提供商品或者服务，损害消费者合法权益的，消费者可以向其要求赔偿，也可以向营业执照的持有人要求赔偿。

（4）消费者在展销会、租赁柜台购买商品或者接受服务，其合法权益受到损害的，可以向销售者或者服务者要求赔偿。展销会结束或者柜台租赁期满后，也可以向展销会的举办者、柜台的出租者要求赔偿。展销会的举办者、柜台的出租者赔偿后,有权向销售者或者服务者追偿。

(5) 消费者通过网络交易平台购买商品或者接受服务,其合法权益受到损害的,可以向销售者或者服务者要求赔偿。网络交易平台提供者不能提供销售者或者服务者的真实名称、地址和有效联系方式的,消费者也可以向网络交易平台提供者要求赔偿;网络交易平台提供者做出更有利于消费者的承诺的,应当履行承诺。网络交易平台提供者赔偿后,有权向销售者或者服务者追偿。

网络交易平台提供者明知或者应知销售者或者服务者利用其平台侵害消费者合法权益,未采取必要措施的,依法与该销售者或者服务者承担连带责任。

(6) 消费者因经营者利用虚假广告或者其他虚假宣传方式提供商品或者服务,其合法权益受到损害的,可以向经营者要求赔偿。广告经营者、发布者发布虚假广告的,消费者可以请求行政主管部门予以惩处。广告经营者、发布者不能提供经营者的真实名称、地址和有效联系方式的,应当承担赔偿责任。

广告经营者、发布者设计、制作、发布关系消费者生命健康商品或者服务的虚假广告,造成消费者损害的,应当与提供该商品或者服务的经营者承担连带责任。

社会团体或者其他组织、个人在关系消费者生命健康商品或者服务的虚假广告或者其他虚假宣传中向消费者推荐商品或者服务,造成消费者损害的,应当与提供该商品或者服务的经营者承担连带责任。

消费者向有关行政部门投诉的,该部门应当自收到投诉之日起七个工作日内,予以处理并告知消费者。

对侵害众多消费者合法权益的行为,中国消费者协会以及在省、自治区、直辖市设立的消费者协会,可以向人民法院提起诉讼。

四、侵犯消费者权益的法律责任

(一) 侵犯消费者权益的民事责任

经营者提供商品或者服务有侵犯消费者权益的民事责任包括一般责任和特殊责任。

1. 侵犯消费者权益民事责任之一般规定

经营者提供商品或者服务有下列情形之一的,除《消费者权益保护法》另有规定外,应当依照其他有关法律、法规的规定,承担民事责任:

(1) 商品或者服务存在缺陷的;
(2) 不具备商品应当具备的使用性能而出售时未作说明的;
(3) 不符合在商品或者其包装上注明采用的商品标准的;
(4) 不符合商品说明、实物样品等方式表明的质量状况的;
(5) 生产国家明令淘汰的商品或者销售失效、变质的商品的;
(6) 销售的商品数量不足的;
(7) 服务的内容和费用违反约定的;
(8) 对消费者提出的修理、重作、更换、退货、补足商品数量、退还货款和服务费用或者赔偿损失的要求,故意拖延或者无理拒绝的;
(9) 法律、法规规定的其他损害消费者权益的情形。

2. 侵犯消费者权益的民事责任之特殊规定

（1）经营者对消费者未尽到安全保障义务，造成消费者损害的，应当承担侵权责任。

经营者提供商品或者服务，造成消费者或者其他受害人人身伤害的，应当赔偿医疗费、护理费、交通费等为治疗和康复支出的合理费用，以及因误工减少的收入。造成残疾的，还应当赔偿残疾生活辅助器具费和残疾赔偿金。造成死亡的，还应当赔偿丧葬费和死亡赔偿金。

（2）经营者侵害消费者的人格尊严、侵犯消费者人身自由或者侵害消费者个人信息依法得到保护的权利的，应当停止侵害、恢复名誉、消除影响、赔礼道歉，并赔偿损失。

（3）经营者有侮辱诽谤、搜查身体、侵犯人身自由等侵害消费者或者其他受害人人身权益的行为，造成严重精神损害的，受害人可以要求精神损害赔偿。

（4）经营者提供商品或者服务，造成消费者财产损害的，应当依照法律规定或者当事人约定承担修理、重作、更换、退货、补足商品数量、退还货款和服务费用或者赔偿损失等民事责任。

（5）经营者以预收款方式提供商品或者服务的，应当按照约定提供。未按照约定提供的，应当按照消费者的要求履行约定或者退回预付款；并应当承担预付款的利息、消费者必须支付的合理费用。

（6）依法经有关行政部门认定为不合格的商品，消费者要求退货的，经营者应当负责退货。

（7）经营者提供商品或者服务有欺诈行为的，应当按照消费者的要求增加赔偿其受到的损失，增加赔偿的金额为消费者购买商品的价款或者接受服务的费用的三倍；增加赔偿的金额不足五百元的，为五百元。法律另有规定的，依照其规定。

（8）经营者明知商品或者服务存在缺陷，仍然向消费者提供，造成消费者或者其他受害人死亡或者健康严重损害的，受害人有权要求经营者依照《消费者权益保护法》第四十九条、第五十一条等法律规定赔偿损失，并有权要求所受损失二倍以下的惩罚性赔偿。

（二）侵犯消费者权益的行政责任

经营者有下列情形之一，除承担相应的民事责任外，其他有关法律、法规对处罚机关和处罚方式有规定的，依照法律、法规的规定执行；法律、法规未作规定的，由工商行政管理部门或者其他有关行政部门责令改正，可以根据情节单处或者并处警告、没收违法所得、处以违法所得一倍以上十倍以下的罚款，没有违法所得的，处以五十万元以下的罚款；情节严重的，责令停业整顿、吊销营业执照：

（1）提供的商品或者服务不符合保障人身、财产安全要求的；

（2）在商品中掺杂、掺假，以假充真，以次充好，或者以不合格商品冒充合格商品的；

（3）生产国家明令淘汰的商品或者销售失效、变质的商品的；

（4）伪造商品的产地，伪造或者冒用他人的厂名、厂址，篡改生产日期，伪造或者冒用认证标志等质量标志的；

（5）销售的商品应当检验、检疫而未检验、检疫或者伪造检验、检疫结果的；

（6）对商品或者服务作虚假或者引人误解的宣传的；

（7）拒绝或者拖延有关行政部门责令对缺陷商品或者服务采取停止销售、警示、召回、无害化处理、销毁、停止生产或者服务等措施的；

（8）对消费者提出的修理、重作、更换、退货、补足商品数量、退还货款和服务费用或者赔偿损失的要求，故意拖延或者无理拒绝的；

（9）侵害消费者人格尊严、侵犯消费者人身自由或者侵害消费者个人信息依法得到保护

的权利的;

(10) 法律、法规规定的对损害消费者权益应当予以处罚的其他情形。

经营者有前款规定情形的,除依照法律、法规规定予以处罚外,处罚机关应当记入信用档案,向社会公布。

(三) 侵犯消费者权益的刑事责任

(1) 经营者违反本法规定提供商品或者服务,侵害消费者合法权益,构成犯罪的,依法追究刑事责任。

(2) 以暴力、威胁等方法阻碍有关行政部门工作人员依法执行职务的,依法追究刑事责任;拒绝、阻碍有关行政部门工作人员依法执行职务,未使用暴力、威胁方法的,由公安机关依照《中华人民共和国治安管理处罚法》的规定处罚。

(3) 国家机关工作人员玩忽职守或者包庇经营者侵害消费者合法权益的行为的,由其所在单位或者上级机关给予行政处分;情节严重,构成犯罪的,依法追究刑事责任。

思 考 题

一、简答题

1. 消费者的含义是什么?
2. 经营者的含义是什么?
3. 消费者有哪些基本权利?
4. 经营者有哪些基本义务?
5. 当消费者与经营者发生纠纷时解决的途径有哪些?
6. 消费者协会的职能有哪些?

二、案例分析题

2016年5月,王某开办饭庄,从商场购买10台吊扇,其同年7月,张某等一行6人到红星饭店就餐,进餐过程中,吊扇突然脱落,造成张某等3人骨折或皮外伤,共花去医疗费8000元。事后,3人找到王某要求赔偿,王某认为事故纯粹是由于装潢公司安装不当所致,自己亦是受害人,拒绝赔偿。后查明,这10台吊扇全系不合格产品。

问题:

1. 本案中,哪些当事人是消费者?
2. 他们能否得到赔偿? 向谁要求赔偿?

参考文献

[1] 殷杰.经济法.6版.北京:法律出版社,2018.

[2] 王利明.中华人民共和国民法总则详解.北京:中国法制出版社,2017.

[3] 郭鹏.电子商务法.北京:法律出版社,2017.

[4] 冯江.刑法全厚细.4版.北京:中国法制出版社,2018.

[5] 法律出版社法律中心.中华人民共和国广告法注释本.北京:法律出版社,2017.

[6] 中国邮政集团公司.邮政企业普法教材.北京:中国法制出版社,2009.

[7] 郭鹏.电子商务法.2版.北京:北京大学出版社,2017.

[8] 国家邮政局政策法规司.邮政行业法律法规汇编.北京:人民交通出版社,2012.

[9] 中华人民共和国邮政法(2015修正版).北京:法律出版社,2015.

[10] 中公教育国有企业招聘考试研究中心.中国邮政招聘考试专用教材.北京:世界图书出版中心,2016.

[11] 法律出版社法规中心.2018最新公司法及司法解释汇编.北京:法律出版社,2018.

[12] 施天涛.公司法论.4版.北京:法律出版社,2018.

[13] 崔建远.合同法.6版.北京:法律出版社,2016.

[14] 赵旭东.中华人民共和国电子商务法释义与原理.北京:中国法制出版社,2018.

[15] 史际春.经济法.北京:中国人民大学出版社,2015.

[16] 曲振涛.经济法.4版.北京:高等教育出版社,2018.

[17] 刘泽海.新编经济法教程.4版.北京:清华大学出版社,2018.

[18] 刘天善,张力.经济法教程.2版.北京:北京交通大学出版社,2015.

[19] 国家邮政局普法办公室.邮政普法案例选编.北京:中国民主法制出版社,2002.

[20] 知识产权法 实用版法规专辑.新5版.北京:中国法制出版社,2018.

[21] 林文.反不正当竞争法律制度与实务技能.修订版.北京:法律出版社,2018.

[22] 国家工商总局广告司.中华人民共和国广告法释义.北京:中国法制出版社,2016.

[23] 《劳动与社会保障法学》编写组.劳动与社会保障法学.北京:高等教育出版社,2017.

[24] 林嘉.劳动法和社会保障法.北京:中国人民大学出版社,2014.

[25] 《劳动合同法适用要点与实例》编写组.劳动合同法适用要点与实例.北京:法律出版社,2012.

[26] 王建国.社会生活与法律智慧.北京:人民大学出版社,2015.

[27] 黄海华.劳动合同法疑难问题解读.北京:中国法制出版社,2014.

[28] 姜俊禄,王建平.劳动法律师基础实务.北京:中国人民大学出版社,2014.

[29] 江必新,何东宁,王莉.最高人民法院指导性案例裁判规制理解与适用(劳动争议卷).北京:中国法制出版社,2013.

[30] 徐智华.劳动合同法研究.北京:北京大学出版社,2011.